Selektion im Gymnasium

AF211234

Waxmann Verlag GmbH
Steinfurter Straße 555, 48159 Münster
info@waxmann.com

Empirische Erziehungswissenschaft

herausgegeben von

Rolf Becker, Sigrid Blömeke, Wilfried Bos,
Hartmut Ditton, Cornelia Gräsel, Eckhard Klieme,
Rainer Lehmann, Thomas Rauschenbach,
Hans-Günther Roßbach, Knut Schwippert,
Ludwig Stecher, Christian Tarnai, Rudolf Tippelt,
Rainer Watermann, Horst Weishaupt

Band 49

Waxmann 2014
Münster • New York

Annika Hillebrand

Selektion im Gymnasium

Eine Ursachenanalyse auf Grundlage
amtlicher schulstatistischer Daten und
einer Lehrerbefragung

Waxmann 2014
Münster • New York

Diese Arbeit wurde 2013 von der Technischen Universität Dortmund
als Dissertation angenommen.

Bibliografische Informationen der Deutschen Nationalbibliothek
Die Deutsche Nationalbibliothek verzeichnet diese Publikation in der
Deutschen Nationalbibliografie; detaillierte bibliografische Daten sind im
Internet über http://dnb.d-nb.de abrufbar

Empirische Erziehungswissenschaft, Band 49
ISSN 1862-2127
Print-ISBN 978-3-8309-3094-5
E-Book-ISBN 978-3-8309-8094-0

© Waxmann Verlag GmbH, 2014
Postfach 8603, 48046 Münster

www.waxmann.com
info@waxmann.com

Umschlaggestaltung: Pleßmann Design, Ascheberg
Umschlagfoto: © bluedesign – Fotolia.com

Gedruckt auf alterungsbeständigem Papier, säurefrei gemäß ISO 9706

Printed in Germany

Abstract

In international comparison, German teachers very often make use of selection processes when their students' performances are poor. Examples of selection measures include grade repetition or sending students to a lower-track type of school. The effects of these sanctions are controversially discussed. There is no evidence for long-term improvement in students' achievement, but these sanctions are emotionally stressful for the students concerned, and in particular, having students repeat a year is an expensive measure. Although dropout rates and grade repetition have decreased greatly within the last twelve years, there are still big regional differences.

This study focuses on dimensions and possible reasons for students changing from the highest school track *Gymnasium* to a lower-track type of school during secondary I level (grades five to ten) in North Rhine-Westphalia. Empirical analyses show that there are huge differences in the holding power between individual schools: While the average Gymnasium reduces its student body by twelve percent, some schools have lost as much as one third of their students by the end of the secondary level. Thus, the likelihood of failing school is directly related to the particular school a student attends.

In a second step, reasons for these differences were investigated. Unlike most studies in this research field, the present study does not focus on individual factors of students but on school-level factors, e.g. framework conditions or pedagogical variables such as the relationship between teachers and students, which were collected from official data and a teacher survey. Regression analyses show that students in public schools fail significantly more often than students in private schools. Furthermore, a greater number of students leave the Gymnasium during secondary level when classes in grade five are overcrowded. A weak bivariate, but a significant correlation between teacher attitudes towards selection and the number of failing students confirms the hypothesis that in schools with low holding power, more teachers think that selection is useful and necessary. Apparently personal attitudes and the pedagogical ethos of the specific schools have an important impact on selection processes.

Inhalt

1 Einleitung

Eine gute Schulbildung und ein hoher Bildungsabschluss sind nicht nur für die Jugendlichen selbst und ihre individuellen Lebenschancen und Karrieren höchst bedeutsam; auch vor dem Hintergrund des demografischen Wandels und dem damit einhergehenden anstehenden Fachkräftemangel (vgl. z.b. Autorengruppe Bildungsberichterstattung, 2010) gewinnen gut qualifizierte Schulabsolventinnen und -absolventen zunehmend an Bedeutung.

Spätestens seit Veröffentlichung der ersten PISA-Ergebnisse im Jahr 2001 ist das Thema Schulversagen und damit einhergehend die frühzeitigen Abstufungen in Bildungsgänge mit niedrigerem Anspruchsniveau wieder ins öffentliche Interesse gerückt. Hier wurde deutlich, dass in Deutschland eine Vielzahl von Schülerinnen und Schülern eine verzögerte Schullaufbahn aufweisen (vgl. Schümer, Tillmann & Weiß, 2002) und deutsche Lehrkräfte bei unbefriedigenden Schülerleistungen vergleichsweise häufig Gebrauch von den Ausleseinstrumenten der Zurück- bzw. Abstufungen machen (vgl. Tillmann & Meier, 2001). Von den in der PISA-Studie 2009 befragten 15-Jährigen hat jeder fünfte mindestens einmal eine Klasse wiederholt (vgl. Ehmke & Jude, 2010, S. 244). Damit soll der im deutschen Bildungssystem noch immer vorherrschenden Überzeugung Rechnung getragen werden, dass homogene Leistungsgruppen den größtmöglichen pädagogischen Nutzen für Schülerinnen und Schüler aufweisen (vgl. z.B. Tillmann, 2008).

Die nachgewiesenen regionalen Unterschiede hinsichtlich des Ausmaßes an Schulversagen an Gymnasien (vgl. z.B. Schümer, Tillmann & Weiß, 2002, S. 210; Regionalverband Ruhr, 2012, web-Anhang, S. 27) verstärken das Interesse an der Ursachenanalyse und lassen Zweifel daran aufkommen, dass allein die Schulleistungen und individuellen Merkmale der Schülerinnen und Schüler ausschlaggebend für schulischen Misserfolg sind. Befunde zum Zusammenhang der Abstufungsquoten an Gymnasien und dem demografischen Wandel verstärken diesen Verdacht (vgl. Rösner & Stubbe, 2008). Demnach findet sich in Zeiten allgemein sinkender Schülerzahlen das Phänomen einer erhöhten Aufnahme- und Haltebereitschaft der Gymnasien. Forschungsaktivitäten, die die Institution Schule und ihren Beitrag zu schulischem Misserfolg in den Vordergrund rücken, sind insbesondere hierzulande rar. Vor allem Gymnasien sind dabei wenig erforscht (vgl. Stamm, 2010).

Im bildungspolitischen Diskurs der letzten Jahre wird zunehmend postuliert, das Scheitern in Form von Klassenwiederholungen oder frühzeitigen Wechseln in eine Schulform mit niedrigerem Anspruchsniveau zu reduzieren. So werden etwa von der Landesregierung in Nordrhein-Westfalen klare Richtlinien formuliert: „Im Verlauf der Sekundarstufe I wird der ‚Aufstieg' leistungsfähiger Schülerinnen und Schüler in eine andere Schulform stärker als bisher ermöglicht und gefördert [...]. Gleichzeitig wird den Abstiegen und Nichtversetzungen durch gezielte Fördermaßnahmen entgegengewirkt werden" (Ministerium für Schule und Weiterbildung NRW, 2006, S. 9). Den Erwartungen des Ministeriums (MSW) zufolge sollten sich zeitgemäße Gymnasien demnach nicht mehr als Institution einer harten Auslese verstehen, in der Bildungspotentiale verschenkt werden.

Dass der Einsatz von Selektionsinstrumenten zunehmend in Frage gestellt wird, verwundert vor dem Hintergrund einschlägiger Befunde zu ihren Wirkungen nicht. Insbesondere Klassenwiederholungen garantieren keine langfristigen Leistungsverbesserungen (vgl. z.b. Bless, Schüpbach & Bonvin, 2004), sie verursachen hohe Kosten (vgl. Klemm, 2009) und wirken für die betroffenen Schülerinnen und Schüler überaus emotional belastend (vgl. z.B. Liegmann, 2008; Bellenberg & Klemm, 2000; Zielinski, 1998). Auch die Erwartungen an eine Entlastung der von einer Abstufung betroffenen Schülerinnen und Schüler lassen sich nicht durchweg finden. Vielmehr stehen sie der unbekannten Situation zumeist ängstlich gegenüber und wissen sehr wohl um das schlechtere Image der neuen Schule mit niedrigerem Anspruchsniveau (vgl. Liegmann, 2011, 2008).

Damit sind die Bedeutung der Thematik und der Anlass grob umrissen, warum in dieser Arbeit die bildungspolitisch und gesellschaftlich hoch brisanten Themen des Scheiterns im Gymnasium und der Auslesepraxis dieser Schulen näher betrachtet werden.

1.1 Selektion und Schulversagen: Eine Begriffsbestimmung

Unter Selektion werden der Prozess, die Funktion, das Ziel und das Resultat aller Maßnahmen der Auslese von Schülerinnen und Schülern verstanden, die den Ansprüchen der jeweiligen Bildungseinrichtung genügen (vgl. Tenorth & Tippelt, 2007; Böhm, 2005). Wenn also im pädagogischen Diskurs von den aus der biologischen Evolutionstheorie stammenden Begriffen Auslese und Selektion gesprochen wird, „ist damit die Auslese geeigneter Personen für unterschiedliche Bildungslaufbahnen und entsprechende Positionen im Beschäftigungssystem gemeint […]. Eine sinnvolle Auslese erstrebe nicht nur die Zurückweisung der für eine Schulart ungeeigneten Schüler (negative Auslese), sondern möglichst die Zuordnung des Einzelnen zu dem ihm individuell gemäßen Bildungsweg (positive Auslese)" (Schaub & Zenke, 2007, S. 55). Damit ist die Bedeutung des Themenfeldes insbesondere für das deutsche Bildungswesen, das sich durch seine mehrgliedrigen Schulsysteme auszeichnet (vgl. Kapitel 2.1.1), bereits angedeutet. Die Selektion gilt als eine zentrale Aufgabe und gesellschaftliche Funktion des Schulsystems (vgl. hierzu Kapitel 1.2). Sie erfolgt durch Zensuren-, Zeugnis- und Berechtigungsvergaben während der gesamten Bildungslaufbahn, die dem meritokratischen Leistungsprinzip folgen sollte. Dass sie aber immer auch mit einer sozialen Auslese verbunden ist, verdeutlichen einschlägige Studien seit den 1960er Jahren (vgl. z.B. Rolff, 1997; Deutsches PISA-Konsortium, 2001; Bos, Tarelli, Bremerich-Vos & Schwippert, 2012 und Kapitel 3).

Negative Selektionsprozesse in Gymnasien, wie sie in dieser Arbeit behandelt werden, sind eng verknüpft mit Fragen zur Durchlässigkeit des Schulsystems (vgl. Kapitel 3.3) und mit dem Schulversagen im Allgemeinen, dem sich nun einleitend zugewendet werden soll.

Eine einheitliche Definition des Begriffs Schulversagen findet sich in einschlägiger Fachliteratur nicht (vgl. z.B. Tiedemann, 1981; Hurrelmann & Wolf, 1986, S. 17). Vielmehr bezeichnen Mähler, Hasselhorn & Grube (2008) das Schulversagen treffend als einen „Sammelbegriff für verschiedene Phänomene, die mit Abweichungen von der normalen Schullaufbahn einhergehen" (ebd., S. 413). Lernbehinderungen, Leistungsversagen oder Lernstörungen sind nur einige Beispiele für häufig synonym verwendete Begriffe. Die Bandbreite an Definitionen reicht von negativen Abweichungen vom Leistungsdurchschnitt der Klasse über das Unterschreiten von verbindlichen Anforderungen und Standards bis hin zu schwerem und dauerhaftem Versagen. Auch im anglo-amerikanischen Raum bestehen ähnliche Probleme bei der genauen Bestimmung der Bedeutung des Begriffs „learning disability" (vgl. ebd., S. 417; Zielinski, 1998, S. 12).[1] Ein Vergleich bisheriger Forschungsbefunde zu Bedingungsanalysen von Schulversagen wird vor dem Hintergrund einer fehlenden einheitlichen Begrifflichkeit erschwert (vgl. Hurrelmann & Wolf, 1986, S. 17). Umso wichtiger ist es auch für diese Arbeit zunächst klar zu definieren, was unter Ausleseprozessen verstanden und welches Verständnis von Schulversagen zugrunde gelegt wird.

Grundsätzlich kann das „administrative Schulversagen" von „schülerspezifischem, persönlichem Schulversagen" (Tupaika, 2003, S. 13) – häufig auch als Leistungsschwierigkeiten bezeichnet – abgegrenzt werden (vgl. auch Mähler et al., 2008). Da im Rahmen dieser Arbeit das Scheitern im Gymnasium nicht aus Sicht der betroffenen Schülerinnen und Schüler erörtert werden soll, ist das Heranziehen einer Definition des administrativen Schulversagens zweckmäßig. Demnach können unter Schulversagen „alle gesetzlich geregelten Barrieren des schulischen Weiterkommens gefasst werden, mit denen ein Schüler in seiner Schullaufbahn konfrontiert werden könnte" (Tupaika, 2003, S. 13). Verschiedene Formen des Schulversagens veranschaulichen, auf welche Barrieren die Kinder und Jugendlichen im Verlauf ihrer Schulzeit stoßen können. Tupaika (2003) unterscheidet folgende fünf Versagensformen (ebd., S. 17):

---

1   Einen Überblick über die vielseitigen Auffassungsmöglichkeiten des Begriffs „Schulversagen" im europäischen Kontext findet sich in Europäische Gemeinschaft 1994, S. 41 ff.

(1.) Zurückstellung vom Schulbesuch: Bereits vor Beginn der eigentlichen
Schulzeit kann einem Kind eine mangelnde Schulreife attestiert werden. Die
Einschulung verzögert sich damit in der Regel um ein Jahr.

(2.) Die Nichtversetzung oder Klassenwiederholung: Weisen Schülerinnen und
Schüler in mindestens zwei Fächern mangelhafte Leistungen auf, werden sie
nicht in die nächste Jahrgangsstufe versetzt und müssen die Klasse wiederholen.

*(3.) Abschulung bzw. Abstufung in eine Schulform mit niedrigerem Anspruchs-
niveau:* Entspricht der Leistungstand des Schülers trotz Klassenwiederholung
nicht dem definierten Klassenziel, kann dies als Nichteignung für die besuchte
Schulform gewertet werden. Da ein zweimaliges Sitzenbleiben in einer oder in
zwei aufeinanderfolgenden Jahrgangsstufen in der Regel nicht zulässig ist,
müssen die betroffenen Schülerinnen und Schüler dann in einen weniger anspruchsvollen Bildungsgang wechseln.

(4.) Überweisung in eine Förderschule: Von diesem beschriebenen Schulformwechsel kann die Überweisung in eine Förderschule abgegrenzt werden.
Insbesondere Hauptschulen, die nicht über die Möglichkeit verfügen, leistungsschwache Schülerinnen und Schüler in einen Bildungsgang mit niedrigerem Anspruchsniveau umzustufen, können von dieser Option Gebrauch machen.

(5.) Verlassen der Schule ohne Abschluss: Die wohl härteste und letzte Form
des Schulversagens ist das Verlassen der Schule ohne Abschluss. Sie tritt ein,
wenn Schülerinnen und Schüler die Schule frühzeitig abbrechen oder etwa die
Abschlussprüfung nicht bestehen.

All diesen Formen des Schulversagens gemein ist, dass Schülerinnen und
Schüler die entsprechenden Mindestanforderungen, die sie benötigen, um in
die nächste Jahrgangsstufe der besuchten Schulform vorzurücken, nicht erreichen. Durch Brüche oder Hindernisse müssen sie von der normalen Schullaufbahn abweichen.[2]

Von Bedeutung für die Schulform Gymnasium sind insbesondere die beiden
Formen der *Nichtversetzung/Klassenwiederholung* und der *Abstufung in einen
weniger anspruchsvollen Bildungsgang,* auf die sich im Kontext dieser Arbeit
beschränkt werden soll. Darüber hinaus werden im Rahmen der Vorstellung

---

2 Nicht nur in Verbindung mit den geschilderten Formen des Schulversagens wird im
   deutschen Schulsystem selektiert. Als ein weiterer bedeutender Ausleseprozess
   stellt sich der Übergang von der Grund- in die weiterführende Schule dar. Eine
   zentrale Gelenkstelle mit weitreichenden Folgen für den weiteren Bildungs- und
   Lebensweg der Kinder. Auch diese Selektionsform wird in der vorliegenden Arbeit
   Berücksichtigung finden (vgl. z.B. Kapitel 3.1).

ausgewählter Kennzahlen und Forschungsbefunde zum Ausmaß der selektiven Praxis (Kapitel 3) der Übergang von der Grundschule in das Gymnasium und die Schulabschlüsse thematisiert.

Am Beispiel des Schulgesetzes für das Land Nordrhein-Westfalen sollen nun zunächst die gesetzlichen Regelungen zu den zwei Formen des Schulversagens und zum Selektionsprozess am Ende der Grundschulzeit beim Übergang auf das Gymnasium dargelegt werden.

Nichtversetzung/Klassenwiederholung

Gemäß § 50 (Versetzung, Förderangebote), Absatz 3 hat die Schule ihren Unterricht „so zu gestalten und die Schülerinnen und Schüler so zu fördern, dass die Versetzung der Regelfall ist. Schülerinnen und Schülern der Grundschule und der Sekundarstufe I, deren Versetzung gefährdet ist, wird zum Ende des Schuljahres eine individuelle Lern- und Förderempfehlung gegeben. Sie sollen zudem die Möglichkeit der Teilnahme an schulischen Förderangeboten erhalten mit dem Ziel, unter Einbeziehung der Eltern erkannte Lern- und Leistungsdefizite bis zur Versetzungsentscheidung zu beheben [...]" (MSW NRW, 2013). Damit ist das Sitzenbleiben mit einem eindeutigen Förderpostulat verbunden. In der Erprobungsstufe (Jahrgangsstufe 5 und 6) ist die Klassenwiederholung nicht vorgesehen (vgl. Bellenberg & im Brahm, 2010). Über die Versetzung eines Schülers entscheidet die Klassen- oder Jahrgangsstufenkonferenz.

Abstufung in eine Schulform mit niedrigerem Anspruchsniveau

In § 50, Absatz 5 heißt es weiter: „Eine zweite Wiederholung ist in der Regel nicht zulässig" (MSW NRW, 2013). Weist ein Schüler selbst nach der Wiederholung eines Jahrgangs noch immer mangelhafte Leistungen auf, folgt eine Abstufung in einen Bildungsgang mit niedrigerem Anspruchsniveau. § 46, Absatz 8 regelt zu Schulformwechseln: „In der Sekundarstufe I prüft die Schule gemäß § 13 Abs. 3 und nach Maßgabe der Ausbildungs- und Prüfungsordnung im Rahmen der jährlichen Versetzungsentscheidung, ob den Eltern leistungsstarker Schülerinnen und Schüler der Hauptschule der Wechsel ihres Kindes zur Realschule oder zum Gymnasium und den Eltern leistungsstarker Schülerinnen und Schüler der Realschule der Wechsel ihres Kindes zum Gymnasium zu empfehlen ist" (ebd.). Betont wird damit das politische Bestreben, die Aufwärtsmobilität zu fördern (vgl. hierzu auch Bellenberg & im Brahm, 2010).

Wie stellt sich die gesetzliche Grundlage zum Einsatz dieser zwei Ausleseinstrumente in den anderen Bundesländern dar? Eine zweimalige Klassenwiederholung einer oder zweier aufeinanderfolgender Jahrgangsstufen ist in den weitaus meisten Bundesländern nicht zulässig. Eine solch anhaltende Leistungsschwäche führt dazu, dass ein Schüler das Gymnasium vorzeitig verlassen muss. Diese Regelung findet sich explizit auch in den Schulgesetzen Brandenburgs, Bremens, Hessens, Mecklenburg-Vorpommerns, Niedersachsens, Rheinland-Pfalz', Sachsens und Sachsen-Anhalts (vgl. Bellenberg, 2012). In Hamburg und Schleswig-Holstein ist der Verbleib im Gymnasium nach der Orientierungsstufe an die Leistungen gebunden; in den Schulgesetzen Bayerns und Baden-Württembergs wird lediglich ausgeführt, in welchen Fällen des frühzeitigen Abstiegs der Jahrgang wiederholt werden muss; Berlin verfügt über keine diesbezüglichen Vorschriften und für Thüringen und Saarland wird nur festgehalten, dass eine Abstufung aus dem Gymnasium möglich ist, im Saarland sowohl am Ende des ersten als auch des zweiten Halbjahres (vgl. ebd.).

Übergang von der Grundschule in das Gymnasium

Die Kultusministerkonferenz (KMK) regelt in einem Beschluss aus dem Jahr 1960 Grundsätze für die Schulformwahl am Ende der Grundschulzeit. Demnach muss jedem Kind „ohne Rücksicht auf Stand und Vermögen der Eltern – der Bildungsweg offen stehen, der seiner Bildungsfähigkeit entspricht" (KMK, 2010a, S. 5). Berücksichtigt werden soll neben den Kenntnissen und Fertigkeiten auch der Wille des Kindes zu geistiger Arbeit (vgl. ebd.). Nordrhein-Westfalen hat diese Empfehlung im § 11, Absatz 4 des Schulgesetzes NRW wie folgt umgesetzt:

„(4) Die Grundschule erstellt mit dem Halbjahreszeugnis der Klasse 4 auf der Grundlage des Leistungsstands, der Lernentwicklung und der Fähigkeiten der Schülerin oder des Schülers eine zu begründende Empfehlung für die Schulform, die für die weitere schulische Förderung geeignet erscheint. Ist ein Kind nach Auffassung der Grundschule für eine weitere Schulform mit Einschränkungen geeignet, wird auch diese mit dem genannten Zusatz benannt. Die Eltern entscheiden nach Beratung durch die Grundschule über den weiteren Bildungsgang ihres Kindes in der Sekundarstufe I" (MSW NRW, 2013). Eine Empfehlung für die Schulform Gesamtschule wird dabei stets mit aufgeführt. Die endgültige Entscheidung für den Besuch einer bestimmten Schulform obliegt in Nordrhein-Westfalen den Eltern, die dem Rat und der Empfehlung der Grundschullehrkräfte nachkommen können, aber nicht müssen. In den fünf Bundesländern Bayern, Sachsen, Sachsen-Anhalt, Thüringen und Brandenburg besitzen die Schulformempfehlungen der Grundschulen, den Schulgesetzen zufolge, bindenden Charakter (vgl. Bellenberg, 2012). Sie werden u.a. auf der Grundlage des Notendurchschnitts der Kinder getroffen. Möchten sich Eltern diesem Urteil widersetzen und ihr Kind dennoch an einem Gymnasium anmelden, sind die Kinder verpflichtet, entweder an einer Aufnahmeprüfung bzw. einem Eignungstest oder an einem zwei- bis dreitägigen Probeunterricht erfolgreich teilzunehmen (vgl. ebd.). Ähnliche Regelungen galten in Nordrhein-Westfalen in dem Zeitraum von Juni 2006 bis Dezember 2010. Im Jahr 2008 nahmen lediglich 1,3 Prozent der Grundschulabgängerinnen und -abgänger

(2.300 Kinder) an dem dreitägigen Prognoseunterricht teil (vgl. MSW NRW, 2008). Cortina & Trommer (2003) zufolge befolgen etwa drei Viertel der Eltern die Schulformempfehlung der Grundschule (vgl. ebd., S. 357). In den übrigen zehn Bundesländern gilt wie heute in NRW das freie Elternwahlrecht.

1.2 Gesellschaftliche Funktionen von Schule

Damit gesellschaftliche Aufgaben und Ziele des Bildungssystems, zu denen u.a. auch die Selektion gezählt werden kann, umfassender herausgestellt werden können, lohnt zu Beginn dieser Arbeit ein kurzer Blick auf theoretische Auseinandersetzungen zu den gesellschaftlichen Funktionen von Schule. Um diese beleuchten zu können, bedarf es zunächst einer Klärung des Verhältnisses von Bildungssystem und Gesellschaft, also der Rolle, die die Schule in einer modern ausdifferenzierten Gesellschaft einnimmt. Diese Beziehung zu identifizieren, ist ein Gegenstandsbereich der Schultheorie (vgl. Fend, 1980). Als Teildisziplin der Pädagogik untersucht sie darüber hinaus Erscheinungsformen, Entstehungsbedingungen und Wirkungen des Bildungssystems, betrachtet Schule als gesellschaftliche Institution und fragt nach ihrer Bedeutung für Erziehungs- und Unterrichtsprozesse. Sie gilt als übergreifende Disziplin, die um Klärung der generellen Aufgaben und Funktionen von Schule im gesellschaftlich-kulturellen Zusammenhang bemüht ist. Bezugspunkt für die nun folgenden Ausführungen des Verhältnisses zwischen Bildungsinstitutionen und der Gesellschaft sowie für die dann folgenden gesellschaftlichen Funktionen von Schule sind die Arbeiten Fends. Seine 1980 veröffentlichte Theorie der Schule hat er unter Aspekten der Akteur-, Verstehens- und Gestaltungsorientierung zu einer „Neuen Theorie der Schule" (2006) mit dem Ziel erweitert, sie praxis- und gestaltungsnäher sowie handlungsorientierter zu gestalten.

Zum Verhältnis von Schule und Gesellschaft

Ausgehend von Parsons Definition von Gesellschaft als ein Gefüge von Subsystemen, die spezielle Aufgaben zu erfüllen haben (vgl. Parsons, 1972), kann auch das Bildungssystem als eines der größten Subsysteme im modernen Staat gelten. An diesen Grundgedanken anschließend geht Fend (1980) in seinem struktur-funktionalen Ansatz einer Theorie der Schule von drei wesentlichen Aspekten aus, die das Schulsystem kennzeichnen.

(1.) Demnach können Schulsysteme als *Institutionen* bezeichnet werden. Institutionen zeichnen sich dadurch aus, dass sie als gesellschaftliches Gebilde zur Lösung grundlegender gesellschaftlicher Probleme beitragen und somit die dauerhafte Bewältigung von Kernaufgaben einer Gesellschaft verfolgen. Als übergeordnete Kernaufgabe des Bildungswesens kann die Tradierung der Kultur gelten und die heranwachsende Generation zu handlungsfähigen Subjekten zu machen, damit sich die Gesellschaft reproduzieren

kann. Ohne die Übermittlung von Kenntnissen an die nächsten Generatio-
nen ist das Überleben einer Gesellschaft nicht möglich, sie ist nötig für die
Aufrechterhaltung menschlichen und sozialen Lebens. Damit kommt der
Erziehung die Funktion der Aufrechterhaltung der gesellschaftlichen
Strukturen zu. Grundlegend für diesen Gedanken ist die Tatsache, dass
Menschen als unfertige Geschöpfe auf die Welt kommen, die aufgrund ih-
rer Instinktarmut und Lernfähigkeit auf Erziehung – als bewusst gestaltete
Einflüsse auf die Kinder – angewiesen sind, um überhaupt überlebensfähig
zu sein. Zunächst muss also ihre Handlungsfähigkeit hergestellt werden.
Auch Rolff (1997) betont die gesellschaftliche Aufgabe des Schulsystems,
soziale Strukturen, ökonomische, politische und kulturelle Handlungssys-
teme zu reproduzieren (vgl. ebd., S. 10).

(2.) In den Schulen werden *absichtliche und kontrollierte Veranstaltungen*
durchgeführt, um die Aufgabe der Reproduktion der Gesellschaft bewältigen zu können. So finden in Bildungsinstitutionen geplante und organisier-
te Erziehungsprozesse statt. Die intentionale – planvolle und absichtliche –
Erziehung kann dabei von der funktionalen Erziehung abgegrenzt werden,
unter die sich alle nicht geplanten in der Schule ablaufenden Prozesse sub-
sumieren lassen. Mit der intentionalen Erziehung kommt der Schule ein
gewisses „Beeinflussungspotential" zu, da hier durch erzieherische Eingriffe kulturelle Überzeugungen vermittelt werden.

(3.) Gesellschaftliche und kulturelle Kontexte prägen das Wissen und Seelen-
leben von Menschen. Fend zufolge muss folglich auch die *Schule als Sozi-
alisationsinstanz* betrachtet werden. Dem schulischen Sozialisationspro-
zess kommt dabei eine Doppelfunktion zu: Zum einen erlernen Schülerinnen und Schüler den gesellschaftlichen und kulturellen Habitus und bilden
ihre Persönlichkeit heraus (individuelle Funktion), zum anderen wird
durch die schulische Sozialisation die Gesellschaft reproduziert, da diese
nur durch die Weitergabe grundlegender fächerspezifischer, sozialer und
kultureller Fähigkeiten gefestigt und erneuert werden kann.

Die nun folgende Darstellung der gesellschaftlichen Funktionen von Schule
vertieft diese betrachteten Aspekte, insbesondere den der Reproduktionsaufga-
be, die sich in vier Teilbereiche gliedert.

Gesellschaftliche Funktionen von Schule

Im schultheoretischen Diskurs favorisieren verschiedene Autoren in Abhängigkeit von der wissenschaftlichen Grundposition, der sie sich verpflichtet
fühlen, unterschiedliche Aufgaben von Schule (vgl. z.B. Wiater, 1999). In den
einzelnen Ansätzen und Auffassungen nimmt Schule eine jeweils unterschiedliche Gestalt an. Die nun folgenden klassischen Funktionen werden dabei stets
aufgegriffen, jedoch unterschiedlich stark akzentuiert. Unter Bezugnahme auf
Fends „Neue Theorie der Schule" (2006) werden die folgenden vier Funktio-

nen von Schule ausgemacht: die kulturelle Reproduktion bzw. Enkulturation, Qualifikations-, Allokations- sowie Integrations- und Legitimationsfunktion.

Kulturelle Reproduktion bzw. Enkulturation

In der Schule werden nicht nur grundlegende Fähigkeiten wie Sprache oder Schrift erlernt, die zur Aufrechterhaltung einer Gesellschaft nötig sind, vielmehr werden auch Werteorientierungen vermittelt, um eine Gesellschaft und ihren erwünschten Zustand von Generation zu Generation aufrechterhalten zu können. Gelingen kann dies, indem Kultur erlernt und überliefert wird. Zugleich werden Kinder in ihrer Kultur „heimisch" (Fend, 2006, S. 49), indem sie von der Schule befähigt werden, die sie umgebenden Zeichensysteme und symbolischen und kulturellen Ordnungen zu verstehen und so an der Gesellschaft teilhaben zu können.

Qualifikationsfunktion

Die Vermittlung von Wissen, Fähigkeiten und Fertigkeiten, die zur Teilhabe am gesellschaftlichen Leben und besonders zur Ausübung einer beruflichen Tätigkeit erforderlich sind, stellt eine wesentliche Aufgabe der Schule dar. Die durch Lehre und Unterricht erreichte Qualifikation von zukünftigen Arbeitskräften trägt zur wirtschaftlichen Wettbewerbsfähigkeit bei und wirkt sich damit direkt auf das Berufs- und Beschäftigungssystem aus. Darüber hinaus sind diese Qualifikationen die Grundlage für die Zuteilung zu Berufspositionen und sozialem Aufstieg.

Allokationsfunktion

Unter Allokationsfunktion wird genau diese Verteilung der Heranwachsenden auf die verschiedenen Berufspositionen verstanden und damit verknüpft auch auf die verschiedenen Positionen der nach Bildung, Einkommen, kulturellen und sozialen Verkehrsformen gegliederten Gesellschaft.

In diesem Prozess der Zuordnung zu Gesellschafts- und Berufspositionen kommt der Schule durch ihr Prüfungssystem mit der Noten-, Zeugnis- und Berechtigungsvergabe große Bedeutung zu. Leistungen der Schülerinnen und Schüler sollten dabei ausschlaggebend sein. Dem meritokratischen Prinzip folgend sind eigene Lernanstrengungen für die Einordnung in die gesellschaftliche Sozialstruktur und die Verteilung auf hohe bzw. niedrige soziale Positionen verantwortlich. Dahinter steht die Idee der Leistungsideologie, dass soziale Ungleichheit oder ein misslingender Aufstieg bedingt durch unterschiedliche Begabungen selbstverschuldet sei. Belege dafür, dass insbesondere die soziale Lage für den Bildungserfolg und die Zuteilung auf Berufspositionen bedeutend ist, sind zahlreich (vgl. z.B. Klieme, Artelt, Hartig, Jude, Köller, Prenzel, Schneider & Stanat, 2010; Bos, Tarelli; Bremerich-Vos & Schwippert, 2012).[3] In Fends erstem Werk der Theorie der Schule betitelt er diese Vergabe sozialer Positionen als Selektionsfunktion (vgl. Fend, 1980, S. 29 ff.), die als „nichtpädagogische Aufgabe" des Bildungssystems angesehen wird (vgl. z.B. Strobel-Eisele, 2004; Wiater, 1999). Mit Rolff (1997) „fällt dem Schulsystem die Aufgabe zu, die Heranwachsenden den unterschiedlichen Statuslagen zuzuteilen (‚Allokation'), womit notwendigerweise Ausleseprozesse (‚Selektion') einhergehen, solange höherwertige (‚privilegierte') Lebenslagen existieren, die von mehr Personen nachgefragt werden als Positionen vorhanden sind. Allokation und Selektion sind also zusammenhängende Subfunktionen der allgemeinen gesellschaftlichen Reproduktionsfunktion des Bildungssystems" (ebd., S. 10). Für die Allokation, also die Zuteilung auf Positionen in der Gesellschaft, stellt die Selektion gewissermaßen die Grundlage dar.

Integrations- und Legitimationsfunktion

Nicht zuletzt leistet die Schule auch einen wesentlichen Beitrag zur gesellschaftlichen Integration und zur Reproduktion von Normen, Werten und Weltansichten, um politische Herrschaftsverhältnisse aufrecht zu erhalten. Ziel ist es, die Zustimmung der Heranwachsenden zum politischen Regelsystem herzustellen. Dazu werden zum einen politische Orientierungen direkt im Unterricht vermittelt, zum anderen erlernen die Schülerinnen und Schüler über die Struktur, Regelsysteme und Organisation des Schullebens die Legitimation von Autorität und Leistungsorientierung.

Die verschiedenen Funktionen illustrieren die Verflechtung, das Zusammenspiel von und die Austauschprozesse zwischen Politik, Wirtschaft, Kultur und Sozialstruktur. Diese Systeme hängen wechselseitig voneinander ab. Sie verdeutlichen gleichzeitig die hohe Bedeutung, die dem Schulsystem bei der Erhaltung und Weiterentwicklung der Gesellschaft zukommt. Neben diesen gesellschaftlichen Funktionen zeichnet sich das Bildungswesen aber auch durch einen klaren individuellen Nutzen für die Heranwachsenden aus: Kinder wachsen zu handlungsfähigen Persönlichkeiten heran, die kulturelle und soziale Identität sowie Berufsfähigkeit erlangen. Die von der Schule vergebenen Zertifikate ermöglichen ihnen, bestimmte Berufspositionen und Statusplatzierungen zu erreichen. Das Bildungswesen erweist sich damit als ein wichtiges Instru-

---

3   In Kapitel 3 „Das Ausmaß der selektiven Praxis des deutschen Schulsystems" wird mithilfe empirischer Befunde zur Auslese in deutschen Schulen der Frage nach der Diskrepanz zwischen dem hier erörterten Anspruch und der Wirklichkeit nachgegangen.

ment zur eigenen Lebensplanung, indem beruflicher Aufstieg durch Bildung selbst in die Hand genommen werden kann (vgl. Fend, 2006, S. 54).

Den beschriebenen gesellschaftlichen Funktionen von Schule muss aber auch eine pädagogische Sichtweise von Schule gegenübergestellt werden, damit Erziehungs- und Unterrichtsprozesse nicht ausgeblendet werden (vgl. Sandfuchs, 2001, S. 13). Dabei entsteht ein gewisses Spannungsverhältnis zwischen dem Förderprinzip als pädagogische Aufgabe einerseits und der Selektionsfunktion von Schule andererseits (vgl. ebd., S. 16). In Kapitel 2.2 werden Bildungsauftrag und Aufgaben des Gymnasiums thematisiert, wobei der Widerspruch zwischen leistungsgerechter Auslese und Förderung, dem Lehrkräfte tagtäglich ausgesetzt sind, erneut deutlich wird.

1.3 Ziele und Aufbau der Arbeit

Die insbesondere durch die großen Leistungsvergleichsstudien nachgewiesenen selektiven Effekte des deutschen Schulsystems (vgl. z.B. Wendt, Stubbe & Schwippert, 2012; Stubbe, Tarelli & Wendt, 2012; OECD, 2011), die in kaum einem anderen Land quantitativ so bedeutsam sind, bilden den Ausgangspunkt dieser Arbeit.

Das genaue Ausmaß dieser selektiven Prozesse aufzuzeigen, kann als ein erstes Anliegen dieser Arbeit gelten. Dazu werden zunächst bestehende Befunde zu vier ausgewählten Bereichen, mit denen Schülerinnen und Schüler der Schulform Gymnasium konfrontiert werden bzw. werden können, zusammengetragen: zum Übergang von der Grundschule in das Gymnasium, zu Klassenwiederholungen, zu frühzeitigen Abstufungen aus dem Gymnasium in einen Bildungsgang mit geringerem Anspruchsniveau und zu Schulabschlüssen. Im Zentrum der eigenen empirischen Untersuchung stehen die Schülerzahlverluste im Verlauf der Sekundarstufe I der einzelnen Gymnasien in Nordrhein-Westfalen. Hier gilt es zunächst, die Größenordnung des Scheiterns flächendeckend zu untersuchen und zu beschreiben. Im Anschluss an diese deskriptiven Analysen wird der Frage nach möglichen Ursachen für die regionalen und schulspezifischen Unterschiede nachgegangen, die – wie wir sehen werden – nicht nur hinsichtlich der Bildungsbeteiligung, der Schülerleistungen und der erreichten Schulabschlüsse, sondern auch im Hinblick auf frühzeitige Abgänge aus dem Gymnasium bestehen.

Dem Untertitel dieser Arbeit ist bereits zu entnehmen, dass ein zweites Anliegen in der Klärung von Ursachen für die identifizierten regionalen und schulspezifischen Disparitäten in der Selektionspraxis liegt. Nachdem der nationale und internationale Forschungsstand zu möglichen Bedingungen des Schulversagens und speziell des frühzeitigen Abgangs vom Gymnasium eruiert wurde, werden zwei Zugänge für die eigene Untersuchung gewählt, um der Frage nach den Gründen für die unterschiedlichen Verbleibchancen der Schülerinnen und

Schüler in den Gymnasien in Nordrhein-Westfalen nachzugehen. Zum einen werden strukturelle Input- und Kontextfaktoren wie schulische Rahmenbedingungen und regionale Voraussetzungen untersucht. In einem zweiten Zugang wird darüber hinaus auf den Beitrag der Organisation Schule fokussiert, indem im Kontext einer kontrastierenden Fallanalyse Prozessmerkmale auf Schul-, Unterrichts- und Lehrerebene als mögliche Erklärungsansätze für eine hohe bzw. niedrige Abschulungspraxis einbezogen werden. Ein Schwerpunkt liegt dabei auf den Einstellungen von Lehrkräften zur Selektivität des Schulsystems und zur Sinnhaftigkeit von Selektionsinstrumenten. Damit wird eine weniger erforschte Perspektive in den Mittelpunkt gerückt und so der Blickwinkel bisheriger Forschung erweitert, bei der bislang vornehmlich auf die individuellen Schülermerkmale als mögliche Erklärungsgründe für schulischen Misserfolg fokussiert wurde (vgl. z.B. Jacob & Tieben, 2010; Glaesser & Cooper, 2010; Stubbe, 2009a; Jacob & Hillmert, 2003; Henz, 1997). Die Bedeutung von Schülermerkmalen wie etwa der Intelligenz, Motivation oder den sozioökonomischen Familienverhältnissen für schulischen Misserfolg soll dabei nicht in Abrede gestellt werden, vielmehr soll mithilfe der eigenen explorativen Untersuchung der Beitrag der Schule sowie der regionalen und strukturellen Rahmenbedingungen näher beleuchtet werden. Da sich die internationale und nationale Dropout-Forschung auf die schulleistungsschwächsten Schülerinnen und Schüler des Schulsystems konzentriert, die sich in der Regel nicht auf dem Gymnasium befinden, liegen bislang nur sehr wenige Informationen zu frühzeitigen Abgängen aus Gymnasien vor (vgl. Stamm, 2010).

Aufbau der Arbeit

Um das soziale Problem des selektiven Schulsystems mit starken regionalen Disparitäten, das in Kapitel 3 ausführlich geschildert wird, verorten zu können, werden zunächst die Strukturen des deutschen Schulsystems dargelegt (Kapitel 2). Damit wird ein Rahmen geboten, in dessen Kontext die Thematik betrachtet werden muss. Neben dem Abriss bekannter Befunde zur Selektivität und Durchlässigkeit des Schulsystems werden in Kapitel 3 das Ausmaß und die Dimensionen des Scheiterns und somit die Praxis der Auslese mittels bewährter Indikatoren dargestellt. Theorie und Forschungsstand zu Ursachen des Schulversagens im Allgemeinen und den frühzeitigen Abstufungen aus dem Gymnasium im Speziellen werden in Kapitel 4 zusammengetragen. Für die eigene empirische Untersuchung werden daraus zwei Wirkmodelle (in Anlehnung an das Input-Prozess-Output-Modell der Schuleffektivitätsforschung) generiert (Zwischenfazit, Kapitel 5) und Forschungsfragen und Hypothesen abgeleitet (Kapitel 6). Nachdem das Forschungsdesign und die Durchführung der empirischen Studie sowie das methodische Vorgehen erläutert wurden (Kapitel 7), werden die Forschungsergebnisse dargelegt (Kapitel 8), zusammengefasst und diskutiert (Kapitel 9), um schließlich mit daraus abgeleiteten Schlussfolgerungen und einem Ausblick zu enden (Kapitel 10). Wie die nach-

folgende Grafik verdeutlicht, orientiert sich die Gliederung der vorliegenden
Arbeit damit am idealtypischen Forschungsablauf.

Abbildung 1: Idealtypischer Forschungsablauf

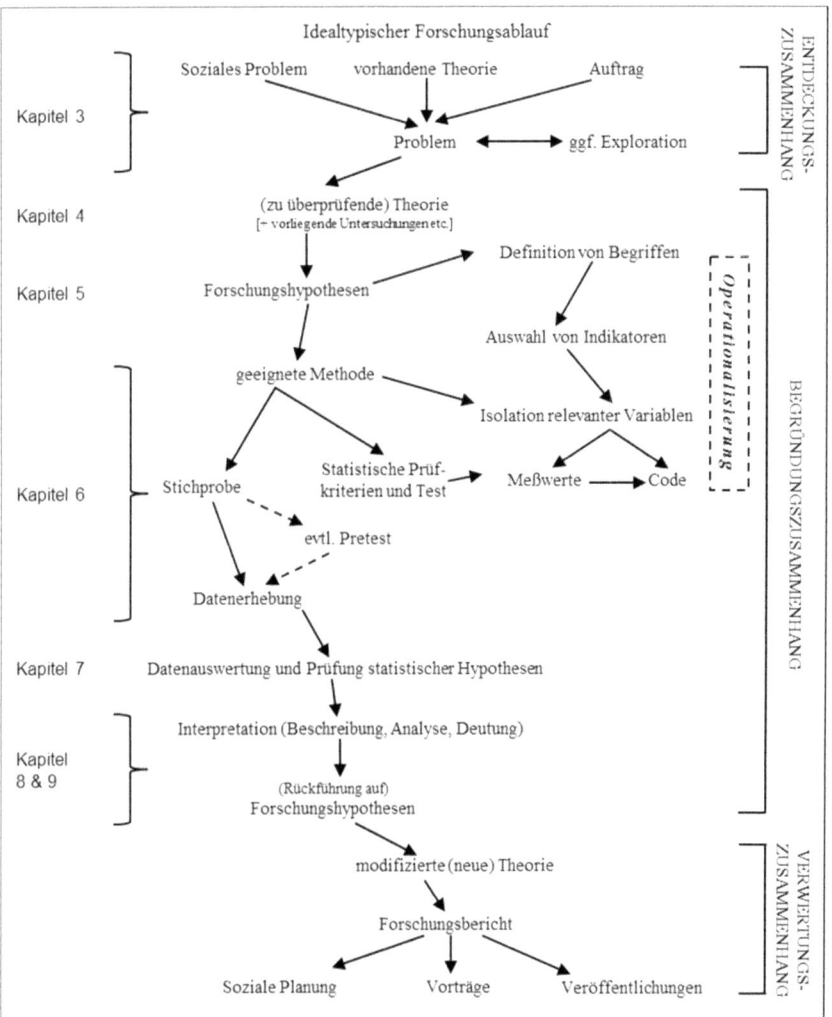

Quelle: Friedrichs, 1990, S. 51.

2 Das deutsche Schulsystem

Die Struktur des deutschen Schulsystems ist mit seiner Vielzahl an parallelen Bildungsgängen im Sekundarbereich verantwortlich dafür, dass Selektionsprozesse, vor allem frühzeitige Abstufungen in Bildungsgänge mit niedrigerem Anspruchsniveau, wie sie hier von Interesse sind, überhaupt stattfinden können. Zur Einordnung des Phänomens des selektiven Schulsystems – und vornehmlich der Gymnasien – wird deshalb zunächst das deutsche Schulsystem im Allgemeinen dargelegt (Kapitel 2.1), um daran anschließend das Gymnasium im Speziellen mit seinen aktuellen Entwicklungen und Herausforderungen zu beleuchten (Kapitel 2.2). Damit soll dieses Kapitel einen Rahmen bieten für die zu behandelnde Thematik des Ausmaßes der selektiven Praxis, für die theoretischen Überlegungen und empirischen Befunde zu Ursachen des Schulversagens und für die dann folgende eigene empirische Untersuchung.

2.1 Das Schulsystem im Allgemeinen

In dem folgenden Teilkapitel werden zunächst die Struktur (Kapitel 2.1.1) und die historische Entwicklung (Kapitel 2.1.2) des Schulsystems beschrieben, um schließlich den Blick auf die Philosophie des gegliederten Schulsystems, mit dem Fokus auf die Selektion, richten zu können (Kapitel 2.1.3).

2.1.1 Die Struktur des deutschen Schulsystems

Das deutsche Bildungssystem zeichnet sich durch die Mehrgliedrigkeit im Bereich der Sekundarstufe I aus. Im Anschluss an die vierjährige Grundschule (in Berlin und Brandenburg überwiegend sechsjährig) stehen für die Schülerinnen und Schüler je nach Bundesland verschiedene Schulformen bereit. Der hierarchisch gegliederte, selektive Sekundarbereich I des deutschen Schulsystems stellt im internationalen Vergleich eine Besonderheit dar (vgl. Deutsches PISA-Konsortium, 2001, S. 427).[4] Neben der sehr frühen Selektion in verschieden anspruchsvolle Schulformen ist die Variation struktureller Angebotsformen für das deutsche Bildungssystem konstitutiv – und das auch dann, wenn das berufsbildende Schulwesen außer Acht gelassen wird (vgl. z.B. van

---

4   Mit Ausnahme von Österreich, Liechtenstein, einigen Kantonen der Schweiz und einigen ehemaligen Ostblockstaaten sowie von Großbritannien und Luxemburg, wo ab der siebten Klasse innerhalb der Grundschule differenziert wird, werden die Schülerinnen und Schüler weltweit mindestens bis zur achten Jahrgangsstufe gemeinsam beschult (vgl. Döbert, Kann & Rentl, 2011, S. 23).

Ackeren & Klemm, 2011). Einzig das Gymnasium besteht in allen 16 Bundesländern und wird um ein bis fünf weitere Schulformen ergänzt. Auch in den neuen Bundesländern ist nach der Wiedervereinigung im Jahr 1990 das gegliederte Schulsystem nach jahrzehntelangem Einheitsschulwesen wieder eingeführt worden. Real- und Hauptschule sind dort jedoch gänzlich durch sogenannte Verbundschulen ersetzt worden (vgl. Fuchs, 2009).[5] Das traditionell dreigliedrige System, bestehend aus Gymnasium, Real- und Hauptschule, verliert auch in den alten Bundesländern zunehmend an Bedeutung. Die aktuell zu beobachtende Transformation der Bildungslandschaften und die strukturellen Umgestaltungen des Schulwesens sind offenbar weniger auf die in den internationalen Large-Scale-Studien identifizierten Mängel des deutschen Schulsystems als vielmehr auf den demografischen Wandel zurückzuführen (vgl. Rösner, 2010, S. 52). Insbesondere in dünn besiedelten ländlichen Regionen geraten Schulstandorte durch sinkende Schülerzahlen in Verbindung mit dem stetigen Wandel des Schulwahlverhaltens in Richtung höherer Bildungsgänge mit Abituroption zunehmend in Bestandsgefährdung. Hauptleittragender dieser Entwicklung ist der Basisbildungsgang Hauptschule, dessen Akzeptanzverlust sich bereits seit Jahrzehnten an sinkenden Übergangsquoten ablesen lässt. Der Trend zu verbundenen Schulen mit mehreren Bildungsgängen, die sich durch vielfältige Namensvariationen auszeichnen (z.B. Erweiterte Realschule im Saarland, Mittelschule in Sachsen, Regionalschule in Schleswig-Holstein, Sekundarschule in Sachen-Anhalt und Bremen, Regelschule in Thüringen), setzt sich in einer Vielzahl weiterer Bundesländer fort, indem sie entweder das Schulangebot der Haupt- und Realschule ergänzen oder komplett ersetzen, zum Teil mit und zum Teil ohne Abituroption. So finden wir aktuell nur noch fünf Bundesländer mit mehrgliedrigen Schulsystemen (Bayern, Baden-Württemberg, NRW, Hessen und Niedersachsen), während fünf Bundesländer über ein etabliertes zweigliedriges Schulsystem verfügen (Brandenburg, Mecklenburg-Vorpommern, Sachsen, Sachsen-Anhalt und Thüringen) und sich die sechs übrigen Länder (Berlin, Bremen, Hamburg, Rheinland-Pfalz, Saarland und Schleswig-Holstein) im Wandel zu einem Zweisäulenmodell befinden (vgl. Bellenberg, 2012, S. 13).

Unterschiedlich ausgeprägte quantitative Bedeutung kommt auch der Gesamtschule zu, an der in der Regel jeder Schulabschluss einschließlich allgemeiner Hochschulreife erworben werden kann. Während etwa in Nordrhein-Westfalen 17,7 Prozent der Schülerinnen und Schüler der Sekundarstufe I in einer Gesamtschule unterrichtet werden und damit die Kapazitäten dieser Schulform

---

5 Die einzige Ausnahme stellt Mecklenburg-Vorpommern dar. Hier wurde das dreigliedrige Schulsystem zunächst eingeführt, nach kurzer Zeit jedoch wieder abgeschafft.

mit zuletzt 33.000 Plätzen für Neuaufnahmen voll ausgeschöpft werden, sind es in Bayern oder Baden-Württemberg gerade 0,3 bzw. 0,6 Prozent (vgl. Autorengruppe Bildungsberichterstattung, 2012, Tab. D1-5web).

Diese Vielfältigkeit an weiterführendem Schulangebot ist mit ihren ebenfalls sehr unterschiedlichen Zugangsberechtigungen auf die Eigenständigkeit der Länder in Bildungsfragen zurückzuführen. Selbst die Kultusministerkonferenz (KMK) als oberste Schulaufsicht darf nur beratend, nicht aber entscheidend tätig werden. Je nach bildungspolitischer Grundüberzeugung werden Frühauslese und Dreigliederung in Zweifel gezogen oder nicht (vgl. Rösner, 2010). Auch die Strukturalternative Gesamtschule setzte sich demnach je nach Bundesland unterschiedlich stark durch.

Kinder mit sonderpädagogischem Förderbedarf können in eine Förderschule mit Schwerpunkt Lernen, Sehen, Hören, Sprache, körperliche und motorische Entwicklung, geistige Entwicklung oder emotional und soziale Entwicklung überwiesen werden. Ausdrückliches Ziel der UN-Konventionen über die Rechte von Menschen mit Behinderungen und der jeweiligen Landespolitik ist jedoch die (nahezu) vollständige Integration dieser Schülerinnen und Schüler in das allgemeinbildende Schulsystem (vgl. Klemm & Preuß-Lausitz, 2011). Von den 486.564 Schülerinnen und Schülern mit sonderpädagogischem Förderbedarf (6,4 Prozent) im Schuljahr 2010/11 werden 29 Prozent integrativ unterrichtet. In den letzten zehn Jahren hat sich die Integrationsquote damit verdoppelt (vgl. Autorengruppe Bildungsberichterstattung, 2012, S. 70). Nähere Untersuchungen zum Grad und Ausmaß der Integration verdeutlichen die starke regionale Variation dieser Quote: Auf Länderebene lässt sie sich zwischen 4,7 Prozent in Rheinland-Pfalz und 10,9 Prozent in Mecklenburg-Vorpommern beziffern (vgl. ebd.; auf Stadtebene auch Regionalverband Ruhr, 2012). Insgesamt betrachtet steigt der Anteil der Schülerinnen und Schüler mit Förderbedarf weiter an (2000/01 betrug der Anteil 5,3 Prozent). Aufgrund des demografischen Wandels hat sich die absolute Anzahl aber um 6.624 Kinder und Jugendliche mit Förderbedarf reduziert (vgl. Autorengruppe Bildungsberichterstattung, 2012, web Tab. D1-4A).

Neben dieser Fülle verschiedenster Schulformen verfügen alle Bundesländer über ein unterschiedlich ausdifferenziertes Berufsbildungssystem. Hier können je nach Ausrichtung der Schule nicht nur die üblichen berufsbezogenen Abschlüsse, sondern auch die Fachhochschulreife und das Abitur erlangt werden.

Mit Ausnahme der Gesamtschulen werden die allgemeinbildenden Schulen überwiegend in Halbtagsform angeboten. In den letzten Jahren ist ein eindeutiger Trend in Richtung ganztägige Bildung zu erkennen, der neben den erhöhten Anforderungen an Bildung und den veränderten gesellschaftlichen Bedingungen auch die diagnostizierten Probleme des Schulsystems, wie die bestehende soziale Ungleichheit, zur Ursache hat (vgl. z.B. Holtappels, 2009). So lässt sich der Anteil an Ganztagsschulen in Deutschland insgesamt inzwischen auf 51 Prozent beziffern (vgl. Autorengruppe Bildungsberichterstattung, 2012, S. 78). Gleichwohl streuen sowohl die Ganztagsschulquoten der einzelnen Bundesländer als auch die Quoten der unterschiedlichen Organisationsformen (gebunden, teilgebunden oder offen) teils erheblich um diesen Durchschnittswert.

Eine weitere Besonderheit des deutschen Schulsystems ist die klare Dominanz des öffentlich betriebenen Schulsystems, wenngleich in den letzten Jahren ein deutlicher Anstieg an allgemeinbildenden Schulen in privater/freier Trägerschaft zu beobachten ist – sie machen inzwischen 9,9 Prozent aller allgemeinbildenden Schulen aus (vgl. ebd., S. 71).

Eine bedeutende schulstrukturelle Änderung der letzten Jahre stellt die Verkürzung der Schulzeit am Gymnasium von neun auf acht Jahre dar (G8). Mit Ausnahme des Bundeslands Rheinland-Pfalz, wo die Umstellung den Ganztagsschulen im Rahmen eines Modellversuchs vorbehalten blieb, erlangen Schülerinnen und Schüler nach erfolgreichem Durchlauf der Abiturprüfung die allgemeine Hochschulreife nun in der Regel am Ende der Jahrgangsstufe 12.

Als einen letzten wesentlichen Aspekt des deutschen Schulsystems soll auf das im internationalen Vergleich besondere berechtigungsvergebende „terminale Prüfungswesen" verwiesen werden (vgl. Fend, 2008). Es steht dem „elektiven Prüfungssystem" anderer Länder gegenüber, bei dem lediglich die Erlaubnis zur Bewerbung an weiteren Bildungsgängen erteilt wird (vgl. ebd., S. 96). Mit der Vergabe von Abschlüssen vergeben deutsche Schulen Berechtigungen. Das Abitur beispielsweise gilt als Hochschulzugangsberechtigung für alle Studienfächer. Die Hochschulen verzichten in der Regel auf Eingangsprüfungen, als Auswahlkriterium gelten zumeist die durchschnittlichen Abiturnoten. Damit kommt den Schulen in Deutschland ein hohes Maß an Verantwortung zu.

2.1.2   Historische Betrachtung und Entwicklung des Schulsystems

Um nachvollziehen zu können, wie und warum sich die gegenwärtige Struktur des deutschen Bildungswesens so herausgebildet hat, werden nun wesentliche Stationen auf dem Weg zum gegliederten Schulsystem nachgezeichnet, um schließlich die aktuellen Bildungsaufträge der einzelnen Schulformen zu beleuchten.

Das höhere und niedere Schulwesen in Preußen

Die allgemeine Unterrichtspflicht wurde 1794 in Preußen eingeführt. Genaue Bestimmungen zur Art der Beschulung wurden hier jedoch nicht festgeschrieben, sodass die Beschulung aller Kinder sehr langsam voranschritt und sich erst Ende des 19. Jahrhunderts durchsetzte (vgl. Diederich & Tenorth, 1997, S. 49). Vorangetrieben wurde die Etablierung der Schulpflicht durch den preußischen Staat, der darin eine Möglichkeit sah, ökonomische Interessen und die

Legitimation des Staatsbewusstseins zu verfolgen. Aber auch das entstehende Bürgertum leistete einen entscheidenden Beitrag zur Durchsetzung der Schulpflicht. Es verfolgte das Ziel, durch Bildung in Konkurrenz mit dem Adel treten zu können (vgl. van Ackeren & Klemm, 2011, S. 15).

Bestimmt war die Bildung des 19. Jahrhunderts durch das höhere und niedere Schulwesen. Damit bestanden zwei Schultypen nebeneinander: die Elementarschulen zur Beschulung des ärmeren Teils der Bevölkerung und die in sich differenzierten höheren Schulen zur Vorbereitung der Kinder vermögender Eltern auf eine akademische Ausbildung an Hochschulen. Private Vorschulen bereiteten auf diese vor. Während die Lerninhalte der Elementarschulen auf grundlegende Techniken wie Lesen, Schreiben, Rechnen und der Religion beschränkt waren und somit die zumeist dreijährige Bildung bewusst begrenzt wurde, stellten die Fachwissenschaften den Hauptinhalt der höheren Schulen dar. Ihnen kam eine „universitätspropädeutische Funktion" zu (vgl. Diederich & Tenorth, 1997, S. 51). Dass die Abiturprüfung heute als Nachweis der Studierfähigkeit und damit als Voraussetzung für ein Universitätsstudium gilt, stellte sich in den drei Abiturreglements der Jahre 1788, 1812 und 1834 heraus. Mit Ausnahme der „höheren Töchterschulen" waren die höheren Schulen ausschließlich den Jungen vorbehalten. Dem humanistischen Gymnasium kam die beherrschende Stellung unter den höheren Schulen zu. Es vertrat antike Bildungsideale und verzichtete auf praktische und berufliche Bildungsinhalte, vornehmlich wurden Mathematik und alte Sprachen wie Latein und Griechisch gelehrt. Dies entsprach dem Bildungskonzept der Neuhumanisten, das weniger die Befähigung zu praktischen Tätigkeiten als vielmehr die allgemeine Menschenbildung ins Zentrum stellte und so das in der Aufklärungspädagogik vorherrschende Nützlichkeitsdenken ablöste (vgl. Blankertz, 1985). Erst die Industrialisierung und die damit einhergehenden veränderten Anforderungen an die Gesellschaft ließen diese Bildungsideale in der zweiten Hälfte des 19. Jahrhunderts bröckeln. Auch das Bürgertum mit seinem erhöhten Bildungsstreben ließ Forderungen nach einem quantitativen Ausbau und nach Differenzierung laut werden, denen schließlich durch die Einführung verschiedener Gymnasialtypen Rechnung getragen wurde. Mit diesen höheren Schulen, die einen Schwerpunkt auf moderne Fremdsprachen, der Mathematik oder Naturwissenschaften legten, wurde mit dem aufstrebenden Bürgertum ein anderes Publikum rekrutiert (vgl. Trautwein & Neumann, 2008). Im Jahr 1900 wurden sie rechtlich mit dem humanistischen Gymnasium gleichgestellt, indem sie die Berechtigung zur Vergabe der Hochschulzugangsberechtigung erhielten (vgl. ebd.). Die dann folgende Schülerzahlentwicklung verdeutlicht die schwindende Bedeutung des humanistischen Gymnasiums. Im Jahr 1908 wurde schließlich auch den Frauen die Erlaubnis erteilt, eine zum Studium berechtigende Abiturprüfung abzulegen.

Vor dem Hintergrund der Industrialisierung muss auch die Etablierung des Mittelschulwesens im 19. Jahrhundert gesehen werden, das als Basis der Realschulentwicklung angesehen werden kann. Nicht die Unterteilung nach Begabung, sondern vielmehr der aufkommende Qualifikationsbedarf kann als Beweggrund für die Entstehung der Mittelschule angesehen werden. Denn weder die Absolventen der Volksschulen noch die der Gymnasien waren den technischen Anforderungen der Industrialisierung gewachsen (vgl. Rösner, 2007a, S. 38; Rösner, 1984). Die Mittelschulen, vornehmlich für das immer mächtiger werdende Bürgertum, zeichneten sich durch ihre praxisbezogene Ausrichtung aus, in der bewusst keine Bildungsbegrenzung stattfand, deren Vorbereitung aber nicht auf akademische, sondern auf bürgerliche Berufe abzielte.

Mit der Aufteilung in ein höheres und niederes Schulwesen und den damit verknüpften Unterschieden in den Inhalten wurde der Massenbildung, bei der es bis zum Ende des 19. Jahrhunderts vornehmlich um die Herausbildung „herrschaftskonformer, disziplinierter, christlicher Untertanen" ging (Herrlitz, Hopf & Titze, 1984, S. 63), eine Elitenbildung gegenübergestellt. Während sich Kinder der privilegierten Elternhäuser durch die Schulbildung und das Erlangen des Abiturs als Bedingung für den Besuch der Hochschulen einen Platz in der höheren Schicht sicherten, erlangten die Schülerinnen und Schüler der Elementarschulen keinerlei Berechtigungen mit ihrem Abschluss (vgl. Diederich & Tenorth, 1997, S. 55). Die fortschreitende Industrialisierung verlangte zunehmend nach Arbeitskräften und stieß Modernisierungsprozesse an, die auch das niedere Schulwesen und die dort aktiv betriebene Bildungsbegrenzung nicht unberücksichtigt ließ. Gleichwohl herrschten auch weiterhin ständische Strukturen und eine autoritäre Pädagogik vor (vgl. van Ackeren & Klemm, 2011, S. 32).

Die Entstehung des dreigliedrigen Schulsystems in der Weimarer Republik

Ein entscheidender Schritt, zwar nicht zur gänzlichen Abschaffung, wohl aber zur Entschärfung der Klassengrenzen, wurde mit der Einführung der vierjährigen gemeinsamen Grundschule in der Weimarer Republik im Jahr 1920 getan. Eine von Teilen der Politik angestrebte Einigung auf eine gemeinsame Bildung über die Grundschulzeit hinaus konnte bereits damals nicht realisiert werden. Gleichwohl kann in diesem „Weimarer Schulkompromiss" der „Übergang vom Stände- zum Leistungsprinzip" (ebd., S. 33) gesehen werden. Gleichzeitig finden sich hier die Anfänge des in einigen Teilen der Republik bis heute fortbestehenden dreigliedrigen Schulsystems. Der weitaus größte Teil der Grundschulabsolventinnen und -absolventen führte ihren Weg in der Hauptschule – „Oberstufe" der Volkschule – fort, daneben existieren die Mittelschulen – später Realschulen – und Gymnasien. Erstmalig wurde nun der Zugang zum Gymnasium an schulische Leistungen gekoppelt und hing nicht mehr ausschließlich von der sozialen Herkunft ab (vgl. Bellenberg, 2011a, S. 13). Die wirtschaftliche und gesellschaftliche Stellung der Eltern wurde – zumindest offiziell – als Kriterium für den Schulbesuch durch die Eignung und Neigung der Kinder abgelöst. Grundlegend für das Verständnis der Zuweisung auf drei verschiedene Schulformen war nun erstmalig die Überzeugung, dass unterschiedliche Begabungstypen existieren, die in einer arbeitsteilig ausgerichteten Gesellschaft durchaus auch benötigt werden (vgl. z.b. Rösner, 2007a; Jungmann, 2008). Noch immer wurde die Auffassung vertreten, dass ungleiche Rollen und verschiedene Berufstätigkeiten in der Gesellschaft unterschiedliche Schulen erfordern, die auf die unterschiedlichen Positionen vorbereiten (vgl. ebd.). Drei verschiedenartige Bildungsinstitutionen könnten diesen unterschiedlichen Bildungsanforderungen einerseits und den unterschiedlichen Bildungsfähigkeiten der Schülerinnen und Schüler andererseits am ehesten gerecht werden: die am praktischen Beruf orientierte Volksschule zur Ausbildung der Arbeitskräfte, das Gymnasium zur Herausbildung eines kleinen Teils der theoretisch begabten geistigen Elite und die Mittelschule zur Vorbereitung bürgerlicher, aber nicht akademischer Berufe.

Das Schulsystem nach dem zweiten Weltkrieg

Während nach dem zweiten Weltkrieg in der Sowjetischen Besatzungszone und späterer DDR mit der Polytechnischen Oberschule ein Einheitsschulsystem eingeführt wurde, knüpfte Westdeutschland an die Dreigliedrigkeit des Schulsystems an (vgl. Drewek, 1994). Damit blieben die Forderungen der Alliierten nach einer gemeinsamen Schule für alle ebenso unberücksichtigt wie die Vorschläge Humboldts zu Beginn des 19. Jahrhunderts (vgl. Jungmann, 2008).

Die Fronten zwischen Verfechtern des gegliederten Schulsystems und denen eines Einheitssystems blieben auch weiterhin verhärtet. Auf der einen Seite standen ökonomische und begabungstheoretische Argumente für die bestehende Schulstruktur, wie das folgende Zitat veranschaulicht: „Dreierlei Menschen braucht die Maschine. Den, der sie bedient und in Gang hält, den, der sie repariert und verbessert, schließlich den, der sie erfindet und konstruiert [...]. Offenbar verlangt die Maschine eine dreigegliederte Schule: eine Bildungsstätte für die Ausführenden, also zuverlässig antwortenden Arbeiter, ein Schulgebilde für die verantwortlichen Vermittler und endlich ein solches für die Frage, die so genannten theoretischen Begabungen" (Weinstock, 1955, S. 121). Auf der anderen Seite wurden Proteste gegen die Auffassung laut, dass Begabung statisch und unveränderbar sei und vererbt werde (vgl. Roth, 1968, zitiert nach Jungmann, 2008, S. 37).

In den 1960er Jahren verzeichnete Westdeutschland dann eine Expansionswelle an gymnasialen Bildungsgängen, die durch eine Vielzahl von Neugründungen gekennzeichnet war. Damit lässt sich bereits damals ein erster deutlicher Anstieg der Bildungsbeteiligung am Gymnasium erkennen, der in den folgenden Jahrzehnten und bis heute anhält.

Die Bildungsreformdebatte am Ende der 1960er Jahre

Ausgangspunkt für eine Reihe von Bildungsreformen war die aufkommende Diskussion um die sozial ungleichen Bildungschancen Ende der 1960er Jahre. Sie war Anlass der Einführung der Gesamtschulen, deren quantitative Einführung nicht jede Region gleichermaßen betraf. Mit dem gemeinsamen Lernen an einer „Schule für alle", ohne bereits am Ende der Grundschulzeit zu selektieren, war die Hoffnung verbunden, dass sich Bildungsverläufe und Lebenschancen unabhängig von der sozialen Herkunft der Kinder entwickeln. Die Entstehung der Gesamtschule muss auch vor dem Hintergrund zunehmender Forderungen nach verstärkter Durchlässigkeit des Schulsystems gesehen werden, die während dieser Bildungsreformdebatte aufkamen. Die Bildungswege des dreigliedrigen Schulsystems wurden für zu starr empfunden, da nachträgliche Schulformwechsel nur äußerst selten auftraten (vgl. z.B. Bellenberg, 1999, S. 114). Diese boten aber die Möglichkeit, die Wahl des bereits vollzogenen, sehr frühen Übergangs in den weiterführenden Bildungsgang zu korrigieren. Eine Voraussetzung für ein durchlässiges Schulsystem stellte die Angleichung von Bildungsgängen dar. So wurden administrative Barrieren etwa durch die Angleichung der Lehrpläne, Einführung des Fremdsprachenunterrichts oder des zehnten Jahrgangs in der Hauptschule behoben und damit für eine offenere Ausgestaltung des Schulsystems gesorgt (vgl. Deutscher Bildungsrat, 1970; Jacob & Tieben, 2010, S. 157). Als Folge dieses curricularen Angleichungsprozesses hat die Kopplung zwischen Schulform und Abschluss langfristig an Bedeutung verloren. So ist es heute möglich, an allen allgemeinbildenden Schularten den mittleren Abschluss zu erlangen.[6]

Eine strukturelle Veränderung der Gymnasien, deren Auswirkung bis heute reicht, betraf die Neugestaltung der gymnasialen Oberstufe und die Abschaffung der vielfältigen Gymnasialtypen im Jahr 1972 (vgl. Trautwein & Neumann, 2008). Neben der Einführung von Grund- und Leistungskursen ist eine größere Wahlmöglichkeit je nach Interessen und Neigungen der Jugendlichen dafür konstitutiv (vgl. Terhart, 2001).

---

6 Dass gleiche Abschlüsse in Abhängigkeit von der besuchten Schulform z.T. unterschiedlich hoch angesehen werden, soll an dieser Stelle ebenso nur angemerkt werden, wie die Tatsache, dass die erreichten Kompetenzen von Abiturienten je nach Schulform stark variieren können (vgl. TOSCA-Studie: Köller, Watermann, Trautwein & Lüdtke, 2004).

Aktuelle Bildungsaufträge der einzelnen Schulformen

Dass die aus der historischen Perspektive hervorgehende ökonomische Sicht-weise, also die Steigerung der Wirtschaftsleistung als Begründung für eine schulstrukturelle Differenzierung, in der heutigen Zeit an Dominanz verloren hat, dürfte deutlich geworden sein. Heute kann die bestmögliche Passung zwi-schen Leistungspotential und Schulform als Beweggrund eines gegliederten Schulsystems gelten (vgl. Rösner, 2013, Jungmann, 2008). In dieser Auffas-sung werden heterogene Leistungsgruppen als problematisch angesehen, da sie das Ausrichten des Unterrichts auf ein mittleres Niveau verhindern (vgl. hierzu das folgende Teilkapitel).

Grundsätzlich besteht zwar die Idee fort, Kinder mit besonderen Fähigkeiten im Gymnasium auf ein Studium und Kinder im unteren Leistungsbereich auf eine Berufsausbildung vorzubereiten, die unterschiedlichen Lehrziele haben sich durchaus aber angeglichen. Die Bildungsaufträge der drei Schulformen betonen diese Veränderung, die auch durch die Entkopplung von Schulform und Abschluss deutlich wird:

Gemäß dem Schulgesetz des Landes Nordrhein-Westfalen unterscheiden sich die Ziele der einzelnen Bildungsgänge in der Vermittlung von *grundlegender* (an der Hauptschule), *erweiterter* (an der Realschule) und *vertiefter* allgemei-ner Bildung (am Gymnasium), die jeweils durch Schwerpunktbildung je nach Leistungen und Neigungen der Schülerinnen und Schüler bestimmt werden können. Dabei weichen die schulformspezifischen Vorbereitungen auf die unterschiedlichen Bildungswege im Anschluss an die Schulbildung nur durch die Reihenfolge der Aufzählung im Schulgesetz voneinander ab. Demnach befähigt das Gymnasium zur Fortführung des Bildungsweges auf einer *Hoch-schule*, „aber auch in *berufsqualifizierenden Bildungsgängen*", die Realschule zur Fortführung „*in berufs- und studienqualifizierenden Bildungsgängen*", die Hauptschule „vor allem in *berufs-, aber auch in studienqualifizierenden Bil-dungsgängen*" (vgl. § 14-16, Absatz 1 des Schulgesetztes für das Land NRW). Im Zuge der Entkopplung von Schulform und Abschluss stehen prinzipiell also allen Schülerinnen und Schülern, unabhängig von der besuchten Schulform, alle erdenklichen Bildungswege offen, vorausgesetzt die entsprechenden Zerti-fikate werden erreicht.

2.1.3   Die Philosophie des gegliederten Schulsystems –
Selektion zur Homogenisierung der Schülerschaft

Die gesellschaftlichen Funktionen von Schule (Kapitel 1.2) haben ebenso wie die Ausführungen zur historischen Entwicklung des Bildungswesens die Philo-sophie des gegliederten Schulsystems bereits angedeutet. Mit der Unterteilung des Schulsystems in mehrere Schulformen wird das Ziel verfolgt, eine mög-lichst homogene Schülerschaft im Hinblick auf ihre Leistungen unterrichten zu können. Es wird die Auffassung vertreten, dass durch möglichst wenig Heterogenität ein besonders förderliches Entwicklungsmilieu entstehen kann (vgl. z.b. Klemm, 2009; Tillmann, 2008; Bless, Schüpbach & Bonvin, 2004). Dieser Grundgedanke ist konstitutiv für die deutschen Schulsysteme und begründet die Fülle von Instrumenten und Maßnahmen, die zu einer verstärkten Homogenisierung von Lerngruppen führen sollen. Die Sortierung der Schülerinnen und Schüler wird durch die im internationalen Vergleich nahezu einzigartige und sehr früh stattfindende Differenzierungspraxis am Ende der Grundschulzeit angestrebt. Schulnoten und Empfehlungen der Grundschullehrkräfte, die in einigen Bundesländern bindend sind, bilden die Grundlage für den Übergang auf die weiterführenden Schulformen (zu den gesetzlichen Regelungen vgl. Kapitel 1.1).

Ziel ist es, eine möglichst gute Passung herzustellen zwischen Kompetenzen und Lernbereitschaft einerseits und der empfohlenen Schulform andererseits. Dabei „ist für das Verständnis von Bildungsverläufen innerhalb des gegliederten deutschen Schulsystems wichtig zu betonen, dass die Passung zwischen Person (Schüler) und Institution (hier: Schulart) – vielfach zum Bedauern von Eltern und Lehrern – zeitlich nicht stabil bleiben muss, weil die kognitive und motivationale Entwicklung im Jugendalter nicht leicht prognostizierbar sind" (Cortina & Trommer, 2003, S. 353).

Weisen Schülerinnen und Schüler trotz dieser Eingangsselektivität im Verlauf der Sekundarstufe I unbefriedigende Schülerleistungen auf, kann die Schule von weiteren Selektionsinstrumenten Gebrauch machen, so etwa von einer Klassenwiederholung oder einer Abstufung in einen Bildungsgang mit niedrigerem Anspruchsniveau (auch zu diesen gesetzlichen Bestimmungen vgl. Kapitel 1.1). Damit wird die Heterogenität am unteren Ende des Leistungsspektrums begrenzt (vgl. Tillmann, 2008, S. 48). Gleichermaßen kann bei leistungsstarken Schülerinnen und Schülern eine nachträgliche Korrektur durch den Aufstieg in eine Schulform mit höherem Anspruchsniveau vollzogen werden.[7] Damit kennzeichnet sich das deutsche Schulsystem durch eine Vielzahl von „Selektionsschleusen", die Schülerinnen und Schüler zu bewältigen haben. Den individuellen Leistungsunterschieden wird mit schulorganisatorischen Differenzierungsmaßnahmen begegnet. Anstelle von didaktisch-methodischen Maßnahmen der Lehrkräfte (innere Differenzierung) wird mit den verschiedenen Selektionsmechanismen eine äußere Differenzierung erlangt (vgl. Bless et

---

7   Nur kurz soll bereits jetzt darauf hingewiesen werden, dass 1) Querversetzungen in den weitaus meisten Fällen Abstiege in Bildungsgänge mit niedrigerem Anspruchsniveau bedeuten und dass 2) ein Großteil der von den Grundschulen als nicht geeignet empfundenen Schülerinnen und Schüler erfolgreich auf dem Gymnasium verbleiben (vgl. hierzu Kapitel 3).

al., 2004, S. 10). Anstatt zu fördern, wird selektiert. Vor diesem Hintergrund konstatiert Graumann (2008): „Solange es Schulen gibt, auf die Schüler mit verminderter Leistung (Sonder- bzw. Förderschulen) oder auch Höchstleistung (Eliteschulen) überwiesen werden können, werden Lehrer diese Angebote wahrnehmen. Sie werden sich eher die Frage stellen, ob der betreffende Schüler in ihre Klasse ‚passt', als die Frage, wie der Schüler innerhalb der Klassengemeinschaft effektiv gefördert werden kann" (ebd., S. 19).

Eine bundesweit repräsentative Lehrerumfrage aus dem Jahr 2006 fördert zu Tage, dass 56 Prozent der Lehrkräfte längeres gemeinsames Lernen der frühen Selektion vorziehen würden; an Gymnasien fällt diese Zustimmung am geringsten aus (44 Prozent) (vgl. Kanders & Rösner, 2006, S. 40). Darüber hinaus sind 41 Prozent der Lehrkräfte der Meinung, dass der Lernerfolg in homogenen Gruppen am größten ausfällt, auch hier sind die Gymnasiallehrkräfte mit 46 Prozent die stärksten Befürworter (vgl. ebd., S. 44).

Nur am Rande soll an dieser Stelle auf die zentralen Ergebnisse der großen Large-Scale-Studien hingewiesen werden, dass trotz gewünschter Leistungshomogenisierung durch das gegliederte deutsche Schulsystem und die weiteren Selektionsmaßnahmen, Leistungsspitzenwerte im internationalen Vergleich ausbleiben. Klemm bringt diese Befunde wie folgt auf den Punkt: „Die PISA-Studien der Jahre 2000, 2003 und 2006 bieten für Deutschland, dessen Schulklassen im internationalen Vergleich dem Ziel der Homogenität besonders nahe kommen, ein gleich bleibendes Bild: Das schwächste Viertel der Schülerinnen und Schüler, das überwiegend in Hauptschulklassen lernt, bleibt im internationalen Vergleich ebenso wie das stärkste Viertel, das überwiegend in Gymnasien unterrichtet wird, deutlich hinter den Altersgleichen anderer Länder mit weniger ausgeprägt leistungshomogenen Lerngruppen zurück […]. Offensichtlich werden also in anderen Ländern pädagogische Arrangements gefunden, in denen alle Schülerinnen und Schüler in leistungsheterogenen Lerngruppen Lernergebnisse erreichen, die denen in den eher leistungshomogenen Lerngruppen in Deutschland überlegen sind" (Klemm, 2009, S. 8).

Durch den Einsatz der verschiedenen Selektionsinstrumente sollen leistungsschwächere Schülerinnen und Schüler einerseits den Anschluss an den Leistungsstand wiedererlangen, andererseits wird somit der gewünschten Leistungshomogenität Rechnung getragen. Sich schulischer Selektion auszusetzen, kann hierzulande folglich als „fundamentale Anforderung" an Kinder und Jugendliche betrachtet werden (Brademann, Helsper, Kramer & Ziems, 2009, S. 255).

Der Einsatz der verschiedenen Ausleseinstrumente ist ein gesellschaftliches und politisch gewolltes Mittel: „Auf diese Weise wird dem gesellschaftlichen Leistungssystem Gerechtigkeit verliehen und schulische Auslese legitimiert. Erfolg und Misserfolg kann damit dem Individuum als persönliche Verhaltensleistung zugeschrieben werden" (Tupaika, 2003, S. 13; vgl. auch Fend, 1977;

Hurrelmann, 1988). Dieser selektive und allokative Charakter des Bildungssystems ist im Kontext der Funktionen von Schule (Kapitel 1.2) bereits angedeutet worden. Schule kann demnach als Verteilungsinstanz von Schulerfolg verstanden werden, in der Selektion in Form von Übergangsempfehlungen, Versetzungen und Schulabschlüssen stattfindet (vgl. Gomolla & Radtke, 2009, S. 24). Die dort vergebenen Abschlusszertifikate befähigen zur Teilhabe an der Gesellschaft, insbesondere des Beschäftigungssystems. Die soziologische Selektionsfunktion von Schule steht gewissermaßen im Widerspruch zur pädagogischen Aufgabe und dem rechtlichen Anspruch auf bestmögliche individuelle Förderung der Schülerinnen und Schüler (vgl. Bless et al., 2004, S. 12). Zumindest, wenn Selektion in Form von Klassenwiederholungen oder Verweisen auf eine Schulform mit niedrigerem Anspruchsniveau nicht als Fördermaßnahme angesehen wird. Wenn es im Folgenden um das Gymnasium im Speziellen und seinen neueren Entwicklungen und aktuellen Herausforderungen geht, wird dieses Spannungsverhältnis unter dem Aspekt *gewandelter Bildungsauftrag und pädagogische Aufgabe* erneut angedeutet.

Dem meritokratischen Prinzip folgend werden Übergangsempfehlungen und Abschlusszertifikate offiziell durch die Leistungen jedes Kindes bestimmt. Inwiefern dieser leistungsbezogene Wettbewerb problematisch wird, wenn er durch unterschiedliche familiäre Ausgangsbedingungen beeinflusst wird, gilt es noch zu thematisieren (vgl. Kapitel 3 und 4). Dass eine solche Sortierung nicht nur nicht leistungsgerecht, sondern sozial höchst selektiv stattfindet, ist durch die großen Large-Scale-Studien wie PISA und IGLU hinlänglich bestätigt worden.

2.2 Das Gymnasium im Speziellen

Um die Praxis der Selektionsprozesse im Bildungsgang Gymnasium besser verstehen und einordnen zu können, richtet sich der Blick nun speziell auf diese Schulform. Dazu werden sieben Aspekte neuerer Entwicklungen und aktueller Herausforderungen angerissen, die stets bedacht werden müssen, wenn – wie in dieser Arbeit – auf Selektionsprozesse fokussiert wird.

2.2.1   Neuere Entwicklungen und aktuelle Herausforderungen

Expansion der Schülerzahlen

Die wohl folgenreichste Entwicklung für das Gymnasium kann in der seit den 1960er Jahren zu beobachtenden Bildungsexpansion gesehen werden, die neben der zunehmenden Attraktivität des Bildungsganges auch auf erhöhte Qualifikationsanforderungen der Gesellschaft zurückzuführen ist. Sie hat dazu geführt, dass die Schülerzahl an den Gymnasien stetig angestiegen ist. Heute lernen über 1,5 Mio. Kinder und Jugendliche und damit 34,4 Prozent der Schülerinnen und Schüler an allgemeinbildenden Schulen der Sekundarstufe I in Gymnasien (vgl. Statistisches Bundesamt, 2012b, S. 13).[8] Damit ist die einstige Eliteschule zum beliebtesten Bildungsgang für Eltern und Kinder geworden. Mit Kiper (2005) lässt sich festhalten, dass die Gymnasien einen Funktionswandel vollzogen haben, indem sie sich von der einstigen Ausleseschule für die Ausbildung kleiner Eliten hin zur größten Ausbildungseinrichtung entwickelt haben (vgl. ebd., S. 301). Den Status der elitären Bildungsanstalt früherer Zeiten, auf die ein nur ausgelesener Personenkreis übergeht, hat das Gymnasium in diesem Zuge verloren.

Welche Gründe können für den deutlichen Anstieg der Besuchsquote an den Gymnasien ausgemacht werden? Rösner spricht in diesem Zusammenhang von einer „unaufhaltsamen Aspirationsspirale elterlicher Schulabschlusswünsche" (Rösner, 2007b, S. 9). Diese Aspirationsspirale erklärt den stetigen und gleichartigen Wandel des Schulwahlverhaltens hin zu Bildungsgängen mit Abituroption. Diese anhaltende Entwicklung kann darauf zurückgeführt werden, dass Eltern ihren gesellschaftlichen Status in der Generationsfolge aufrechterhalten möchten. Um dies gewährleisten zu können, benötigen ihre Kinder mindestens den gleichen, wenn nicht sogar einen besseren Schulabschluss. Bestätigt wird dieser Umstand z.b. durch die repräsentative Umfrage des Instituts für Schulentwicklungsforschung (IFS): Demzufolge wünschen sich die Hälfte aller befragten Schülereltern das Abitur als Schulabschluss für ihr Kind, während sich neun Prozent mit einem Hauptschulabschluss zufrieden geben würden (vgl. Kanders, 2004). Von den Eltern, die selbst über die allgemeine oder Fachhochschulreife verfügen, belaufen sich die Werte auf 86 Prozent (mit Wunsch Abitur) und einem Prozent (mit Wunsch Hauptschulabschluss); Eltern mit Hauptschulabschluss wünschen sich mit 31 Prozent deutlich seltener das Abitur und mit 19 Prozent eindeutig häufiger den Hauptschulabschluss für ihre Kinder (vgl. ebd., S. 19). Vergleichbare Ergebnisse berichten z.B. auch Jonkmann, Maaz, Neumann & Gresch (2010). Da nun das Bildungsniveau der Bevölkerung im Zuge der Bildungsexpansion stetig gestiegen ist (wie Abbildung 2 verdeutlicht), verstärkt sich bei der Schulwahl für die eigenen Kinder auch die Hinwendung zu höheren Bildungsgängen.

---

8   Für genauere Informationen zum Anstieg der Übergangsquoten zum Gymnasium
    vgl. Kapitel 3.1.

Abbildung 2: Bevölkerung im Alter von 35 bis unter 40 Jahren nach ausgewähltem Schulabschluss (in %)

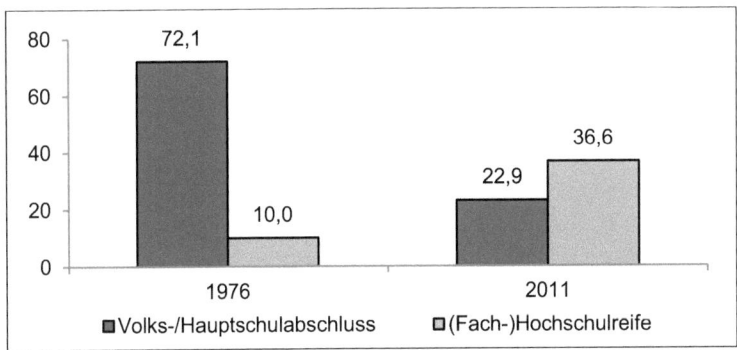

Quelle: Statistisches Bundesamt, 2012c, S. 16, Sonderauswertung des Statistischen Bundesamts zu den Ergebnissen des Mikrozensus 1976, eigene Darstellung.

Während 1976 lediglich zehn Prozent der Wohnbevölkerung im Alter von 35 bis unter 40 Jahren[9] über eine allgemeine oder eine Fachhochschulreife verfügten, sind es 2011 bereits 36,6 Prozent. Ein noch eindeutigeres Bild offenbart der Blick auf den Anteil der Bevölkerung mit Haupt-/Volksschulabschluss: Der Anteil von 72,1 Prozent im Jahr 1976 ist auf 22,9 Prozent im Jahr 2011 gesunken. Die logische Folge steigender Schulabschlussqualifikationen der Eltern ist nicht nur der anhaltende Trend zum Gymnasium, sondern auch die stetige Abwendung von der Hauptschule. Beeinflusst wird die Veränderung des Schulwahlverhaltens darüber hinaus auch von der Entwicklung des Schüleraufkommens: Sinken die Schülerzahlen aufgrund des demografischen Wandels beim Übergang nach der Grundschule, steigt die Übergangsquote ins Gymnasium, da Kapazitäten frei werden (vgl. Rösner & Stubbe, 2008, Gomolla & Radtke, 2009 und ausführlicher in Kapitel 3.3). Darüber hinaus erklären auch die Verschiebungen auf dem Arbeitsmarkt die Tatsache, dass Eltern das Unterschreiten des eigenen Abschlussniveaus bei ihren Kindern vermeiden möchten. Denn Ausbildungs- und Berufspositionen verlangen zunehmend höhere Schulabschlussqualifikationen. Die Expansion des Gymnasiums hat zu einer Entwertung des Abiturs geführt (vgl. z.B. Terhart, 2001). Ausbildungsberufe, die einst einen mittleren Abschluss voraussetzten, verlangen heute das Abitur. So besetzen Abiturientinnen und Abiturienten Berufe, die früher den Realschulabsolventen vorbehalten waren. Hauptschulabsolventen werden unterdessen von

9 Ungefähr in diesem Alter treffen Eltern die Entscheidung für die Schulwahl ihrer Kinder.

Realschülerinnen und -schülern verdrängt (vgl. Rösner, 2011). Dass Bildungsaspirationen von Eltern und ihren Kindern auch vor diesem Hintergrund steigen, verwundert nicht. Der Umstand, dass dieser stetige Prozess der „Aspirationsspirale", also die aus den steigenden Abschlussqualifikationen resultieren-
den steigenden Bildungsaspirationen, unaufhaltsam und unumkehrbar ist, beeinflusst massiv auch die weiteren Selektionsprozesse wie die Querversetzungen zwischen parallelen Bildungsgängen mit unterschiedlichem Anspruchsniveau (vgl. hierzu Kapitel 3.3 und 4.2).

Des Weiteren stellt sich die Frage, ob die Bildungsexpansion und die Öffnung
des Gymnasiums das Absinken des Leistungsniveaus zur Folge hat. Köller
(2007) zeigt mithilfe eines historischen Vergleichs, dass die kognitiven Leistungen der Gymnasiastinnen und Gymnasiasten in Nordrhein-Westfalen im
Jahr 1992 über denen aus dem Jahr 1969 liegen (vgl. ebd.). Werden jedoch die
Mathematikleistungen von Siebtklässlern aus dem Jahr 1997 denen aus 1969
gegenübergestellt, wird ersichtlich, dass sich eine Verschlechterung vollzogen
hat (vgl. ebd., S. 24 ff.). Prinzipiell muss jedoch vor der Schlussfolgerung ge-
warnt werden, dass das Halten der Schülerschaft bei dem stetigen relativen
Anstieg der Gymnasialbesuchsquoten nur durch eine Niveauabsenkung zu
leisten sei (vgl. Terhart, 2001). Empirisch sei eine solche These nicht haltbar:
„Nichts beweist, dass in diesem Kontext mehr Quantität immer automatisch
zulasten von Qualität geht" (ebd., S. 121).

Die Schülerschaft am Gymnasium

Die Öffnung des Gymnasiums hat dazu geführt, dass die Schülerschaft heterogener geworden ist. Gleichwohl zeichnet sich das Gymnasium im Vergleich zu
den anderen Schulformen noch immer durch vorteilhafte und günstige Bedingungen hinsichtlich der Lernvoraussetzungen und des fachlichen Wissens der
Schülerinnen und Schüler aus. Vergleichsweise selten weisen sie Brüche in
ihrer Schullaufbahn in Form von Klassenwiederholungen oder verspäteten
Einschulungen auf (vgl. z.B. Bellenberg, 1999). In den großen Leistungstests
der letzten 15 Jahre erzielen die Gymnasiastinnen und Gymnasiasten verglichen mit den anderen Schulformen durchschnittlich die höchsten Leistungen.
In PISA 2009 erreichen sie in der Gesamtskala Lesen 575 Leistungspunkte,
gegenüber einem Mittelwert von 411 an Hauptschulen, 498 an Realschulen und
479 an Gesamtschulen (vgl. Naumann, Artelt, Schneider & Stanat, 2010,
S. 56).[10] Das Gymnasium verfügt folglich über eine positiv ausgewählte Schülerschaft – ein Umstand der die Lehrkräfte jedoch nicht vom Klagen über den

---

10 Zum Vergleich: Schülerinnen und Schüler in Finnland, deren Schullandschaft sich
     durch ein Gesamtschulwesen kennzeichnet, erreichen durchschnittlich 536 Kompe-
     tenzpunkte (vgl. ebd., S. 60).

Leistungsabfall der Eingangsvoraussetzungen abhält (vgl. Baumann, 2009; Kiper, 2005). Mit verantwortlich für die hohen Leistungsmittelwerte und geringen Leistungsstreuungen an dieser Schulform ist die Tatsache, dass Gymnasien ihre leistungsschwächsten Schülerinnen und Schüler an andere Schulformen abgeben (vgl. Deutsches PISA-Konsortium, 2001, S. 477).

Am Beispiel der Schülerinnen und Schüler mit bzw. ohne deutsche Staatsbürgerschaft in Nordrhein-Westfalen soll die positive Auslese der Schülerschaft an Gymnasien veranschaulicht werden.[11]

Abbildung 3: Bildungsbeteiligung deutscher und nichtdeutscher Schüler nach Schulform in der Sekundarstufe I in NRW 2011/12 (in %)

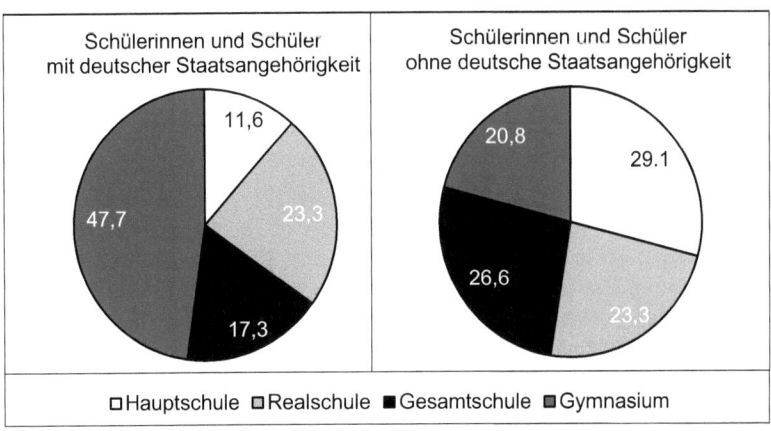

Quelle: MSW NRW, 2012b, S. 123, eigene Darstellung.

Ein Blick auf die Bildungsbeteiligung der deutschen und nichtdeutschen Schülerinnen und Schüler offenbart eindeutig, dass nichtdeutsche Kinder und Jugendliche an Gymnasien in Nordrhein-Westfalen deutlich unterrepräsentiert sind. Im Schuljahr 2011/12 lernen 47,7 Prozent der deutschen Schülerinnen und Schüler an einem Gymnasium, während dies auf nur 20,8 Prozent der

---

11 Obwohl die Bildungsbeteiligung und der Bildungserfolg stärker mit dem sozioökonomischen als mit dem Migrationsstatus zusammenhängen (vgl. z.B. Klieme, Artelt, Hartig, Jude, Köller, Prenzel, Schneider & Stanat, 2010; Bos et al., 2012), muss an dieser Stelle auf den Indikator der Staatsangehörigkeit zurückgegriffen werden, da die amtliche Schulstatistik keine Informationen zur sozialen Zusammensetzung der Schülerschaft bereithält. Allerdings finden sich in der Gruppe sozioökonomisch benachteiligter Menschen überproportional viele Menschen mit Migrationshintergrund (vgl. z.B. Gresch & Becker, 2010).

nichtdeutschen Jugendlichen zutrifft. Das gegenteilige Bild zeigt sich an den Hauptschulen: Während hier nur 11,6 Prozent der deutschen Schülerinnen und Schüler unterrichtet wird, betrifft dies mit 29,1 Prozent den größten Anteil der nichtdeutschen Jugendlichen. Beachtet werden muss allerdings, dass die Bildungsaspirationen und schulischen Kompetenzen je nach Herkunftsland der Kinder und Jugendlichen stark variieren und einige Nationalitäten im Vergleich zu deutschen Schülerinnen und Schülern sogar besser abschneiden (vgl. Weishaupt & Kemper, 2009). Werden nur die Gymnasiastinnen und Gymnasiasten in NRW in den Blick genommen, zeigt sich, dass lediglich 4,4 Prozent dieser Schülerschaft 2011/12 keine deutsche Staatsangehörigkeit besitzt; 14,7 Prozent der Kinder und Jugendlichen an Gymnasien haben einen Migrationshintergrund – zum Vergleich: insgesamt beläuft sich der Anteil von Schülerinnen und Schülern mit Migrationshintergrund in NRW auf 26,3 Prozent, in den Hauptschulen liegt er bei überdurchschnittlichen 38,3 Prozent (vgl. MSW NRW, 2012b und eigene Berechnungen).

Fraglich bleibt folglich, inwiefern die am Gymnasium erzielten guten Leistungen gegenüber der anderen Schulformen auf erfolgreiche Unterrichtsarbeit oder auf eine positiv aussortierte Schülerschaft zurückzuführen sind (vgl. Kiper, 2007a, S. 47).

Dessen ungeachtet stellt der drastische Wandel durch die starke Zunahme der Besuchsquoten und die damit einhergehende heterogener werdende Schülerschaft die Gymnasiallehrkräfte vor neue Herausforderungen, die ein Umdenken in der didaktischen und pädagogischen Arbeit nach sich ziehen. Mit einer vergrößerten Teilnehmergruppe muss ein hohes Bildungsniveau gehalten werden. Einer veränderten Förder- und Unterstützungskultur kommt dabei eine besondere Bedeutung zu, die durch den im Schulgesetz verankerten Anspruch auf individuelle Förderung an Interesse gewinnt (vgl. MSW NRW, Schulgesetz für das Land NRW, § 1, Absatz 1, Stand 18.01.2013).

Gewandelter Bildungsauftrag und Aufgabe des Gymnasiums

Auch der Bildungsauftrag und die vornehmlichen Aufgaben des Gymnasiums bleiben nicht unberührt von dem durch die Bildungsexpansion bedingten wachsenden Schüleranteil und dem damit verknüpften Funktionswandel dieser Schulform. Wie aus der historischen Betrachtung des Schulsystems hervorging (Kapitel 2.1.2), galt die Studienvorbereitung der Kinder des Adels als vornehmliches Ziel des Gymnasiums. Die Ausbildung einer akademischen Elite sollte so gewährleistet werden. Vor diesem Hintergrund konnte das Gymnasium eindeutig als vorakademischer Bildungsgang verstanden werden, der seit 1834 durch die Vergabe des Abiturs die Hochschulzugangsberechtigung vergibt. Dem heutigen Bildungsauftrag des Gymnasiums ist demgegenüber zu entnehmen, dass hier vertiefte allgemeine Bildung vermittelt und zur Fortführung des Bildungsweges auf einer Hochschule, „aber auch in berufsqualifizierenden Bildungsgänge" (MSW NRW, Schulgesetzt für das Land NRW,

§ 14–16, Absatz 1, Stand 18.01.2013) befähigt werden soll. Dabei sollte es ferner gelingen, die Allgemeinbildung und Wissenschaftspropädeutik zu fördern und den Schülerinnen und Schülern Freude an der intellektuellen Aneignung der Wirklichkeit, am Denken, Erkennen, Forschen, an der Erkenntnis und am Wissen zu bereiten (vgl. Rehfus, 1995, S. 189 zitiert nach Kiper, 2005, S. 302). „Der Unterricht soll zur Auseinandersetzung mit komplexen Problemstellungen anleiten und zu abstrahierendem, analysierendem und kritischem Denken führen" (MSW NRW, 2012a[12]). Die Universitäten stehen dagegen vor der Aufgabe der fachwissenschaftlichen Ausbildung. Das dem Gymnasium zugeschriebene Anspruchsniveau kann also begründet als sehr hoch bezeichnet werden. Wenngleich die Anbindung an das Wissenschaftssystem noch immer als ein vornehmliches Bildungsziel des Gymnasiums angesehen werden kann, gewinnt auch die Berufsorientierung, Berufs- und Berufswahlvorbereitung zunehmend an Bedeutung. Schon längst wird das Abitur nicht mehr nur als Hochschulreife angesehen, sondern auch als anderweitig verwertbares Zertifikat, das die besten beruflichen Startbedingungen sichert (vgl. z.B. Kiper, 2005, Terhart, 2001).

Die gymnasiale Bildungsidee ist damit bereits angedeutet: Humboldts Grundgedanken folgend ist zunächst eine umfassende Bildung, ein breites Fundament, von Nöten, bevor eine spezielle Ausbildung vollzogen werden kann (vgl. Bosse, 2009a, S. 17). Dabei geht es nicht allein um die viel diskutierten Schlüsselqualifikationen wie Lebenslanges Lernen, Kommunikationsfähigkeit und Zusammenarbeit, vielmehr müssen darüber hinaus auch fachlich sortierte, aufeinander aufbauende Inhalte erlernt werden (vgl. ebd.). Demgegenüber steht etwa das kompetenzorientierte Literacy-Konzept – das Bildungskonzept, das der PISA-Studie zugrunde liegt. Wörtlich übersetzt „Zum Lesen und Schreiben fähig sein" zielt es auf eine funktional-praktische Ausrichtung des Wissens ab, bei dem stets der Bezug zur Wirklichkeit der Jugendlichen hergestellt wird (vgl. ebd.).

Die geschilderten Entwicklungen – die veränderte Bildungsidee, die heterogener werdende Schülerschaft und der erweiterte Anspruch einer Berufsorientierung – stellt die Lehrkräfte an Gymnasien im Hinblick auf ihre didaktische und pädagogische Arbeit vor große Herausforderungen. Mit der Abwendung von der im historischen Kontext entstandenen primären Aufgabe des Gymnasiums, die zukünftige Bildungselite auszubilden, rückt die Frage nach einer neuen Pädagogik des Gymnasiums in den Vordergrund (vgl. Kiper, 2007a). So könnte sich auch die Arbeit am Gymnasium etwa an reformpädagogischen Überlegungen orientieren, indem sie verstärkt Hausaufgabenbetreuung und Förder-

---

12 http://www.schulministerium.nrw.de/BP/Schulsystem/Schulformen/Gymnasium/
    [Zugriff am 17.08.2012].

kurse anbieten sowie eigenständiges Arbeiten und Projektlernen stärker betonen (vgl. ebd., S. 41; Bosse, 2009b).[13] Den Ergebnissen einer Lehrerbefragung
im Rahmen der DESI-Studie (Deutsch Englisch Schülerleistungen International) zu Unterrichtsformen im Deutschunterricht zufolge geben Lehrkräfte an
Gymnasien deutlich seltener an, Wochenplan-, Freiarbeit, Stations- und Projektlernen durchzuführen als ihre Kolleginnen und Kollegen an Haupt-, Real-
und Gesamtschulen (vgl. Bosse, 2009b, S. 131). Immerhin lassen jedoch
60 Prozent der Gymnasiallehrkräfte – den eigenen Aussagen zufolge – ihre
Schülerinnen und Schüler mehrmals die Woche in Kleingruppen arbeiten (an
Hauptschulen sind es 64 Prozent, an Gesamtschulen 67 Prozent und an Realschulen 40 Prozent). Regelmäßige Diskussionsrunden führen 57 Prozent der
Lehrkräfte an Gymnasien durch (hier fällt nur der Anteil an Hauptschullehr-
kräften mit 61 Prozent höher aus) (vgl. ebd.). Wenngleich sich die Bildungsaufträge der einzelnen Schulformen – wie in Kapitel 2.1.2 angedeutet – angeglichen haben, weisen auch Trautwein & Neumann (2008) darauf hin, dass sich
die Unterrichtskultur im Gymnasium von der in anderen Schulformen grundlegend unterscheidet. Die „kognitiv akzentuierte Gymnasialkultur" drückt sich in
einem hohen Anteil des Unterrichtsgesprächs aus. Die Gymnasiallehrkraft sieht
sich noch immer als „individuell agierender Fachexperte" (vgl. ebd., S. 481),
deren Hauptaufgabe in der Vermittlung von Wissen liegt, während Erzie-
hungsaufgaben eindeutig der Familie zugeschrieben werden (vgl. Baumert,
Roeder & Watermann, 2003). Mit Baumann (2009) gesprochen, zeichnete sich
der Beruf des Gymnasiallehrers bis in die 1970er Jahre dadurch aus, eine homogen leistungsstarke Schülerschaft lehrerzentriert und zumeist mit dem
Schulbuch als einzigem Medium zu unterrichten. Dieses Selbstverständnis
wird sich genauso ändern müssen wie sich die Anforderungen an die Professi-
onalität der Lehrkräfte geändert haben. Um den Bedürfnissen der Schülerinnen
und Schüler gerecht werden zu können, müssen sie heute eher Fachkräfte für
das Lernen als für das Fach an sich sein, zum eigenständigen Lernen anregen
und Unterricht individualisieren (vgl. Baumann, 2009). Das Anforderungs-
spektrum hat sich damit auf pädagogische, didaktische und methodische Fragen ausgeweitet, nachdem lange Zeit ausschließlich fachliche Inhalte im Zentrum der Tätigkeiten des Gymnasiallehrers standen (vgl. Terhart, 2001, S. 125).
Individuelle Förderung und die Bereitstellung von Hilfestellungen für die
Schülerinnen und Schüler werden heute sowohl von Eltern als auch von der
Schulpolitik als selbstverständlich angesehen (vgl. ebd.).

Mithilfe eines Zitats soll abschließend verdeutlicht werden, welch hohe Anforderungen diese pädagogischen Aufgaben und Ziele des Gymnasiums an die

---

13 Vor dem Hintergrund ist die Umwandlung in eine Ganztagsschule auch für Gymna-
    sien denkbar – und findet immer stärker Anklang (vgl. Koltermann & Pfuhl, 2012).

Lehrkräfte stellen: „Sie müssen über Kompetenzen im Bereich Erziehung, Unterrichten, Motivieren, Diagnostizieren, Fördern, Vertreten von Normen und Werten, Etablieren von Regeln und über Verfahren der Konfliktbearbeitung und Konfliktlösung, der Leistungsmessung und Leistungsbewertung verfügen. Sie ermöglichen wachsende Selbstregulierung, Selbststeuerung und eigenverantwortliches Lernen ebenso wie den Erwerb fachlichen Wissens und fachlicher und überfachlicher Kompetenzen durch ihre Schülerinnen und Schüler. Sie legen die schulische Curriculumsarbeit, orientiert an den einheitlichen Prüfungsordnungen in der Abiturprüfung und an den Bildungsstandards für den Mittleren Schulabschluss so an, dass ein systematischer Wissensaufbau von der Klasse 5 bis zur Klasse 10 resp. zur Klasse 12 erfolgt. Sie wählen nicht nur Inhalte und Themen von Unterrichtseinheiten unter einer bildungstheoretischen Perspektive aus, sondern reflektieren, auf welchem Niveau Wissen und Können angeboten und angeeignet wird und wie die Themen des Unterrichts zum Aufbau einer gut vernetzen Wissensbasis beitragen. Formen anspruchsvollen Lernens (Herstellen von Zusammenhängen, Interpretieren, Reflektieren und Bewerten) werden ermöglicht. Für die aufgeführten Kompetenzen benötigen Lehrkräfte theoretisches Wissen, empirisches Wissen und Handlungswissen" (Kiper, 2007b, S. 87).

Einführung von Bildungsstandards, Vergleichsarbeiten und zentralen Abschlussprüfungen

Ein weiterer Ansatz zur Bewältigung der gewandelten Anforderungen an den Bildungsauftrag des Gymnasiums, der in den letzten Jahren zunehmend Einzug in die pädagogische Praxis gefunden hat, zielt auf die Vermittlung von grundlegenden Kompetenzen (vgl. z.B. Kiper, 2007b). Die damit einhergehende Einführung von Bildungsstandards und der zentralen Abschlussprüfungen stellen weitere zentrale Entwicklungen dar, von der die Gymnasien gleichermaßen wie die anderen Schulformen betroffen sind. Bildungsstandards informieren über Kompetenzen, die Kinder und Jugendliche bis zu einer bestimmten Jahrgangsstufe erreichen sollten und benennen damit allgemeine Bildungsziele (vgl. BMBF, 2009). Sie bieten damit Orientierung für Schülerinnen und Schüler, Eltern und Lehrkräfte und stellen darüber hinaus Anforderungen an das Lehren und Lernen in der Schule (vgl. ebd.). Durch die Bestimmung von konkreten und allgemein verbindlichen Kompetenzanforderungen soll die Qualität schulischer Arbeit gesichert werden. Um zu überprüfen, ob diese Standards auch tatsächlich erfüllt, also die nötigen Kompetenzen erreicht werden, sind landesweite Orientierungs- und Vergleichsarbeiten sowie bundesweite Vergleichsuntersuchungen vorgesehen. Etwa in Nordrhein-Westfalen werden seit dem Schuljahr 2006/07 Lernstandserhebungen in den Kernfächern Mathematik, Deutsch und Englisch in der achten Jahrgangsstufe (vorher in der neunten Klasse) durchgeführt. Damit legen Schulen Rechenschaft darüber ab, inwiefern es ihnen gelingt, die kompetenzorientierten Kernlehrpläne umzusetzen, die auf Grundlage der Bildungsstandards der KMK für jedes Unterrichts-fach entwickelt wurden (bzw. werden). Mit der Vereinheitlichung der Prü-fungsanforderungen ist auch die Hoffnung verbunden, verstärkte Vergleich-barkeit der Abschlussnoten und Leistungen zu erhalten (vgl. Trautwein & Neumann, 2008, S. 485). Damit wird durch die Einführung von Bildungsstan-dards und Abschlussprüfungen auch auf das schlechte Abschneiden des deut-schen Schulsystems in den großen Large-Scale-Studien und der dort zu Tage getretenen regionalen sowie sozialen Disparitäten im Kompetenzerwerb rea-giert.

Verkürzung der Schulzeit (G8)

Zu einer bedeutenden Veränderung der Gymnasien in den letzten Jahrzehnten zählt weiterhin die Verkürzung der Schulzeit von neun auf acht Schuljahre (vgl. Trautwein & Neumann, 2008). Das Abitur wird nunmehr in allen Bundes-ländern – mit Ausnahme von Rheinland-Pfalz – nach dem 12. Schuljahr absol-viert. Ein schnellerer Ausbildungs- und Berufsbeginn zur internationalen An-schlussfähigkeit ist ein zentraler Beweggrund für die Einführung des achtjähri-gen Gymnasiums (G8) (vgl. Bosse, 2009c). Da die Schulzeit reduziert wurde, ohne nennenswerte Veränderungen an der Stofffülle vorzunehmen, hat sich die Anzahl der Wochenunterrichtsstunden erhöht (vgl. MSW NRW, 2009). Für die Schaffung von Freiräumen für die geforderte Förderung, die einen bestimmten zeitlichen Rahmen voraussetzt, erschweren sich damit die Bedingungen. Viel-fache kritische Stimmen von Schülerinnen und Schülern, Eltern und Lehrkräf-ten haben Forderungen nach dem alten G9-Modell laut werden lassen (vgl. Kühn, Reintjes, van Ackeren, Bellenberg & im Brahm, 2013; Reinders, 2012). Die gründliche Arbeit an Themen, verständnisorientiertes und nachhaltiges Lernen und die nötige Reflexion seien nur durch ausreichend Zeit und die Integration von ausreichend Übungs- und Wiederholphasen möglich (vgl. Kirschner, 2012, S. 26). Einige Bundesländer – Baden-Württemberg, Hessen, NRW und Schleswig-Holstein – reagierten mit der Möglichkeit für Gymnasi-en, zum neunjährigen Bildungsgang zurückzukehren (vgl. Kühn et al., 2013). In Nordrhein-Westfalen ist dies mit Antrag auf einen Modellversuch möglich. Inwiefern sich diese Mischformen als vorteilhaft erweisen oder ob sie zu weite-ren Verwirrungen und großen Herausforderungen führen bezüglich der Viel-zahl bereits möglicher schulstruktureller Bildungswege zur Hochschulreife, bleibt abzuwarten (vgl. ebd.; Reinders, 2012).

Demografischer Wandel

Der demografische Wandel und die allgemein sinkenden Schülerzahlen haben zu einer Transformation von Bildungslandschaften geführt, die insbesondere Haupt- und Grundschulen in ländlichen Regionen belasteten (vgl. auch Kapitel 2.1). Gymnasien, die sich aus Elternsicht durch eine hohe Attraktivität auszeichnen, da sie ihren Kindern die Möglichkeit bieten, bruchlos zum gewünschten Abitur zu gelangen, ist es bislang erfolgreich gelungen, den anderen (weniger attraktiven) Bildungsgängen die potentiellen Schülerinnen und Schüler abzuwerben (vgl. Rösner, 2011, 2007a). Sinkt das Schüleraufkommen insgesamt, steigt aufgrund der frei werdenden Kapazitäten der prozentuale Anteil der Übergänge ins Gymnasium (vgl. Rösner & Stubbe, 2008). Die Übergangsstatistik für Nordrhein-Westfalen veranschaulicht diese Entwicklung. Ausgangspunkt ist das Schuljahr 2001/02, der Wendepunkt in der Entwicklung des Schüleraufkommens mit einem Höchstwert von 203.105 Grundschulabgängerinnen und -abgängern.

Abbildung 4: Schülerzahlveränderung 2001/02 bis 2011/12: Übergänge ins 5. Schuljahr in NRW

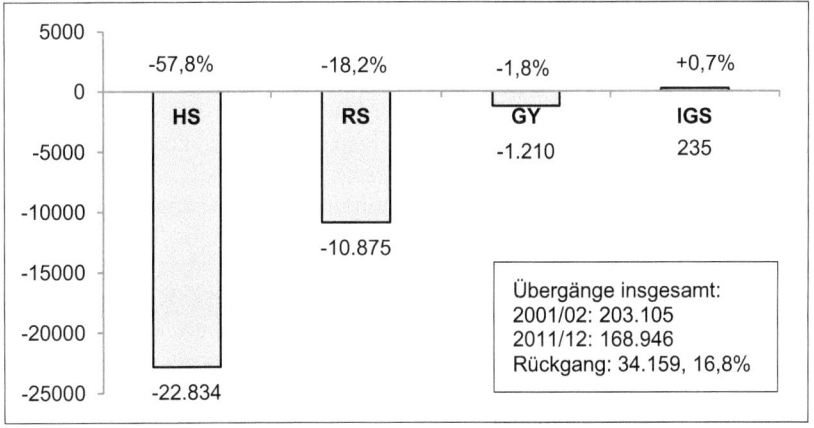

Quelle: MSW NRW, 2012b, eigene Berechnungen.

In dem Betrachtungszeitraum von 2001/02 bis 2011/12 reduzierte sich das Schüleraufkommen um 16,8 Prozent. Die Realschulen verlieren mit 18,2 Prozent in etwa genau diesen Anteil. Weitaus größer ist mit 57,8 Prozent der Verlust, den die Hauptschulen zu verzeichnen haben. Die Übergangsquote sank in den letzten elf Jahren von 19,5 auf 9,9 Prozent. Die kontinuierlich abnehmende Akzeptanz, die u.a. auf die schwierige Perspektive der Absolventinnen und Absolventen auf dem Arbeitsmarkt zurückzuführen ist, führt dazu, dass das durch den demografischen Wandel bedingte frei werdende Angebot an den

Realschulen durch potentielle Hauptschülerinnen und Hauptschüler genutzt wird (vgl. Rösner, 2011). Diese Zugewinne verlieren die Realschulen auf der anderen Seite an die Gymnasien, die ihre Übergangsquote in dem betrachteten Zeitraum von 34,7 auf 41,0 Prozent erhöht haben. Die Gesamtschulen bleiben von diesem Schülertausch weitgehend unberührt. Ihre limitierten Kapazitäten reichen zumeist gar nicht aus, um alle Neuanmeldungen in die Eingangsklasse aufzunehmen (vgl. ebd.). Auch eine veränderte Haltekraft trägt dazu bei, dass die Gymnasien die Folgen des demografischen Wandels bislang weitaus abwenden konnten. In den Regionen, in denen nunmehr aber auch Gymnasien mit kleiner werdenden Schulstandorten konfrontiert sind, stehen sie vor neuen Herausforderung, wie etwa die Wahlmöglichkeiten der Kursangebote aufrecht zu erhalten (vgl. Trautwein & Neumann, 2008).

Ausdifferenzierung der Gymnasiallandschaft

Als eine letzte Entwicklung der Gymnasiallandschaft soll auf ihre Ausdifferenzierung fokussiert werden, die ebenfalls vor dem Hintergrund der Expansion des Gymnasiums gesehen werden muss. Gewissermaßen als Reaktion auf die Entwertung des Abiturs durch die Expansion des Gymnasiums bilden sich „exklusive Bildungsorte" heraus, die sich klar von „höheren Volksschulen" abgrenzen möchten (Helsper, 2006, S. 170). Zwar können diese nicht mit Elitebildungsstätten wie sie etwa in England, Frankreich oder den USA bestehen, gleichgesetzt werden, gleichwohl differenziert sich die gymnasiale Bildungslandschaft auch hierzulande aus. Helsper (2006) nennt als Beispiele für diese exklusiven Bildungsorte Gymnasien in privater – zumeist konfessioneller – Trägerschaft, ehemalige Fürstenschulen, International Schools, traditionsreiche „schwere" Gymnasien sowie Traditionsgymnasien oder neu gegründete Schulen mit reformpädagogischer Orientierung (vgl. ebd., S. 169). Eigene Selektionsmaßnahmen wie Aufnahmeprüfungen oder Interviews, durch die der Zugang geregelt wird, sind konstitutiv für diese Schulen (vgl. Helsper, Brademann, Kramer, Ziems & Klug, 2008, S. 219, 222). „Mitunter streiten sich in größeren Städten auch einige Gymnasien um diesen ‚exklusiven' Status" (ebd., S. 221 f.).

Auf der Grundlage seiner Forschungsarbeiten zur Schulkultur in der neu entstandenen gymnasialen Bildungslandschaft der neuen Bundesländer in den 1990er Jahren zeigt Helsper weiterhin, inwiefern sich die Schulkultur verschiedener Gymnasialtypen voneinander unterscheidet. Demzufolge sind einerseits bestimmte Gymnasien explizit darum bemüht, bildungsstrebsame Kinder und Jugendliche aus bildungsfernen Familien zum Abitur und damit zum sozialen Aufstieg zu verhelfen; andererseits sind mitunter Schulen – wie z.B. einige Traditionsgymnasien – stolz auf ihre Leistungshärte und zeichnen sich durch Disziplin und Ordnung aus. Bildungsferne Familien werden von solchen Gymnasien eher abgeschreckt (vgl. Helsper, 2001, 2006).

Befunde der ersten PISA-Studie belegen, dass die gymnasiale Bildungsland-schaft in sich differenziert ist. Baumert, Trautwein & Artelt (2003) konnten clusteranalytisch drei Typen von Gymnasien identifizieren, die sich alle durch hohe Leistungsvoraussetzungen und einen niedrigen Migrationsanteil aus-zeichnen. Die mit 51 Prozent größte Gruppe bilden die Traditionsgymnasien, bei denen der Großteil der Schülerinnen und Schüler aus bildungsnahen Fami-lien stammt, die sich durch eine hohe Schulzufriedenheit auszeichnen. Auch der zweite Gymnasialtyp (36 Prozent) beschult Schülerinnen und Schüler aus Familien mit überdurchschnittlich hohem sozioökonomischen Status, der An-teil erfolgreicher Kinder aus Arbeiterfamilien ist hier jedoch größer. Zuletzt kennzeichnen sich 14 Prozent der Gymnasien durch günstige soziale Voraus-setzungen, aber einer hohen Unzufriedenheit auf Seiten der Schülerschaft (vgl. Baumert et al., 2003, S. 279 ff.).

Ungeachtet der exklusiven Bildungsgänge ist eine zunehmende Profilbildung der Gymnasien zu erkennen, die durch die Erhöhung der schulischen Autono-mie verstärkt wird (vgl. Helsper et al., 2008, S. 218). So erarbeiten Schulen in Anlehnung an alte Traditionen oder im Zuge einer Modernisierung oder Neu-gründung besondere Programme, bewerben sich als Europaschule, bilden bi-linguale Zweige oder vernetzen sich mit ihrem Umfeld (vgl. ebd.). Diese Ent-wicklung ist neben der zunehmenden Anzahl privater Gymnasien ebenfalls Ausdruck der Ausdifferenzierung der Gymnasien mit dem Ziel, sich aus der Masse hervorzuheben. Insbesondere in Zeiten des demografischen Wandels sind es diese Schulen, die ihren Fortbestand am ehesten sichern können (vgl. ebd.).

2.3 Zusammenfassung des Kapitels

Neben der im internationalen Vergleich früh einsetzenden Differenzierung der Schülerinnen und Schüler auf verschiedene Schulformen am Ende der Grund-schulzeit zeichnet sich das deutsche Schulsystem durch seine Mehrgliedrigkeit in der Sekundarstufe I aus. Diese Ausgestaltung variiert ebenso wie die Über-gangsregelungen von Bundesland zu Bundesland. Dabei ist ein eindeutiger Trend in Richtung Zwei-Säulen-Modell inzwischen nicht mehr nur noch in den neuen Bundesländern zu beobachten (vgl. Bellenberg, 2012; van Ackeren & Klemm, 2011). Diese einzigartige Struktur des deutschen Schulsystems mit ihren administrativen Rahmenbedingungen stellt die Basis für die vielfältig stattfindenden Selektionsprozesse dar (vgl. Helsper & Hummrich, 2005, S. 148; Gomolla & Radtke, 2009). Mit Helsper & Hummrich (2005) gespro-chen, werden Schullaufbahnen durch Organisationsstrukturen vorgegeben, wodurch versagende Bildungskarrieren vorgezeichnet sind. „Damit ist im deut-schen Schulsystem in besonders drastischer Weise das schulische Handeln von Schülerinnen und Schülern bereits von Anfang an in den Horizont organisato-

risch vorgezeichneter Möglichkeiten der Degradierung und Abstufung einge-
rückt" (ebd., S. 110).

Die Begründung für diese vielen und frühen Übergangsentscheidungen und
Selektionshürden, wie die Rückstellung vom Schulbesuch, der Übergang in die
verschiedenen Schulformen der Sekundarstufe I, Klassenwiederholungen,
Schulformwechsel oder verfehlte Abschlüsse, liegen in der noch immer vorherrschenden Philosophie, dass homogene Lerngruppen die bestmöglichen
Lehr- und Lernbedingungen für die Schüler- und Lehrerschaft bieten. „Das
deutsche Bildungssystem stellt sich im Hinblick auf die Bildungsverläufe von
der vorschulischen Phase bis zum Eintritt in die Erwerbstätigkeit bzw. in die
Hochschulen als ein recht eigentümliches System dar, das durch häufige Selek-
tionen und eine immer feiner werdende Differenzierung der Bildungswege
gekennzeichnet ist" (Ditton, 2010, S. 68 f.).

Mit der soziologischen Allokations- und Selektionsfunktion von Schule wird
dem Bildungssystem die Aufgabe zugeteilt, auf Grundlage des meritokratischen Prinzips gesellschaftliche, berufliche und damit auch soziale Positionen
zu verteilen. Damit steht sie nicht nur im Widerspruch zur pädagogischen Aufgabe, sondern auch mit dem im Grundgesetz verankerten Anspruch auf bestmögliche individuelle Förderung.

Wird über Selektionsprozesse im Gymnasium gesprochen, müssen stets die
neuen Entwicklungen dieser Schulform bedacht werden. Dazu gehört z.B. die
drastische Expansion, in jüngster Zeit aber auch die Umstellung auf G8 oder
die Einführung von Bildungsstandards und zentralen Prüfungen, die das Gymnasium vor neue Herausforderungen stellen. So hat die Funktion des Gymnasiums, als einstige Eliteschule zur Studienvorbereitung der Kinder des Adels,
einen tiefgreifenden Wandel vollzogen, der auf veränderte gesellschaftliche
Anforderungen und gestiegene Bildungsaspirationen zurückzuführen ist. Mit
dem deutlichen Anstieg des Schüleranteils am Gymnasium hat auch die Heterogenität der Schülerinnen und Schüler zugenommen. Dennoch zeichnet sich
diese Schulform noch immer durch eine positiv aussortierte Schülerschaft aus.
Wenngleich sich die Bildungsgänge als Resultat der Reformdebatten Ende der
1960er Jahre angeglichen haben (vgl. Cortina & Trommer, 2003), finden wir in
den Gymnasien auch heute noch eine Unterrichtskultur, die sich von der in
Haupt-, Real- sowie Gesamtschulen unterscheidet und sich stärker durch
Lehrerzentrierung und angeleitete Unterrichtsgespräche auszeichnet (vgl.
Trautwein & Neumann, 2008).

Durch die starke Öffnung hat das Gymnasium seinen elitären Status früherer
Zeiten durchaus verloren, nicht jedoch den selektiven Charakter. Inwiefern sich
der Anspruch einer Funktion von Schule auf eine leistungsgerechte Selektion
und Allokation tatsächlich in der pädagogischen Praxis wiederfinden lässt, soll
im folgenden Kapitel an verschiedenen Selektionsschleusen, die im Verlauf der
Schulzeit überwunden werden müssen, erörtert werden.

3 Das Ausmaß der selektiven Praxis des deutschen Schulsystems – ausgewählte Kennzahlen und Forschungsbefunde

Ungeachtet der Tatsache, dass Ausleseprozesse im Bildungswesen bereits viel früher beginnen, beschränkt sich die Betrachtung der selektiven Praxis in diesem Kapitel auf drei Ausleseformen, die wesentlich für den Bildungsgang Gymnasium sind: auf den Übergang von der Grund- in die weiterführende Schule (Kapitel 3.1), auf Klassenwiederholungen (Kapitel 3.2) und die Auf- und Abwärtsmobilität im Verlauf der Sekundarstufe I (Kapitel 3.3). Dabei werden vorliegende Befunde und vereinzelt – sofern es die Datenlage zulässt – ausgewählte Kennzahlen ausgewertet und beleuchtet. Da sich am Ende all dieser Selektionsverläufe die Frage nach dem Abschlussniveau der Absolventinnen und Absolventen stellt, wird abschließend der Indikator Schulabschlüsse aufgegriffen (Kapitel 3.4).

3.1 Der Übergang in weiterführende Schulen

Am Ende der Grundschulzeit und damit in der Regel im Alter von zehn Jahren werden Schülerinnen und Schüler auf die unterschiedlichen Schulformen des weiterführenden Schulsystems aufgeteilt – eine im internationalen Vergleich nahezu einzigartige und sehr früh stattfindende Differenzierungspraxis, die in dieser Form weltweit nur noch in Österreich, einigen Kantonen der Schweiz und einigen ehemaligen Ostblockstaaten sowie in 14 der 16 deutschen Bundesländer stattfindet (vgl. Döbert, Kann & Rentl, 2011). Da die Wahl des weiterführenden Bildungsganges den weiteren Bildungs-, Berufs- und Lebensweg der Kinder maßgeblich beeinflusst, wird dieser Übergang nicht zu Unrecht als entscheidende Gelenkstelle bezeichnet (vgl. z.B. Baumert & Schümer, 2002; Arnold, Bos, Richert & Stubbe, 2007; Ditton, 1992; Fend, 1980). Damit sind bereits Grundschulkinder einem hohen Leistungsdruck ausgesetzt (vgl. z.B. Ruprecht & Schumacher, 2010).

Die Grundlage für den Übergang in die Sekundarstufe I bilden die Schulnoten und Empfehlungen der Grundschullehrkräfte, die in einigen Bundesländern bindend sind (vgl. Kapitel 1.1). Wie verteilen sich nun die Grundschulabgängerinnen und -abgänger im bundesdeutschen Durchschnitt auf die verschiedenen Schulformen im Schuljahr 2010/11?

Mit 41,4 Prozent befindet sich der Großteil der Fünftklässler, die zuvor den vierten Jahrgang einer Grundschule besucht haben, auf einem Gymnasium, 23,2 Prozent in einer Real-, 14,4 Prozent in einer Haupt-, 11,9 Prozent in einer Gesamtschule und 7,6 Prozent in Schulen mit mehreren Bildungsgängen (vgl. Autorengruppe Bildungsberichterstattung, 2012, webTab. D1-2A). Aufgrund der unterschiedlich ausdifferenzierten Bildungsangebote und Regelungen zum Übergang in den einzelnen Bundesländern finden wir hier teils starke Abweichungen. Bevor näher auf diese Differenzen eingegangen wird, soll zunächst die Entwicklung der Übergänge zum Gymnasium am Beispiel von Nordrhein-Westfalen betrachtet werden.

Übergangsquoten zum Gymnasium

1970 ließ sich in Nordrhein-Westfalen die Übergangsquote zum Gymnasium auf 23,8 Prozent beziffern, damals traten 48.600 Grundschulabsolventinnen und -absolventen auf diese Schulform über. Beinahe ausnahmslos stieg diese Quote seither an, 1980 erreichte sie 30,7 Prozent, weitere zehn Jahre später, im Jahr 1990, sogar 36,3 Prozent. Bis zum Schuljahr 2005 stagnierte sie auf diesem Niveau und stieg schließlich erneut auf 40,9 Prozent im Schuljahr 2011/12 an. Damit gehen heute über 68.300 Schülerinnen und Schüler in Nordrhein-Westfalen auf ein Gymnasium über (vgl. MSW NRW, 2012b, S. 190). In den letzten 40 Jahren hat sich die Übergangsquote um beachtliche 17,1 Prozentpunkte erhöht. Damit hat das Gymnasium einen absoluten Anstieg um knapp 20.000 Schülerinnen und Schüler erlebt. In allen Bundesländern – mit Ausnahme von Bremen, Sachsen, Sachsen-Anhalt, Thüringen und Schleswig-Holstein – hat sich das Gymnasium zur größten und beliebtesten Schulform entwickelt (vgl. Autorengruppe Bildungsberichterstattung, 2012, webTab. D1-2A). Der für NRW beschriebene Trend der Expansion des Gymnasiums hat vor keinem Bundesland Halt gemacht. Sogar Bayern, eines der Bundesländer mit der stärksten Eingangsselektivität, in dem die Kinder am Ende der Grundschulzeit einen Notendurchschnitt von 2,33 erreichen müssen, um auf ein Gymnasium wechseln zu können, zeichnet sich zum Schuljahr 2011/12 durch eine Übergangsquote von 39,8 Prozent aus (2009/10 wurde sogar die 40-Prozentmarke erreicht). Zum Schuljahr 2001/02 gingen hier noch 31,9 Prozent auf ein Gymnasium über – ein Stand, der in Nordrhein-Westfalen zu Beginn der 1980er Jahre zu verzeichnen war (vgl. Bayerisches Staatsministerium für Unterricht und Kultus, 2012, S. 12; MSW NRW, 2012b). Diese Entwicklung verdeutlicht, dass sich rechtliche Regelungen und die Art der Auslese am Ende der Grundschule offenbar wenig auf die tatsächliche Übergangsquote auswirken: Denn bereits in dem soeben erwähnten Schuljahr 2000/01 mussten die bayrischen Kinder den Notendurchschnitt von 2,33 erreichen. Darüber hinaus erzielen Bundesländer, die wie Nordrhein-Westfalen keine verbindlichen Übergangsempfehlungen aussprechen, ähnliche Quoten. Dass es aber starke regionalspezifische Differenzen gibt, hat zuletzt der Chancenspiegel offenbart. Hier werden die 16 Bundesländer hinsichtlich ihrer Übergangsquoten auf das Gymnasium zum Schuljahr 2009/10 verglichen. Dabei ergibt sich das folgende Bild:

Abbildung 5: Übergangsquoten zum Gymnasium im Bundesländervergleich, zum Schuljahr 2009/10 (in %)

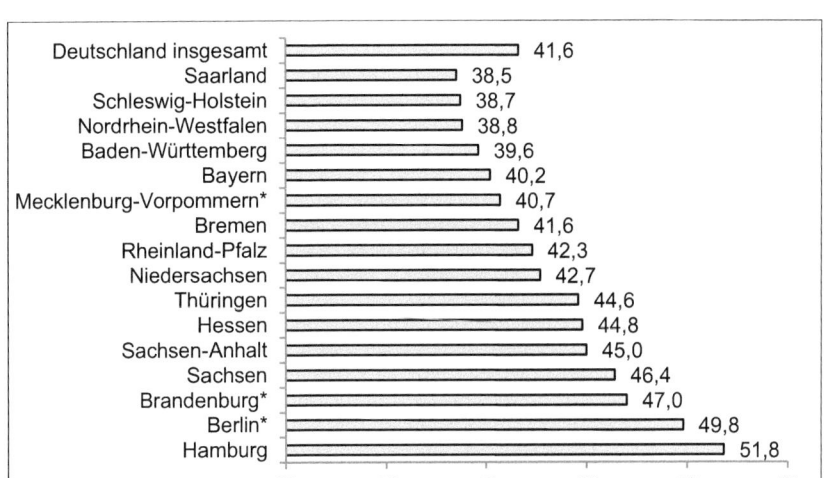

* In Berlin, Brandenburg und Mecklenburg-Vorpommern sind die Übergangsquoten in den siebten Jahrgang abgetragen, wenn die Schülerinnen und Schüler aus der sechsjährigen Grundschule bzw. schulformunabhängigen Orientierungsstufe kommen.

Quelle: Bertelsmann Stiftung & IFS, 2012, eigene Darstellung.

Die länderbezogenen Unterschiede in den Übergangsquoten zum Gymnasium variieren im Jahr 2009 von 38,5 bis 51,8 Prozent. Besonderheiten in den Schulsystemen der einzelnen Bundesländer wie beispielsweise ein starker Ausbau des Gesamtschul- oder Berufsschulsystems können neben der Sozialstruktur oder dem Bildungsstand der Bevölkerung weitere Gründe für diese Differenzen sein. Gleichwohl sind diese Unterschiede hinsichtlich des Zugangs zur höchsten und beliebtesten Schulform enorm. Da der höchste Schulabschluss der Hochschulreife auch über andere Wege als dem des Gymnasiums erreicht werden kann, lohnt ein Blick auf die erlangten Schulabschlüsse (in Kapitel 3.4).

Noch deutlicher fallen diese regionsspezifischen Disparitäten aus, wenn die Übergangsquoten innerhalb eines Bundeslandes, also zwischen den Städten und Gemeinden, betrachtet werden. In Nordrhein-Westfalen, wo die durchschnittliche Quote zum Schuljahr 2011/12 bei 40,9 Prozent liegt, findet sich in den 395 kreisfreien Städten und kreisangehörigen Gemeinden eine Streubreite von 12,4 bis 65,8 Prozent (vgl. IT.NRW, 2012). Demnach führt in vielen Städten des Landes mehr als jedes zweite Kind seinen Bildungsweg nach der Grundschule in einem Gymnasium fort, in anderen Städten betrifft dies nur jeden achten Grundschulabgänger. Maßgeblichen Einfluss auf diese Quoten haben das Bildungsangebot der Stadt und die Erreichbarkeit der dortigen Gymnasien. Einen Beleg hierfür liefert Ditton (1992), der nachweist, dass die Quote für eine Schulformempfehlung ansteigt, wenn diese Schulform die nächst gelegenste ist (vgl. ebd., S. 165). Da Bildungseinrichtungen ungleich verteilt sind, ergibt sich je nach Region folglich auch eine höchst unterschiedliche Nachfrage, die sich auf die Bildungsbeteiligung auswirkt (vgl. Kemper & Weishaupt, 2011). „Die Bildungssoziologie geht davon aus, dass es in einer Region immer etwa so viele Gymnasiasten wie Schülerstühle in Gymnasien dieser Region gibt. Deren Zahl ist abhängig von Entscheidungen hinsichtlich des Ausbaus – nicht von der angenommenen Zahl der irgendwie ‚natürlich' Gymnasialbegabten in der Region. Das heißt, der Grad der Versorgung mit dieser Schulform ist der entscheidende Parameter für die Inanspruchnahme dieser Schulform. Welchen Gymnasialanteil man für notwendig und möglich hält, hängt wiederum von bildungsbezogenen Traditionen und Mentalitäten der Entscheidungsträger in einer Region ab" (Terhart, 2001, S. 117). Dabei stellt sich vor allem die Verteilung der Gymnasien ungleich dar: Sie sind in Arbeitergebieten unter- und in Gegenden der Mittel- und Oberschicht überrepräsentiert (vgl. Kemper & Weishaupt, 2011, S. 213; Bargel & Kuthe, 1992). Folglich regeln nicht allein die Begabungsströme die Nachfrage am Gymnasium. An anderer Stelle heißt es bei Terhart (2001): „In mittleren Beamten- und Universitätsstädten sowie in den entsprechenden Milieus ist Gymnasialbesuch quasi selbstverständlich; in einzelnen Stadtvierteln gehen Grundschulklassen komplett zu einem der drei naheliegenden Gymnasien. Ein Scheitern auf dem Gymnasium wird hier gleichsam als Vorenthaltung eines ‚Grundrechts auf Abitur' betrachtet" (ebd., S. 122). Soziale Einflussfaktoren dürfen in dieser Diskussion um regionale Disparitäten in den Übergangsquoten zum Gymnasium folglich nicht außer Acht gelassen werden (vgl. Ditton, 2004, 2007, 2008; Weishaupt, 2009). „Sozialgruppenspezifische Unterschiede der Bildungsbeteiligung bestehen bis heute und tragen über die ungleiche Verteilung der sozialen Gruppen im Raum auch zu den regionalen Disparitäten des Bildungsverhaltens bei" (Weishaupt, 2009, S. 221 f.). Dazu führt Ditton (2004) aus, dass der Lebensstil und die Art der Lebensführung mit den persönlichen Einstellungen, Zielen, Erwartungen und Gewohnheiten eng an die soziale Position gekoppelt sind, die wiederum mit dem geografischen Raum verknüpft ist (vgl. ebd., S. 633). „Schulwahlentscheidungen erfolgen abhängig von Gelegenheiten sowie Erwartungen und Ansprüchen, bei denen sich die Akteure auf sozial-regionale unterschiedliche Referenzwerte beziehen" (Ditton, 2007, S. 33).

So kann also begründet davon ausgegangen werden, dass wir regionenspezifische Bildungsorientierungen vorfinden, die etwa in Universitätsstädten stärker ausgeprägt sind als z.B. in Städten, die sich durch soziale Herausforderungen und hohe Arbeitslosigkeit auszeichnen. So weist in Universitätsstädten wie Münster, Bonn und Aachen ein hoher Anteil der Eltern höhere Schulabschlüsse auf und ist in Berufen im tertiären Bereich tätig (vgl. Rösner, 2007a, S. 97 ff.).

Dass sich dieser Umstand auf das Schulwahlverhalten in Richtung höherer Schulformen auswirkt, damit der Statuserhalt in der Generationenfolge gesichert werden kann, ist bereits beschrieben worden (vgl. Kapitel 2.2.1 und auch in Kapitel 4.2). Der Bildungsbericht Baden-Württemberg bestätigt die Annahme der regionenspezifischen Bildungsorientierungen. Weiterführende Analysen zeigen hier, dass die Übergangsquote zum Gymnasium hoch korreliert mit dem regionalen Bildungsniveau der Stadt (operationalisiert als Anteil der Bevölkerung mit Hochschulreife unter den sozialversicherungspflichtig Beschäftigten); der Rangkorrelationskoeffizient lässt sich auf 0.81 beziffern (Landesinstitut für Schulentwicklung Baden-Württemberg, 2011, S. 82). Darüber hinaus bestehen hartnäckige innerstädtische Differenzen (vgl. Klemm, 2008; Hauf, 2007; Regionalverband Ruhr, 2012). So berichtet Hauf (2007) in seiner Untersuchung zu Bildungsdisparitäten beim Übergang von der Grund- in weiterführende Schulen in Mannheim und Heidelberg von einer Spannweite der Übergangsquote zum Gymnasium von 79 Prozentpunkten im Jahr 2002. Die Quoten der einzelnen Grundschulen hängen dabei von den Sozialindikatoren der Schulstandorte wie der Arbeitslosen-, Ausländer- und Sozialhilfeempfängerquoten im Bezirk ab (vgl. Hauf, 2007, S. 304). Auch Terpoorten (2005) nimmt kleinräumige Analysen vor, indem er die zwei Städte Essen und Gelsenkirchen in sechs Sozialraumtypen teilt. Diese stehen in engem Zusammenhang mit der Übergangsquote zum Gymnasium: Der sozial stärkste Typ zeichnet sich durch eine Übergangsquote von 50 Prozent aus, der schwächste Sozialraumtyp erreicht eine weitaus geringere Quote von 20 Prozent, mit einer durchschnittlichen Übergangsquote zum Gymnasium von 34 Prozent (vgl. ebd., S. 197).

Dessen ungeachtet sind Kinder und Jugendliche in Städten mit einer unterdurchschnittlichen Übergangsquote bereits beim Zugang zu den Bildungschancen benachteiligt.

Übergangsentscheidungen und -empfehlungen

Insbesondere den großen Schulleistungsstudien ist es zu verdanken, dass der bereits in den 60er Jahren vielfach kritisierte selektive Charakter des Schulsystems, der entscheidend auch bei der frühen Übergangsentscheidung in Erscheinung tritt, wieder verstärkt in das öffentliche Interesse gerückt ist. Zunächst TIMSS und später auch PISA und IGLU bestätigten und bestätigen immer wieder, dass nicht nur die Leistungen je nach sozialer Herkunft stark differieren, sondern auch unter Konstanthaltung der Eignung der Schülerinnen und Schüler die Übergangsempfehlungen der Lehrkräfte und die Bildungsentscheidungen der Eltern in Abhängigkeit der sozialen Lage unterschiedlich ausfallen (vgl. z.B. Arnold, Bos, Richert & Stubbe, 2007; Stubbe, Bos & Euen, 2012; Maaz, Baeriswyl & Trautwein, 2011). Das genaue Ausmaß dieser sozialen Ungleichheit beim Übergang in weiterführende Schulen kann etwa anhand der Befunde aus der Internationalen Grundschulleseuntersuchung (IGLU) 2011 veranschaulicht werden:

Demnach ist die relative Chance auf eine Gymnasialempfehlung für ein Kind aus der oberen Dienstklasse 4,71 Mal so hoch wie die für ein Kind aus einer Facharbeiterfamilie (vgl. Stubbe et al., 2012, S. 219). Selbst unter Kontrolle der kognitiven Fähigkeiten und der Lese-, Mathematik- und Naturwissenschaftskompetenzen ist diese Wahrscheinlichkeit noch immer um 3,41 Mal höher. Dabei variieren diese Befunde beträchtlich zwischen den einzelnen Bundesländern (vgl. z.b. Bertelsmann Stiftung & IFS, 2012, S. 57). Die geringste soziale Ungerechtigkeit finden wir dabei in den neuen Bundesländern.

Noch deutlicher fällt der Unterschied zwischen den sozialen Gruppen hinsichtlich der Gymnasialpräferenzen der Eltern aus. Die entsprechenden Odd Ratios liegen hier bei 5,21, unter Konstanthaltung der Leistungen und Fähigkeiten bei 3,76 (vgl. Stubbe et al., 2012, S. 219): So viel höher sind also die Chancen der Kinder aus Familien der oberen Dienstklasse gegenüber Facharbeiterkindern auf eine elterliche Gymnasialpräferenz. Auch wenn Kinder aus bildungsfernen Familien sehr gute Leistungen und eine Übergangsempfehlung zum Gymnasium erhalten, neigen ihre Eltern eher dazu, die Anforderungen des Gymnasiums, das sie selbst nicht besucht haben, zu überschätzen, während sich bildungsnahe Eltern auch bei zweifelhafter Eignung ihrer Kinder eher über eine fehlende Empfehlung hinwegsetzen, um so einen Statusverlust zu verhindern (vgl. Bellenberg, 2011b und Kapitel 4.2). Damit sind Schülerinnen und Schüler aus Familien mit geringem sozioökonomischen Staus gewissermaßen einer dreifachen Ungerechtigkeit ausgesetzt: Sie weisen schlechtere schulische Leistungen auf, erhalten trotz gleicher Leistungen seltener eine Gymnasialempfehlung von den Grundschullehrkräften und darüber hinaus entscheiden sich ihre Eltern, trotz guter Leistungen, seltener für den Gymnasialbesuch (vgl. Pietsch & Stubbe, 2007, S. 440).

Ditton & Krüsken (2009) weisen in diesem Zusammenhang darauf hin, dass sich Lehrkräfte bei der Schulformempfehlung eher als Eltern bei der Schulformwahl auch tatsächlich an den Leistungen der Schülerinnen und Schüler orientieren (vgl. ebd.). Problematisch stellen sich jedoch die Übertrittsempfehlungen für Kinder dar, die aufgrund ihrer Leistungen und Leistungsverläufe nicht eindeutig einer Schulform zugeordnet werden können. Hier werden weitere Persönlichkeitsmerkmale und das eingeschätzte Unterstützungsverhalten der Familie, aber auch die eigene Überzeugung bedeutsam, ob z.B. eine hohe Übergangsquote zum Gymnasium als persönlicher Erfolg bewertet wird (vgl. ebd., S. 99).

Maaz, Baeriswyl & Trautwein (2011) zerlegen den Herkunftseffekt bei der Übergangsempfehlung zum Gymnasium in drei Teile: Demnach sind die Gymnasialempfehlungen der Lehrkräfte zu 51,1 Prozent auf bessere Leistungen der Kinder aus höheren Schichten zurückzuführen und zu 25,5 Prozent auf die unterschiedliche Benotung der Lehrkräfte trotz gleicher Leistungen. Nur 23,4 Prozent des Gesamteffektes entfallen damit auf die unterschiedlichen Übergangsempfehlung je nach sozialer Herkunft der Kinder – also bei Kontrolle der Leistungs- und Benotungsvariablen (vgl. ebd., S. 47 f.). Drei Viertel des Herkunftseffektes entsteht damit folglich vor dem Zeitpunkt der Übergangsempfehlung.

Die nachfolgende Grafik veranschaulicht, dass sich die soziale Selektivität über den gesamten Bildungsverlauf hinweg nicht ändert. 81 Prozent der Kinder aus Akademikerfamilien stehen hier 45 Prozent der Kinder aus Nichtakademikerfamilien gegenüber, die ihren Bildungsweg in der Sekundarstufe II fortführen. Während letztlich 71 Prozent der Kinder von Akademikern den Weg an eine Hochschule schaffen, sind es bei Kindern von Nichtakademikern deutlich geringere 24 Prozent.

Abbildung 6: Bildungstrichter 2007: Soziale Selektion – Bildungsbeteiligung von Kindern nach Hochschulabschluss des Vaters

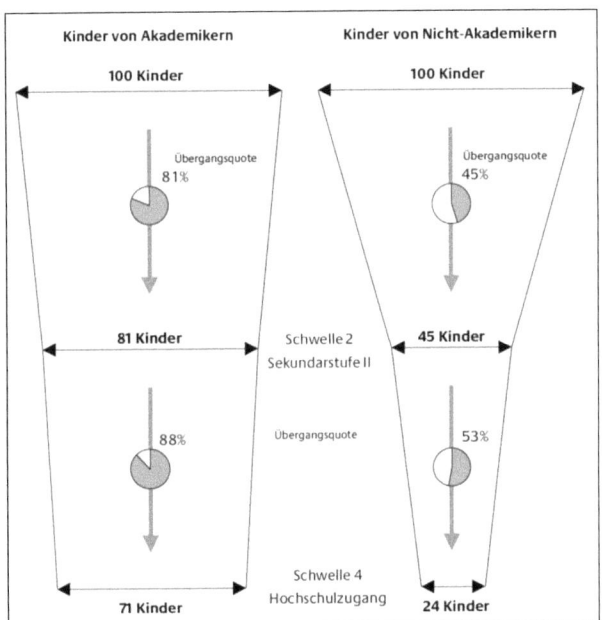

Quelle: Isserstedt, Middendorff, Kandulla, Borchert & Leszczensky, 2010, S. 104.

Zurück zu den Befunden der IGLU-Studie 2011: Um eine Gymnasialempfehlung der Lehrkräfte zu erhalten, müssen Schülerinnen und Schüler durchschnittlich 563 Punkte auf der Leseskala erzielen. Während Kinder aus der oberen Dienstklasse hierzu lediglich 530 Leistungspunkte benötigen, müssen Facharbeiterkinder bereits 578 und Kinder von un- und angelernten Arbeitern sogar 609 Punkte erreichen (vgl. Stubbe et al., 2012, S. 220).

Dass Übergangsempfehlungen und -entscheidungen nicht nur durch Leistungen, sondern auch durch den sozialen Status der Familie bestimmt werden, ist empirisch gut bestätigt. Weiterhin finden wir Belege dafür, dass sich die Empfehlungen der Lehrkräfte an der klassenbezogenen Bezugsnorm ausrichten (vgl. Thiel & Valtin, 2002). Schülerinnen und Schüler mit gleichen Leistungen können je nach Leistungsniveau der Klasse also äußerst verschiedene Beurteilungen erhalten. Auch die Forscher der LAU-5-Studie „Aspekte der Lernausgangslage und der Lernentwicklung" von Fünftklässlern an Hamburger Schulen resümieren hierzu, „dass es (…) umso schwerer ist, eine Gymnasialempfehlung zu erhalten, je höher das allgemeine Leistungsniveau in der Klasse ist, je ungünstiger auf Klassenebene die typische Bildungssituation in den Elternhäusern ist und je niedriger der Ausländeranteil in der Klasse ist" (Lehmann, Peek & Gänsfuß, 1997, S. 54).

Erstaunlich ist in diesem Zusammenhang auch die regional stark differierende Schulformempfehlungspraxis. Am Beispiel der 47 Verwaltungsbezirke des Bundeslandes Niedersachsen kann dies eindrucksvoll verdeutlicht werden: Die Spannbreite der Empfehlungen zur Hauptschule lässt sich auf 21 bis 40 Prozent, die zum Gymnasium auf 18 bis 49 Prozent beziffern (vgl. Rösner, 2007c, S. 17). Ähnliche Differenzen bezüglich des Anteils der Grundschulabgängerinnen und -abgänger mit Gymnasialempfehlungen finden sich zwischen den Bezirken und stärker noch zwischen Einzelschulen in Hamburg: „Während im Bezirk Altona 84 Prozent der Schülerinnen und Schüler an Gymnasien eine entsprechende Empfehlung haben, sind es in Harburg 59 Prozent. Betrachtet man einzelne Schulstandorte, so werden die Unterschiede noch deutlicher: Die Anteile an Schülerinnen und Schüler mit gymnasialer Empfehlung variierten im Schuljahr 2009/10 in den Hamburger Gymnasien zwischen knapp 40 und annähernd 100 Prozent". (Behörde Schule und Berufsbildung, 2011, S. 128). Vergleichbare Ergebnisse ermittelt der Bildungsbericht Sachsen (vgl. Sächsisches Bildungsinstitut, 2008, S. 163).

Als einen letzten Aspekt zu Übergangsempfehlungen und -entscheidungen soll der Blick auf Kinder mit Migrationshintergrund gerichtet und dabei der Frage nachgegangen werden, inwiefern diese Kinder beim Übergang am Ende der Grundschulzeit benachteiligt sind. Belege dafür, dass sie in Gymnasien unterrepräsentiert sind, lassen sich in einschlägiger Literatur und in statistischen Auswertungen zahlreich finden (vgl. z.B. Autorengruppe Bildungsbericht, 2012; Wendt, Stubbe & Schwippert, 2012; Maaz, Baumert, Gresch & McElvany, 2010; Weishaupt & Kemper, 2009; Lehmann et al., 1997 und auch Kapitel 2.2). Gute empirische Evidenz finden wir aber auch für die Tatsache, dass dies hauptsächlich auf schlechtere Leistungen und einen niedrigeren sozioökonomischen Status zurückzuführen ist. Analysen von Gresch & Becker (2010) verdeutlichen, dass Kinder türkischer Herkunft zunächst eine nicht mal halb so große Chance auf einen Übergang zum Gymnasium aufweisen als Kinder ohne Migrationshintergrund (vgl. ebd., S. 192). Wird der sozioökonomische Status kontrolliert, unterscheiden sich Kinder mit und ohne Migrationshintergrund im Übergang zum Gymnasium nicht mehr signifikant voneinander (vgl. ebd.). Folglich können wir hier von einem sozioökonomischen und weniger von einem ethnischen Herkunftseffekt sprechen. Werden in einem weiteren Schritt die Leistungen (in Form von Testergebnissen und Schulnoten) konstant gehalten, ist die Wahrscheinlichkeit auf einen Gymnasialbesuch für Kinder mit türkischem Migrationshintergrund sogar dreimal höher als für Kinder ohne Migrationshintergrund. Wenn sowohl Leistungen als auch die soziale Lage der Familie kontrolliert werden, ist die Chance um beinahe fünfmal höher (vgl. ebd., S. 192 f.). Die Autoren der bereits erwähnten LAU-5-Studie sprechen in diesem Zusammenhang von einem „Bonus seitens der Lehrkräfte" (Lehmann et al., 1997, S. 51), den Kinder mit Migrationshintergrund erhalten. Kristen & Dollmann (2009) können sogar nachweisen, dass die Bildungsmotivation von Schülerinnen und Schülern mit türkischem Migrationshintergrund höher ausfällt als von Jugendlichen ohne Migrationshintergrund. Dass dennoch ein weitaus geringerer Anteil an Kindern mit Migrationshintergrund auf ein Gymnasium übergeht, kann folglich einzig auf primäre Herkunftseffekte, also Unterschiede in den Leistungen, zurückgeführt werden (vgl. ebd.). Auch in der Internationalen Grundschul-Lese-Untersuchung (IGLU) 2011 zeigt sich, dass die Chancen von Migrantenkindern auf eine Übergangsempfehlung der Lehrkräfte zum Gymnasium nicht signifikant von denen der Grundschulabsolventinnen und -absolventen ohne Migrationshintergrund abweichen, sobald die Leistungen kontrolliert werden (vgl. Stubbe et al., 2012, S. 222). Zu diesem Befund kommt neben der PISA-Studie auch eine Längsschnittuntersuchung an Grundschulen in Bayern (KOALA-S-Studie) (vgl. Ditton & Aulinger, 2011, S. 107). Dabei gilt es, zu beachten, dass deutliche Unterschiede in den schulischen Leistungen je nach Herkunftsland der Schülerinnen und Schüler mit Migrationshintergrund zu finden sind (vgl. ebd.).

Leistungsüberlappungen und differentielle Entwicklungsmilieus

Dass eine leistungsgerechte Verteilung der Schülerinnen und Schüler auch auf die parallelen Schulformen nicht gegeben ist, verdeutlichen weitere Ergebnisse der IGLU-Studie. Die folgende Grafik offenbart die starken Überlappungen der Schullaufbahnpräferenzen von Lehrkräften je nach Lesekompetenz der Schülerinnen und Schüler zwischen den Schulformen. Zwar weichen die Mittelwerte der Lesekompetenzen der einzelnen Schulformen erwartungskonform voneinander ab, frappierend sind aber die deutlichen Überschneidungen der einzelnen Kurven, die zeigen, dass Schülerinnen und Schüler mit gleichen Lesekompetenzen für unterschiedliche Schulformen empfohlen werden.

Abbildung 7: Testleistungen differenziert nach Deutschnoten – Gesamtskala
Lesen

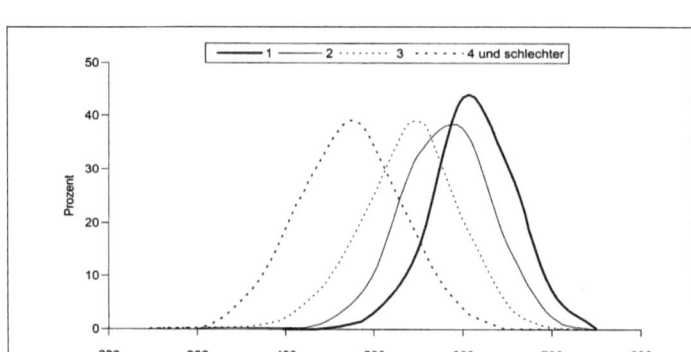

Quelle: IEA: Progress in International Reading Literacy Study (PIRLS), entnommen
aus: Stubbe et al., 2012, S. 216.

Ein gleiches Bild zeigt sich, wenn die Noten in Mathematik und Naturwissenschaften betrachtet werden (vgl. ebd., S. 217). Unterteilt man die Lesekompetenz in drei Leistungsbereiche und fragt nach den Schullaufbahnempfehlungen
der Lehrkräfte, ergibt sich die folgende Verteilung:

Tabelle 1:   Schullaufbahnpräferenzen der Lehrkräfte differenziert nach
Leistungsgruppen in Zeilenprozent

| | Schullaufbahnpräferenz der Lehrkräfte | | | |
	Hauptschule	Realschule	Gymnasium	n[1]
Untere Leistungsgruppe	48,3	39,4	12,3	772
Mittlere Leistungsgruppe	22,7	43,9	33,5	1306
Obere Leistungsgruppe	7,0	28,7	64,3	1492
Gesamt	773	1305	1492	3570

[1] Differenzen zu 100 Prozent ergeben sich durch Rundungsfehler.

Quelle: IEA: Progress in International Reading Literacy Study (PIRLS), entnommen
aus: Stubbe, Bos & Euen, 2012, S. 217.

Knapp die Hälfte der Schülerinnen und Schüler, die sich im unteren
Leseleistungsbereich befinden, erhalten eine Hauptschul-, 39,4 Prozent eine
Realschul- und 12,3 Prozent eine Gymnasialempfehlung. Demgegenüber steht
ein nicht unbeträchtlicher Anteil von 7,0 Prozent, deren Leistungen im
obersten Bereich angesiedelt sind, die aber dennoch eine Empfehlung für die
Hauptschule erhalten; 28,7 Prozent dieser Kinder werden für eine Realschule

empfohlen. Zu vergleichbaren Ergebnissen kommt auch die Hamburger Leistungsvergleichsstudie LAU-5 „Aspekte der Lernausgangslage und der Lernentwicklung" (vgl. Lehmann et al., 1997). Leistungsgruppen sind folglich leistungsheterogener, „als unsere Konzepte von Schulform und Begabung das zulassen möchten" (Tillmann, 2008, S. 57). Im Vergleich zu den Ergebnissen der IGLU 2006 haben sich die Präferenzen zur Hauptschule in allen drei Leistungsgruppen reduziert, in der untersten Leistungsgruppe sogar von knapp 60 auf 48,3 Prozent, während die Empfehlungen zum Gymnasium in allen drei Gruppen gestiegen sind (vgl. Bos, Hornberg, Arnold, Faust, Fried, Lankes, Schwippert & Valtin, 2007, S. 281) – passend zum anhaltenden Trend der steigenden Nachfrage nach höheren Schulformen und der Abkehr von der Hauptschule.

Problematisch wird dieser Tatbestand der „Fehlplatzierung", wenn sich Schülerinnen und Schüler trotz gleicher Eingangsvoraussetzungen je nach durchschnittlichem Leistungsniveau einer Klassengemeinschaft unterschiedlich weiterentwickeln. Dass genau dies der Fall ist und sich „differenzielle Entwicklungsmilieus" in den unterschiedlichen Schulformen herausbilden, konnte mehrfach nachgewiesen werden (vgl. z.B. Baumert, Stanat & Watermann, 2006; Baumert, Trautwein & Artelt, 2003). Insbesondere in den Hauptschulen sind Schülerinnen und Schüler in ihrer Leistungsentwicklung benachteiligt, da hier eine Vielzahl von Risikofaktoren – wie ein hoher Anteil von Jugendlichen aus Familien mit problematischem Hintergrund, mit gebrochenen Bildungsbiografien oder aus Familien mit Migrationshintergrund – zusammenkommen. Innerhalb einer Schulform können sich einzelne Schulen jedoch deutlich voneinander unterscheiden. Für die Hauptschulen konnten Baumert, Trautwein & Artelt (2003) clusteranalytisch auf Grundlage der Daten aus PISA 2000 drei verschiedene Typen im Hinblick auf die Schülerzusammensetzung, das Leistungsniveau und die Schulzufriedenheit nachweisen (vgl. ebd., S. 277.). 64,2 Prozent der 265 Hauptschulen verfügen demnach über einen mittleren Migrantenanteil, relativ günstige Schülervoraussetzungen und eine mittlere Schulzufriedenheit. 29,4 Prozent weisen einen hohen Migrantenanteil und Schülerinnen und Schüler aus einer niedrigen Sozialschicht mit einer niedrigen Schulzufriedenheit auf. In der dritten und mit 6,4 Prozent sehr kleinen Hauptschulgruppe ist der Migrantenanteil sehr hoch, die Sozialschicht sehr niedrig, die Schulzufriedenheit aber hoch. Schülerinnen und Schüler auf diesen Hauptschulen erzielen die geringsten Leistungen (vgl. ebd., S. 274). Wird die Verteilung der Schulcluster auf die verschiedenen Bundesländer betrachtet, zeigt sich, dass in Nordrhein-Westfalen mit 16 Prozent der größte Anteil an Hauptschulen mit ungünstigen Bedingungen zu finden ist. Bayern, Niedersachsen und Schleswig-Holstein hingegen verfügen mit 84,6 bis 86,2 Prozent hauptsächlich über Hauptschulen mit günstigen Voraussetzungen (vgl. ebd., S. 281).

Vor dem Hintergrund unterschiedlicher Lernzuwächse je nach Anspruchsniveau und Lernumgebung der Schule sind insbesondere die Konsequenzen der in Form von zu niedrig eingestuften „falschen Zuordnungen" gravierend. Würden diese Schülerinnen und Schüler auf eine Schulform mit höherem Anspruchsniveau übergehen, kann begründet davon ausgegangen werden, dass sie einen höheren Leistungszuwachs verzeichnen würden. Auf dieses Phänomen weisen Befunde der KESS 8-Studie „Kompetenzen und Einstellungen von Schülerinnen und Schülern am Ende der Jahrgangsstufe 8" hin. Demnach befinden sich zwei Drittel (66,6 Prozent) der Schülerinnen und Schüler, die trotz fehlender Empfehlung auf ein Gymnasium wechselten, vier Jahre später am Ende der achten Jahrgangsstufe noch immer auf dieser Schulform (vgl. Scharenberg, Gröhlich, Guill & Bos, 2010, S. 123). Ein noch eindeutigeres Bild zeigt sich in Berlin. Die Berliner Schulstatistik „Blickpunkt Schule" gibt regelmäßig Auskunft über den Verbleib der Schülerinnen und Schüler in der Probezeit (Jahrgangstufe sieben) der weiterführenden allgemeinbildenden Schulen. Im Schuljahr 2010/11 wechselten 1.315 Schülerinnen und Schüler mit Realschulempfehlung auf ein Gymnasium. Mit 74,1 Prozent der „Nicht-Empfohlenen" (974 Schülerinnen und Schüler) schafft der Großteil die Versetzung in die achte Jahrgangsstufe und hat damit die Probezeit erfolgreich durchlaufen. Die restlichen 25,5 Prozent (335 Schülerinnen und Schüler) führen ihren Bildungsweg auf der integrierten Sekundarschule fort (vgl. Senatsverwaltung für Bildung, Jugend und Wissenschaft Berlin, 2012, S. 70).

Das anregungsreiche Lernumfeld, das hohe Anforderungsniveau und höhere Bildungsaspirationen wirken sich offensichtlich auch auf die Schülerinnen und Schüler mit zweifelhafter Eignung positiv aus. Eine weitere Ursache sieht Solga (2008) in unterschiedlichen Lehrplänen und ungleichen Lernangeboten je nach Schultyp. Sie beruft sich auf PISA-Daten und berichtet, dass etwa 58 Prozent der Hauptschülerinnen und Hauptschüler nur zwei Wochenstunden naturwissenschaftlichen Unterricht erhalten, während dies an den Gymnasien lediglich 17 Prozent betrifft (vgl. ebd., S. 3).

Den Einfluss der differentiellen Entwicklungsmilieus auf die Bildungsaspiration der Schülerinnen und Schüler konnte Ostrop (2009) auf Grundlage einer Längsschnittstudie eindrucksvoll nachweisen: 90 Prozent der Schülerinnen und Schüler, die trotz Realschulempfehlung ihren Bildungsweg am Ende der sechsten Jahrgangsstufe (in Berlin) auf einem Gymnasium fortführten, strebten im neunten Schuljahr noch immer das Abitur an. Von den Neuntklässlern der Realschule, die in der siebten Jahrgangsstufe das Ziel des Abiturs verfolgten, waren es lediglich 44 Prozent (vgl. ebd., S. 132). Einschränkend muss darauf hingewiesen werden, dass sich die Schulabschlüsse der Eltern zwischen diesen beiden Gruppen signifikant voneinander unterscheiden: Während 58 Prozent der Eltern der realschulempfohlenen Gymnasiastinnen und Gymnasiasten über das Abitur oder sogar ein Studium und 15,5 Prozent über keinen oder einen Hauptschulabschluss verfügen, betrifft dies 39 Prozent (Abitur und Studium) und 24 Prozent (ohne Abschluss und Hauptschulabschluss) der Eltern der Realschülerinnen und -schüler mit Abiturwunsch (vgl. ebd., S. 122). Zum einen bestätigt sich damit erneut der Befund, dass insbesondere höher gebildete Eltern der Grundschulempfehlung in Richtung höhere Bildungsgänge widersprechen (vgl. z.B. Ditton, 2008). Zum anderen kann berechtigt vermutet werden, dass sich neben der Schulformzugehörigkeit auch die Bildungsaspirationen der Eltern auf die der Kinder auswirken, die maßgeblich vom eigenen Schulabschluss bestimmt werden und somit bei den realschulempfohlenen Gymnasiastinnen und Gymnasiasten höher ausfallen als bei den Realschülerinnen und -schülern mit Abiturwunsch in der siebten Jahrgangsstufe.

Es gilt zu konstatieren, dass die Eingangsselektivität des deutschen Schulsystems dazu führt, dass, im Gegensatz zu den anderen Schulformen, am Gymnasium eine Schülerschaft aus überwiegend privilegierten Elternhäusern lernt, deren Eltern zum großen Teil selbst höhere Bildung genossen haben. An Hauptschulen zeichnet sich die gegenteilige Situation ab, hier häufen sich soziale Problemlagen. Als Konsequenz des nach Leistung und sozialer Herkunft gegliederten Schulsystems entwickeln sich schulformbezogene Entwicklungsmilieus, die Einfluss auf die Leistungsentwicklungen der Kinder und Jugendlichen nehmen. „Der Verlust des Einzelnen besteht darin, dass das von höherer Bildung ausgeschlossene Kind hinsichtlich seiner potentiellen Leistungsentwicklung eingeschränkt bleibt. Die Gesellschaft muss den Verlust eines Begabungspotentials hinnehmen, der dem Bedarf an qualifizierten Kräften entgegensteht" (Ostrop, 2009, S. 25).

3.2 Klassenwiederholungen

Auch die durch Klassenwiederholungen vollzogene Art der Aussortierung leistungsschwächerer Schülerinnen und Schüler, deren Schulzeit sich so um ein Jahr verlängert, trägt zur gewünschten Homogenisierung der Schülergruppe bei und folgt der theoretischen Annahme, den betroffenen Schülerinnen und Schülern den Anschluss an den Leistungsstand der Lerngruppe wieder zu gewähren. In der Regel kommt das Selektionsinstrument der Klassenwiederholung dann zum Einsatz, wenn Schülerinnen und Schüler die Leistungsanforderungen in mindestens zwei Fächern nicht erreichen (vgl. Steiner, 2011). Unter den Sitzenbleibern sind besonders häufig sozial benachteiligte Kinder und Jugendliche zu finden (vgl. Bellenberg & im Brahm, 2010; Klemm, 2009; Steiner, 2011; Gröhlich & Bos, 2007).

Im Schuljahr 2010/11 sind 164.000 Kinder und Jugendliche an den allgemein bildenden Schulen in Deutschland vom Sitzenbleiben betroffen; dies entspricht 2,0 Prozent der Schülerschaft (vgl. Autorengruppe Bildungsberichterstattung, 2012, S. 75). Im internationalen Vergleich ist die Klassenwiederholung eine sehr häufig verwendete Maßnahme (vgl. Tillmann & Meier, 2001; Tillmann, 2008; Klemm, 2009). Dabei ist in allen Schulformen und Bundesländern eine stark rückläufige Entwicklung zu erkennen, die u.a. auf Veränderungen in den gesetzlichen Regelungen und auf die bereits erwähnten Initiativen seitens der Bildungspolitik zurückzuführen ist (vgl. z.b. das Programm „Komm mit – Fördern statt Sitzenbleiben"; siehe hierzu: Gasse, 2009). Gleichwohl variiert das Ausmaß der Anwendung dieser Selektionsmaßname zwischen den Bundesländern erheblich. Der Chancenspiegel berichtet für das Schuljahr 2009/10 eine Gesamtsitzenbleiberquote in den Sekundarstufen I und II von 2,9 Prozent. Mit 1,6 Prozent weist Baden-Württemberg den geringsten Anteil an Wiederholern auf, die höchste Quote findet sich mit 4,7 Prozent in Bayern (vgl. Bertelsmann Stiftung & IFS, 2012, S. 160).

Wird die Wiederholerquote in der Sekundarstufe I für das frühere Bundesgebiet dem entsprechenden Wert der neuen Bundesländer (einschließlich Berlin) gegenübergestellt, zeigt sich für das Schuljahr 2011/12 ein Anteil von 2,7 zu 2,2 Prozent im Osten des Landes (vgl. Statistisches Bundesamt, 2012a, S. 195, 197). Eine vermutete Begründung für diese Differenz könnte in anhaltenden pädagogischen Traditionen der Bundesländer im Hinblick auf die Versetzungspraxis liegen (vgl. Schümer, Tillmann & Weiß, 2002, S. 209).

Unterschiede im Hinblick auf die Wiederholerpraxis finden sich auch zwischen den verschiedenen Schularten: Im Schuljahr 2011/12 verzeichnen die Grundschulen mit 0,5 Prozent den geringsten Wiederholeranteil, gefolgt von den Gesamtschulen (an denen Sitzenbleiben nicht vorgesehen ist) mit 1,7 Prozent. Gymnasien zeichnen sich durch einen Anteil von 2,1 Prozent aus (bzw. 2,0 an G9-Gymnasien). Schularten mit mehreren Bildungsgängen weisen eine etwas höhere Quote von 2,9 Prozent und Hauptschulen von 3,8 Prozent auf. Spitzenreiter sind die Realschulen, in denen 3,9 Prozent der Schülerinnen und Schüler eine Klasse wiederholen (vgl. Statistisches Bundesamt, 2012a, S. 193).[14]

Um die Entwicklung der Wiederholerquote in der Sekundarstufe I der Gymnasien betrachten zu können, wird zunächst Nordrhein-Westfalen als Referenzgröße verwendet. Hier ist in den letzten zwölf Jahren ein Rückgang von 3,9 auf 1,4 Prozent zu beobachten. Während 2000/01 noch 14.769 Gymnasiastinnen und Gymnasiasten der Sekundarstufe I von einer Klassenwiederholung betroffen waren, sind es 2011/12 nur noch 4.642. Trotz der enormen Expansion des Gymnasiums entspricht dies einem Rückgang von erstaunlichen 68,6 Prozent.[15]

---

14 Ehemalige Gymnasiasten, die die Schulform in Richtung Realschule wechselten und gleichzeitig eine Jahrgangsstufe wiederholen, werden hier bei den Sitzenbleibern der Realschule aufgeführt. Gleiches gilt für die anderen Schulformwechsel; die Wiederholer werden an der aufnehmenden Schulform gezählt.

15 Hier muss bedacht werden, dass sich die absoluten Werte der Wiederholer seit 2010/11 auch aufgrund des Wegfalles eines Jahrgangs reduziert haben, da sich die Sekundarstufe I seitdem aus den Jahrgängen fünf bis neun zusammensetzt.

Abbildung 8: Entwicklung der Klassenwiederholungen in der Sekundarstufe I
der Gymnasien in NRW, 2000/01–2011/12 (in %)[16]

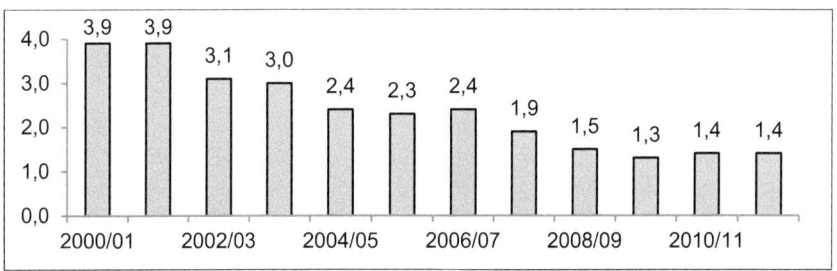

Quelle: MSW NRW, 2012b, S. 195.

In Bayern, dem Bundesland mit der höchsten Wiederholerquote, ist eine ähnliche, wenn auch nicht ganz so deutliche Entwicklung zu erkennen. Hier hat sich die Anzahl der von Klassenwiederholungen betroffenen Schülerinnen und Schüler an Gymnasien der Jahrgangsstufen fünf bis neun von 9.977 im Schuljahr 2002/03 auf 6.589 im Schuljahr 2011/12 reduziert – ein Rückgang von 4,6 auf 2,8 Prozent.

Abbildung 9: Entwicklung der Klassenwiederholungen in den Jahrgangsstufen
5–9 in den Gymnasien in Bayern und Baden-Württemberg,
2002–2011 (in %)

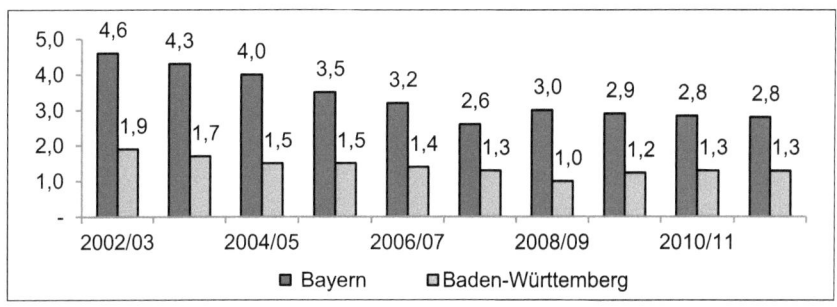

Quelle: Statistisches Bundesamt, 2012a–2003, eigene Berechnungen.

---

16 Auch hier beruht die Berechnung der Wiederholerquote auf dem „Durchführungsprinzip". Schüler, die an eine andere Schulform wechseln und dort den Jahrgang wiederholen, werden an der neuen Schulform gezählt. Dem „Verursacherprinzip" zufolge wiederholten 5.097 Gymnasiasten (und damit 1,5 Prozent) 2011/12 eine Jahrgangsstufe (vgl. MSW NRW, 2012b, S. 195).

Eine ebenfalls rückläufige Entwicklung verzeichnet Baden-Württemberg, das sich bereits zu Beginn des Betrachtungszeitraums im Schuljahr 2002/03 durch eine sehr geringe Wiederholerquote von 1,9 Prozent (3.648 Schülerinnen und Schüler) auszeichnet. Bis zum Schuljahr 2008/09 sank sie auf 1,0 Prozent (2.135 Schülerinnen und Schüler) und stieg dann erneut auf 1,3 Prozent (2.787 Schülerinnen und Schüler) im Schuljahr 2011/12 an.

Bei der Betrachtung solcher schulstatistischer Daten muss stets beachtet werden, dass die hier aufgeführten Schülerinnen und Schüler in jedem weiteren Schuljahr ein weiteres Mal vom Scheitern in Form von Klassenwiederholungen oder (wie im Folgenden zu betrachten sein wird) von Schulformwechseln in einen Bildungsgang mit niedrigerem Anspruchsniveau betroffen sein können. Aussagen über kumulative Effekte sind folglich nicht möglich, vielmehr beziehen sich solche Angaben auf nur einen Messzeitpunkt.

Die Praxis der Klassenwiederholungen wird sowohl pädagogisch als auch bildungspolitisch kontrovers diskutiert. Obwohl eine Vielzahl von Studien belegt, dass die erhoffte Wirkung, nämlich die Förderung der betroffenen Schülerinnen und Schüler ausbleibt, wird in Deutschland ein immenser finanzieller Aufwand von jährlich einer Milliarde Euro betrieben (vgl. Klemm, 2009, S. 5). Dass langfristig keine Leistungsverbesserungen zu verzeichnen sind (vgl. Bless, Schüpbach & Bonvin, 2004; Tillmann & Meier, 2001; Roßbach & Tietze, 2010), wird in einschlägigen wissenschaftlichen Auseinandersetzungen u.a. damit erklärt, dass repetierende Schülerinnen und Schüler in den seltensten Fällen ein rechtlich verlangtes, auf sie zugeschnittenes Förderkonzept erhalten (vgl. Bellenberg & im Brahm, 2010, S. 525). Im Gegenteil, vielmehr sind sie gezwungen, nicht nur die Fächer, in denen Leistungsschwierigkeiten auftreten, sondern ein komplettes Schuljahr zu wiederholen, während der Aufstieg in einen Bildungsgang mit höherem Anspruchsniveau oder das Überspringen einer Jahrgangsstufe von der Leistungsfähigkeit in allen Fächern bestimmt ist und nicht bei starken Leistungen in einzelnen Fächer vollzogen wird (vgl. z.B. Fend, 1980, S. 78).

Darüber hinaus konnte vielfach belegt werden, dass eine Klassenwiederholung für die Betroffenen eine hohe psychische Belastung bedeutet (vgl. z.B. Hurrelmann & Wolf, 1986; Liegmann, 2007, 2008, 2011): Schülerinnen und Schüler sind nicht nur mit Versagenserlebnissen konfrontiert, sondern müssen auch ihren gewohnten Klassenverband und ihre Freunde verlassen. Damit verbundene negative Auswirkungen auf das Selbstwertgefühl zeigen sich häufig noch viele Jahre nach ihrer Schulzeit (vgl. Hurrelmann & Wolf, 1986).

Ungeachtet dieser referierten Befunde spricht sich das Gros der Gesellschaft für den Einsatz von Klassenwiederholungen aus (vgl. Klemm, 2009; Bless et al., 2004; Tillmann, 2008). Befunden einer bundesweit repräsentativen Lehrerumfrage zufolge lehnen 62 Prozent die Abschaffung des Sitzenbleibens ab (vgl. Kanders & Rösner, 2006, S. 41). Damit decken sich die Befunde mit der zwei Jahre zuvor durchgeführten Schülerelternbefragung, bei der sich 60 Prozent gegen den Verzicht auf Klassenwiederholungen aussprach (vgl. ebd.). Gleichwohl lassen sich auch bildungspolitische Forderungen nach Reduzierung der Wiederholerquoten finden. Die neue rot-grüne Landesregierung in Niedersachsen (seit Februar 2013) diskutiert sogar die gänzliche Abschaffung des Sitzenbleibens.[17] Vermutlich werden auch die referierten rechtlichen Vorgaben und gesetzlichen Einschränkungen zum Sitzenbleiben, die den Einsatz dieser Maßnahme nur in Verbindung mit ausreichender Förderung erlaubt (vgl. Kapitel 1.1), einen Beitrag zu der rückläufigen Entwicklung leisten.

Die Expansion des Gymnasiums hatte augenscheinlich nicht die alltagstheoretische Folge, dass sich das Ausmaß an vermeintlich nicht geeigneten Gymnasiasten und damit auch die Misserfolgsrate erhöht. Vielmehr geht die Öffnung der Gymnasien mit einer Senkung der Wiederholerquote einher. Ob die Befundlage im Hinblick auf die Abstufungspraxis ähnlich ausfällt, wird im Folgenden beleuchtet.

3.3 Auf- und Abstiegsmobilität in der Sekundarstufe I

Neben der Aufteilung in die verschiedenen Bildungsgänge am Ende der Grundschulzeit und dem Einsatz der Klassenwiederholungen ist der nachträgliche Schulformwechsel eine weitere Maßnahme, um dem angestrebten Ziel einer gewünschten homogenen Schülerschaft gerecht zu werden. Auch mit dieser Auf- bzw. Abstufung kann eine nachträgliche Korrektur an der einmal getroffenen Entscheidung für einen Bildungsgang vorgenommen werden.

Wird die Durchlässigkeit eines Schulsystems betrachtet, muss zwischen *horizontaler und vertikaler Durchlässigkeit* unterschieden werden: Während die *vertikale Durchlässigkeit* die Übergange am Ende einer Schulstufe umfasst, etwa von der Sekundarstufe I in die gymnasiale Oberstufe, meint die *horizontale Durchlässigkeit* den Wechsel von Schülerinnen und Schülern zwischen zwei parallelen Schulformen mit unterschiedlichem Anspruchsniveau (vgl. Rösner, 1983; Bellenberg, 1999). Als typische Indikatoren zur Beschreibung der vertikalen Durchlässigkeit werden etwa der Übergang von der Grundschule auf weiterführende Schulen oder der Eintritt in die gymnasiale Oberstufe allgemeinbildender oder beruflicher Schulen herangezogen. Auf- und Abwärtsbewegungen im Verlauf der Sekundarstufe I geben Auskunft über die horizontale Durchlässigkeit.

---

17 http://www.spiegel.de/schulspiegel/wissen/debatte-um-ehrenrunde-nieder
sachsen-will-sitzenbleiben-abschaffen-a-884013.html [Zugriff am 02.04.2013].

Bereits im Kontext der Bildungsreformdebatte in den 1960er Jahren stellte die Durchlässigkeit des Schulsystems und damit verbundene Selektionsprozesse ein wichtiges Thema in öffentlichen Diskursen dar. Schon damals wurde das dreigliedrige Schulsystem als zu starr empfunden, nachträgliche Schulformwechsel traten nur äußerst selten auf (vgl. z.B. ebd., 1999, S. 114). Um dem prognostizierten „Bildungsnotstand" (Picht, 1964) und Fachkräftemangel vorzubeugen, wurde u.a. auch die Hoffnung in eine größere Haltekraft der Gymnasien gesetzt. Insbesondere vor dem Hintergrund der frühen Übergangsentscheidungen und Zuweisungen auf die unterschiedlichen Schulformen, die maßgeblich vom sozioökonomischen Status der Familie abhängen, kam (und kommt) dieser fehlenden horizontalen Durchlässigkeit im Verlauf der Sekundarstufe I besondere Bedeutung zu. In Form einer expliziten Forderung nach „durchlässigen Bildungsgängen" fand diese Debatte u.a. Ausdruck im Strukturplan für das Bildungswesen (Deutscher Bildungsrat, 1970, S.38). Trotz aller dann folgenden Reformanstrengungen hat insbesondere die erwünschte Durchlässigkeit nach oben, also in Bildungsgänge mit höherem Anspruchsniveau, nicht an quantitativer Bedeutung gewonnen. Es mangelt nicht an Befunden, die die horizontale Durchlässigkeit – also die Auf- und Abwärtsmobilität zwischen Schulformen mit unterschiedlichem Niveau – hauptsächlich als Abstiege enttarnt (vgl. die nachfolgenden Befunde).

Seit der Bildungsreformdebatte Ende der 1960er besteht gesellschaftlicher Konsens über die Zielvorgabe, Bildungswege durchlässiger zu gestalten (vgl. z.B. Mauthe & Rösner, 1998; Bellenberg, 2012). An Brisanz hat das Thema Durchlässigkeit noch immer nicht verloren, insbesondere vor dem Hintergrund der Befunde zu den differentiellen Entwicklungsmilieus, die unterschiedliche Chancen des Kompetenzerwerbs je nach besuchter Schulform nach sich ziehen (vgl. Kapitel 3.1). So wird etwa in einer der acht Schlussfolgerungen aus den Ergebnissen der Internationalen Grundschul-Lese-Untersuchung (IGLU) 2006 die „Erhöhung der Durchlässigkeit im Schulsystem" gefordert (vgl. Valtin, Bos, Hornberg & Schwippert, 2007, S. 343). Mit dem wissenschaftlichen Diskurs um ein durchlässigeres Bildungssystem wird der bildungspolitischen Programmatik Nachdruck verliehen (vgl. MSW NRW, 2006).

Gleichwohl erschweren die tiefgreifenden Umstrukturierungen der Bildungslandschaften mit dem organisatorischen Verbund mehrerer Schulformen unter einem Dach in einer Vielzahl von Bundesländern die Analyse und statistische Abbildung von Schulformwechseln (Auf- und Abstiegen) zwischen Bildungsgängen (vgl. Autorengruppe Bildungsberichterstattung, 2012; S. 67; Bellenberg, 2012).

Das genaue Ausmaß und die Entwicklung der Auf- und Abwärtsmobilität

Trotz der zunehmenden Öffnung des Bildungssystems in den letzten Jahrzehnten belegt eine Vielzahl von Untersuchungen die noch immer eindeutig bestehende Diskrepanz zwischen Rechtsnorm und Rechtswirklichkeit, also der tatsächlichen Nutzung in der pädagogischen Praxis hinsichtlich der Auf- und Abstufungen zwischen parallelen Bildungsgängen. Schulformwechsel finden vornehmlich in Form von Abstiegen statt (vgl. Bellenberg, 2012; Bertelsmann Stiftung & IFS, 2012; Bellenberg & Klemm, 2000; Bellenberg, 1999; Schümer et al., 2002; Mauthe & Rösner, 1998; Rösner, 1997). Von den rund 98.500 betroffenen Schülerinnen und Schüler in Deutschland (zum Schuljahr 2010/11) steigen 58,4 Prozent in eine Schulform mit niedrigerem Anspruchsniveau ab, 27,4 Prozent schaffen den Aufstieg und 14,1 Prozent sind Umsteiger (vgl. Bellenberg, 2012, S. 9 f.). Mit Bellenberg & Klemm (2000) gesprochen bestätigt „sich immer wieder, dass die horizontale Durchlässigkeit des bundesdeutschen Schulsystems in nennenswertem Umfang nur nach unten stattfindet. Nicht zu Unrecht lässt sich daher von einer Einbahnstraße sprechen" (ebd., S. 66).

Wie stellt sich die horizontale Durchlässigkeit des Schulwesens in Nordrhein-Westfalen nun in jüngster Zeit dar? Schulstatistische Daten zu den Schulformwechslern belegen, dass sich das vielfach diagnostizierte Missverhältnis zwischen Auf- und Abstiegen in den letzten Jahren deutlich verbessert hat und demnach zumindest auf den ersten Blick bildungspolitischen sowie pädagogischen Ansprüchen gerecht wird. Im Vergleich zum Schuljahr 2001/02, in dem in den Jahrgangsstufen fünf bis neun auf einen Aufstieg 19,4 Abstiege kamen, beläuft sich die entsprechende Aufstiegs-Abstiegs-Relation im Jahr 2011 auf 1:5,6.

Abbildung 10: Auf- und Abstufungen (Jg. 5–9) in NRW zum Schuljahr 2011/12

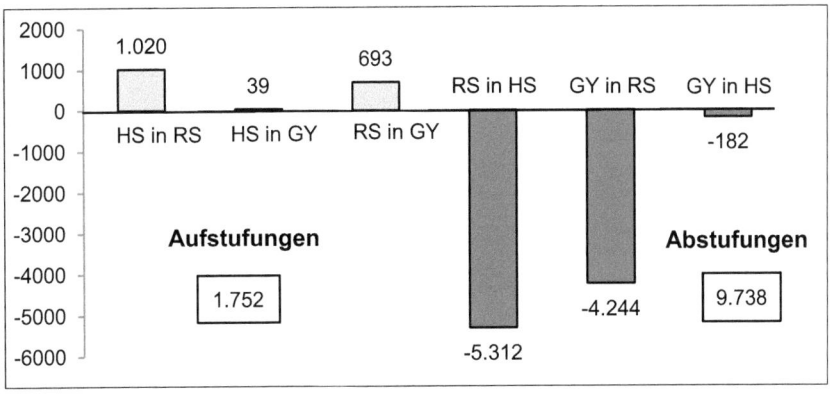

Quelle: MSW NRW, 2012b.

Der Abbildung können die Schulformwechsler zum Schuljahr 2011/12 der traditionellen drei Schulformen in Nordrhein-Westfalen von der fünften bis zur neunten Jahrgangsstufe entnommen werden. Von den 11.490 Schülerinnen und

Schülern sind 9.738 (84,8 Prozent) von Abstufungen betroffen, während 1.752 (15,2 Prozent) ihren Bildungsweg an einer Schulform mit höherem Anspruchsniveau fortführen. Eindeutig dominieren also noch immer die Absteigerinnen und Absteiger. Ein anderes Bild zeigt sich zum Beispiel in Baden-Württemberg. Auf solche Bundesländerdifferenzen wird näher eingegangen, nachdem die Entwicklung der horizontalen Durchlässigkeit am Beispiel von Nordrhein-Westfalen aufgezeigt wurde. Wie stark die Abstufungen aus Gymnasien in Realschulen hier in den letzten zehn Jahren gesunken sind, veranschaulicht die folgende Grafik.

Abbildung 11:   Abstufungen aus Gymnasien in Realschulen während der Sekundarstufe I in NRW, 2002–2011[18]

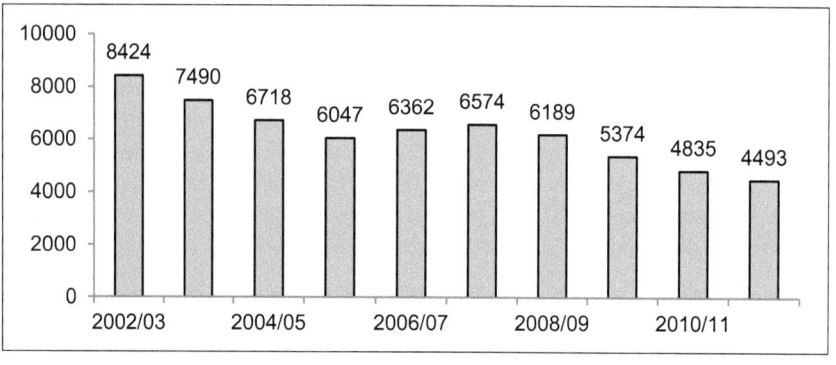

Quelle: MSW NRW, 2012b.

Die absolute Anzahl der Wechsler aus den Gymnasien in die Realschulen hat sich von 8.424 im Schuljahr 2002/03 auf 4.493 Jugendliche im Schuljahr 2011/12 nahezu halbiert – dies entspricht einem Rückgang von 46,7 Prozent.

Diese Form der Selektion hat sich in den Gymnasien also eindeutig reduziert, noch immer ist dieser Bildungsgang – zumindest in Nordrhein-Westfalen – aber „innerhalb der Sekundarstufe I damit für die Schülerschaft der übrigen Sekundarschulformen so gut wie unerreichbar" (Bellenberg & Klemm, 1998, S. 587). Inwiefern die Neuverteilung der Stoffinhalte durch die Verkürzung der Schulzeit am Gymnasium um ein Jahr (G8) die Durchlässigkeit tangiert, bleibt abzuwarten. Zu vermuten ist, dass die ohnehin schon geringe Aufwärtsmobilität zum Gymnasium sinkt, da diese Umstellung organisatorische Barrieren mit

---

18   In den Schuljahren 2010/11 und 2011/12 sind die Abstufungen im zehnten Jahrgang inbegriffen, obwohl dieser Jahrgang aufgrund der Einführung von G8 in diesen Schuljahren der Sekundarstufe II angehört.

sich bringt. So beispielsweise die Wahl der zweiten Fremdsprache, die an Gymnasien nunmehr in Jahrgangsstufe sechs und in den Realschulen weiterhin in der Jahrgangsstufe sieben vollzogen wird. Darüber hinaus kann ein Schulformwechsel in die Oberstufe eines Gymnasiums nur unter Inkaufnahme einer Klassenwiederholung geschehen. Damit müssen Real- und Hauptschulabsolventen ihren Bildungsweg mit einer um ein Jahr jüngeren Alterskohorte fortsetzen, wenn sie in die Oberstufe eines Gymnasiums wechseln möchten.

Wie enorm sich das Ausmaß des Scheiterns am Gymnasium verringert hat, wird weiterhin deutlich, wenn der Betrachtungszeitraum ausgeweitet wird. Auch Hansen & Rolff (1990) stellen für Nordrhein-Westfalen heraus, dass sich die Auslese durch die Schule nachdrücklich reduziert hat. Sie berichten die Relation der Abiturienten zu den neun Jahre zuvor begonnenen Schüleranzahlen in der fünften Klassenstufe und stellen fest: 1959/60 lässt sich diese Erfolgsquote auf geringe 39,2 Prozent beziffern, damit verließen mehr als 60 Prozent der Schülerinnen und Schüler das Gymnasium bevor sie das Abitur erlangten. Im Schuljahr 1988/89 beträgt die Erfolgswahrscheinlichkeit 72,5 Prozent (vgl. ebd., S. 51). Damit hat sich der Schülerzahlverlust und die Haltekraft der Gymnasien immens verbessert, noch immer verließen Ende der 1980er Jahre aber 27,5 Prozent der Gymnasiasten die Schule frühzeitig.[19] Auch Rösner (2005) betrachtet die so errechneten Verbleibquoten an den nordrheinwestfälischen und bayrischen Gymnasien mithilfe eines „simulierten Längsschnitts" (ebd., S. 134). Für das Schuljahr 2001/02 berichtet er Verbleibquoten von 82 Prozent in NRW und 76 Prozent in Bayern (vgl. ebd., S. 135). Folglich erreichen 18 bzw. 24 Prozent der Fünftklässler an den dortigen Gymnasien nicht die zehnte Jahrgangsstufe.

Regionale Disparitäten im Hinblick auf die Auf- und Abwärtsmobilität

Weitere Ländervergleiche offenbaren deutlichere Diskrepanzen: Während sich einige Bundesländer wie Brandenburg durch einen nur minimalen Rückgang um drei Prozent auszeichnen, verlieren die Gymnasien in Bayern, im Saarland und in Hessen über 20 Prozent (vgl. Rösner, 2005, S. 137). Dies verdeutlichen auch Befunde der ersten PISA-Erhebung aus dem Jahr 2000 (vgl. Deutsches PISA-Konsortium, 2001). Hier wurden die deutschen Bundesländer im Hinblick auf Abstufungen aus den Gymnasien mit dem Ergebnis analysiert, dass die entsprechenden Anteile zwischen den 16 Bundesländern stark differieren. Den Befunden zufolge findet sich der größte Anteil an 15-Jährigen, die von Abstufungen aus den Gymnasien betroffen sind, mit 21,6 Prozent in Sachsen-

---

19 Quereinsteiger – vornehmlich in die Oberstufe des Gymnasiums – werden dabei mit den Abgängern verrechnet, sodass es sich „um keine echten Erfolgsquoten" handelt (Hansen & Rolff, 1990, S. 53).

Anhalt. Gleichermaßen wie in Bayern (20,8 Prozent), Mecklenburg-Vorpommern (19,3 Prozent) und im Saarland (18,5 Prozent) stieg dort gut jeder fünfte 15-jährige Gymnasiast in einen Bildungsgang mit niedrigerem Anspruchsniveau ab. Demgegenüber lässt sich der Anteil der Absteigerinnen und Absteiger in Bundesländern wie Brandenburg oder Niedersachsen auf eindeutig niedrigere 8,7 bzw. 11,0 Prozent beziffern (vgl. Abbildung 12).

Wissenschaftlich fundierte Erklärungen für diese gravierenden regionalen Unterschiede, die gleichermaßen bei Klassenwiederholungen vorzufinden sind, stehen bislang noch aus: So kennzeichnen sich Bundesländer mit ähnlichen Quoten nicht durch einheitliche Rahmenbedingungen wie etwa bei den angebotenen Schularten, der Übergangsquoten in weiterführende Schulen, den administrativen Regelungen oder dem freien Elternwillen bei der Schulwahl (vgl. Schümer, Tillmann & Weiß, 2002).

Abbildung 12: Anteil der 15-Jährigen, die aus den Gymnasien abgestiegen sind

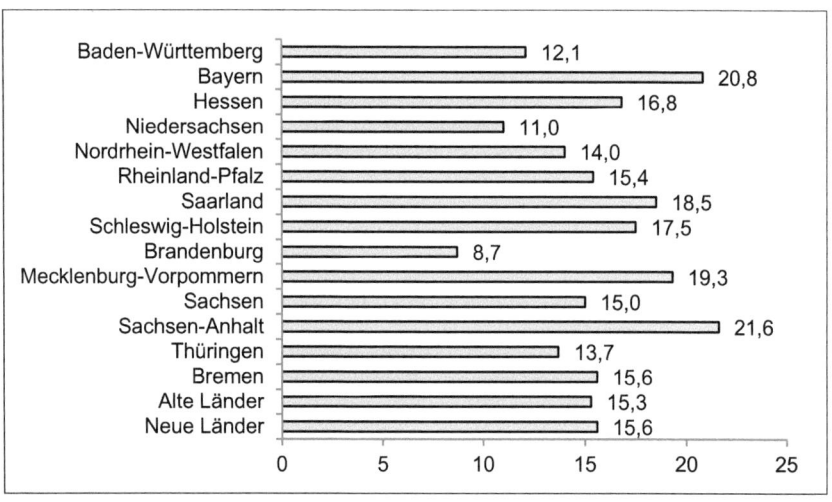

Quelle: Schümer, Tillmann & Weiß, 2002, S. 210, eigene Darstellung.

Solche Bundesländervergleiche offenbaren eindeutig ungleiche regionale Bildungschancen, die bislang nur wenig Beachtung finden. Helbig (2009) verdeutlicht, dass nicht nur die soziale und ethnische Herkunft, sondern auch der Wohnort für Bildungs- und damit auch für Lebenschancen entscheidend ist. Die von Bundesland zu Bundesland differierenden Übergangsquoten zum Gymnasium, die unterschiedlich ausgeprägte Anwendung des Selektionsinstrumentes der Klassenwiederholung oder der teils stark voneinander abweichende Anteil an Absolventinnen und Absolventen mit Hochschulreife bzw. an

Abgängerinnen und Abgängern ohne Hauptschulabschluss lassen sich nicht allein durch Leistungsschwächen der Schülerinnen und Schüler erklären, wie die Beispiele der in den großen Large-Scale-Studien gut abschneidenden Länder Bayern und Baden-Württemberg beweisen (vgl. ebd., S. 3). Mit van Ackeren & Klemm (2011) gesprochen wird die Entwicklung der Heranwachsenden durchaus auch durch die Region bestimmt, in der sie leben. Sie vermuten jedoch, dass die teils gravierenden regionalen Disparitäten in der Bildungsbeteiligung und dem Bildungserfolg auf Unterschiede in der sozialen und ethnischen Zusammensetzung zurückzuführen seien (vgl. ebd., S. 88 f. und Kapitel 3.1).

Auf beträchtliche bundeslandspezifische Unterschiede hinsichtlich des Verhältnisses von Aufstiegs- und Abwärtswechseln der Schülerinnen und Schüler in den Jahrgangsstufen sieben bis neun weist der Chancenspiegel 2012 hin. Hier unterscheiden die Autoren drei Gruppen von Bundesländern: Günstig stellt sich die Situation mit durchschnittlich 2,3 Abstufungen auf eine Aufstufung in Baden-Württemberg, Bayern, Brandenburg, Hamburg und Rheinland-Pfalz dar. Das andere Extrem findet sich mit durchschnittlich 11,4 Abstiegen auf einen Aufstieg in Berlin, Hessen, Niedersachsen und Sachsen; Nordrhein-Westfalen bewegt sich hier im Mittelfeld (vgl. Bertelsmann Stiftung & IFS, 2012). Schulstrukturelle Gegebenheiten wie das Berufsschulwesen oder der Ausbau des Gesamtschulsystems leisten einen maßgeblichen Beitrag zu diesen Differenzen.

Bellenberg (2012) vergleicht in ihrer Studie zu Schulformwechseln in Deutschland u.a. die Auf- und Abwärtsmobilität von Bundesländern miteinander, die über ähnliche Strukturen verfügen. Sie stellt heraus, dass sich unter den fünf Bundesländern mit einem mehrgliedrigen Schulsystemen Bayern (1:1,5) und Baden-Württemberg (1:1,09) durch ein günstiges Verhältnis von Auf- zu Absteigern und durch einen unterdurchschnittlichen Anteil von Absolventen ohne Abschluss auszeichnen (vgl. ebd., S. 41). Wechselt hingegen ein nur geringer Anteil von Grundschulabgängern (ca. zehn Prozent) auf eine Hauptschule, so wie in Nordrhein-Westfalen (1:5,6), Hessen (1:8,7) oder Niedersachsen (1:10,3), beschränkt sich folglich auch die Möglichkeit der Aufwärtsmobilität (vgl. ebd.). In den neuen Bundesländern mit etabliertem zweigliedrigen Schulsystem wie in Brandenburg (1:2,5), Mecklenburg-Vorpommern (1:1,8), Sachsen (1:4,7), Sachsen-Anhalt (1:3,6) und Thüringen (1:3,2) findet sich ein günstigeres Verhältnis von Auf- zu Abstufungen in der Sekundarstufe I als in den drei zuvor genannten Bundesländern (vgl. ebd., S. 45). Die anderen sechs Bundesländer befinden sich zurzeit noch im Umbau zu einem zweigliedrigen Schulsystem. Die Verhältniswerte schwanken hier zwischen 1:2,4 in Bremen bis 1:6,9 in Berlin (vgl. ebd., S. 45).

Diese Ausführungen verdeutlichen einmal mehr, dass Selektion in den einzelnen Bundesländern eine unterschiedlich starke Rolle spielt. Etwa in Baden-Württemberg sind Abstufungen und auch Klassenwiederholungen alles andere als der Regelfall (vgl. ebd., S. 14). Eine gegenteilige Situation finden wir z.B. in Berlin vor. Der Wohnort scheint folglich über die Wahrscheinlichkeit des Schulerfolgs mitzubestimmen.

Nicht nur auf Bundesländerebene, sondern auch auf Stadtebene oder gar innerhalb einer Stadt verzeichnen einzelne Gymnasien starke Schülerzahlverluste. Am Beispiel der Metropole Ruhr sind diese regionalen Disparitäten im Bildungsbericht Ruhr veranschaulicht: Der Durchschnittswert der Schülerzahlverluste an den Gymnasien in der Metropole Ruhr beläuft sich auf 6,9 Prozent[20] und liegt damit um 0,8 Prozentpunkte über dem Landesdurchschnitt von 6,1 Prozent. Dabei streuen die Werte der einzelnen Kommunen stark um diesen Durchschnitt: Während in Mülheim an der Ruhr nur 1,8 Prozent der Schülerinnen und Schüler das Gymnasium bis zur neunten Jahrgangsstufe verlassen, sind es in Herne deutlich höhere 11,4 Prozent (vgl. Regionalverband Ruhr, 2012, web-Anhang, S. 27).

Doch auch Städte als homogene Einheit zu betrachten, kann sich als problematisch erweisen, da sich auch innerhalb einzelner Städte Gymnasien hinsichtlich ihrer Auslesepraxis teils gravierend voneinander unterscheiden. Im Bildungsbericht für die Stadt Dortmund werden solche schulspezifischen Differenzen auf Stadtebene ersichtlich. Alle 15 damals existierenden Gymnasien verringerten im Verlauf der Sekundarstufe I ihre Schülerzahlen mit einer Spannbreite von einem bis 25 Prozent (vgl. Stadt Dortmund – Der Oberbürgermeister, 2008, S. 52). Auf welche Ursachen diese äußerst unterschiedliche pädagogische Praxis der Abschulung zurückzuführen ist, bleibt hier ungeklärt.

Ausgeprägte Schulunterschiede hinsichtlich der frühzeitigen Abgänge vom Gymnasium finden sich auch in der Studie von Roeder & Schmitz. Sie stellen fest, dass sich die Häufigkeit der Nutzung der Maßnahme des Schulformwechsels erheblich zwischen den 17 untersuchten Gymnasien unterscheidet (vgl. Roeder & Schmitz, 1995, S. 23).

Demografischer Wandel und Schulerfolg

Ebenso gravierend wie die regionalen Unterschiede, die bereits Hinweise darauf geben, dass frühzeitige Abstufungen und Schulversagen nicht allein durch schlechte Schülerleistungen erklärt werden können, stellen sich die Befunde zum Einfluss des demografischen Wandels auf den Schulerfolg dar. So zeigen Rösner & Stubbe (2008), dass der Anteil frühzeitiger Abgänge vom Gymnasium im Zusammenhang stehen mit der Schülerzahlentwicklung insgesamt. Die Durchlässigkeit ist damit gewissermaßen Konjunkturen ausgesetzt (vgl. ebd.). Den Ergebnissen ihrer Analyse zu vier verschiedenen Zyklen der Geburten-

---

20   Multiplizierte Durchgangsquoten 2009/10 bis 2010/11.

bzw. Schülerzahlentwicklung in Nordrhein-Westfalen und Baden-Württemberg zufolge erhöht sich in Zeiten sinkender Schülerzahlen nicht nur die Bereitschaft der Schulen, vermehrt Kinder aufzunehmen, sondern sie auch zu halten und eben nicht frühzeitig an andere Schulformen abzugeben. Mit anderen Worten: Je geringer die Schülerzahl insgesamt ist, desto größer ist der Anteil der Schülerinnen und Schüler, der auf ein Gymnasium wechselt und desto geringer ist der Anteil der Schülerinnen und Schüler, der diese Schulen auf dem Weg zur allgemeinen Hochschulreife frühzeitig verlässt. Die Wahrscheinlichkeit zu scheitern, ist folglich signifikant höher, je größer die absolute Anzahl von Kindern ist, die auf weiterführende Schulen übergeht (vgl. ebd., S. 315). Hier stellt sich die Frage, inwiefern wir vor diesem Hintergrund noch von einer leistungsgerechten Selektion sprechen können.

Auch Gomolla & Radtke (2009) konnten für die Stadt Bielefeld nachweisen, dass sich die Chance auf einen Besuch des Gymnasiums in Zeiten sinkender Schülerzahlen auch für solche Schülergruppen verbessert, die ansonsten auf einen Bildungsgang mit niedrigerem Anspruchsniveau wechseln würden (vgl. ebd. und Kapitel 4.1.1). Dass Institutionen immer auch den Selbsterhalt zum Zweck haben, betont auch Terhart, indem er feststellt, dass die Gymnasien „verständlicherweise" trotz zurückgehender Schülerzahlen volllaufen (Terhart, 2001, S. 119). Er verweist weiter auf die „Zwickmühle", in der sich Gymnasien, insbesondere in Großstädten mit viel Konkurrenz befinden, für die einerseits angemeldete und verbleibende Schülerinnen und Schüler in Zeiten des demografischen Wandels kostbar sind, die durch eine verstärkte Aufnahmepraxis – um vorhandene Plätze zu füllen – aber auch das Risiko des Niveauabfalls in Kauf nehmen (vgl. ebd).

Abbau der sozialen Ungleichheit durch Reduzierung der Abwärtsmobilität?

Wenngleich sich die Abwärtsmobilität im deutschen Sekundarschulwesen im Zuge der Bildungsexpansion – also trotz Anstieg der Zugänge zum Gymnasium – stark reduziert hat, liegen zahlreiche Befunde vor, die belegen, dass nachträgliche Korrekturen der Schullaufbahn im Verlaufe der Sekundarstufe I die soziale Ungleichheit der Bildungschancen noch verstärken (vgl. Jacob & Tieben, 2010; Glaesser & Cooper, 2010; Stubbe, 2009a; Henz, 1997). Vornehmlich Jugendliche aus sozial schwachen Familien verlassen das Gymnasium frühzeitig in Richtung einer Schulform mit niedrigerem Anspruchsniveau, während die selten stattfindenden Aufstiege überwiegend von Schülerinnen und Schülern aus privilegierteren Elternhäusern vollzogen werden (vgl. Kapitel 4.2). Die damals mit der Forderung nach verstärkter Durchlässigkeit des Schulsystems verbundene Hoffnung, die soziale Selektivität zu mildern, indem die sozialen Disparitäten beim Übergang in die weiterführenden Schulen nachträglich behoben werden, ist folglich nicht eingetreten. Cortina & Trommer (2003) fassen die Befunde wie folgt zusammen: „Dieses Grundmuster, wonach neben dem starken Einfluss der tatsächlich unmittelbar lernbedeutsamen Größen

(Schulleistungen, Lernmotivation) auch Einflüsse sozialer Merkmale wirksam sind, findet sich empirisch an nahezu allen Weichenstellungen des Bildungsverlaufs in gleicher Wirkungsrichtung. Es führt so kumulativ zu einer kontinuierlichen Verstärkung der Effekte sozialer Herkunft, je weiter die Bildungsbiographie fortschreitet. Klassenwiederholungen und Schulartwechsel finden sich auch bei konstanten schulischen Leistungen bei solchen Kindern empirisch häufiger, deren Eltern ein niedriges Bildungsniveau aufweisen. Die Universalität der Wirksamkeit sozialer Hintergrundmerkmale weist weit über die Sekundarstufe I hinaus und gilt für die Entscheidung zum Oberstufenbesuch ebenso wie für das Nachholen von Schulabschlüssen, den erfolgreichen Studienabschluss oder die Teilnahme an beruflicher Fortbildung" (ebd., S. 359).

3.4 Schulabschlüsse

Als eine wichtige Funktion der Schule gilt die Vergabe von Abschlüssen, die entscheidend zu den Chancen der Jugendlichen auf dem Berufsmarkt, aber auch allgemeiner im Hinblick auf die Teilhabe am gesellschaftlichen Leben, beitragen (vgl. Fend, 2008). Die Zertifikate geben Auskunft über individuelle Qualifikationen und sind auch eine Voraussetzung für die Teilnahme an weiteren Bildungsprozessen, wie dem Übergang in die Berufsbildung oder die Aufnahme eines Studiums. Auch sie sind von hoher „Selektionsrelevanz" (Brademann, Helsper, Kramer & Ziemes, 2009, S. 256). Dass die Erwartungen an die Qualifikation von Arbeitsuchenden stetig ansteigen und die formalen Abschlussqualifikationen in den letzten Jahrzehnten entwertet wurden, ist beschrieben worden (vgl. Kapitel 2). Wie sich die erworbenen Schulabschlüsse, gewissermaßen als Ziel schulischer Bildung, vor dem Hintergrund der berichteten Selektionsprozesse darstellen, wird im Folgenden diskutiert.

Es ist bereits deutlich geworden, dass sich die Misserfolgsraten trotz der starken Hinwendung zu höheren Bildungsgängen und der Expansion des Gymnasiums nicht erhöht haben. Eine logische Konsequenz aus steigenden Übergangsquoten zu Bildungsgängen mit Abituroption einerseits und der größeren Haltekraft der Gymnasien andererseits ist ein anhaltender Anstieg höher qualifizierter Schulabschlüsse. Gleichzeitig nimmt der Anteil an Schulabgängern ohne Abschluss kontinuierlich ab. Im Jahr 2010 verließen bundesweit 33,9 Prozent die allgemeinbildenden und beruflichen Schulen mit der allgemeinen Hochschulreife (gemessen an der gleichaltrigen Wohnbevölkerung), dies entspricht einer Steigerung von 4,3 Prozentpunkten gegenüber 2006 (vgl. Autorengruppe Bildungsberichterstattung, 2012, S. 95). Auch die Fachhochschulreife wird heute anteilig häufiger vergeben als noch im Jahr 2006 (15,2 zu 13,4 Prozent). Knapp die Hälfte der Absolventinnen und Absolventen verfügen damit über eine Hochschulzugangsberechtigung. Der Anteil der Abgänger

ohne Hauptschulabschluss hat sich gegenüber 2006 um 1,5 Prozentpunkte verringert und lässt sich 2010 auf 6,5 Prozent beziffern (vgl. ebd.).

Um die Entwicklung über einen längeren Zeitraum betrachten zu können, wird
auf Daten für das Bundesland Nordrhein-Westfalen zurückgegriffen. Noch
deutlicher werden dadurch die Auswirkungen der Bildungsexpansion und der
gestiegenen Bildungsaspirationen.

Abbildung 13: Absolventen mit (Fach-)Hochschulreife aus den
               allgemeinbildenden und beruflichen Schulen an der
               Bevölkerung im typischen Abschlussalter (18 bis unter 21-
               Jährige) in NRW (in %)

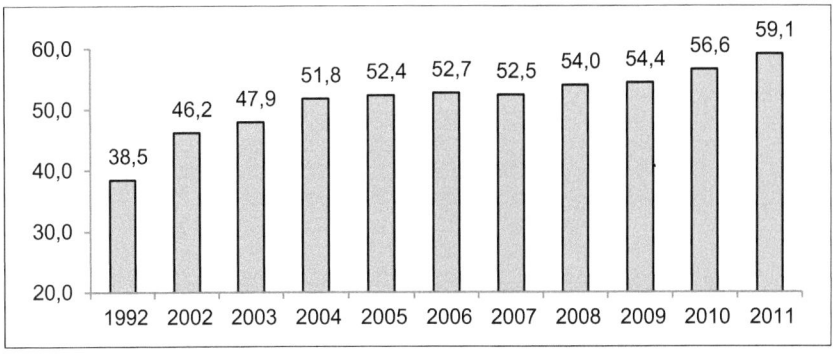

Quelle: Statistisches Bundesamt, 2012a, S. 379, eigene Darstellung.

Der Anteil der Absolventinnen und Absolventen der allgemeinbildenden und
beruflichen Schulen mit Fach- bzw. allgemeiner Hochschulreife (an der 18- bis
unter 21-jährigen Bevölkerung) stieg allein in den letzten zehn Jahren von 46,2
auf 59,1 Prozent. 1992 ließ sich der Anteil der Studienberechtigten an der
gleichaltrigen Bevölkerung noch auf 38,5 Prozent beziffern. Keines der 16
Bundesländer ist von dieser positiven Entwicklung unberührt geblieben,
gleichwohl finden wir auch hier starke Disparitäten (vgl. Bertelsmann Stiftung
& IFS, 2012). Richten wir zunächst den Blick auf die Abgänge ohne Schulabschluss, ergibt sich für das Jahr 2009 eine Spannbreite von 5,7 Prozent in Baden-Württemberg bis zu sehr hohen 14,1 Prozent in Mecklenburg-
Vorpommern (vgl. ebd., S. 186). Die amtliche Schulstatistik für das Schuljahr
2011/12 offenbart, dass sich an dieser Verteilung nur wenig verändert hat.
Baden-Württemberg mit dem geringsten Anteil an Abgängern ohne Abschluss
konnte den entsprechenden Wert auf 5,1 Prozent und Mecklenburg-
Vorpommern, noch immer mit der ungünstigsten Quote, auf 13,3 Prozent reduzieren, gefolgt von Sachsen-Anhalt mit 12,1 Prozent (vgl. Statistisches Bundesamt, 2012a, S. 331). Die nachfolgende Grafik verdeutlicht die starken
Schwankungen zwischen den Bundesländern bezüglich der Studienberechtig-

ten mit allgemeiner und Fachhochschulreife aus allgemeinbildenden und beruflichen Schulen.

Abbildung 14: Studienberechtigte aus allgemeinbildenden und beruflichen
              Schulen 2011 (in %)

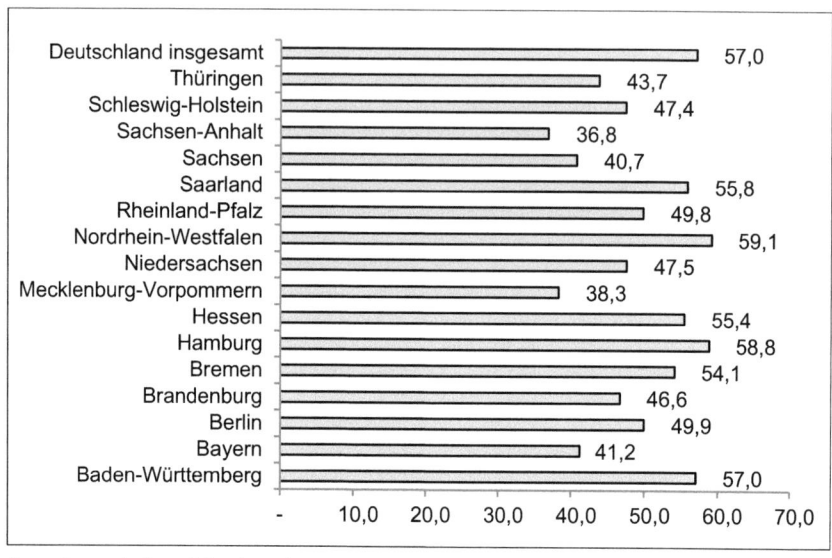

Anmerkung: Aufgrund des doppelten Abiturjahrgangs in Bayern und Niedersachsen 2011 werden
hier die Werte für 2010 ausgewiesen.

Quelle: Statistisches Bundesamt, 2012a, S. 370 ff., eigene Darstellung.

Auch hier reiht sich Mecklenburg-Vorpommern mit 38,3 Prozent Studienberechtigten ans unterste Ende ein. Damit liegt es beachtliche 20,8 Prozentpunkte
hinter dem Spitzenreiter NRW. Besonders auffällig ist die starke Diskrepanz
von 16,6 Prozentpunkten zwischen den alten (59,7) und neuen Bundesländern
einschließlich Berlin (43,1)[21] (vgl. ebd., S. 387 f.).

Einschränkend gilt anzumerken, dass trotz gleicher Schulabschlussquoten
zwischen den Bundesländern Kompetenzen durchaus deutlich voneinander
abweichen können. Köller, Knigge & Tesch (2010) weisen nach, dass auf

---

21 Aufgrund des doppelten Abiturjahrgangs in Bayern und Niedersachsen soll an
    dieser Stelle auch die Differenz von 9,5 Prozentpunkte im Jahr 2010 zwischen den
    neuen Bundesländern einschließlich Berlin (41,7 Prozent) und den alten Bundeslän-
    dern (51,2 Prozent) berichtet werden. Zu dieser Zeit kam es aber auch in Hamburg
    zu dem doppelten Entlassungsjahr.

Bundesländerebene hohe Lesekompetenzen von Neuntklässlern mit einem geringen Anteil an Absolventen mit Hochschulreife zusammenfallen.

Der kontinuierliche Anstieg höher qualifizierender Schulabschlüsse seit den 1960er Jahren hat zur Folge, dass auch die Bevölkerung mit hohem Bildungsniveau stetig wächst. Eine Gegenüberstellung dieser Daten von 1989 und 2010 verdeutlicht das genaue Ausmaß.

Abbildung 15: Bevölkerung mit Fachhochschul- und Hochschulreife 1989 und 2011 (in %)

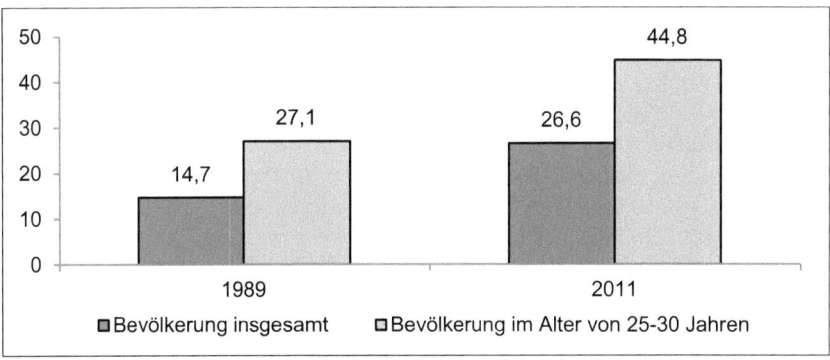

Quelle: Statistisches Bundesamt, 2012c, S. 11, 16; Statistisches Bundesamt, 1991, S. 383, eigene Berechnungen (auf der Grundlage gerundeter Werte).

Während im Jahr 1989 lediglich 14,7 Prozent der Bevölkerung in Deutschland über die Fachhochschul- oder allgemeine Hochschulreife verfügten, erhöht sich dieser Anteil um 11,9 Prozentpunkte auf mittlerweile 26,6 Prozent. Noch deutlicher fällt die Entwicklung aus, wenn die 25- bis 30-jährige Bevölkerung betrachtet wird: Innerhalb der letzten 22 Jahre ist der Anteil der Personen mit (Fach-)Hochschulreife hier sogar von 27,1 auf 44,8 Prozent gestiegen. Diese Entwicklung kann als Konsequenz der Bildungsexpansion und der damit einhergehenden Entwertung von Abschlussqualifikationen, der gestiegenen Bildungsaspirationen von Eltern und ihren Kindern (vgl. Ausführungen zur „Aspirationsspirale" in Kapitel 2.5) sowie der gestiegenen Erwartungen an Berufseinsteigerinnen und -einsteiger gesehen werden.

Vor dem Hintergrund des Indikators Schulabschluss muss auch die Entkopplung von Schulform und Schulabschluss betrachtet werden (vgl. z.B. Schuchart, 2007). So kann die Hochschulreife nicht mehr nur am Gymnasium, sondern auch an Gesamt- und Berufsschulen erlangt werden, gleichermaßen wie der mittlere Abschluss, der inzwischen an allen Bildungsgängen einschließlich Berufs- und Hauptschulen vergeben wird. Die Selektion beim Übergang von der Grund- in die weiterführende Schule könnte an Bedeutung verlieren, sofern gleichartige Abschlüsse der verschiedenen Bildungsgänge als gleich*wertig* anerkannt werden (vgl. ebd.; Bellenberg & im Brahm, 2010, S. 530). Dass dies jedoch nicht der Fall ist, zeigt etwa die TOSCA-Studie (vgl. Köller, Watermann, Trautwein & Lüdtke, 2004). Hier wird deutlich, dass die Mathematik- und Englischleistungen der Schülerinnen und Schüler der beruflichen Gymnasien in Baden-Württemberg geringer ausfallen als von denen an allgemeinbildenden Gymnasien.

Einen weiteren Beleg für eine fehlende Gleichwertigkeit gleich*artiger* Schulabschlüsse, die an unterschiedlichen Bildungsgängen erworben werden, liefert die Schulstatistik des Landes Nordrhein-Westfalen. Ihr können die Wechsel je nach zuvor besuchtem Bildungsgang in eine gymnasiale Oberstufe entnommen werden. Im Schuljahr 2011/12 setzt sich der zehnte Jahrgang der Gymnasien in Nordrhein-Westfalen (und damit die Einführungsphase der Oberstufe) lediglich aus 0,5 Prozent Schülerinnen und Schülern zusammen, die zuvor eine Hauptschule besuchten; 9,5 Prozent kommen aus der Realschule (vgl. MSW NRW, 2012b, S. 34 und eigene Berechnungen). Knapp 90 Prozent besuchten bereits zuvor ein Gymnasium. Die Gymnasien rekrutieren die Schülerschaft ihrer Oberstufe damit überwiegend aus den eigenen Schulen.

Von den 5.756 Hauptschulabgängern mit mittlerem Abschluss und Qualifikationsvermerk (Q-Vermerk), der dazu berechtigt, eine gymnasiale Oberstufe zu besuchen, wechseln 2011 lediglich 6,2 Prozent (354 Schülerinnen und Schüler) in eine Oberstufe des Gymnasiums. Der entsprechende Anteil fällt mit 15,2 Prozent an Gesamtschulen (878 Schülerinnen und Schüler) höher aus. Dennoch nimmt damit ein nur geringer Anteil von 21,4 Prozent der Hauptschulabsolventen mit Q-Vermerk die Chance wahr, das Abitur an einer allgemeinbildenden Schule anzustreben. Von den insgesamt 26.380 Realschulabsolventen mit Q-Vermerk sind es 40,9 Prozent (26,6 Prozent wechseln in die Oberstufe eines Gymnasiums, 14,3 Prozent in die einer Gesamtschule) (vgl. ebd., S. 32 f., S. 162 und eigene Berechnungen). Durchaus hat sich dieses Verhältnis in den letzten Jahren aber zum Positiven verändert: Für das Schuljahr 1995/96 berichten Mauthe & Rösner einen Übergangsanteil der Realschulabsolventen mit Q-Vermerk in die gymnasiale Oberstufe von einem Drittel (vgl. Mauthe & Rösner, 1997, S. 121). In diesem Zusammenhang ist auch anzumerken, dass ehemalige Realschülerinnen und -schüler schlechtere Leistungen erzielen und häufiger von einem frühzeitigen Abgang aus der Oberstufe betroffen sind (vgl. Cortina & Trommer, 2003, S. 344).

Vor dem Hintergrund der Entkopplung von Schulform und Abschluss soll abschließend ein vertiefter Blick auf die Bildungsgänge gerichtet werden, an denen das Abitur erlangt wird. Werden die Anteile der allgemeinen Hochschulreife, die nur am Gymnasium erreicht werden, einander gegenübergestellt, zeigt sich eine Spannbreite von 81,8 bis 97,8 Prozent (vgl. Tabelle 2). In Bayern, Sachsen-Anhalt, Baden-Württemberg, Bremen und Sachsen erlangt der überwiegende Teil der Absolventinnen und Absolventen mit allgemeiner

Hochschulreife traditionsgemäß seinen Abschluss an einem Gymnasium. Maximal fünf Prozent erlangen hier diesen Abschluss auf anderem Wege. In Bundesländern wie Nordrhein-Westfalen, Brandenburg, Schleswig-Holstein, Hamburg oder dem Saarland, wo sich die Schullandschaft durch einen vergleichsweise hohen Anteil an Gesamtschulen auszeichnet, beträgt der entsprechende Anteil 81,8 bis 88,9 Prozent. Gründe für diese Unterschiede können in den nach Bundesländern differierenden spezifischen Besonderheiten der Schulstrukturen zu finden sein.

Tabelle 2: Prozentanteil der allgemeinen Hochschulreifen, die an Gymnasien erworben werden (2010)

Nordrhein-Westfalen	81,8
Brandenburg	82,1
Schleswig-Holstein	86,6
Hamburg	87,0
Saarland	88,9
Niedersachsen	91,6
Rheinland-Pfalz	91,9
Mecklenburg-Vorpommern	92,3
Hessen	92,9
Thüringen	93,8
Sachsen	95,4
Bremen	95,5
Baden-Württemberg	95,6
Sachsen-Anhalt	96,2
Bayern	97,8
Deutschland insgesamt	89,1

Quelle: Statistisches Bundesamt, 2011, eigene Berechnungen.

3.5 Zusammenfassung des Kapitels

Die Struktur des deutschen Schulsystems stellt Eltern und Kinder vor eine Vielzahl an Übergangsentscheidungen, die den weiteren Lebensweg maßgeblich prägen. Sie verlaufen sozial stark selektiv, sodass die Kopplung zwischen der sozialen Herkunft und der Bildungsbeteiligung sowie dem Schulerfolg in kaum einem anderen Land so eng ist wie in Deutschland. Denn je mehr Verzweigungen ein Schulsystem zulässt und je früher diese Bildungsentscheidungen getroffen werden müssen, desto größer ist der Einfluss schichtspezifischer Entscheidungen (vgl. Solga, 2008, S. 5). So trägt auch das deutsche Schulsystem mit seinen strukturellen Gegebenheiten dazu bei, Bildungsungleichheit zu verursachen. Im Diskurs um den selektiven Charakter des Bildungssystems stellt sich immer wieder die Frage, ob es sich eine Gesellschaft noch leisten kann, Zugänge zu begrenzen und Schülerinnen und Schüler durch Auslesemechanismen mit dem Erlebnis des Schulversagens zu konfrontieren. Insbesondere der Blick in europäische Nachbarländer, die sich durch einen stärkeren Ausbau vorakademischer Bildungsgänge und höhere Anteile von Absolventen mit Hochschulreife auszeichnen, gibt eine klare Antwort auf diese Frage (vgl. Kiper, 2005). Anstatt Kinder durch Mechanismen des Aussonderns „buchstäblich über die Klinge springen" zu lassen (Fischer, 2007, S. 47), sollte die Frage nach didaktischen Fertigkeiten im Umgang mit Heterogenität und nach Förderkompetenzen in den Vordergrund rücken. Denn wie schädlich selektive Strukturen für Kinder und Jugendliche sein können, da Versagenserlebnisse mitunter noch lange nach der Schulzeit emotional belastend wirken, wurde beschrieben.

Die Grundüberzeugung, dass homogene Leistungsgruppen den größten pädagogischen Nutzen aufweisen, fordert viele Opfer. Sie schadet insbesondere in den durch Selektion entstehenden, wenig anregungsreichen Lerngruppen, die zumeist an Hauptschulen zu finden sind. Der hier zu verzeichnende Lernzuwachs ist zumeist dürftig.[22] So leistet „auch das deutsche Schulsystem am Ende einen unübersehbaren Beitrag zur Generierung von Schulabsolventen, die angeblich nicht ausbildungsfähig sind" (Rösner, 2013, S. 112). Zwar geht die Öffnung von Bildungswegen einher mit einer Entkopplung von Schulform und Schulabschluss; so lange gleich*artige* Abschlüsse der verschiedenen Bildungsgänge nicht als gleich*wertig* angesehen werden, kann jedoch keine Rede von einer Entschärfung der frühen Selektionsprozesse sein (vgl. van Ackeren & Klemm, 2011; Bellenberg & im Brahm, 2010).

---

22 Allerdings können sich einzelne Schulen innerhalb der Schulform Hauptschule stark voneinander unterscheiden (vgl. Kapitel 3.1, Baumert, Trautwein & Artelt, 2003, S. 277).

Positiv zu verzeichnen ist jedoch, dass sich die Selektionsprozesse im Zeitverlauf deutlich verbessert haben. Zum einen hat sich der Zugang zum Gymnasium durch die Bildungsexpansion geöffnet, zum andern haben sich Klassenwiederholungen und Abstufungen im Verlauf der Sekundarstufe I reduziert.[23] Dessen ungeachtet überwiegen auch heute noch eindeutig die Abstufungen gegenüber den Aufstiegen in einen Bildungsgang mit höherem Anspruchsniveau.

Über Gründe für die rückläufige Entwicklung kann nur spekuliert werden: Zu nennen wären zum einen das Eigeninteresse der Schulen selbst, die bedingt durch den demografischen Wandel verstärkt die Bestandssicherung bezüglich Lehrerstellen im Blick haben (vgl. hierzu Gomolla & Radtke, 2009; Rösner & Stubbe, 2008). Auch der gestiegene Druck, den Eltern auf Schule und Lehrkräfte ausüben, kann hier von Bedeutung sein. Die gestiegenen Bildungsaspirationen der Eltern (die ihrerseits selbst über immer höhere Schulabschlüsse verfügen) und das damit einhergehende Interesse an dem Schulerfolg ihrer Kinder drückt sich auch durch den jüngst zu verzeichnenden quantitativen Ausbau privater Schulen aus (vgl. z.B. Autorengruppe Bildungsberichterstattung, 2012). Nicht zuletzt können sich auch das eindeutige politische Postulat und die wieder ins öffentliche Interesse gerückte Forderung nach einer Reduzierung der Scheiterquoten positiv auf die beschriebene Minderung der Selektion auswirken, indem mitunter auch ein Paradigmenwechsel hin zu mehr Förderung und Verantwortungsübernahme für den Schulerfolg der Kinder und Jugendlichen vollzogen wird.

Dennoch – und das haben die vorangegangenen Ausführungen zum Ausmaß der selektiven Praxis mehrfach gezeigt – finden wir deutliche regionale und schulspezifische Unterschiede im Hinblick auf die Selektionsprozesse vor, die die Frage nach ihren Ursachen aufwerfen.

---

23 Die sozialen Disparitäten haben sich dabei allerdings nicht nennenswert verbessert (vgl. Stubbe, Bos & Euen, 2012; Ehmke & Jude, 2010).

4 Ursachen des Schulversagens: Theorie und Forschungsstand

Internationale und nationale Forschungen zu Bedingungen schulischen Misserfolgs sind zahlreich und kaum zu überschauen. Bevor der Blick speziell auf das Schulversagen in Form von frühzeitigen Abstufungen aus den Gymnasien gerichtet wird, soll zunächst ein kurzer Überblick über theoretische Ansätze zu Ursachen des Schulversagens im Allgemeinen gegeben werden (Kapitel 4.1). Die Darstellung ausgewählter Forschungsbefunde beschränkt sich auf schulische Bedingungsfaktoren, die für die eigene empirische Untersuchung von Belang sind. Die Thematik der frühzeitigen Abstufungen aus den Gymnasien (Kapitel 4.2) wird fast ausschließlich vor dem Hintergrund des sozioökonomischen Status der betroffenen Schülerinnen und Schüler betrachtet. Als Bezugspunkt dieser empirischen Untersuchungen hat sich die Rational-Choice-Theorie bewährt. Demnach handeln Eltern nicht nur beim Übergang von Grund- in weiterführende Schulen, sondern auch bei Bildungsentscheidungen im Verlauf der Sekundarstufe I rational und wägen Kosten und Nutzen eines möglichen Schulformwechsels ab. In Kapitel 4.2.1 werden die Grundzüge der Rational-Choice-Theorie beschrieben, um daran anschließend die Forschungsbefunde darzulegen, die diesen theoretischen Rahmen stützen (Kapitel 4.2.2). Ergänzt werden diese Befunde um internationale Ergebnisse der Dropout-Forschung, vorwiegend aus dem angloamerikanischen Raum (Kapitel 4.2.3), bevor abschließend die für die weitere Argumentation wesentlichen Aspekte zusammengefasst werden (Kapitel 4.3).

4.1 Schulversagen im Allgemeinen

Schülerspezifisches Versagen in Form von schlechten Leistungen, bei dem unter Umständen auch Mindestanforderungen nicht erreicht werden, führt nicht zwangsläufig zu administrativem Schulversagen, also zu gesetzlichen Sanktionen wie einer Klassenwiederholung oder der Abstufung in einen Bildungsgang mit niedrigerem Anspruchsniveau. Vielmehr können leistungsschwache Schülerinnen und Schüler durchaus die möglichen schulischen Barrieren im Laufe ihrer Schulzeit erfolgreich durchlaufen und so zu einem Schulabschluss gelangen (vgl. Tupaika, 2003, S. 14; Helsper & Hummrich, 2005). Bewertungen von Lehrkräften erfolgen schließlich im Kontext eines sozialen Umfeldes, das sich u.a. durch unterschiedliche Leistungsniveaus auszeichnet und unterliegen damit starken Schwankungen (vgl. Valtin, 2002). Je nach Klassenzugehörigkeit werden Schülerinnen und Schüler also ausgelesen oder nicht (vgl. Biermann, 1976). Wichtig ist deshalb, nochmals zu betonen, dass in dieser Arbeit von schulischem Misserfolg im Sinne des administrativen Schulversagens gesprochen wird. Der Forschungsstand zu seinen Ursachen bezieht sich folglich nur auf solche Lernschwierigkeiten von Schülerinnen und Schülern, die zu einer Selektionserfahrung führen (vgl. hierzu auch Kapitel 1.1).

4.1.1 Theoretische Ansätze zu Ursachen des Schulversagens

Wissenschaftliche Auseinandersetzungen zu Ursachen des Schulversagens sind zahlreich. Mit den unterschiedlichen Forschungsdisziplinen – Pädagogik, Psychologie, Soziologie usw. – ändern sich auch die jeweiligen Schwerpunkte und Ausrichtungen der Forschungsaktivitäten. Dabei kann keineswegs von einer einheitlichen Verwendung des Begriffs Schulversagen ausgegangen werden (vgl. Kapitel 1.1). Gemein ist einschlägigen Arbeiten, dass sie Schulversagen als komplexes Phänomen darstellen, bei dem eine Vielzahl von Ursachen von Bedeutung ist. Eine einzige Bedingung für Schulversagen zu identifizieren, ist folglich unmöglich (vgl. z.b. Mähler, Hasselhorn & Grube, 2008; Hammond, Linton, Smink & Drew, 2007). Zur Systematisierung der komplexen Risikofaktoren hat es sich bewährt, sie übergeordneten Kategorien (bzw. Dimensionen oder Ebenen) zuzuordnen. So lassen sich Modelle mit zwei über drei und vier bis hin zu sechs Ebenen finden. Sie sollen im Folgenden näher betrachtet werden.[24] Dabei gilt zu bedenken, dass bei all diesen Modellen und theoretischen Ansätzen „jeweils unterschiedlich große Ausschnitte aus einem Geflecht der Bedingungskonstellationen ausgewählt und unterschiedlich stark vertieft [werden]. Kein Modell oder keine Theorie kann für sich genommen die multiplen Determinanten von Schulversagen vollumfänglich erklären" (Bless, Schüpbach & Bonvin, 2004, S. 11 f.).

Zwei Ebenen: Interne und externe Faktoren

Roßbach und Tietze (2010), die sich vornehmlich mit Klassenwiederholungen als Form des Scheiterns beschäftigen, unterscheiden *individuelle Merkmale auf Schülerebene* von Faktoren auf *Schulebene* – auch *interne und externe Faktoren* genannt. Interne Faktoren bezeichnen dabei Merkmale, die innerhalb einer Person (des Schülers) liegen; externe Faktoren umfassen Merkmale außerhalb der Person (vgl. z.B. Mähler et al., 2008; Zielinski, 1998; Tiedemann, 1981). Zu individuellen Merkmalen, denen die größte Bedeutung bei der Erklärung von Schulversagen zukommt, zählen neben kognitiven Fähigkeiten, der Intelligenz und Begabung auch das Arbeitsverhalten, die Motivation und Lerneinstellungen der Schülerinnen und Schüler. Fernern lassen sich hier auch Vorkenntnisse, Leistungsmotive, Interessen, das Sozialverhalten, die Aufmerksamkeits-

---

24 Die komplexe Forschungslage und die unzähligen wissenschaftlichen Auseinandersetzungen zwingen dabei zur Einschränkung.

und Konzentrationsfähigkeit oder das Geschlecht der Schülerinnen und Schüler verorten. Einen Anspruch auf Vollständigkeit erhebt diese Auflistung nicht.

Dass auch institutionelle Rahmenbedingungen und schulische Faktoren Schulversagen positiv wie negativ beeinflussen können, ist zumindest in theoretischen Auseinandersetzungen unumstritten (vgl. z.B. Stamm, 2009; Lee & Burkam, 2003; Schwarzer, 1980). Faktoren auf *Schulebene* umfassen Merkmale der Lehrperson (z.B. didaktische Fähigkeiten, Einstellungs- und Erwartungshaltungen, Beurteilungsmaßstäbe oder das Anforderungsniveau), pädagogische Merkmale des Unterrichts (Dominiert der Frontalunterricht, wird Unterricht auf den Durchschnittsschüler zugeschnitten oder ausreichend differenziert und gefördert?) und Rahmenbedingungen der Schule (z.B. Klassengröße, Leistungsstand der Klasse, Curriculum, Stofffülle, Schulklima).

Dass pädagogisch-didaktische Strategien des Lehrerhandelns im Zusammenhang mit dem Schulversagen von Schülerinnen und Schülern steht, wird auch in aktueller Fachliteratur immer wieder betont (vgl. z.B. Buch, Nothstein, Völker-Langer & Schwechla, 2008; im Brahm, 2011; Helsper & Hummrich, 2005). Empirische Belege sind indes noch rar. Neben individualisiertem und methodisch abwechslungsreichem Unterricht kommt auch der Diagnose- und Förderkompetenz der Lehrkräfte viel Aufmerksamkeit zu. Die Erstellung von individuellen Entwicklungs- und Förderplänen, die Durchführung von Beratungsgesprächen, aber auch eine gemeinsame Grundhaltung zur Förderkultur und gegen den Einsatz von Selektionsinstrumenten sind nur einige Beispiele. Nicht zuletzt sind dafür auch Beratungs- und Förderressourcen sowie ausreichend Förderzeit nötig. Ein weiterer bedeutender Faktor auf Schulebene, der im Kontext von schulischem Misserfolg diskutiert wird, ist die Schüler-Lehrer-Beziehung, die sich für Schülerinnen und Schüler, die von der Leistungsnorm abweichen, häufig problembelastet darstellt; die soziale Bindung zur Schule wird von ihnen nicht selten als gering eingeschätzt (vgl. Tupaika, 2003; Steiner, 2011). Faubert (2012) trägt in einer Zusammenschau Forschungsbefunde zu der Frage zusammen, wie Schule Schulversagen überwinden kann. Die pädagogische Arbeit der Lehrkräfte hinsichtlich konkreter und schülerorientierter Instruktionen, einer Feedback- und Selbsteinschätzungskultur und einem lebensnahen Curriculum mit klaren Zielen ist demnach der bedeutendste Faktor. Ein indirekter Einfluss wird auch der Schulleitung und einer reduzierten Klassen- und Schulgröße zugeschrieben (vgl. ebd., S. 5 ff.).

Gomolla & Radtke (2009) führen in ihrer Arbeit zur institutionellen Diskriminierung präzise aus, dass Ursachen für Unterschiede in der Bildungsbeteiligung, den Bildungschancen, und der Vergabe von Abschlüssen sowohl bei den Kindern gesucht werden können, aber auch bei der Institution Schule (vgl. ebd., S. 23). Einerseits werden Sozialisationsdeterminanten der Kinder wie das kulturelle Kapital als Gründe für Erfolgs- bzw. Misserfolgsquoten gesehen. Andererseits kann aber auch der Eigenlogik von Organisationen und den Entscheidern in diesen Organisationen große Bedeutung bei der Erklärung von

Differenzen zugeschrieben werden. „Der Fokus der Analyse liegt jetzt auf der Schule als Organisation und nicht auf Faktoren, die in der Umwelt der Schule, bei den Lebensverhältnissen der Kinder und ihrer Eltern liegen. Gefragt wird nach den schulischen Bedingungsfaktoren von Schulerfolg und Schulversagen und den Mechanismen in den Entscheidungsprozeduren, die solche Ergebnisse hervorbringen" (ebd., S. 27). An empirischen Untersuchungen hierzu mangelt es jedoch. Was vereinzelt bereits gezeigt werden konnte, ist, dass die Schulen ihre Empfehlungen an dem Platzangebot ausrichten (vgl. ebd., S. 28). An anderer Stelle heißt es: „Bei der Distribution der Güter machen Schulen – wie andere Verteilungsorganisationen auch – Unterschiede. Sie entscheiden selbst, welches Verhalten der Schüler sie als Problem wahrnehmen, welches sie belohnen und welches sie sanktionieren. Sie orientieren sich dabei am Wohl des Kindes, aber auch – wie zu zeigen ist – am Fortbestand der Organisation und ihrer Funktionsfähigkeit" (ebd., S. 24). Entscheidungen von Lehrkräften und ihre den Kindern zugeteilten Chancen werden nicht allein durch die Schülerinnen und Schüler bestimmt, sondern auch von den Möglichkeiten der Organisation, wie etwa von den personellen und materiellen Ressourcen (z.B. einer Überfüllung oder Unterauslastung der Klassen) oder von dem Selbstverständnis der Schule etwa im Hinblick auf das Thema Förderung (vgl. ebd., S. 60f.). Am Beispiel der Schulentwicklungsplanung Bielefeld weisen sie nach, dass die mit dem demografischen Wandel einhergehende Schülerrückgänge zu Bestandsicherungsinteressen der Schulen führen. Auf frei werdende Plätze können dann Schülerinnen und Schüler nachrücken, die bis dahin keine Chance hatten, auf Realschulen und Gymnasien angenommen zu werden, so etwa Migrantinnen und Migranten (vgl. ebd., S. 145). Auch die Überweisungen auf Sonderschulen nahmen im Zuge des „Kampfes um die Schülerzahlen" ab (vgl. ebd.). Vor diesem Hintergrund können auch die bereits wiedergegebenen Befunde zum erhöhten Schulerfolg an Gymnasien in Zeiten sinkender Schülerzahlen gesehen werden (vgl. Rösner & Stubbe, 2008), die in Kapitel 3.3 ausgeführt wurden.

Zuletzt soll auf die Auswirkungen der Schülerzusammensetzung (als ein weiterer Schulfaktor) auf die Kompetenzentwicklung der Kinder und Jugendlichen eingegangen werden. Diesen Kompositionseffekten kommt im Diskurs um Schulleistungen zunehmend Bedeutung zu (vgl. z.B. Scharenberg, 2012). Denn unterschiedliche Lernerfolge können mitunter auch durch verschiedene Zusammensetzungen der Schülerschaft in einer Klasse oder Schule entstehen, da das Anspruchsniveau und die Qualität von Lernangeboten je nach Schülerzusammensetzung variieren (vgl. Ditton & Aulinger, 2011). Dabei kann sich ein linearer Effekt der Komposition identifizieren lassen oder es existieren kritische Schwellenwerte, bei denen Kompositionseffekte erst dann nachweisbar sind, wenn diese überschritten werden (vgl. Scharenberg, 2012). Einschlägige Forschungen kommen zu uneinheitlichen Befunden. Etwa mithilfe der PISA-Daten 2000 konnte im Hinblick auf den Migrationsanteil von Schulen ein kritischer Schwellenwert von 40 Prozent ermittelt werden. Erst wenn dieser über-schritten wird, fällt die Lesekompetenz, auch unter Kontrolle individueller Voraussetzungen und der sozialen und kognitiven Zusammensetzung, an die-sen Schulen signifikant geringer aus (vgl. ebd.). Auch in der Hamburger KESS-Studie kann auf Klassenebene ein Effekt der Zusammensetzung in Be-zug auf den Anteil der Schülerinnen und Schüler mit nichtdeutscher Familien-sprache nachgewiesen werden, der jedoch verschwindet, sobald die soziale und leistungsbezogene Komposition konstant gehalten werden (vgl. ebd.). Insbe-sondere der kognitiven und sozialen Zusammensetzung der Schülerschaft kommt damit eine große Bedeutung – auch im Hinblick auf Schulversagen – zu (vgl. Ditton & Aulinger, 2011). Problematisch wird es vor allem dann, wenn eine Vielzahl an Schülerinnen und Schülern mit ungünstigen Lernvorausset-zungen zusammenkommt.

Drei Ebenen: Personale, außerschulisch-familiäre und schulische Faktoren

Hurrelmann & Wolf (1986) differenzieren die *individuellen/internen Merkmale auf Schülerebene* weiter aus in *personale und außerschulisch-familiäre Bedin-gungsfaktoren,* die in ihrem Drei-Ebenen-Modell neben den schulischen Merkmalen bestehen. Damit betonen sie den wichtigen Einfluss der Familie, der sozialen Herkunft und des sozioökonomischen Hintergrunds auf motivatio-nale und kognitive Voraussetzungen für die Leistungsfähigkeit der Schülerin-nen und Schüler. Ein Befund, der im Kontext der großen Large-Scale-Studien wie TIMSS, IGLU und PISA immer wieder bestätigt und ausführlich in Kapi-tel 4.2 dargelegt wird.

Vier Ebenen: Individuelle, familiäre, schulische und „community" Faktoren

In einem Vier-Ebenen-Modell der amerikanischen Dropout-Forschung werden die drei bekannten Dimensionen um einen Gemeindefaktoren ergänzt (vgl. Hammond et al., 2007). Damit wird die Bedeutung regionaler Bedingungen für die Entscheidung der Jugendlichen zum Schulabbruch betont. Ausgewählte amerikanische Forschungsbefunde zeigen, dass die Dropoutquote in städti-schen Regionen und sozial benachteiligten Gemeinden höher ausfällt als in ländlichen und vorstädtischen Regionen (vgl. ebd.). Auch hierzulande finden wir teils gravierende regionale Ungleichverteilungen in der Bildungsbeteili-gung und dem Bildungserfolg (vgl. Weishaupt, 2009; Ditton, 2004, 2007; Hauf, 2007; Bargel & Kuthe, 1992), deren Ausmaß in Kapitel 3 bereits ver-deutlicht wurde. Dabei sind regionale Disparitäten stark verbunden mit sozia-len Ungleichheiten, da Regionalmerkmale in erster Linie die soziale Struktur widerspiegeln (vgl. Ditton, 2007, S. 32). Gründe für die regionalen Unterschie-de sieht Ditton in den höchst unterschiedlichen Einzugsgebieten der einzelnen Schulen, die unterschiedliche Schülerschaften versorgen müssen, je nachdem, ob sie in einem privilegierten oder weniger privilegierten Bezirk verortet sind (vgl. ebd.). Er verweist weiterhin darauf, dass Kinder in städtischen Regionen höhere Chancen auf einen guten Bildungsabschluss haben als Kinder in weniger dicht besiedelten Regionen, da dort nicht nur eine bessere Erreichbarkeit von Schulen gewährleistet werden kann, sondern auch die Bildungsaspirationen tendenziell höher ausfallen (vgl. Ditton, 1992, 2007).[25] Grundsätzlich ist es jedoch problematisch, Städte als Einheit zu betrachten, da starke kleinräumige Unterschiede auf der Ebene von Stadtteilen vorzufinden sind (vgl. Regionalverband Ruhr, 2012; Ditton, 2004, 2007; Klemm, 2008; Hauf, 2007). Die kleinräumige Ungleichverteilung von Bevölkerungsgruppen nach sozialer Lage, etwa nach Einkommen, Bildung und Beruf, wird technisch auch als Segregation bezeichnet (vgl. Kersting, Meyer, Strohmeier & Terpoorten, 2009). Die Perspektiven, Bildungs- und Lebenschancen von Kindern in Stadtvierteln, die sich durch Armut und hohe Arbeitslosen- und Sozialgeld-Empfänger-Quoten auszeichnen, gestalten sich schwierig (vgl. ebd.; Klemm, 2008). Demgegenüber stehen wohlhabende Regionen und Stadtviertel, in denen der Besuch und auch der erfolgreiche Verbleib von Kindern im Gymnasium eine Selbstverständlichkeit darstellt (vgl. Terhart, 2001, S. 122). Es lassen sich sogar unterschiedliche Bildungsaspirationen zwischen Schulkindern und Eltern in anregungsreichen und -armen Wohnvierteln finden (vgl. Kemper & Weishaupt, 2011, S. 215).

Nicht nur zwischen, sondern auch innerhalb von Bundesländern und Städten variieren die Erfolgswahrscheinlichkeiten von Schülerinnen und Schülern folglich teils beträchtlich. Auch van Ackeren & Klemm (2011) konstatieren hierzu, dass die Entwicklung der Heranwachsenden durch die Region geprägt ist, die sich vor allem durch die soziale und ethnische Zusammensetzung ihrer Einwohnerinnen und Einwohner kennzeichnet (vgl. ebd., S. 88 f.). Studien von Baumert, Carstensen & Siegle (2006) legen nahe, dass drei Prozent der Leistungsunterschiede in Mathematik zwischen Schulen durch Kontextbedingungen erklärt werden können; wie genau sich die Vermittlungsprozesse gestalten, bleibt dabei jedoch unklar (vgl. Weishaupt, 2009, S. 225). Als bedeutende Regionalstrukturmerkmale nennen sie die Arbeitslosen- und Sozialhilfeempfängerquote und den Anteil der Schulabgänger mit Hochschulreife (vgl. ebd.).

Sechs Ebenen: Schüler, Familie, Peergroup, Lehrer, Schule, Gesellschaft

Eine Synopse empirisch überprüfter, teilweise aber auch hypothetischer Annahmen zu Ursachen des Schulversagens findet sich bei Tupaika (2003). Mit ihrem Versuch, einen Beitrag zur Theorieentwicklung zu leisten, stellt auch sie die Komplexität der Thematik heraus.

---

25 Damit verhält es sich gegensätzlich zu den soeben erwähnten Befunden aus Amerika.

Abbildung 16:   Überblick über die Bedingungsfaktoren des Schulversagens
und ihre Wechselwirkungen

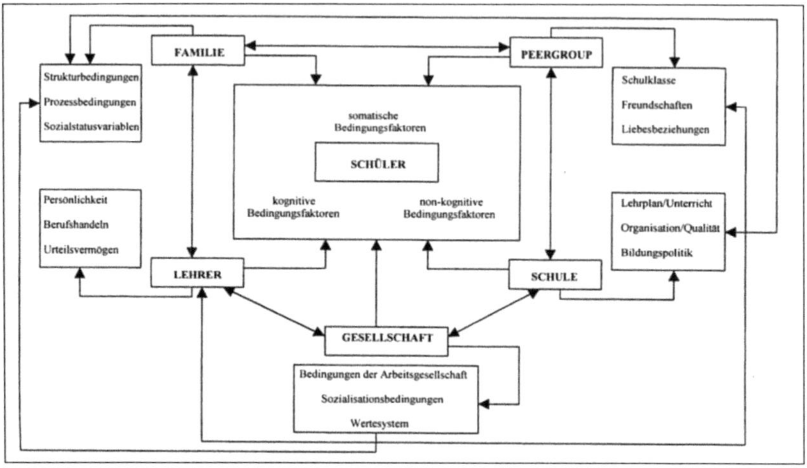

Quelle: Tupaika, 2003, S. 252.

Dieses Schaubild differenziert die soeben angeführten Modelle weiter aus.[26]
Nicht zufällig steht der Schüler selbst – und damit die individuellen Merkmale – im Zentrum. Im wissenschaftlichen Diskurs um Bedingungsfaktoren des
Schulversagens herrscht Einigkeit darüber, dass in erster Linie Persönlichkeitsmerkmale zum Schulversagen führen (vgl. z.B. Stamm, 2009). Darüber
hinaus leisten aber auch die Familie, Peergroup, Eltern, Schule und Gesellschaft einen Beitrag zum Scheitern. Wie vielschichtig dieses Bedingungsgefü-
ge ist, wird weiterhin deutlich, wenn der Blick auf die Unterdimensionen der
sechs Kategorien gerichtet wird. Allein die Dimension *Lehrer* umfasst mit der
Lehrerpersönlichkeit, dem Lehrerverhalten und der Lehrererwartung/Lehrerur-
teil drei Unteraspekte, die sich aus insgesamt 26 weiteren Aspekten wie etwa
der Berufswahlmotivation, dem Selbstkonzept oder dem Sprachverhalten der
Lehrkräfte zusammensetzen (vgl. ebd., S. 144 ff.). Die Wirkungszusammen-
hänge zwischen der *Institution Schule* und dem Schulversagen beziehen sich
auf die drei Unterkategorien Curriculum und Unterrichtsbedingungen (wie
Lehrziele, -inhalte und -methoden), Schulorganisation und -qualität (wie ein
positives Schulklima, klare Strukturen und Verantwortungsbereiche, eine hohe
Innovationsbereitschaft des Kollegiums, wenig Unterrichtsausfälle) sowie die
Bildungspolitik (vgl. ebd., S. 177 ff.). Einflussreiche Aspekte der *Gesellschaft*
für das Schulversagen sind die Arbeitsgesellschaft, die Sozialisation der Kinder

---

26 Wobei der Gemeindefaktor kein Gegenstand des Modells ist.

und Jugendlichen und den mit dem Pluralismus verbundenen Wertewandel: Das Bewusstsein, dass selbst eine gute Ausbildung kein Garant für eine gesicherte, gute Berufstätigkeit ist, kann bei Schülerinnen und Schülern zur Resignation führen. Darüber hinaus erhöht sich mit steigender Armut das Risiko für Heranwachsende, entwicklungshemmenden Sozialisationsbedingungen ausgesetzt zu sein, die sich nicht nur auf die Gesundheit, sondern auch auf die kognitive Entwicklung auswirken können. Eine Überforderung der Heranwachsenden kann auch durch die zunehmenden Wahlmöglichkeiten im Hinblick auf die Lebensgestaltung zustande kommen. Des Weiteren könnte der Bedeutungsverlust von Pflichtwerten wie Disziplin, Fleiß und Anstrengungsbereitschaft zur Vernachlässigung schulischer Pflichten führen (vgl. ebd., S. 212 ff.).

Die Aufzählung dieser ausgewählten Bedingungsfaktoren stellen lediglich einen kleinen Ausschnitt des komplexen Gegenstandes dar. Das Schaubild verdeutlicht weiterhin, dass sich die Vielzahl an Faktoren auf den verschiedenen Ebenen wechselseitig beeinflussen. Generell verursacht immer ein Zusammenspiel mehrerer Faktoren das Risiko zu scheitern (vgl. auch Hammond et al., 2007). Wie genau ein solches Zusammenspiel verschiedenster Faktoren aussieht, ist trotz teils aufwendiger Forschungsvorhaben schwer herauszustellen. Eine empirische Überprüfung eines solch vielschichtigen Modells ist kaum möglich. Vielmehr können einschlägige Studien stets nur einen Ausschnitt der komplexen Materie behandeln (vgl. Bless et al., 2004, S. 11f.). Bisher liegt das Augenmerk dabei eindeutig auf den individuellen Merkmalen und dem sozialen Hintergrund der Schülerinnen und Schüler (vgl. Stamm, 2009). Forschungsbefunde mit dem Fokus auf schulische Bedingungsfaktoren sind hingegen spärlich. Da sie von großem Interesse für das eigene Forschungsvorhaben sind, sollen die wesentlichen Ergebnisse dieser wenigen Studien nun geschildert werden. Ursachen des frühzeitigen Abgangs aus dem Gymnasium als spezielle Form des Schulversagens werden anschließend gesondert betrachtet. Im Fokus wird dabei der Einfluss familiärer Bedingungsfaktoren stehen (Kapitel 4.2).

4.1.2 Ausgewählte Forschungsbefunde zu Ursachen des Schulversagens auf Schulebene

Der Beitrag schulischer Merkmale auf das Schulversagen ist weitaus weniger erforscht als der Einfluss von Persönlichkeitsmerkmalen oder dem familiären Hintergrund.[27] Bezugsrahmen der nachfolgenden Ausführungen sind empiri-

---

27 Ausführungen zu den zahlreichen Forschungen zu Persönlichkeitsmerkmalen und ihren Einfluss auf Schulversagen würden den Rahmen dieser Arbeit sprengen. Befunde zum familiären Hintergrund werden ausführlich in Kapitel 4.2.2 behandelt.

sche Untersuchungen, die sich zumeist mit Scheitern in Form von Klassenwiederholungen befassen und die Einstellungen der Lehrkräfte, schulische Rahmenbedingungen und vereinzelt auch die pädagogische Praxis im Hinblick auf
ihren Einfluss auf das Schulversagen untersuchen.

Bless et al. (2004) analysieren in ihrer Schweizer Längsschnittuntersuchung
mit Versuchs- und Kontrollgruppendesign Determinanten der Klassenwiederholung im Primarbereich. Sie zeigen, dass sich versetzte und nichtversetzte
Schülerinnen und Schüler in ihren kognitiven Leistungen in Mathematik, der
Unterrichtssprache und den eingesetzten Intelligenztests voneinander unterscheiden. Gleichwohl stellen sie auch fest, dass nicht alle Kinder des untersten
Leistungsbereiches eine Klasse wiederholen müssen (vgl. ebd., S. 84). Kompetenzen allein können folglich kein hinreichender Grund für eine Klassenwiederholung sein, es „scheinen zusätzlich noch andere Faktoren und Prozesse im
Spiel zu sein" (ebd., S. 86). Schwache Schulleistungen und Begabungen sind
neben der Anstrengungsbereitschaft der Schülerinnen und Schüler für Lehrkräfte zwar die wichtigsten Entscheidungskriterien für eine Klassenwiederholung, wann sie genau angeordnet und wann darauf verzichtet wird, unterliegt
jedoch einer großen Variabilität. Die Einstellung der Lehrkräfte gegenüber
dem Selektionsinstrument ist ein Grund, warum der Entscheidungsprozess bei
einzelnen Kindern zugunsten und bei anderen, vergleichbaren Kindern zuun-
gunsten einer Klassenwiederholung führt. Werden sie als sinnvoll und effizient
eingeschätzt, kommen sie eher zur Anwendung. Im Vergleich zu den Lehrkräften von leistungsschwachen Schülerinnen und Schülern, die in die nächste
Klassenstufe aufsteigen, zeigt sich, dass Lehrkräfte von Schülerinnen und
Schülern, die trotz vergleichbarer Leistungen sitzenbleiben, die Wirksamkeit
dieser Maßnahme als positiver beurteilen (vgl. ebd., S. 96). „Eine positive
Einstellung der Lehrperson gegenüber der Klassenwiederholung erhöht das
Risiko, eine Klasse wiederholen zu müssen, um ungefähr 65 Prozent" (ebd.,
S. 98). Vor diesem Hintergrund spielen auch die Kausalattributionen eine
wichtige Rolle. Lehrkräfte, die Gründe für schulischen Misserfolg nicht im
Verantwortungsbereich der Schülerinnen und Schüler sehen, sind eher zur
Unterstützung bereit, als wenn sie das Scheitern als von den Jugendlichen
selbstverschuldet wahrnehmen (vgl. Weiner, 2000). Den Regressionsanalysen
von Bless et al. (2004) zufolge weisen Lehrkräfte, die auch ihre eigenen Kompetenzen im Unterricht als Ursache für Schulversagen sehen, geringfügig eher
eine negative Einstellung gegenüber dem Selektionsinstrument der Klassenwiederholung auf als Lehrkräfte, die die Schuld vornehmlich den Schülerinnen
und Schülern und ihren Leistungen zuschreiben (vgl. ebd., S. 94 f.).

Wie entscheidend die persönlichen Einstellungen von Lehrkräften sind, belegt
auch eine bereits ältere Interview-Studie von Hurrelmann et al. (1980), die sich
mit Abstufungen aus dem Gymnasium beschäftigt. Demnach sind die befragten
Gymnasiallehrkräfte der Auffassung, dass die Selektion und Elitebildung ebenso wie die Vorbereitung und Qualifizierung der Schülerinnen und Schüler auf

die Anforderungen der Gesellschaft klare Aufgaben des Gymnasiums sind (vgl. Arbeitsgruppe Schulforschung, 1980, S. 95). Neben Alltagstheorien der Gymnasiallehrkräfte zur Funktion von Schule wurden ihre Ansichten zum Thema Schulversagen eruiert. Hier wird deutlich, dass Lehrkräfte dazu neigen, Schülerinnen und Schülern selbst die Verantwortung für das Versagen zuzuschreiben. Als Ursachen führen sie mangelndes Interesse, unzureichende Anpassung an schulische Verhaltensanforderungen, fehlende Motivation und Lern- und Aufmerksamkeitsdefizite an. Die Unterrichtsbedingungen werden dabei ausgeblendet (vgl. ebd., S. 155). Zwar räumen sie ein, dass mitunter auch langweiliger und lebensferner Unterricht Schulversagen beeinflussen kann; aufgrund des zu erfüllenden Lehrplans könnten sie jedoch keine Veränderungen vornehmen (vgl. ebd., S. 97). Eine hohe Bedeutung messen sie auch der Schüler-Lehrer-Interaktion bei. Die ungünstigen Rahmenbedingungen wie etwa die Klassengrößen lassen ihnen aber auch hier nur begrenzt die Möglichkeit, darauf Einfluss zu nehmen (vgl. ebd., S. 100 f.). Insgesamt lässt sich konstatieren, dass die interviewten Lehrkräfte das Gymnasium nicht als den richtigen Ort ansehen, um auf die einzelnen Schülerinnen und Schüler und ihre Lernschwierigkeiten einzugehen. Darüber hinaus sind sie der Meinung, dass zu viele ungeeignete Kinder das Gymnasium besuchen (vgl. ebd., S. 99).[28] Ein Befund, der sich mit der Lehrerumfrage des IFS aus dem Jahr 2006 deckt. Hier stimmen 74 Prozent dem Item zu, dass immer mehr Schüler höhere Schulen besuchen, ohne die nötige Eignung mitzubringen (vgl. Kanders & Rösner, 2006, S. 41). Überdies zeigt sich hier, dass 82 Prozent der Lehrkräfte ablehnen, dass Schulversagen der Schule und nicht den Schülerinnen und Schülern zugeschrieben wird. Noch deutlicher fällt die Ablehnung aus, dass Misserfolg den Lehrerinnen und Lehrern angelastet wird (87 Prozent) (vgl. ebd., S. 21).

Inwiefern die zuvor berichteten über 30 Jahre alten Befunde auf die heutige Zeit übertragen werden können, bleibt zunächst fraglich. Zu vermuten ist, dass sich diese „alte Gymnasialkultur", bei der unverkennbar auf Selektion gesetzt wird, zugunsten einer verstärkten Förderung entwickelt hat.

Im Kontext der wissenschaftlichen Begleitstudie zur Initiative „Komm Mit! – Fördern statt Sitzenbleiben", an der 400 Schulen aller Schulformen in Nordrhein-Westfalen mit dem Ziel teilnehmen, ihre Sitzenbleiberquote zu reduzieren, sind mittels einer Fragebogenerhebung an 70 zufällig ausgewählten Schulen Merkmale der Schul- sowie Unterrichtsqualität und Lehrerschaft von den gesamten Kollegien erfasst worden (vgl. König & Darge, 2010). Dimensionen der Schulqualität umfassen dabei die Kooperation, Isolation und Reflexion der

---

28 Dabei gilt zu bedenken, dass die Übergangsquote zum Gymnasium in Nordrhein-Westfalen 1980 bei 30,7, 2004 bei 36,5 und 2012 bei 41,0 Prozent liegt (vgl. MSW NRW, 2012b).

Lehrkräfte im Hinblick auf das Sitzenbleiben sowie das Elterninteresse an den Schulleistungen ihrer Kinder. Leistungsorientierung und Differenzierung fließen als Merkmale der Unterrichtsqualität in die Untersuchung ein. Als Merkmale der Lehrerschaft sind u.a. die Einstellungen zum Sitzenbleiben und die Attribuierung von Schulversagen auf soziale und familiäre Probleme bzw. auf die Leistungen der Schülerinnen und Schüler abgefragt worden (vgl. ebd., S. 95). Die Korrelationen zwischen der Sitzenbleiberquote und den auf Schulebene aggregierten Dimensionen offenbaren, dass sich signifikante Befunde nur für das Elterninteresse und die Attribuierung auf soziale und familiäre Probleme ergeben. Sehen Lehrkräfte die Ursachen für Leistungsschwierigkeiten in problematischen Familienverhältnissen begründet und schätzen sie das Interesse der Eltern als gering ein, weist die Schule eine signifikant höhere Sitzenbleiberquote auf. Die abgefragten Merkmale der Unterrichtsqualität stehen in keinem Zusammenhang mit der jeweiligen Praxis der Klassenwiederholungen (vgl. ebd.).

Im Rahmen der Hamburger Längsschnittstudie KESS zeigt sich, dass 9,3 Prozent der 13.177 Viertklässler im Schuljahr 2002/03 bereits eine Klasse wiederholt haben (vgl. Gröhlich & Bos, 2007, S. 51). Ähnlich wie bei Bless et al (2004) finden sich auch hier Schülerinnen und Schüler mit sehr schwachen Leistungen in der Gruppe der Promovierten (vgl. ebd., S. 54). Jungen, Kinder mit Migrationshintergrund und solche aus der Dienstklasse der un- und angelernten Arbeiter wiederholen auch hier signifikant häufiger eine Klasse. Unter Kontrolle der Leistungen verschwindet jedoch der signifikante Effekt für die ethnische Herkunft (vgl. ebd., S. 64). Die Varianzaufklärung des Regressionsmodells, in das die Schülermerkmale Geschlecht, Migrationsstatus, Dienstklasse und Bildungsniveau der Eltern, das soziale Kapital und die kognitiven Grundfähigkeiten als unabhängige Variablen einbezogen werden, erklärt lediglich 8,8 Prozent der Varianz in der abhängigen Variable der Klassenwiederholung. Die Autoren bestärken damit die Vermutung, dass die Tatsache, ob eine Schülerin oder ein Schüler eine Klasse wiederholen muss oder nicht, im besonderen Maße von der Entscheidung der Lehrkräfte abhängt (vgl. ebd., S. 63). Die stark variierenden Wiederholerquoten der einzelnen Grundschulen in Hamburg sind ein weiteres Indiz für diese Vermutung.

Auch in einer Untersuchung zu Klassenwiederholungen im Rahmen der Studie zu Entwicklungen von Ganztagsschulen (StEG) wird ersichtlich, dass insbesondere dann Kinder vom Sitzenbleiben bedroht sind, wenn es an sozialer Einbindung und häuslicher Unterstützung mangelt (vgl. Steiner, 2011). Im Vordergrund dieser Studie steht jedoch die Frage, ob Ganztagsschulen das Risiko der Klassenwiederholung mindern können. Den Ergebnissen zufolge ist die Wahrscheinlichkeit, nicht versetzt zu werden, in der Tat signifikant geringer, wenn von den Schülerinnen und Schülern mindestens zwei Ganztagsangebote in Anspruch genommen werden (vgl. ebd., S. 203). Dieses Resultat ist unabhängig davon, ob die Kinder und Jugendlichen verbindlich in einer gebundenen oder freiwillig in einer offenen Ganztagsschule an den Angeboten teilnehmen. Die Hoffnung, dass insbesondere leistungsschwächere Schülerinnen und Schüler mit erhöhtem Förderbedarf vom Ganztag profitieren, wird diesen Befunden zufolge erfüllt. Ein signifikanter Effekt auf den Eintritt einer Klassenwiederholung geht auch vom Wohlbefinden der Schülerinnen und Schüler in der eigenen Schule aus: Je wohler sie sich dort fühlen, desto geringer ist die Wahrscheinlichkeit der Klassenwiederholung (vgl. ebd., S. 204). Steiner interpretiert das Ergebnis, dass Ganztagsschülerinnen und -schüler seltener von Klassenwiederholungen betroffen sind, als erwartungskonform: Nicht nur aufgrund des Anspruchs einer verbesserten Förderung durch das Mehr an Zeit, sondern auch weil sich Ganztagsschulen durch ein gutes Sozialklima und gute Sozialbeziehungen zu ihren Schülerinnen und Schülern auszeichnen, da verstärkt auch außerschulische Fachkräfte zum Einsatz kommen, die sich bisweilen durch ein an den Jugendlichen orientiertes Förderverständnis auszeichnen (vgl. ebd., S. 192). So könne die Ganztagsschule durch eine bessere soziale Integration der Kinder und Jugendlichen zu einer verminderten Eintrittswahrscheinlichkeit der Klassenwiederholung beitragen (vgl. ebd., S. 206).

Zuletzt liefert eine Studie von Mader, Roßbach und Tietze (1991) zur Schulentwicklungsforschung im Primarbereich erkenntnisreiche Befunde zum Einfluss schulischer Rahmendbedingungen auf schulischen Misserfolg. Dieser wird zum einen durch die Zurückstellung vom Schulbesuch – vor Schulbeginn und während des ersten Schulhalbjahres – und zum anderen durch Klassenwiederholungen im Verlauf der Grundschulzeit gemessen. An 203 Grundschulen mit 458 Eingangsklassen aus dem Jahr 1981/82 wird untersucht, ob diese Formen des Scheiterns im Zusammenhang mit schulischen und unterrichtsbezogenen Rahmenbedingungen stehen. Dabei wird der Frage nachgegangen, inwiefern sich die unterschiedlichen Anwendungen dieser Selektionsmaßnahmen in den einzelnen Grundschulen durch Unterschiede in den Rahmenbedingungen wie der Klassengröße, der Lehrerversorgung oder der regional-sozialen Umfeld-Bedingungen erklären lassen. Als zentrales Ergebnis zeigt sich zunächst, dass vor allem die Zurückstellung im Verlauf des ersten Schulhalbjahres durch die Modellvariablen erklärt werden können.[29] Die Varianzaufklärung beträgt 51 Prozent (vgl. ebd., S. 24). Der größte Effekt zeigt sich bei dem Vorhandensein eines Schulkindergartens (BETA = .33). Wenn dieser existiert, steigt die

---

29 Berücksichtigte Variablen des Pfadmodells sind: Vorhandensein eines Schulkindergartens, Verwendung von Schulreifetests, Beratschlagung diesbezüglich mit Kindergartenleitung und Kollegen an der Grundschule, Klassenfrequenz im ersten Jahrgang, Anteil der Schüler, die einen Kindergarten besucht haben, Kooperation Grundschule und Kindergarten, Anteil türkischer Schüler unter den Schulanfängern, regional-soziale Struktur des Einzugsbereichs der Grundschule, Versorgung mit Kindergärten, Einstellung der Lehrkräfte zum Integrationsprinzip.

Wahrscheinlichkeit, dass Kinder dorthin verwiesen werden.[30] Darüber hinaus besteht ein positiver Zusammenhang zwischen einer geringen Selektivität und kleinen Klassengrößen (BETA = .16).[31] Ferner stehen Klassen, in denen viele Kinder einen Kindergarten besucht haben negativ (-.11) und Klassen mit einem hohen Anteil türkischer Schülerinnen und Schüler positiv (.13) mit einer Zurückstellung im Zusammenhang (vgl. ebd., S. 25). Indirekte Effekte lassen sich auch für den Einzugsbereich der Grundschule finden. Je ungünstiger sich dieser gestaltet, desto häufiger werden Schulanfängerinnen und -anfänger vom Schulbesuch zurückgestellt (vgl. ebd., S. 26). Ein signifikanter Zusammenhang zwischen der Zurückstellung und der Intensität der Kooperation zwischen Grundschule und Kindergarten besteht hingegen nicht. Für die Zurückstellung vor dem Schulbeginn scheinen insbesondere außerschulische Bedingungen verantwortlich zu sein, die Varianzaufklärung des Modells mit den angeführten Rahmenbedingungen lässt sich auf geringe sieben Prozent beziffern (vgl. Mader et al., 1991, S. 25). In einer längsschnittlichen Betrachtung dieser 203 Schulen werden auch die Wiederholerquoten und Überweisungen an eine Sonderschule berücksichtigt. Demnach zeigt sich zwar kein Effekt der Unterrichtsversorgung (Anzahl der Klassenwochenstunden), aber der Klassenfrequenzen auf die Selektionsprozesse: Je größer die Klasse in der Eingangsphase ist, desto mehr Kinder wiederholen eine Jahrgangsstufe (.19) und werden an eine Sonderschule verwiesen (.10) (vgl. ebd., S. 27). Auch hier wirkt sich die Kindergartenversorgung günstig auf die Reduzierung aller Selektionsprozesse aus (vgl. ebd., S.28).

Die dargestellten empirischen Befunde verdeutlichen, dass durchaus auch schulische Bedingungen in Form von Lehrereinstellungen und schulischen Rahmenbedingungen einen Einfluss auf Schulversagen ausüben können. Empirische Belege für einen Einfluss der pädagogischen Unterrichtspraxis stehen indes noch aus. Hinsichtlich der frühzeitigen Abgänge vom Gymnasium finden Merkmale auf Schulebene – zumindest hierzulande – jedoch kaum Beachtung. Die nun folgenden Ausführungen zu den Ursachen dieser Form von Scheitern

---

30 Damit bestätigt sich einmal mehr die eingangs erwähnte These von Gomolla & Radtke (2009) sowie von Rösner & Stubbe (2008), dass Institutionen ihre Selbsterhaltung zum Ziel haben.

31 Die Befundlage zum Einfluss der Klassengröße auf Schulleistungen (und nicht explizit auf Schulversagen) ist höchst unterschiedlich (vgl. z.B. Lankes & Carstensen, 2010; Arnold, 2005). Zum Beispiel in der DESI-Studie zeigt sich, dass der Lernerfolg beim englischen Hörverstehen in kleinen Klassen größer ausfällt. Weitere Untersuchungen kommen ebenfalls zu dem Ergebnis, dass die Lernzeit in kleinen Klassen effizienter genutzt wird, jedoch liegen auch gegensätzliche Befunde vor, dass sich mitunter auch große Klassen durch eine strukturierte Klassenführung auszeichnen (vgl. Lankes & Carstensen, 2010, S. 126 f.).

beziehen sich schwerpunktmäßig auf den sozioökonomischen Status der Familie.

4.2 Der frühzeitige Abgang vom Gymnasium

Das genaue Ausmaß der frühzeitigen Abstufungen aus dem Gymnasium im Verlauf der Sekundarstufe I ist ebenso wie die formalen Regelungen und verfolgten Absichten bereits ausführlich behandelt worden (vgl. Kapitel 3). Im Folgenden soll es um Bedingungsfaktoren und Erklärungsansätze für dieses Phänomen gehen, von dem – je nach Region – eine Vielzahl von Schülerinnen und Schülern betroffen ist.

Dass primäre und sekundäre Herkunftseffekte beim Übergang von der Grundschule in weiterführende Schulen von Bedeutung sind, ist durch zahlreiche Forschungsaktivitäten belegt worden (vgl. z.B. Maaz, Baeriswyl & Trautwein, 2011; Arnold, Bos, Richert & Stubbe, 2007; Pietsch, 2007; Ditton, 2005). Gleichermaßen konnte eine Handvoll Studien die Bedeutung des sozioökonomischen Status der Familie auch für spätere Bildungsentscheidungen wie bei einer nachträglichen Korrektur des besuchten Bildungsganges nachweisen (vgl. Jacob & Tieben, 2010; Glaesser & Cooper, 2010; Stubbe, 2009a; Henz, 1997). So hat sich die Rational-Choice-Theorie inzwischen nicht nur in der Übergangsforschung von der Primar- in die Sekundarstufe etabliert, sondern wird zunehmend auch als Ausgangspunkt für Forschung zur horizontalen Durchlässigkeit des Schulsystems verwendet. Auf die Grundannahmen dieses theoretischen Rahmens wird nun eingegangen, um ihn dann im Kontext von Bildungsentscheidungen zu beleuchten. Damit wird der Fokus der Ursachenbetrachtung des Schulversagens von Schulmerkmalen (wie in Kapitel 4.1.2) auf die Schüler- bzw. familiären Hintergrundmerkmale verlagert.

4.2.1 Die Rational-Choice-Theorie

Die Rational-Choice-Theorie ist eine soziologische Handlungstheorie, die menschliche Entscheidungsprozesse zu erklären versucht und somit Ursachen für das Auftreten sozialer Phänomene benennen möchte. Grundlegend ist die Annahme, dass Handlungsentscheidungen von einzelnen Personen vernünftig und rational getroffen werden. Sie wird in sogenannten „High-Cost-Situationen" angewandt, erklärt also solches Handeln, das, subjektiv betrachtet, weitreichende Folgen für den Akteur nach sich zieht. Hierzu werden alle Handlungsalternativen und ihre mehr oder weniger wahrscheinlich eintretenden Folgen antizipiert, um letztlich, nach genauer Kosten-Nutzen-Abwägung, zu einer rationalen Entscheidung zu gelangen, indem die Handlungsalternative mit den positivsten Folgen für den Akteur gewählt wird (vgl. March, 1994). Bedacht werden muss jedoch, dass den handelnden Personen häufig nicht alle

Hintergrundinformationen und Alternativen bekannt sind (vgl. ebd.). Je alltäglicher die Situation eingeschätzt wird, desto geringer ist die Anzahl antizipierter Handlungsalternativen, da der betriebene Aufwand für eine als unwichtig erachtete Handlung zu groß wäre. Dass den Akteuren verschiedene Ressourcen, evtl. auch Handlungsbeschränkungen bzw. Restriktionen, und mindestens zwei Alternativen für ihre Zielerreichung zur Verfügung stehen, gilt als eine Voraussetzung für das rationale Handeln (vgl. Diekmann & Voss, 2004, S. 14 f.). Beispiele für Ressourcen oder Restriktionen sind das Einkommen, Zeit oder institutionelle Regelungen. In Entscheidungssituationen versuchen Akteure folglich, unter Restriktionen ihre Ziele (Präferenzen) zu realisieren. Damit Präferenzen und Restriktionen definiert werden und um Theorien empirisch überprüfen und falsifizieren zu können, werden Brückenhypothesen benötigt (vgl. Kelle & Lüdemann, 1995). Ferner müssen Situationsdeutungen der Akteure, die zur Entscheidung herangezogen werden, bekannt sein, um soziales Handeln erklären zu können (vgl. Hill, 2002, S. 30).

Mithilfe von Rational-Choice-Theorien sollen also gesellschaftliche Gegebenheiten und soziale Sachverhalte (auf der Makroebene) durch individuelle Handlungen (auf der Mikroebene) erklärt werden. Dabei sind soziale Sachverhalte das Resultat aus Verflechtungen individueller Handlungen und Entscheidungen, die ihrerseits auch durch soziale und strukturelle Bedingungen beeinflusst werden (vgl. Braun, 2009, S. 398). Individuelles Handeln wird so bedeutsam für die Erklärung sozialer Tatbestände. Mit anderen Worten: Aus Annahmen über individuelles Handeln, das im sozialen Kontext eingebettet ist, sollen kollektive Effekte erklärt werden (vgl. Diekmann & Voss, 2004; vgl. hierzu auch das Mikro-Makro-Modell nach Coleman, z.B. in Stubbe, 2009a, S. 29).

Wichtig ist weiterhin, dass es je nach Modellannahmen verschiedene Varianten der Rational-Choice-Theorie gibt (vgl. Diekmann & Voss, 2004, S. 13, 16). Dabei werden harte von weichen Varianten unterschieden. Während erstere von Modellmenschen ausgehen, die lediglich materielle Interessen und den Eigennutzen verfolgen (wie beispielsweise in dem neoklassischen Homo-Oeconomicus-Modell) berücksichtigen letztere z.B. auch altruistische Motive. Das RREEMM-Modell ist hierfür ein Beispiel (Lindenberg, 1985). Demnach sind Menschen *R*esourceful, *R*estricted, *E*valuating, *E*xpecting, *M*aximizing: Sie verfügen über materielle Ressourcen, sind in ihren Möglichkeiten begrenzt, analysieren Handlungsalternativen, verfügen über Erwartungen bezüglich eintretender Ereignisse und versuchen, ihren Nutzen zu maximieren.

Rational-Choice-Theorien im Kontext von Bildungsentscheidungen

In den letzten Jahrzehnten hat die Anwendung von Rational-Choice-Theorien zur Erklärung von ungleichen Bildungsentscheidungen zunehmend an Bedeutung gewonnen (vgl. Stubbe 2009a; Maaz et al., 2011; Maaz, Hausen, McElvany & Baumert, 2006; Ditton, 2005). Ausgangspunkt ist die Humankapaltheorie, die besagt, dass dann in Bildung investiert wird, wenn es sich in Anbetracht der Kosten und Nutzen lohnt (vgl. Becker, 1967). Vor diesem Hintergrund entwirft Boudon (1974) einen theoretischen Rahmen zu rationalen Wahlentscheidungen, der die Basis für die (Weiter-)Entwicklung zahlreicher soziologischer und psychologischer Modelle ist (vgl. Maaz et al., 2006, S. 301). Während soziologische Ansätze zumeist das Ziel verfolgen, klassenspezifische Unterschiede im Hinblick auf die Bildungsbeteiligung und den Bildungserfolg aufzudecken, fokussieren entwicklungspsychologisch orientierte Modelle auf Persönlichkeitseigenschaften und tragen damit der Annahme Rechnung, dass auch subjektive Werte wie Erfolgserwartungen Entscheidungen beeinflussen. Damit stellen sie die Akteursebene in den Mittelpunkt der Betrachtung. Soziologische Modelle hingegen, deren Ziele die Erklärung von Makrophänomenen sind, entwickeln, ausgehend von ebendiesen Makrophänomenen wie der sozialen Ungleichheit, Mikromodelle auf Akteursebene (vgl. ebd., S. 300, für nähere Ausführungen hierzu vgl. Hill, 2002).

Neben dem grundlegenden Modell Boudons *(1)* werden nun exemplarisch zwei weitere soziologische Modelle von Erikson & Jonsson (1996) *(2)* und Esser (1999) *(3)* zum Übergang von der Primar- in die Sekundarstufe vorgestellt, um schließlich den Blick speziell auf ein Modell zur Erklärung von Bildungsentscheidungen im Verlauf der Sekundarstufe I des Gymnasiums richten zu können *(4)*.

(1) Modell zur rationalen Bildungswahl nach Boudon

Boudon (1974) geht in seinem Modell der rationalen Bildungswahl davon aus, dass die Akteure, die eine Entscheidung für einen bestimmten Bildungsgang treffen müssen, eine genaue Kosten-Nutzen-Abwägung vollziehen. Da hierbei Vor- und Nachteile (also Kosten und Nutzen) eines Bildungsweges je nach sozialer Lage unterschiedlich eingeschätzt und interpretiert werden, entsteht sozialschichtspezifisches Entscheidungsverhalten, das zur Bildungsungleichheit führt (vgl. ebd.). Die Grundlage für familiäre Bildungsentscheidungen bilden sowohl die Schülerleistungen als auch die Bildungsaspirationen, die in Abhängigkeit des sozioökonomischen Status der Familie variieren. In diesem Zusammenhang unterscheidet Boudon *primäre und sekundäre Herkunftseffekte* der Sozialschichtzugehörigkeit.

Primäre Herkunftseffekte beschreiben dabei den Vorsprung im Leistungsstand, den Kinder aus oberen Schichten gegenüber Kindern aus sozial schwächeren Familien aufweisen, der auf vorteilhaftere Grundvoraussetzungen wie etwa das vorhandene soziale, ökologische und kulturelle Kapital zurückzuführen ist. So verfügen bildungsnahe Elternhäuser über bessere Fördermöglichkeiten für die Entwicklung ihrer Kinder: Sie sind durch eine höhere Allgemeinbildung eher in der Lage, Unterstützung bei den Hausaufgaben zu bieten; ihre finanziellen Mittel erlauben es ihnen eher, für Nachhilfeunterricht aufzukommen; und auch kulturelle Veranstaltungen wie z.B. Museumsbesuche, eine höhere Bildungsmotivation und soziale Kontakte tragen zur Bildung ihrer Kinder bei.

Sekundäre Herkunftseffekte umfassen das unterschiedliche Wahlverhalten der Eltern. Ungeachtet der Leistungsvorteile, die auf die soeben beschriebenen primären Herkunftseffekte zurückzuführen sind, treffen Eltern in Abhängigkeit ihrer Sozialschicht unterschiedliche Bildungsentscheidungen – sowohl beim Übergang in die weiterführende Schule als auch bei Korrekturen im Verlauf der Sekundarstufe I. Selbst unter Kontrolle der Leistungen fällt die Situationsinterpretation, also die Kosten-Nutzen-Abwägung der Eltern, je nach sozialer Schicht unterschiedlich aus. Zum einen sind Bildungsinvestitionen als Kosten umso höher, je niedriger der Sozialstatus der Familie ist, zum anderen ist der Statuserhalt als Nutzen insbesondere für Familien aus höheren Sozialschichten nur dann zu realisieren, wenn auch für die eigenen Kinder ein hoher Schulabschluss angestrebt wird. Ein Statusverlust ist in bildungsfernen Familien hingegen kaum möglich. Folglich werden gleiche Bildungsabschlüsse unterschiedlich bewertet und angestrebt. Die zu überwindende soziale Distanz, etwa für die Erlangung der Hochschulreife, ist für Kinder aus bildungsfernen Familien größer als für Akademikerkinder.

Abbildung 17: Vereinfachtes Modell zur Genese von Bildungsentscheidungen nach Boudon

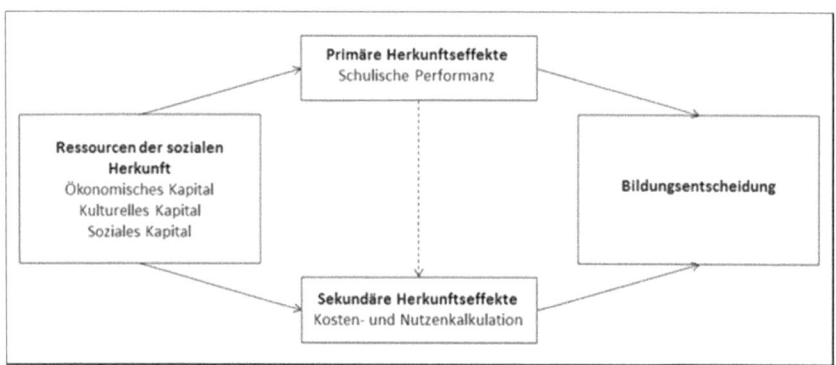

Quelle: Becker & Lauterbach, 2004, S. 12, zitiert nach Maaz, Hausen, Mc Elvany & Baumert 2006, S. 302.

Zusammengenommen beeinflussen die primären und sekundären Herkunftseffekte schließlich die Bildungswahl, die, wie ausgeführt, vornehmlich in sozial begünstigten Familien zugunsten höherer Bildungsgänge ausfällt.

(2) Modell zur Erklärung von Bildungsentscheidungen nach Erikson & Jonsson

Auch Erikson & Jonsson (1996) beschäftigen sich mit der Frage, warum Schülerinnen und Schüler mit gleichen Leistungen, aber unterschiedlichen sozioökonomischen Hintergrundmerkmalen in ihren Bildungsentscheidungen voneinander abweichen. Auch sie gehen davon aus, dass Individuen aus verschiedenen Alternativen denjenigen Bildungsweg auswählen, von dem sie sich minimale Kosten und maximale Erträge versprechen. Hinzu kommt in diesem Ansatz die Einschätzung der Erfolgswahrscheinlichkeit. Für jede Handlungsalternative (i.d.R. für die Wahl der Haupt-, Realschule oder des Gymnasiums) wird wie folgt ein Erwartungswert geschätzt:

$$U = (B - C) \, P - C \, (1 - P) \; [32]$$

Der Nettonutzen (U) lässt sich demnach errechnen aus dem Produkt der Erfolgswahrscheinlichkeit und der Differenz aus dem antizipierten Bildungsertrag und den Kosten (B – C) P, von dem das Produkt aus Kosten und Wahrscheinlichkeit eines erfolglosen Besuchs eines Bildungsganges C (1 – P) abgezogen wird. Vereinfacht ausgedrückt ergibt sich daraus:

$$U = PB - C$$

Je größer der Nutzen und die Erfolgswahrscheinlichkeit (PB) und je geringer die Bildungskosten (C) bewertet werden, desto höher ist der Nettonutzen.

Die so für jede mögliche Bildungswahl errechneten Erwartungswerte können verglichen werden, um schließlich die Alternative auszuwählen, die den höchsten Nettonutzen aufweist.

Im Hinblick auf den Zusammenhang zwischen den drei Komponenten (Kosten, Nutzen, Erfolgswahrscheinlichkeit) und dem Sozialstatus des Elternhauses gilt auch hier, dass die Kosten für einen Bildungsgang mit anspruchsvollem Niveau von Familien mit geringem Einkommen höher eingeschätzt werden. Gegenteilig verhält es sich mit der Bewertung des Nutzens eines guten Schulabschlusses, die in Familien aus bildungsnahen Familien, die selbst gute Abschlüsse aufweisen, höher ausfällt. Damit sind sie auch eher von einem Statusverlust bedroht. Auch die Einschätzung der Erfolgswahrscheinlichkeit muss vor dem Hintergrund des sozioökonomischen Status der Familie betrachtet werden.

---

32 Einbezogen in dieses Modell werden neben den Kosten (C), der Nutzen, der sich aus dem abgeschlossenen Bildungsgang ergibt (B) – er setzt sich zusammen aus Einkommen, Prestige und Statusverlustmotiven – und die Wahrscheinlichkeit, den gewählten Bildungsgang erfolgreich abzuschließen (P). Diese Wahrscheinlichkeit wird durch die Fähigkeiten der Kinder und die Ressourcen, die den Familien zur Verfügung stehen, beeinflusst (vgl. Erikson & Jonsson, 1996).

Aufgrund der primären Herkunftseffekte sind die Erfolgswahrscheinlichkeiten der Kinder aus bildungsnahen Familien größer. Zudem überschätzen bildungsferne Familien häufig die schulischen Anforderungen anspruchsvollerer Bildungsgänge. Folglich steigt das Produkt aus antizipiertem Bildungsnutzen und Erfolgswahrscheinlichkeit (PB) und sinken die Kosten (C) mit Anstieg des Sozialstatus der Familie (vgl. ebd.).

(3) Rational-Choice-Modell für die Übergangsentscheidung von der Primar-in die Sekundarstufe nach Esser

In Anlehnung an Boudon (1974) und Erikson & Jonsson (1996) geht auch Esser (1999) davon aus, dass sich die Einschätzung von Kosten, Nutzen und Erfolgsaussichten zwischen Familien mit unterschiedlichem sozialen Status unterscheiden. Die Grundregeln seiner Wert-Erwartungstheorie formuliert er wie folgt: „Versuche dich vorzugsweise an solchen Handlungen, deren Folgen nicht nur wahrscheinlich, sondern Dir gleichzeitig auch etwas wert sind! Und meide ein Handeln, das schädlich bzw. aufwendig für Dich und/oder für Dein Wohlbefinden keine Wirkung hat!" (ebd., S. 248). Bei Entscheidungsprozessen werden zunächst Handlungsalternativen bestimmt, denen Folgen zugeschrieben werden. Diese Folgen werden dann als positiv, negativ oder neutral bewertet und nach der Wahrscheinlichkeit ihres Eintritts beurteilt. Gemäß der Rational-Choice-Theorie und dem Prinzip der Nutzenmaximierung wird schließlich die Handlungsalternative gewählt, die die bedeutendsten Folgen versprechen (vgl. ebd., S. 251 ff.).

Als ein Beispiel für seine Wert-Erwartungstheorie modelliert Esser die Bildungsentscheidung am Ende der Grundschulzeit, bei der die Eltern und ihre Kinder vor der Wahl einer Schulform stehen. Den Nutzen aus der Handlungsalternative „Übergang auf eine höhere Schulform als die Hauptschule" (A_b) ergibt sich nach Esser wie folgt:

$$EU\ (A_b) = pU + (1 - p)\ c(\text{-}SV) - C\ ^{33}$$

Aus der Summe des

- pU = Produktes aus Nutzen und Erfolgswahrscheinlichkeit des höheren Bildungsganges und dem

---

33 U stellt dabei den Gewinn/Nutzen dar, der sich aus der Wahl der höheren Schulform ergibt, p die Wahrscheinlichkeit für den Bildungserfolg auf dieser Schulform, SV den drohenden sozialen Statusverlust, c die Wahrscheinlichkeit, dass der Statusverlust eintritt und C die Kosten für den höheren Bildungsweg (vgl. Esser, 1999, S. 267).

- (1 – p) c(-SV) = Produkt aus Wahrscheinlichkeit des Misserfolgs (1 – p) und der Kosten des drohenden Statusverlusts (-SV) sowie der Wahrscheinlichkeit, dass dieser tatsächlich eintritt (c),

abzüglich der

- C = Kosten für den höheren Bildungsweg.

Wird der Besuch einer Hauptschule (A_n) einer höheren Schulform vorgezogen, nehmen die Kosten für eine höhere Schulform (C) und die Erfolgswahrscheinlichkeit (p) den Wert Null an. Somit ergibt sich:

$$EU(A_n) = 0U + (1 – 0) c(-SV) – 0$$

$$\rightarrow EU(A_n) = c(-SV)$$

Der Nutzen des Besuchs der Hauptschule – also des Verzichts auf eine höhere Schulform – ergibt sich aus dem Produkt des Statusverlusts (-SV) und seiner Eintrittswahrscheinlichkeit (c) (vgl. ebd., S. 267).

Da gemäß der Rational-Choice-Theorie die Handlungsalternative gewählt wird, die den größten Nutzen verspricht, gilt:

$$EU(A_b) > EU(A_n)$$

$$\rightarrow pU + (1 – p) c(-SV) – C > c(-SV), \text{ umgeformt ergibt sich daraus:}$$

$$\rightarrow U + cSV > C/p$$

Esser beschreibt den Term $U + cSV$ als *Bildungsmotivation*, die sich zusammensetzt aus der Summe des Nutzens einer höheren Schulform (U) und dem Produkt aus drohendem Statusverlusts (SV) und der Wahrscheinlichkeit, dass dieser eintritt (c) (vgl. ebd., S. 270). Je höher der Bildungsnutzen und die Wahrscheinlichkeit eines Statusverlusts bewertet werden, desto höher fällt die Bildungsmotivation aus.

Den Term *C/p*, also den Quotienten aus Kosten und Erfolgswahrscheinlichkeit, bezeichnet Esser als *Investitionsrisiko*. Je geringer die Aussichten auf Bildungserfolg bei gleichbleibenden Kosten beurteilt werden, desto höher ist das Investitionsrisiko.

Fällt die Bildungsmotivation nun größer als das Investitionsrisiko aus, wird die Entscheidung zugunsten eines höheren Bildungsganges getroffen (vgl. ebd.).

Die ungleiche Bildungsbeteiligung je nach sozialer Schicht erklärt Esser insbesondere anhand der sekundären Herkunftseffekte. Hier kommt die Brückenhypothese ins Spiel. Denn selbst unter Kontrolle der Leistungen unterscheiden sich die subjektiven Sichtweisen der Umstände voneinander (vgl. ebd.,

S. 268 ff.). Dem Motiv des Statuserhalts schreibt er dabei eine besondere Bedeutung zu.[34] Da ein Statusverlust in bildungsfernen Familien kaum möglich
ist, fällt die Bildungsmotivation geringer aus. Hinzu kommt der Aspekt, dass
hier die geringer eingeschätzten Erfolgserwartungen zu einem höheren Investitionsrisiko führen. Trotz gleicher Kosten-Nutzen-Abwägung variieren also die
Werte für die Bildungsmotivation und das Investitionsrisiko zwischen den
sozialen Klassen (vgl. ebd., S. 271).[35]

Erweiterungen dieses Wert-Erwartungs-Modells differenzieren die Wertkom-
ponenten weiter aus und steigern damit die Komplexität des zu untersuchenden
Gegenstandes (vgl. z.B. Eccles, 2005). Dessen ungeachtet ergänzt etwa Becker
(2000) das Modell um die Variable der Übergangsempfehlung der Schule, die
einen wichtigen Beitrag zur Übergangsentscheidung der Familie leistet. Auf
die Ausführungen solcher Modelle wird im Rahmen dieser Arbeit verzichtet,
vielmehr soll nun explizit ein theoretisch hergeleitetes Modell zur Erklärung
des frühzeitigen Abgangs vom Gymnasium betrachtet werden.

*(4) Rational-Choice im Kontext der Bildungsentscheidung für einen frühzeiti-
gen Abgang vom Gymnasium*

Da die vorangegangen Modelle der rationalen Bildungsentscheidungen auf den
Übergang von der Primar- in die Sekundarstufe fokussieren, soll abschließend
eine Entscheidung im späteren Bildungsverlauf näher beleuchtet werden, nämlich die für den Wechsel von einem Gymnasium auf eine Schulform mit niedrigerem Anspruchsniveau. Bezugspunkt ist dabei die Arbeit von Stubbe
(2009a), der Essers Wert-Erwartungs-Modell an diese Bildungsentscheidung
anpasst und es mithilfe von Daten aus der Längsschnittstudie KESS empirisch
überprüft.[36]

Stubbe verwendet Essers Formel zur Berechnung des erwarteten Nutzens einer
Bildungsentscheidung und überträgt sie auf den Nutzen der Entscheidung, das
Gymnasium nicht vorzeitig zu verlassen, sondern dort zu verbleiben (A_V) (vgl.
ebd., S. 59).

---

34 vgl. hierzu auch die Ausführungen zur „Aspirationsspirale" in Kapitel 2.2.
35 An dieser Stelle soll ein kurzer Hinweis darauf gegeben werden, dass Esser &
    Kroneberg den hier beschriebenen Ansatz zum Modell der Frame-Selektion überar-
    beitet und weiterentwickelt haben (vgl. hierzu z.B. Kroneberg, 2007).
36 vgl. hierzu den folgenden Forschungsstand in Kapitel 4.2.2.

$$EU(A_V) = pU + (1 - p)\ c(-SV) - C\ ^{37}$$

Entscheidet sich der Schüler oder die Schülerin für den Abgang (A_A), nehmen die Wahrscheinlichkeit, das Abitur am Gymnasium zu erreichen (p) und die Kosten für den Verbleib (C) den Wert Null an. Damit ergibt sich auch hier:

$$EU(A_A) = c(-SV)$$

Der antizipierte Nutzen des Abgangs muss gemäß der Rational-Choice-Theorie höher ausfallen als der Nutzen des Verbleibs, damit die Entscheidung für das frühzeitige Verlassen des Gymnasiums getroffen wird. Folglich gilt:

$$EU(A_V) < EU(A_A)$$

$$\rightarrow pU + (1 - p)\ c(-SV) - C < c(-SV),\ \text{oder}$$

$$\rightarrow U + cSV > C/p$$

Erneut muss also das Investitionsrisiko (C/p) größer als die Bildungsmotivation (U + cSV) ausfallen, damit eine Entscheidung zugunsten des Abgangs getroffen wird (vgl. Stubbe, 2009a, S. 60).

4.2.2 Forschungsbefunde zum Einfluss der sozialen Herkunft auf den frühzeitigen Abgang vom Gymnasium

Bereits in den 1960er Jahren[38] konnten Peisert & Dahrendorf mit Ihren Studien zum Schulerfolg in Baden-Württemberg herausstellen, dass die soziale Herkunft eine entscheidende Rolle beim vorzeitigen Abgang vom Gymnasium spielt (vgl. Peisert & Dahrendorf, 1967). Ihren Analysen zufolge bestand der Großteil der Absteigerinnen und Absteiger aus Arbeiterkindern. Die Ursachen für einen vorzeitigen Abgang vom Gymnasium sind vielfältig. Häufig geht er einher mit Klassenwiederholungen und schlechten Noten, insbesondere in den Fächern Mathematik und der ersten Fremdsprache. Allerdings weist nur ein Viertel der frühzeitigen Abgängerinnen und Abgänger mangelnde Leistungen und Begabung auf (vgl. ebd., S. 154). Entscheidende Gründe sind weiterhin das Bildungsinteresse und die -aspirationen der Eltern, die maßgeblich von der eigenen Bildung und dem Motiv des Statuserhalts beeinflusst werden, der Kon-

---

37 U stellt dabei den Gewinn/Nutzen dar, der sich aus dem Verbleib am Gymnasiums ergibt, p die Wahrscheinlichkeit, das Abitur am Gymnasium zu erreichen, SV den drohenden sozialen Statusverlust bei Verzicht auf das Abitur, c die Wahrscheinlichkeit, dass der Statusverlust eintritt, C die Kosten für den Verbleib am Gymnasium.

38 Und damit bevor primäre und sekundäre Herkunftseffekte den wissenschaftlichen Diskurs um Bildungsungleichheit bestimmen.

takt zwischen Elternhaus und Schule sowie die finanzielle Situation (die insbesondere für weibliche Schülerinnen und Schüler von Bedeutung war).

„Der vorzeitige Abgang vom Gymnasium ist in der Bundesrepublik grundsätzlich ein Phänomen der Oberschicht und ihrer Rekrutierung [...]. Wer vorzeitig abgeht, entscheidet sich damit in aller Regel für eine soziale Stellung in der Mitte oder der unteren Hälfte der Hierarchie von Reichtum und Ehre; der vorzeitige Abgang ist ein Mechanismus sozialer Selektion" (ebd., S. 146 f.).

Einige Jahre später bestätigten die Analysen von Gerstein (1972), dass der vorzeitige Abgang vom Gymnasium ein schichtspezifisches Problem ist. 42 Prozent der untersuchten Fünftklässler in Baden-Württemberg erreichen die allgemeine Hochschulreife. Während der Anteil der Kinder aus Beamtenfamilien der höheren Dienstklasse mit 84 Prozent deutlich über diesem Durchschnitt liegt, betrifft dies lediglich 24 Prozent der Arbeiterkinder (vgl. ebd., S. 91). Werden Erfolgsquote differenziert nach Stadttypen betrachtet, zeigt sich, dass 46 Prozent der Schülerinnen und Schüler in Groß-, 47 Prozent in Mittel- und nur 40 Prozent in Kleinstädten das Abitur erreichen (vgl. ebd., S. 54). Auch diese Differenzen könnten auf die unterschiedliche Zusammensetzung der Schülerschaft im Hinblick auf ihren sozioökonomischen Status zurückgeführt werden. Während 38 Prozent der Schülerschaft in Großstädten aus der Oberschicht und nur sieben Prozent aus der Arbeiterschicht stammen, sind es in Kleinstädten 28 (Oberschicht) zu 12 Prozent (Arbeiterschicht) (vgl. ebd., S. 23).

In den 1970er und 80er Jahren folgten weitere Studien, die vergleichbare Ergebnisse zum Zusammenhang des sozioökonomischen Status und des frühzeitigen Abgangs vom Gymnasium berichteten (vgl. Kemmler, 1976 für Münster; Meulemann, 1985 für NRW; Schümer, 1985 für West-Berlin; Kemnade, 1989 für Bremen; Bofinger, 1990 für Bayern).

1997 untersuchte Henz, ob der Schulformwechsel von Schülerinnen und Schülern von dem Berufsstatus und dem Schulabschluss des Vaters beeinflusst wird. Ihre Analysen von knapp 5.600 Bildungsverläufen (aus sechs Geburtenjahrgängen zwischen 1959-61 bis 1919-21 der Lebensverlaufsstudie des Max Planck Institutes für Bildungsforschung) offenbart, dass Eltern von Aufsteigerinnen und Aufsteigern aus Realschulen zum Gymnasium häufiger über das Abitur und einen hohen Berufsstatus verfügen als Eltern der Realschülerinnen und -schüler, die auf dieser Schulform verbleiben (vgl. Henz, 1997, S. 63). Ferner ist die Wahrscheinlichkeit, aus dem Gymnasium in eine Realschule abzusteigen, für Schülerinnen und Schüler, deren beide Eltern kein Abitur aufweisen, doppelt so hoch wie für Kinder und Jugendliche von Eltern mit Abitur. Ein niedriger Berufsstatus des Vaters erhöht ebenfalls das Abstiegsrisiko. Diese Diskrepanz verringert sich nicht in den analysierten jüngeren Kohorten (vgl. ebd., S. 64 f.). Signifikante Unterschiede in der Elternbildung bei Schülerinnen und Schülern, die von der Realschule in die Volksschule wechseln, zeigen sich gegenüber den verbleibenden Realschülerinnen und -schülern jedoch nicht (vgl. ebd., S. 64).

Zu vergleichbaren Ergebnissen kommen auch Jacob & Hillmert (2003) mit ihrer Analyse der Schulformwechsel im Verlauf der Sekundarstufe I. Datengrundlage ist ein Teilprojekt der Lebensverlaufsstudie (mit 2.636 Personen der Geburtenkohorten zwischen 1964 und 1971). Von einem Abstieg aus dem Gymnasium sind in ihrer Stichprobe 9,8 Prozent der Schülerinnen und Schüler betroffen, deren Eltern über Abitur verfügen und 17,6 Prozent der Jugendlichen, deren Eltern keinen oder einen Haupt-/Volksschulabschluss aufweisen (vgl. ebd., S. 166). Die Autoren errechnen damit ein Chancenverhältnis von Verbleib zu Abstieg für Kinder aus bildungsferneren Familien von 9,1:1. Bei Kindern aus bildungsnahen Familien lässt sich das entsprechende Verhältnis auf 4,7:1 beziffern (vgl. ebd.).

Ebenso wie Henz (1997) und Jacob & Hillmert (2003) analysieren Jacob & Tieben (2010) ausgewählte Daten der Lebensverlaufsstudie (n = 8.500, aus Geburtenjahrgängen zwischen 1939 bis 1971) mit dem Ergebnis, dass die Elternbildung einen wesentlichen Beitrag im Hinblick auf die frühzeitigen Abstiege im Verlauf der Sekundarstufe I leistet. Als ein wichtiger Beweggrund für die Entscheidung, in einen höheren Bildungsgang aufzusteigen, liegt in dem drohenden Statusverlust. Verfügen Eltern über einen höheren Schulabschluss als denjenigen, den ihre Kinder auf der besuchten Schulform erreichen können, ist die Wahrscheinlichkeit höher, dass diese Kinder nachträglich in eine Schulform mit höherem Anspruchsniveau wechseln (vgl. Jacob & Tieben, 2010, S. 166). Um Abstiege zu verhindern, ist ein hohes Bildungsniveau der Eltern wichtiger als das Motiv des Statusverlusts (vgl. ebd., S. 170). Bedacht werden muss allerdings, dass bei den analysierten Geburtenkohorten (1939 – 1971) der Großteil der Personen eine Volksschule besuchte und demnach ein Abstieg nicht möglich war.

Auch Schneider (2005) kommt in seiner Analyse der Daten des Sozioökonomischen Panels (SOEP, eine repräsentative Längsschnittstudie, bei der private Haushalte befragt werden) zu dem Ergebnis, dass die Verbleibchancen der Kinder und Jugendlichen im Gymnasium umso höher ausfällt, desto höher der Bildungsstand der Eltern ist (vgl. ebd., S. 182). 22 Prozent der einst am Gymnasium begonnen Schülerinnen und Schüler haben sechs Jahre später die Schulform wieder verlassen (vgl. ebd., S. 180). Darüber hinaus verbleiben Mädchen häufiger in den Gymnasien als Jungen.

Bildungsverläufe wurden auch von Glaesser & Cooper (2010) anhand von SOEP-Daten analysiert. Mit einer Stichprobe von 760 Personen, die zwischen 1986 und 1990 geboren sind, gehen sie der Frage nach, welche Faktoren bzw. welche Kombination von Faktoren zu einem Schulformwechsel führen. Berücksichtigt werden das Geschlecht der Schülerinnen und Schüler, die Berufsgruppe und der Schulabschluss ihrer Eltern sowie die Grundschulempfehlung (für oder gegen ein Gymnasium). Knapp 50 Prozent der Stichprobe besuchte ein Gymnasium (vgl. Glaesser & Cooper, 2010, S. 5). Neun Prozent der Schülerinnen und Schüler, die einst im Gymnasium starteten, verließen diese Schulform in Richtung Real- oder Gesamtschule. Welche Faktoren können nun eine solche Abstufung vorhersagen? Den größten Einfluss übt eine fehlende Gymnasialempfehlung aus. Gleichwohl kann sie allein keinen Abstieg vorhersagen.[39] In Kombination mit anderen Variablen erhöht sich jedoch die Wahrscheinlichkeit einer frühzeitigen Abstufung. Sie ist am größten bei männlichen Schülern, die keine Empfehlung zum Gymnasium erhielten und dessen Eltern weder über das Abitur noch über eine Berufsposition im öffentlichen Dienst (in der Service-Class) verfügen (vgl. ebd.).

Auch mittels Daten der Hamburger Längsschnittstudie KESS (Kompetenzen und Einstellungen von Schülerinnen und Schülern) kann der Einfluss der sekundären Herkunftseffekte auf den frühzeitigen Abgang vom Gymnasium belegt werden (vgl. Stubbe, 2009a, b). Von den 10.600 Schülerinnen und Schülern, die im Schuljahr 2005/06 in Hamburg die siebte Jahrgangsstufe besuchen, wechseln 3.160 die Schulform, 440 sind von einem Abstieg aus dem Gymnasium betroffen. Beinahe jedes zehnte Kind verlässt damit das Gymnasium in Hamburg bis zum Beginn der siebten Klasse. Die Analyse der freiwillig vollzogenen Wechsel am Ende der sechsten Jahrgangsstufe (n = 190) offenbart, dass die Leistung den größten Einfluss auf die Entscheidung zum Schulformwechsel ausübt. Bedeutsam ist weiterhin der soziale Status der Familie (vgl. Stubbe, 2009a, S. 171). In Abhängigkeit von der sozialen Klasse fallen die Bildungsentscheidungen unterschiedlich aus: So ist die Wahrscheinlichkeit für einen frühzeitigen Abgang vom Gymnasium für Kinder aus un- und angelernten Arbeiterfamilien sechsmal größer als für Kinder aus der oberen Dienstklasse (vgl. Stubbe, 2009a, S. 174; Stubbe, 2009b, S. 432). Werden die Lese- und Mathematikkompetenzen und die Variablen des Rational-Choice-Modells (möglicher Statusverlust, Einkommen, Bildungsaspiration, Einschätzung der Erfolgswahrscheinlichkeit der Eltern) kontrolliert, verringern sich die Unterschiede zwischen den EGP-Klassen auf ein nicht signifikantes Niveau. Somit können auch die sozialen Disparitäten bei der Abgangsentscheidung im Verlaufe der Sekundarstufe I durch die sekundären Herkunftseffekte erklärt werden.

---

39 Vgl. hierzu auch die bereits aufgeführten Befunde der KESS 8 Studie, dass ein Großteil der nichtempfohlenen Gymnasiastinnen und Gymnasiasten erfolgreich an dieser Schulform verbleibt (vgl. Scharenberg, Gröhlich, Guill, Bos, 2010, S. 123 und Kapitel 3.1).

Tabelle 3: Relative Chancen [odds ratios] für die Entscheidung, das Gymnasium während der Beobachtungsstufe zu verlassen nach sozialer Lage (EGP) der Schülerfamilien

	Modell I	Modell II	Modell III	Modell IV
EPG-Klassen				
Obere Dienstklasse (I)	Referenzgruppe (odds ratio = 1)			
Untere Dienstklasse (II)	1,8 **	1,7 *	n.s.	n.s.
Routinedienstleistung (III)	3,7 **	2,7 **	1,6 *	n.s.
Selbständige (IV)	2,7 **	2,0 **	n.s.	n.s.
Facharbeiter und leitende Angestellte (V, VI)	4,4 **	2,9 **	1,8 **	1,6 *
Un- und angelernte Arbeiter, Landarbeiter (VII)	6,0 **	3,6 **	1,8**	n.s.
McFadden-R²	0.05	0.21	0.23	0.31

** $p < 0{,}01$; * $p < 0{,}05$; n.s. = nicht signifikant

Modell I: Ohne Kontrolle von Kovariaten; Modell II: Kontrolle der Lese- und Mathematikkompetenz; Modell III: Kontrolle der Variablen aus dem Rational-Choice-Modell[1]; Modell IV: Kontrolle der Lese- und Mathematikkompetenz und der Variablen aus dem Rational-Choice-Modell[1]

[1] Bildungsertrag U („Welchen Schulabschluss wünschen Sie sich für ihr Kind?"), Statusverlust SV (Höchster Bildungsabschluss der Eltern: Abitur ja/nein), Kosten C (Jährliches Haushalts-Brutto-Einkommen) und Erfolgswahrscheinlichkeit p („Für wie wahrscheinlich halten Sie es, dass Ihr Kind aufgrund seiner bisherigen schulischen Entwicklung problemlos das Abitur erreichen kann?")

Quelle: Stubbe, 2009a, S. 174.

Migrationshintergrund

Nicht nur der viel diskutierte sozioökonomische Status, sondern auch die ethnische Herkunft der Schülerinnen und Schüler ist bedeutend für Schulformwechsel im Verlauf der Sekundarstufe I. Bedacht werden muss dabei jedoch, dass die ethnische Herkunft mit einem niedrigen sozioökonomische Status konfundiert und sich der Zusammenhang zwischen ethnischer Herkunft und Bildungserfolg, nach Kontrolle des sozioökonomischen Status reduziert oder gar vollständig verschwindet (vgl. Gresch & Becker, 2010, aber auch Kapitel 2.1). Eine Auswertung der amtlichen Schulstatistik in Nordrhein-Westfalen zeigt, dass Migrantinnen und Migranten (operationalisiert durch die deutsche Staatsangehörigkeit) häufiger von Abstiegen betroffen sind als Nicht-Migranten.

Analysiert werden 1,2 Millionen Schülerinnen und Schüler in den allgemeinbildenden Schulen der Sekundarstufe I im Schuljahr 2006/07. Der Abbildung 18 kann entnommen werden, dass der Anteil der Migranten, die in eine Schulform mit niedrigerem Anspruchsniveau wechseln, an allen Migranten deutlich höher ausfällt als der entsprechende Anteil der Nicht-Migranten (mit Ausnahme des Abstieges von der Real- in die Förderschule und der Gesamt- in die Hauptschule). Die Wahrscheinlichkeit, von einer Real- in eine Hauptschule abzusteigen, ist für Nichtdeutsche doppelt so groß (diesen Wechsel vollziehen 4,8 Prozent zu 2,4 Prozent der deutschen Schülerinnen und Schüler). Insbesondere die Abstiege aus den Gymnasien werden verhältnismäßig häufig von Migrantinnen und Migranten vollzogen (vgl. ebd., S. 3 f.).

Abbildung 18:   Schulformwechsel von Migranten und Nicht-Migranten

Abstiege   **Aufstiege**

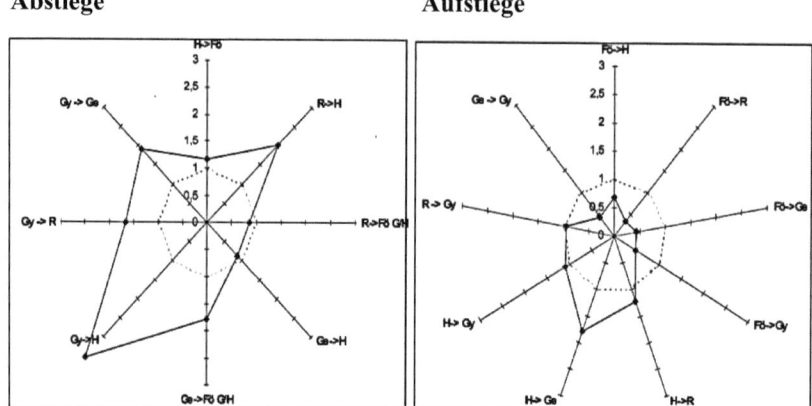

Lesehilfe: Durchgezogene Linie: Anteil der abgestiegenen Migranten an allen Migranten; gestrichelte Linie: Anteil der abgestiegenen Nicht-Migranten an allen Nicht-Migranten

Quelle: Frein, Möller, Petermann & Wilpricht, 2007, S. 3.

Informationen über die Gründe dieser Differenzen, inwiefern z.B. Leistungsunterschiede oder unterschiedliche Bildungsaspirationen dafür verantwortlich sind, können dieser Analyse der Schulstatistik nicht entnommen werden.

Auch die Analysen zu frühzeitigen Schulformwechseln bis zur siebten Jahrgangsstufe der LAU-7-Studie – eine längsschnittliche Untersuchung zu Aspekten der Lernausgangslage und der Lernentwicklung in Hamburg – zeigen, dass Jugendliche ohne deutsche Staatsangehörigkeit überdurchschnittlich häufig von Abstiegen aus dem Gymnasium betroffen sind: Bis zum Beginn der siebten Klassenstufe verlassen 26,1 Prozent der Kinder mit Migrationshintergrund das Gymnasium frühzeitig und stehen 11,6 Prozent der Kinder ohne Migrationshintergrund gegenüber (vgl. Lehmann & Peek, 1999, S. 101). Für die geringeren Erfolgschancen ausländischer Gymnasiastinnen und Gymnasiasten können hier zunächst geringere Leistungen ausgemacht werden: Ein Mittelwertvergleich der allgemeinen Fachleistung dieser beiden Gruppen offenbart, dass Migranten in der fünften Jahrgangsstufe einen Wert von 72,1 und Nichtmigranten einen Wert von 86,2 erreichen, in der sechsten Jahrgangsstufe lassen sich die entsprechenden Werte auf 66,2 und 70,7 beziffern (vgl. ebd., S. 90). Eine geringere Bildungsmotivation ist damit offenbar nicht ausschlaggebend für die höhere Abgangswahrscheinlichkeit vom Gymnasium (wie schon in Kapitel 3.1 im Hinblick auf die Übergange zum Gymnasium gezeigt). Weiterhin sind die Autoren mithilfe einer Regressionsanalyse der Frage nachgegangen, welche Faktoren maßgeblich für eine Umschulung sind. Dabei kommen sie zu dem folgenden Ergebnis:

„(1) Englischnote (β = - 0,13)

(2) Mathematiknote (β = - 0,13)

(3) Deutschnote (β = - 0,09)

(4) Bildungsabschluss der Eltern (β = 0,07)

(5) Testwert *Englisch: C-Test* (β = 0,06)

(6) Testwert Sprache (ß = 0,05)

(7) Fähigkeit zum schlussfolgernden Denken (CFT 20) (ß = 0,04)

(8) Deutsche Staatsangehörigkeit (ß = 0,04)

(9) Testwert Mathematik (ß = 0,00, n.s.)" (ebd., S. 101).

Die größte Bedeutung kann den Noten zugeschrieben werden, gefolgt von dem Bildungsabschuss der Eltern und den Testleistungen. Auch die deutsche Staatsangehörigkeit beeinflusst die Umschulung. Die Autoren konstatieren diesen Befund wie folgt: „Allem Anschein nach liegt hier eine fachlich nicht zu begründende Benachteiligung der ausländischen Schülerinnen und Schüler vor" (ebd., S. 101). Ungeachtet der ethnischen Herkunft zeigt sich auch in dieser Untersuchung: „Besonders stark sind auch die soziokulturell bedingten Unterschiede: 16,4 Prozent der Kinder von Vätern ohne Schulabschluss, aber nur 2,7 Prozent der Kinder von Vätern mit Abitur müssen nach dem Ende der Klassenstufe 6 das Gymnasium verlassen. Wie an den Haupt- und Realschulen ist diese unterschiedliche Handhabung der Übergangsregeln nicht allein mit der allgemeinen Fachleistung zu begründen: Kinder von Vätern ohne Schulabschluss müssen eine deutlich höhere Leistung erbringen als Kinder von Vätern mit Abitur (mehr als zehn Punkte zusätzlich auf dem Index), um dem Risiko einer Umschulung am Ende der Beobachtungsstufe zu entgehen" (ebd., S. 101).

Roeder & Schmitz (1995) untersuchen Determinanten des vorzeitigen Abgangs vom Gymnasium in Hamburg anhand von Schulakten von Schülerinnen und Schülern, die in der Sekundarstufe I die Schulform wechselten. Entgegen bereits berichteten Befunden ließen sich hier keine geschlechtsspezifischen Unterschiede finden (vgl. ebd.). Jedoch zeigt sich auch hier, dass Schülerinnen und Schüler ohne deutsche Staatsangehörigkeit signifikant häufiger von einer

Abstufung betroffen sind als deutsche Jugendliche (vgl. ebd., S. 32).[40] Die Zensuren und Übergangsempfehlungen der Grundschullehrkräfte sind bei den Schulformwechslern signifikant schlechter. Gleichwohl verbleibt ein erheblicher Anteil der Schülerinnen und Schüler, die keine Gymnasialempfehlung erhielten, auf den Gymnasien (vgl. ebd., S. 106).

All diese nationalen Forschungsbefunde belegen, dass sich das Ausmaß der Ungleichheit im Zeitverlauf vergrößert. Nachdem bereits der Übergang von der Grundschule auf die weiterführenden Bildungsgänge sozial selektiv verläuft, da Kinder mit geringem sozioökonomischen Hintergrund selbst bei gleicher Leistung eine geringere Chance haben, auf ein Gymnasium zu gelangen, finden wir dieses Phänomen erneut bei den Bildungsentscheidungen im Verlauf der Sekundarstufe I. Die in den Bildungsreformdebatten der 1960er und 70er Jahre geäußerte Hoffnung, durch verstärkte horizontale Durchlässigkeit soziale Ungleichheit zu bekämpfen, konnte folglich nicht erfüllt werden. Im Gegenteil, die soziale Selektivität verstärkt sich auch durch primäre und sekundäre Herkunftseffekte bei der Auf- und Abwärtsmobilität im Schulsystem.

4.2.3   Internationale Forschungsbefunde zu Ursachen des Dropouts

Forschungsaktivitäten, die den frühzeitigen Abgang vom Gymnasium zu erklären versuchen, beschränken sich hierzulande fast ausschließlich auf die Betrachtung familiärer Hintergrundmerkmale der betroffenen Schülerinnen und Schüler. Ein anderes Bild zeigt sich im angloamerikanischen Raum, wo durch zahlreiche längsschnittliche Studien zum Dropout an Middle- und High-Schools neben Schüler- auch Schulmerkmale berücksichtigt werden, auf die im Folgenden fokussiert werden soll. Ein entscheidender Unterschied besteht jedoch in der Tatsache, dass die Dropouts an amerikanischen High-Schools Jugendliche umfassen, die die Schule ohne Abschluss verlassen. Der frühzeitige Abgang vom Gymnasium meint hingegen, dass Schülerinnen und Schüler lediglich den Bildungsgang wechseln, dort jedoch noch immer einen Schulabschluss anstreben, der in einigen Fällen sogar formal gleichwertig mit dem Abschluss ist, der an der vorherigen Schulform erlangt werden kann.

Ebenso wie in Deutschland besteht auch in Amerika das ausdrückliche politische Ziel, die Dropout-Quoten zu senken und dabei die ethnischen und sozialen Unterschiede zu reduzieren. Um diesem Vorsatz Rechnung zu tragen, wurden auf lokaler und nationaler Ebene viele Programme ins Leben gerufen, das

---

40 Gleiches gilt für die bereits angeführte Studie zu Klassenwiederholungen von Bless et al., 2004: Kinder ausländischer Herkunft sind hier häufiger vom Sitzenbleiben betroffen, signifikante geschlechtsspezifische Unterschiede ergeben sich jedoch auch hier nicht (vgl. ebd., S. 87f.).

National Dropout Prevention Center and Network gegründet[41] und eine Vielzahl an Forschungsaktivitäten betrieben. Als Beweggrund wird nicht nur das persönliche Schicksal der Jugendlichen ohne Abschluss angeführt, deren Chance auf einen gut bezahlten Beruf schwindet. Vielmehr wird auch betont, dass die Kosten steigen, die der Staat durch erhöhte Sozialleistungen und aufgrund von fehlenden Steuereinnahmen durch eine höhere Arbeitslosenquote aufbringen muss. Darüber hinaus erfordern die steigenden Anforderungen auf dem Berufsmarkt gut ausgebildete Schulabsolventinnen und -absolventen; und nicht zuletzt sinkt mit der Schulabbruchs-Quote auch die Kriminalitätsrate (vgl. z.B. Rumberger, 2001).

Eine Vielzahl von Studien weist auch hier nach, dass nicht allein mangelnde Leistungsfähigkeit der Schülerinnen und Schüler für das frühzeitige Verlassen der High-School verantwortlich ist, sondern auch die familiäre Situation, die soziale Herkunft und das Bildungsniveau der Eltern, die Leistungsmotivation und das Fehlverhalten von Schülerinnen und Schülern sowie die Schülerzusammensetzung einen entscheidenden Beitrag dazu leisten (vgl. z.B. Hammond et al., 2007; Montes & Lehmann, 2004; Lee & Burkam, 2003; Rumberger, 1995; Bryk & Thum, 1989). Steigt der Anteil der Schülerinnen und Schüler aus Familien mit einem niedrigen sozioökonomischen Status, steigt gleichzeitig die Dropout-Quote. Kinder und Jugendliche aus ärmeren Verhältnissen, aus Familien, in denen es an Eltern-Engagement mangelt, bei denen bereits Eltern oder Geschwister die Schule abgebrochen haben, die aus alleinerziehenden Haushalten stammen oder die bereits einen Jahrgang wiederholt haben, weisen ein erhöhtes Risiko auf, die Schule abzubrechen (vgl. ebd.). Ebenso finden wir auch in Amerika ethnische Unterschiede: Verglichen mit weißen Schülerinnen und Schülern neigen asiatische Jugendliche eher dazu, die Schule erfolgreich zu beenden, während afro- und lateinamerikanische Schülerinnen und Schüler häufiger von Schulabbrüchen betroffen sind (vgl. Lee & Burkam, 2003; Rumberger, 1995).

Im Gegensatz zum deutschen Forschungsstand ist in Amerika deutlicher erkannt worden, dass die Schule selbst und regionale Voraussetzungen einen entscheidenden Beitrag zur Dropout-Quote leisten können. „While the individual perspective is clearly important in developing a fuller understanding of the dropout process, it is also important to consider another perspective that focuses on the school or institutional level. The latter perspective is concerned with identifying the characteristics and conditions in schools that promote or reduce dropout behavior" (Rumberger, 1995, S. 589).

Dieser Tatsache ist durch eine Vielzahl von Forschungsaktivitäten Rechnung getragen worden, die nach dem Zusammenhang zwischen Schul- und Umfeld-

---

41 http://www.dropoutprevention.org/ [Zugriff am 16.05.2012].

Merkmalen und der Droput-Quote fragen. Datengrundlagen sind zumeist Längsschnittstudien, bei denen individuelle Merkmale aus Schülerfragebögen kontrolliert und eine Vielzahl an Variablen berücksichtigt werden. Dabei ergeben sich hinsichtlich struktureller Merkmale – wie der Trägerschaft, Schulgröße, Schüler-Lehrer-Relation, Klassengröße oder regionalen Bedingungen – die folgenden Befunde:

An öffentlichen Schulen fällt die Dropout-Quote höher aus als an katholischen oder privaten Schulen (vgl. Bryk & Thum, 1989; Rumberger, 2001; McNeal, 1997; Lee & Burkam, 2003; Goldschmidt & Wang, 1999). Dies könnte den Autoren zufolge auf die Tatsache zurückzuführen sein, dass katholische Schulen eher in Gegenden mit hohem Sozialkapital angesiedelt sind (vgl. Lee & Burkam, 2003; Bryk & Thum, 1989). Vereinzelt zeigt sich auch, dass große Schulen eine geringere Abschlussquote und eine höhere Schulabbrecherrate aufweisen als kleine (vgl. Faubert, 2012, S. 16; Lee & Burkam, 2003). Die Schulgröße allein stellt jedoch keinen ausschlaggebenden Faktor dar (vgl. ebd.). Gleichermaßen wirken sich eine günstige Schüler-Lehrer-Relation und kleine Klassengrößen günstig auf die Dropout-Quote aus, vermutlich da sie die Voraussetzungen für Lehren und Lernen verbessern (vgl. McNeal, 1997; Faubert, 2012). Inwiefern strukturelle Faktoren auf Gemeindeebene ausschlaggebend sind, konnte bislang nicht eindeutig geklärt werden. Vereinzelt legen Befunde nahe, dass städtische Schulen im Vergleich zu vorstädtischen und ländlichen Schulen einen höheren Anteil an Schulabbrechern aufweisen (vgl. Hammond et al., 2007)[42], verschiedene Studien kommen hier jedoch zu uneinheitlichen Ergebnissen (für einen fehlenden Einfluss vgl. z.B. Goldschmidt & Wang, 1999). Auch die Sozial- und Arbeitsmarktstruktur eines Ortes beeinflussen mitunter die Entscheidungen von Jugendlichen für einen Schulabbruch: „There is some evidence that employment rates are related to dropping out – where low unemployment may encourage youth to leave school early and high unemployment discourage it" (Hammond et al., 2007, S. 17).[43] Neben diesen strukturellen Merkmalen ist auf Schulebene weiterhin entscheidend, ob Schülerinnen und Schüler Unterstützung, Hilfsbereitschaft und Interesse seitens der Lehrkräfte wahrnehmen und die Lehrkräfte als gute Lehrkräfte einschätzen

---

42 Damit kommen sie zu gegensätzlichen Befunden als Gerstein (1972) für Baden-Württemberg, die berichtet, dass die Dropout-Quote in Kleinstädten größer ausfällt als in Großstädten (vgl. ebd.). Auch Ditton berichtet von regionalen Unterschieden insbesondere in der Bildungsbeteiligung und im Hinblick auf Bildungsaspirationen zu Ungunsten von ländlichen Regionen (vgl. Ditton, 1992).

43 Für den deutschen Kontext weisen Cortina & Trommer (2003) darauf hin, dass das Einmünden in eine gymnasiale Oberstufe mitunter auch von einer schlechten Situation auf dem Arbeitsmarkt abhängen kann. Dann fungiert die Oberstufe als Wartezeit für einen Ausbildungsplatz (vgl. ebd., S. 379).

(vgl. Lee & Burkam, 2003; Rumberger, 1995; McNeal, 1997; Bryk & Thum, 1989).

In ihrem Report „Locating the dropout crises" belegen Balfanz & Legters (2004) eindrucksvoll die stark von Schule zu Schule schwankende Haltekraft (promoting power), indem sie die Anteile der Zwölftklässler zu den Neuntklässlern vier Jahre zuvor der High-Schools berechnen: Demnach besitzt knapp jede fünfte Schule (18 Prozent) eine geringe Haltekraft mit niedrigen Abschlussquoten und hohen Dropout-Raten von mindestens 40 Prozent; acht Prozent der Schulen verlieren sogar mehr als die Hälfte ihrer einst in der neunten Klasse gestarteten Schülerinnen und Schüler (vgl. ebd., S. 3 f.). Diese Schulen unterrichten in der Regel eine Schülerschaft mit sehr hohem Minderheitenanteil, wie etwa afro- und lateinamerikanische Schülerinnen und Schüler. Die Analysen zeigen jedoch auch, dass sich High-Schools mit einer solchen Schülerzusammensetzung dennoch durch eine hohe Haltekraft auszeichnen können (vgl. ebd., S. 7). Auf Distriktebene werden auch hier starke regionale Disparitäten deutlich, sodass Jugendliche in einigen Städten keine andere Möglichkeit haben, als eine High-School mit geringer Haltekraft zu besuchen (vgl. ebd., S. 11).

Bevor nun exemplarisch eine amerikanische und eine schweizer Studie mit ihren Ergebnissen zum Einfluss schulischer Merkmale auf die Abbruchsquote genauer betrachtet werden, soll ein Überblick über die Komplexität der Bedingungsfaktoren für den Dropout gegeben werden. Dieser wurde von Hammond et al. (2007) auf Grundlage einer Sekundäranalyse von Artikeln und Dokumenten über Forschungsbefunde von 44 Längsschnittstudien zusammengetragen, die mithilfe von multivariaten Analysen die Identifizierung von Risikofaktoren zum Ziel hatten und die zwischen 1974 und 2002 veröffentlicht wurden (vgl. ebd., S. 1 f.). Die Autoren ordnen die identifizierten Faktoren vier Kategorien zu: „individual, family, school and community" (ebd.) und betonen, dass ein einziger Faktor allein Dropout nicht vorhersagen kann. Vielmehr ist das komplexe Zusammenwirken verschiedener Merkmale ausschlaggebend. Gleichwohl bedeutet selbst das Vorhandensein aller Merkmalskombinationen nicht zwangsläufig, dass auch tatsächlich ein Dropout folgt (vgl. ebd., S. 18). Die Zusammenschau der Befunde (vgl. Abbildung 19) beschränkt sich auf Faktoren auf Schul- und Gemeindeebene, die für das eigene Forschungsinteresse von Bedeutung sind.

Abbildung 19: Übersicht über Risikofaktoren auf Schul- und Gemeindeebene für einen Schulabbruch

School Domain
School structure
- Trägerschaft (öffentliche oder private Schule)
- Größe der Schule
School ressources
- Schüler-Lehrer-Relation
- Gut qualifizierte Lehrkräfte
- Klassengröße[44]
Student body characteristics
- Kompositionseffekte bzw. Schülerzusammensetzung hinsichtlich sozioökonomischer Hintergrundmerkmale
Student body performance
- Durchschnittliches Leistungsniveau einer Schule (eine hohe Sitzenbleiberquote und durchschnittlich schlechte Mathematikleistungen beeinflussen die Dropoutquote)
School environment
- Schulklima (z.B. Unterstützung der Lehrkräfte, Verhalten der Schüler, Gewaltprobleme, Schulabsentismus)
Academic policies and practices
- Einführung von Bildungsstandards und zentralen Prüfungen
- Programme zur Reduzierung der Dropoutquote
- Fehlender inhaltlicher Bezug zur Arbeitswelt
- Uninteressanter Unterricht, fehlende Individualisierung
Supervision and discipline policies and practices
- Fehlende Toleranz, häufige Suspendierungen
Community Domain
Location and Type
- Städtische, vorstädtische, ländliche Region
- Geografische Lage
Demographic characteristics
- Soziale Zusammensetzung des Ortes (Ausländeranteil, Anzahl alleinerziehender Haushalte, geringes Bildungsniveau, Arbeitslosenquote)
Environment
- Orte mit hoher Mobilitätsrate, mit großer Armut und viel Gewalt

Quelle: Hammond et al., 2007, S. 14-17, eigene Darstellung.

Im Folgenden sollen für das eigene Forschungsvorhaben interessante Befunde aus zwei internationalen Studien näher betrachtet werden. Lee & Burkam

---

44 Eigene Ergänzung aufgrund von Befunden, die erst nach Veröffentlichung dieser Publikation erschienen sind (vgl. Faubert, 2012).

(2003) richten den Blick auf die Institution Schule und versuchen Schulbedingungen ausfindig zu machen, die die Entscheidung von Schülerinnen und Schülern begünstigen, vorzeitig die Schule abzubrechen.

„Less common but beginning to be heard more often are explanations that focus on the schools that these students attend. Although the comparative perspective mentioned above might take into account such demographic characteristics of High Schools as aggregated characteristics of individual students (e.g. minority enrollment, average SES, and average achievement), such school factors would simply be seen as characterizing 'at-risk schools'. Less often noted are school characteristics over which schools themselves, or individuals within the schools, have some control (e.g., the governance structures). [...] we focus on the role that schools play in their students' decisions to stay in school or leave before graduating" (Lee & Burkam, 2003, S. 354).

Gegenstand ihrer Untersuchung sind die drei Dimensionen Schulstruktur (mit vier Kategorien der Schulgröße und dem Schulsektor bzw. der Trägerschaft: privat, katholisch, öffentlich), akademische Organisation (mit dem Curriculum, der Anzahl an Mathematikkursen und -förderkurse) und soziale Organisation der Schule (mit dem Aspekt der Beziehung zwischen Schülern und Lehrkräften). Sie stützen sich auf 3.840 Schülerfragebögen an 190 High Schools in den 30 größten Ballungsräumen der USA. Ihren Ergebnissen zufolge brechen fünf Prozent der befragten Schülerinnen und Schüler die High-School zwischen dem zehnten und zwölften Jahrgang ab. An kleinen Schulen ist die Dropout-Quote am geringsten. Einen möglichen Erklärungsansatz sehen die Autoren darin, dass über 40 Prozent der kleinen Schulen in privater oder katholischer Trägerschaft geführt werden und sie zudem die Schülerschaft mit dem höchsten sozioökonomischen Status aufweisen. Private Schulen weisen eine sehr niedrige Dropout-Quote von etwa 0,5 Prozent auf. Hinsichtlich der sozialen Organisation kommt insbesondere der Lehrer-Schüler-Beziehung eine besondere Bedeutung zu: In Schulen mit positiven Lehrer-Schüler-Beziehungen reduziert sich die Wahrscheinlichkeit, dass Schülerinnen und Schüler die Schule abbrechen, unabhängig von der Schulstruktur oder dem Schulsektor. Unter Kontrolle der Lehrer-Schüler-Beziehung ist kein direkter Resteffekt des Schulsektors auf die Dropout-Quote festzustellen (vgl. Lee & Burkam, 2003, S. 384). Sobald der Schülerhintergrund und die Schüler-Lehrer-Beziehung kontrolliert werden, verschwindet der Einfluss der demografischen Schulstruktur und des Sektors. Gleichwohl konstatieren die Autoren, dass die Schulgröße durchaus einen Einfluss auf die Entscheidung der Jugendlichen zum Schulabbruch ausübt (vgl. ebd.). Zur akademischen Organisation kann festgehalten werden, dass Schülerinnen und Schüler, die in ihren ersten beiden High-School-Jahren keine akademischen Mathematikkurse wählen, eher dazu neigen, die Schule abzubrechen (vgl. ebd.).

Die Befunde zur Schüler-Lehrer-Beziehung lassen sich in einer explorativen Studie in der deutschsprachigen Schweiz im Jahr 2004 replizieren. Hier wurden 102 Dropouts, die das Gymnasium in den Jahrgangsstufen 10 bis 13 verließen und 105 „stabile Gymnasiasten" mit dem Ziel untersucht, Ursachen für den Schulabbruch herauszufinden und zu analysieren, welche Faktoren den Dropout vorhersagen können. Auch hier gilt zu beachten, dass die frühzeitigen Abgängerinnen und Abgänger vom Gymnasium ihren Bildungsweg nicht in einer Schulform mit niedrigerem Anspruchsniveau fortführen, sondern das Schulsystem gänzlich verlassen. Die beteiligten Personen wurden, aufgeteilt in Vergleichs- und Kontrollgruppe, schriftlich befragt. Der Fragebogen umfasst neben den Gründen für den Dropout Skalen zu leistungsbezogenen und beziehungsorientierten Einstellungs- und Verhaltensmustern sowie sozioökonomische Hintergrundvariablen (vgl. Stamm, 2010, S. 279 ff.). Als Ergebnis lässt sich festhalten, dass Jugendliche aus bildungsfernen Elternhäusern in der Gruppe der Dropouts überrepräsentiert sind. Sie weisen eine geringere Leistungsmotivation auf und haben signifikant häufiger eine Klassenstufe wiederholt (35,2 gegenüber 18,4 Prozent). Unterschiede in den Deutschnoten zeigen sich im Gegensatz zum Fach Mathematik zwischen den beiden Gruppen nicht. Nur äußerst selten geben die Befragten Leistungsprobleme als Grund für den Abbruch an. Im Hinblick auf schulische Bedingungsfaktoren fördert diese Untersuchung ein interessantes Ergebnis zu Tage: Die Schulabbrecher beschreiben ihr damals besuchtes Gymnasium signifikant häufiger als „autoritär geführte" Schule (31,8 gegenüber 13,8 Prozent) und die Schüler-Lehrer-Beziehung als kritisch. Dieser Zusammenhang bleibt auch unter Kontrolle sozial-struktureller Variablen signifikant (vgl. ebd., S. 285). Damit kann das Phänomen des Gymnasialabbruchs nicht nur als ein individuelles, sondern auch als ein institutionelles Problem angesehen werden.

Wenngleich die Befunde zum Einfluss der Einzelschule auf den frühzeitigen Abgang vom Gymnasium hierzulange spärlich sind, bestätigt sich doch, dass die Schulstruktur, das Schulklima und die Schüler-Lehrer-Beziehung zumindest in Amerika und der Schweiz für Ursachen von Schulversagen von Bedeutung sind und folglich eine nähere Betrachtung lohnend scheint.

4.3 Zusammenfassung des Kapitels

Ursachen für das Phänomen des Schulversagens und speziell des Abstiegs vom Gymnasium sind überaus vielschichtig und von komplexer Natur. Modelle, die unterschiedliche Ebenen umfassen, helfen, die zahlreichen Bedingungsfaktoren zu strukturieren. Eine vollumfängliche empirische Evidenz für das gesamte Spektrum an Variablen, die im wissenschaftlichen Diskurs einen mehr oder weniger großen Beitrag zum Schulversagen leisten, ist kaum möglich. Folglich können immer nur verschiedene Ausschnitte des umfassenden Themenfeldes Gegenstand näherer Betrachtung sein. Bislang liegt der Fokus dabei eindeutig auf Merkmalen der individuellen Schülerebene wie einer fehlenden Motivation, Intelligenz oder Arbeitshaltung der Schülerinnen und Schüler. Vor dem Hintergrund der anhaltenden Auseinandersetzung zur sozialen (Un-)Gerechtigkeit des deutschen Schulsystems, die im Zuge der großen Large-Scale-Studien erneut ins Interesse gerückt wurde, und mit der Etablierung der Rational-Choice-Modelle zur Erklärung von unterschiedlichen Bildungsentscheidungen in der Erziehungswissenschaft hat auch die Betrachtung familiärer Hintergrundmerkmale an Bedeutung gewonnen. So konnte beeindruckend nachgewiesen werden, dass primäre und sekundäre Herkunftseffekte für unterschiedliche Schulerfolge und Bildungsbeteiligungen verantwortlich sind. Nicht nur Schülerleistungen, sondern auch Bildungsaspirationen und -motivationen, die sich je nach sozialer Lage der Familie voneinander unterscheiden, führen zu unterschiedlichen Bildungsentscheidungen, wie z.B. beim frühzeitigen Abgang vom Gymnasium im Verlaufe der Sekundarstufe I.

Lediglich die familiären Bedingungen in den Blick zu nehmen – was hierzulande in Bezug auf den frühzeitigen Abgang vom Gymnasium geschieht –, greift jedoch zu kurz. Auch bei der Erklärung des Zustandekommens von Schulversagen muss verstärkt die Rolle der Schule thematisiert werden (vgl. Stamm, 2010; Lee & Burkam, 2003; Tiedemann, 1981). Es scheint folglich legitim, bei der Analyse von Bedingungen des Schulversagens auf Schulebene – insbesondere an Gymnasien – von einem Forschungsdesiderat zu sprechen. Auch Stubbe konstatiert im Rahmen seiner Analysen zum Schulformwechsel in Hamburg: „Auch Effekte der Klasse, der Schule oder des Stadtteils verdienen unter der vorliegenden Fragestellung verstärkte Aufmerksamkeit" (Stubbe, 2009b, S. 434).

Damit zeichnet sich eine Forschungslücke ab, auf die in der eigenen empirischen Untersuchung eingegangen werden soll. Denn dass auch schulische Rahmenbedingungen wie die Klassengröße, die Schüler-Lehrer-Relation und die Trägerschaft, aber auch das Schulklima und eine gute Schüler-Lehrer-Beziehung oder regionale Bedingungen den Dropout beeinflussen können, hat der internationale Forschungsstand verdeutlicht. Insbesondere die Frage nach den Einstellungen der Lehrkräfte zum Einsatz und der Wirksamkeit von Selektionsinstrumenten scheint eine entscheidende zu sein, wenn die von Schule zu Schule teils stark voneinander abweichende Praxis des Einsatzes dieser Maßnahmen erklärt werden soll. Vor diesem Hintergrund betonen Bless et. al (2004) „dass die Einstellungen der Lehrpersonen und vor allem die impliziten Regeln, nach denen entschieden wird, sehr unterschiedlich sein können [...]. Diese Einstellungen dürften die Entscheidungen beeinflussen, sei es generell oder im Einzelfall" (ebd., S. 30). Dass ihre Analysen diese Annahme bestätigen, wurde gezeigt.

5 Zwischenfazit und Überleitung zur empirischen Untersuchung

In den bisherigen Kapiteln konnte gezeigt werden, dass der Weg in einen weniger anspruchsvollen Bildungsgang durchlässiger ist als der Weg in eine Schulform mit höheren Ansprüchen (Rösner, 1997; Bellenberg, 2012; Bertelsmann Stiftung & IFS, 2012).[45] Abstufungen aus dem Gymnasium stellen dabei alles andere als ein Randphänomen dar. Vielmehr sind bundesweit noch immer über 30.000 Schülerinnen und Schüler jährlich von dieser Form des Scheiterns betroffen (vgl. Bellenberg, 2012 und eigene Berechnungen)[46], wenngleich sich diese Art der Selektion, ebenso wie die Klassenwiederholungen, in den letzten Jahren stark reduziert und damit die Wahrscheinlichkeit, erfolgreich das Gymnasium abzuschließen, deutlich erhöht hat.

Dass insbesondere das deutsche Schulsystem mit seinen – wenn auch sehr verschiedenen – Strukturen, administrativen Regelungen und Übergängen das Scheitern von Schülerinnen und Schülern in Form von Klassenwiederholungen und Abstufungen überhaupt erst ermöglicht, ist in Kapitel zwei und drei ausführlich diskutiert worden.

Begründet wird der Einsatz einer Vielzahl von Selektionsinstrumenten durch den fortbestehenden Wunsch nach homogenen Lerngruppen, die im Gegensatz zu den meisten anderen Ländern weltweit hierzulande noch vielfach als bestmögliche Lernarrangements angesehen werden. Vor diesem Hintergrund wurde ebenso gezeigt, dass die gesellschaftliche Selektionsfunktion von Schule dem pädagogischen und gesetzlichen Anspruch auf individuelle Förderung jedes einzelnen Kindes gewissermaßen entgegensteht.

Wird der Blick auf Ursachen des Scheiterns gerichtet, wäre es zu kurz gegriffen, Schülerinnen und Schüler allein für ihren frühzeitigen Schulformwechsel verantwortlich zu machen. Vielmehr hat sich an vielen Stellen gezeigt, dass es sich hierbei auch um ein strukturelles Problem handelt. Deutlich wird dies u.a. an den aufgezeigten regionalspezifischen Differenzen. Gehen wir berechtigt davon aus, dass Kinder in einigen Bundesländern, Städten oder Gymnasien dieses Landes nicht durchweg intelligenter sind als Kinder in anderen, stellt sich die Frage, warum sie dort beim Durchlaufen des höchsten Bildungsganges erfolgreicher sind. Auch die nachgewiesenen Effekte der demografischen Ent-

---

45 Anzumerken gilt hier, dass der in dieser Arbeit nachgewiesene Trend zum verstärkten Übergang auf höhere Schulformen dazu führt, dass nachträgliche Aufstiege zwangsläufig seltener stattfinden können.
46 Frühzeitige Abgängerinnen und Abgänger aus den Gymnasien im Schuljahr 2010/11 in Hamburg und Rheinland-Pfalz sind hier nicht inbegriffen.

wicklung auf die Scheiterwahrscheinlichkeit an Gymnasien (vgl. Rösner & Stubbe, 2008) bestätigen die These, Ursachen nicht allein den Schülerinnen und Schülern selbst zuzuschreiben. Auch Gomolla & Radtke (2009) verdeutlichen die Wichtigkeit, im Hinblick auf Ursachen von Schulmisserfolg auch die Schule als Organisation und nicht nur die Lebensverhältnisse der Kindern und ihrer Eltern zu beleuchten. U.a. weisen sie darauf hin, dass sich Lehrkräfte neben dem Wohl des Kindes auch am Fortbestand der Organisation orientieren (vgl. ebd., S. 24). So werden etwa Empfehlungen der Grundschule auch an dem Platzangebot der weiterführenden Schulen ausgerichtet – ein weiterer Hinweis auf die Unabhängigkeit von Leistungen und Schulerfolg (hier in Form des Übergangs auf ein Gymnasium), resp. der Abhängigkeit von Schulerfolg und strukturellen Merkmalen.

Auch internationale Studien wie die amerikanische Dropoutforschung weisen eindringlich darauf hin, dass Merkmale der Institution Schule entscheidenden Einfluss auf schulischen Misserfolg von Kindern und Jugendlichen ausüben können (vgl. z.B. Lee & Burkam, 2003; Rumberger, 2001). Dass nationale Untersuchungen zu Ursachen des frühzeitigen Abgangs vom Gymnasium zumeist nur individuelle und familiäre Bedingungen berücksichtigen, kann vor diesem Hintergrund verwundern. Denn die gezeigten regionalen und schulspezifischen Unterschiede im Hinblick auf die Selektionsprozesse legen nahe, auch in der Institution Schule nach Mechanismen zu suchen, die diese Disparitäten erklären können.

Um das Zustandekommen von Selektionsentscheidungen aufklären zu können, bedarf es auch Gröhlich & Bos (2007) zufolge „gezielter Untersuchungen auf der Ebene der Lehrkräfte" (ebd., S. 66). Denn das Ausleseverhalten der Lehrkräfte ist auch stark abhängig von ihren persönlichen Einstellungen und Überzeugungen (vgl. Bless, Schüpbach & Bonvin, 2004; Tomchin & Impara, 1992; Rolff, 1997, Ditton, 2008). Darüber hinaus vertritt auch Stubbe die Auffassung, dass hier „Effekte der Klasse, der Schule oder des Stadtteils" (Stubbe, 2009b, S. 434) verstärktes Interesse verdienen.

Dieser Forderung soll mit der vorliegenden empirischen Untersuchung Rechnung getragen werden. Indem das Thema Schulversagen – und speziell des frühzeitigen Abgangs vom Gymnasium – auf Schulebene betrachtet und strukturelle und pädagogische Spezifika der Institution Schule in den Vordergrund gerückt werden, wird der Fokus bisheriger Forschung verlagert. Damit reagiert die Untersuchung auf ein Desiderat bisheriger Bildungsforschung.

Dabei soll nicht die Bedeutung der individuellen Schüler- und Familienmerkmale wie der sozialen Herkunft oder der kognitiven Fähigkeiten in Abrede gestellt werden. Im Gegenteil, Belege hierfür sind vielfältig. Vielmehr besteht das Erkenntnisinteresse darin, schulische Faktoren ausfindig zu machen, die sich ungünstig auf den Schulerfolg auswirken und die Unterschiede in der Haltekraft von Gymnasien erklären können.

Auch aus der Schuleffektivitätsforschung ist bekannt, dass die Einzelschule einen bedeutenden Einfluss auf den Lernzuwachs der Schülerinnen und Schüler und somit zumindest also auf die Schülerleistungen hat – demnach können zehn Prozent der Varianz in den Leistungen durch die Einzelschule erklärt werden (vgl. z.B. Bos, Bonsen, Berkemeyer, 2010). Sie gilt gewissermaßen als Motor der Qualitätsentwicklung (vgl. Dalin & Rolff, 1990). Weinert (2001) kommt in seinem Aufsatz „Schulleistungen – Leistungen der Schule oder der Schüler" zu dem Schluss, dass Schulleistungen stets „Leistungen der Schüler [sind], die durch die Schule begünstigt oder erschwert werden" (ebd., S. 85). Wenngleich es sich nicht empfiehlt, Selektionsprozesse und Schulversagen mit fehlenden Schulleistungen gleichzusetzen (vgl. hierzu Tupaika, 2003, S. 14 und Kapitel 4.1), kann doch davon ausgegangen werden, dass die Einzelschule ebenso wie zu den Schulleistungen auch einen Beitrag zur Selektionspraxis leistet.

Abbildung 20:   An integrated model of school effectiveness

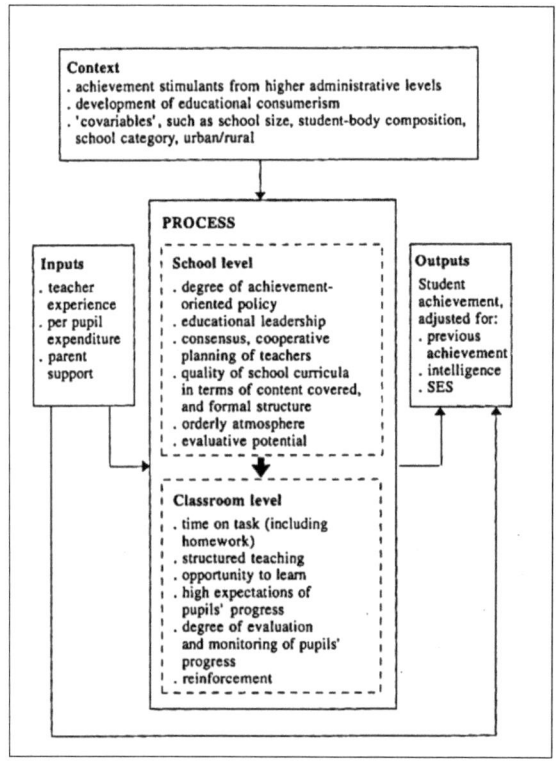

Quelle: Scheerens & Bosker, 1997, S. 46.

In der eigenen empirischen Untersuchung sollen strukturelle Input- und Kontextmerkmale sowie pädagogische Prozessfaktoren auf Schulebene als mögliche Bedingungen für den frühzeitigen Abgang vom Gymnasium in den Blick genommen werden. Ausgangspunkt für die Generierung eines Untersuchungsmodells sind die referierten theoretischen und empirischen Ausführungen zu strukturellen Schulfaktoren wie die Schulgröße, die Trägerschaft oder Klassenfrequenzen. Es soll überprüft werden, inwiefern die dort gefundenen Erklärungsfaktoren auch hier relevant sind, allerdings im Hinblick auf den vorzeitigen Abgang vom Gymnasium. In Anlehnung an das Input-Prozess-Output-Modell der Schuleffektivitätsforschung von Scheerens & Bosker (1997) werden zwei Modelle generiert, die der eigenen Untersuchung zugrunde gelegt werden (vgl. Abbildung 20).

Strukturelle Rahmenbedingungen wie die Schulgröße werden allerdings als Inputfaktoren bestimmt, unter Kontextfaktoren werden alle Variablen auf Stadtebene gefasst.

Abbildung 21: Hypothetisches Modell zur Erklärung der einzelschulischen Selektionspraxis (durch Input- und Kontextmerkmale)

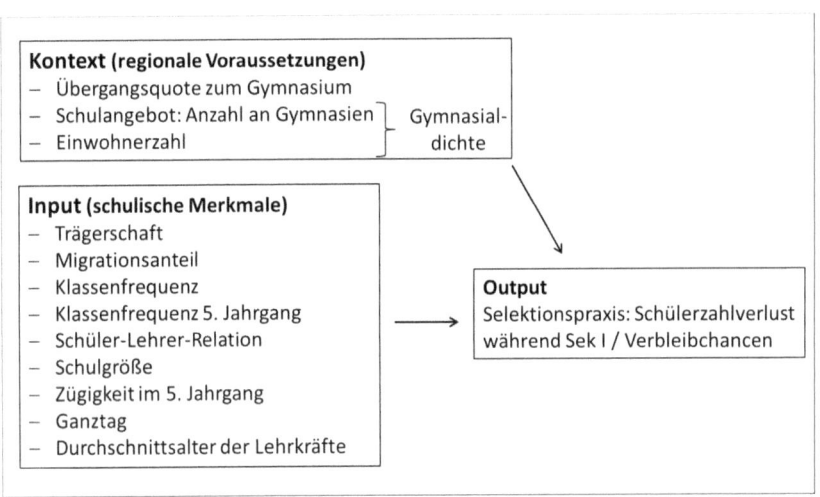

Da sich gezeigt hat, dass neben schulischen Rahmenbedingungen auch pädagogische Merkmale, insbesondere die Einstellungen der Lehrkräfte zu Selektionsinstrumenten, eine entscheidende Rolle bei der Frage nach der einzelschulischen Auslesepraxis spielen (vgl. z.B. Bless, Schüpbach & Bonvin, 2004; Tomchin & Impara, 1992), werden in einem zweiten Untersuchungsmodell solche Faktoren berücksichtigt. Die dargestellte Komplexität des Themenfeldes zwingt hier zur Auswahl. Aufgrund des vielschichtigen Phänomens des Schulversagens kann stets nur ein kleiner Ausschnitt des Gegenstandes näher analysiert werden (vgl. Bless et al., 2004, S. 11 f.). Folgende Dimensionen gilt es, in der eigenen empirischen Untersuchung zu prüfen.

Abbildung 22:   Hypothetisches Modell zur Erklärung der einzelschulischen
                Selektionspraxis (durch Prozessmerkmale)

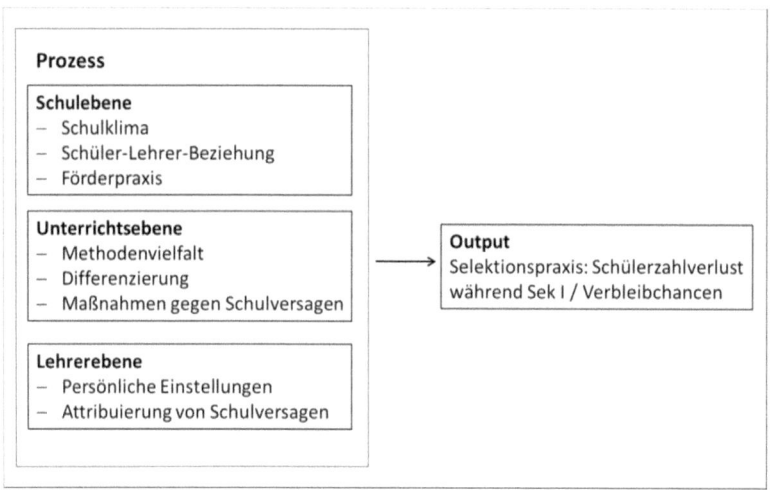

Die zwei generierten Modelle werden im nun anschließenden empirischen Teil dieser Arbeit aufgegriffen und genauer beschrieben. Mit der Überprüfung dieser Modelle werden wichtige Implikationen für die schulische Praxis, aber auch für die Bildungspolitik erwartet. Denn auf die Bedeutung für die individuellen Bildungsverläufe der vom Scheitern betroffenen Kinder und Jugendlichen, aber auch auf die Relevanz für gesamtgesellschaftliche Zusammenhänge (Stichwort Fachkräftemangel) wurde in den bisherigen Ausführungen eingegangen.

6 Forschungsfragen und Hypothesen

Nachdem das genaue Ausmaß der selektiven Praxis des deutschen Schulsystems ebenso wie theoretische Überlegungen und der nationale sowie internationale Forschungsstand zu Ursachen schulischen Scheiterns, mit besonderem Fokus auf den frühzeitigen Abgang vom Gymnasium, beschrieben und dabei die gesellschaftliche und bildungspolitische Relevanz sowie Forschungsdesiderate dieser Thematik gezeigt wurden, soll der Blick nun auf die eigene empirische Untersuchung zu diesem Gegenstand gerichtet werden. Dabei werden zunächst Forschungsfragen und Hypothesen aufgeführt, um daran anschließend das Forschungsdesign und das methodische Vorgehen zu erläutern (Kapitel 7), bevor die Forschungsergebnisse dargestellt (Kapitel 8), zusammengefasst und diskutiert werden (Kapitel 9).

Die ausführlich dargestellten regionalen Disparitäten im Hinlick auf die Abschulungspraxis der Gymnasien zwischen und innerhalb der Bundesländer und Städte (vgl. Kapitel 3) führt zur ersten Forschungsfrage, in der das Ausmaß schulspezifischer Unterschiede flächendeckend für das Bundesland Nordrhein-Westfalen gezeigt werden soll.

1. Wie unterscheiden sich die Verbleibchancen der Schülerinnen und Schüler in den einzelnen Gymnasien in NRW?

Ein Gymnasium besitzt eine hohe Verbleibchance, wenn ein nur geringer Prozentanteil von Schülerinnen und Schülern das Gymnasium frühzeitig verlässt und dort nicht zum Abitur gelangt. Verliert eine Schule hingegen einen hohen Anteil ihrer Gymnasiastinnen und Gymnasiasten, bevor sie die Oberstufe bzw. die Hochschulreife erreicht haben, kann von einer niedrigen Verbleibchance im Gymnasium gesprochen werden. Hansen & Rolff (1990) sprechen in diesem Zusammenhang auch von der Erreichbarkeitswahrscheinlichkeit der Schülerinnen und Schüler oder von der Haltekraft eines Gymnasiums (vgl. ebd.).

Die Darstellung dieser deskriptiven Analysen werfen sodann die Frage nach den Gründen für die regionalen und schulspezifischen Diskrepanzen auf, sodass als zweite übergeordnete Forschungfrage zu untersuchen gilt:

2. Welche Gründe können für die unterschiedlichen Verbleibchancen der Schülerinnen und Schüler in den einzelnen Gymnasien ausgemacht werden?

Von Interesse sind hierbei nicht die Schülerinnen und Schüler selbst und ihre schulischen Leistungen, Motivation oder soziale Herkunft, sondern der Beitrag der Schule. Hier werden zwei Ebenen betrachtet: (1) strukturelle Rahmenbedingungen (Input- und Kontextmerkmale) und (2) pädagogische Faktoren auf Schul-, Unterrichts- und Lehrerebene (Prozessmerkmale).

(1) Strukturelle Input- und Kontextmerkmale: z.b. Trägerschaft, Schulgröße, Schüler-Lehrer-Relation, durchschnittliche Klassengröße, regionale Bedingungen wie die Übergangsquote zum Gymnasium und die Bildungslandschaft der Stadt.

(2) Pädagogische Prozessmerkmale:

    (2.1)   Schulebene: z.b. Schulklima, Schüler-Lehrer-Beziehung, Förderpraxis

    (2.2)   Unterrichtsebene: z.b. differenzierte Unterrichtsgestaltung, Methodenvielfalt

    (2.3)   Lehrerebene: z.b. Einstellungen der Lehrkräfte zur Selektion

Vor dem Hintergrund der bisherigen theoretischen sowie empirischen Erkenntnisse zu den Bedingungen, Risikofaktoren und Prädiktoren von Schulversagen im Allgemeinen und zu frühzeitigen Abgängen vom Gymnasium im Speziellen werden im Folgenden Untersuchungshypothesen formuliert. Die in Kapitel 4 beschriebene Komplexität der Bedingungsfaktoren für schulischen Misserfolg zwingt dabei zur Auswahl. Das dargestellte Forschungsdesiderat hinsichtlich schulischer Ursachen für den frühzeitigen Abgang vom Gymnasium wirft dabei Forschungshypothesen auf, die z.T. explorativ zu bearbeiten sind. Da der zu erforschende Bereich relativ unbekannt ist, können mitunter nur Vermutungen angestellt werden (vgl. Diekmann, 2012, S. 33).

(1) Zusammenhang zwischen strukturellen Input- und Kontextmerkmalen der Schule und einzelschulischen Schülerzahlverlusten

Bei der Untersuchung des Zusammenhangs zwischen Schülerzahlverlusten und strukturellen Schulmerkmalen auf Einzelschulebene können nur solche Daten und Informationen einbezogen werden, die über statistische Landesämter öffentlich zugänglich sind oder die auf Anfrage (das Einverständnis des Ministeriums für Schule und Weiterbildung vorausgesetzt) zur Verfügung gestellt werden. Folglich lassen sich nur solche Annahmen generieren, die mithilfe von Daten und Informationen, die der amtlichen Statistik zu entnehmen sind, untersucht werden können.[47] Damit werden der zweiten Forschungsfrage nach den Gründen für die unterschiedlichen Verbleibchancen der Schülerinnen und Schüler an den einzelnen Gymnasien in Nordrhein-Westfalen folgende Forschungshypothesen zugrunde gelegt:

In Anlehnung an die in Kapitel 4 referierten – teils uneinheitlichen – Ergebnisse der amerikanischen Dropout-Forschung zum Einfluss schulischer Rahmen-

---

47 Nähere Erläuterungen hierzu s. Kapitel 7.2.

bedingungen auf den Schulabbruch werden im Kontext dieser Untersuchung die folgenden Hypothesen aufgestellt:

1.1   An Gymnasien in privater Trägerschaft ist der Schülerzahlverlust im Verlauf der Sekundarstufe I geringer als an öffentlichen Schulen.

Dies könnte etwa auf eine leistungsstärkere Schülerschaft, die an privaten Schulen zumeist aus gut situierten Familien stammt, zurückzuführen sein und damit verknüpft auch auf ein besonderes Elternengagement.

Bezugnehmend auf amerikanische Befunde zum Thema Dropout kann weiterhin vermutet werden, dass das Verhältnis zwischen Schülerinnen und Schülern und ihren Lehrkräften an kleinen Schulen besser ausfällt als an großen Schulen, die sich vermutlich aufgrund der höheren Anzahl an Schülerinnen und Schülern aber auch des Personals durch verstärkte Anonymität auszeichnen. Für die frühzeitigen Abgänge vom Gymnasium würde dies das Folgende bedeuten:

1.2   An großen Schulen mit einer hohen Schülerzahl insgesamt ist der Schülerzahlverlust größer als an kleinen Gymnasien.

Und damit einhergehend:

1.3   An Schulen mit einer hohen Anzahl an Parallelklassen (Züge im fünften Jahrgang) ist der Schülerzahlverlust größer als an Gymnasien mit nur einer geringen Anzahl an Zügen.

Uneinheitliche empirische Befunde ergeben sich auch bei der Betrachtung des Einflusses der Klassengröße auf die Schülerleistungen. Während vereinzelte Studien einen positiven Zusammenhang zwischen kleinen Klassen und hohen Leistungen aufweisen – wie z.B. die DESI-Studie für den Unterricht im Fach Englisch –, kommen andere Studien zu den gegensätzlichen Befunden, etwa dass in großen Klassen ein strukturierterer Unterricht durchgeführt wird und Lernzeit effektiver genutzt werden können, was sich wiederum positiv auf die Leistungen auswirkt (vgl. Lankes & Carstensen, 2010). Ein zunächst identifizierter Leistungsvorsprung von großen Klassen in der Internationalen-Grundschul-Lese-Untersuchung (IGLU) 2006 lässt sich vollständig dadurch erklären, dass lernbenachteiligte Klassen an Förderschulen oder mit einem sehr hohen Anteil an Kindern mit Migrationshintergrund bewusst klein gehalten werden (vgl. ebd.). In der vorliegenden Untersuchung soll nun der Zusammenhang zwischen der Klassengröße und der Selektionspraxis einer Schule empirisch untersucht werden. Folgende Annahmen werden dabei zugrunde gelegt:

1.4   Schulen mit durchschnittlich großen Klassen verlieren einen größeren Schüleranteil im Verlauf der Sekundarstufe I als Schulen mit kleinen Klassen.

1.5   Schulen, die sich durch große Klassen speziell in der fünften Jahrgangsstufe auszeichnen, verlieren einen größeren Schüleranteil im Verlauf der Sekundarstufe I als Schulen mit kleinen Klassen in der fünften Jahrgangsstufe.

1.6   Je günstiger die Schüler-Lehrer-Relation an einer Schule ausfällt, desto geringer ist der Anteil des Schülerzahlverlusts im Verlauf der Sekundarstufe I.

Einschlägige Forschungsbefunde haben immer wieder verdeutlicht, dass Migrantinnen und Migranten im deutschen Schulsytsem nicht nur im Hinblick auf die Bildungsbeteiligung und die besuchte Schulform, sondern auch auf die erworbenen Leistungen hinter den Schülerinnen und Schülern ohne Migrationshintergrund zurückbleiben (vgl. Schwippert, Wendt & Tarelli, 2012; Autorengruppe Bildungsberichterstattung, 2012; Stanat & Edele, 2011). Auch von frühzeitigen Abstufungen in einen Bildungsgang mit geringerem Anspruchsniveau sind sie häufiger betroffen (vgl. Frein et al., 2007). Neben diesen Befunden zu den individuellen Schülermerkmalen wird unter dem Stichwort Kompositionseffekt auch über Auswirkungen der Schülerzusammensetzung auf die Kompetenzentwicklung der Kinder und Jugendlichen diskutiert. Dazu werden Individualmerkmale auf eine höhere Analyseebene aggregiert betrachtet (vgl. Scharenberg, 2012, S. 53). So müssen unterschiedliche Lernerfolge nicht zwingend nur auf Differenzen in den individuellen Schülermerkmalen zurückgeführt werden, sondern können mitunter auch in der Zusammensetzung der Schülerschaft in Klassen oder Schulen begründet liegen. Kompositionseffekte können sich etwa beziehen auf eine leistungsbezogene, eine soziale oder eine ethnische Zusammensetzung von Lerngruppen. Es wurde bereits berichtet, dass auch zu den Auswirkungen der Schülerzusammensetzung auf den Lernerfolg der Kinder und Jugendlichen keine einheitlichen Befunde vorliegen (vgl. ebd.). Insbesondere der kognitiven und sozialen Zusammensetzung der Schülerschaft kommt eine große Bedeutung zu (vgl. Ditton & Aulinger, 2011). Problematisch wird es dann, wenn eine Vielzahl an Schülerinnen und Schülern mit ungünstigen Lernvoraussetzungen zusammen kommt; dabei geht es nicht um den Migrationshintergrund an sich, häufig konfundiert dieser aber mit sozialen und leistungsbezogenen Merkmalen (vgl. Gresch & Becker, 2010). Da im Rahmen dieser Untersuchung solche Daten nicht vorliegen, kann lediglich der Migrationsanteil der Schulen in die Analysen einbezogen werden. Übertragen auf das hier vorliegende Forschungsinteresse gilt die folgende Hypothese zu prüfen:

1.7 Schulen mit einem hohen Anteil an Schülerinnen und Schülern mit
Migrationshintergrund verlieren im Verlauf der Sekundarstufe I einen
größeren Schüleranteil als Schulen mit einem nur geringen Anteil an
Migrantinnen und Migranten.

Im Diskurs über Begründungslinien und Zielsetzungen von Ganztagsschulen kommt dem erweiterten Zeitrahmen, der neue Möglichkeiten und verbesserte Voraussetzungen für individuelle Förderung eröffnet, große Bedeutung zu. Er bildet einen Ausgangspunkt für die Entwicklung einer elaborierten Lernkultur (vgl. z.B. Holtappels, 2009). Ein verstärkter Aus- und Aufbau von Ganztagsschulen wurde deshalb als eine Antwort auf das schlechte Abschneiden deutscher Schülerinnen und Schüler in der PISA-Studie und auf die attestierte enge Kopplung zwischen Leistung und sozialer Herkunft gesehen (vgl. z.B. Tillmann, 2005). Ganztagsschulen sollen insbesondere auch förderbedürftigen, vom Scheitern bedrohten Schülerinnen und Schülern einen Rahmen zur Leistungsverbesserung bieten (vgl. Steiner, 2011; Holtappels & Rollett, 2009, S. 19). Erste Befunde, die diese Hoffnung in Bezug auf ein vermindertes Risiko der Klassenwiederholung bestätigen, sind im Forschungsabriss (Kapitel 4.1.2) beschrieben worden. So soll auch in dieser Untersuchung überprüft werden, ob die frühzeitigen Abgänge an einem Ganztagsgymnasium unwahrscheinlicher sind, als an einem Halbtagsgymnasium.

1.8 Die Schülerzahlverluste im Verlauf der Sekundarstufe I an Ganztags-
gymnasien fallen geringer aus als an Halbtagsgymnasien.

Aufgrund der geschilderten Änderung der Grundhaltungen auch von Gymnasien, sich fortzubewegen von dem einstigen selektiven Charakter, hin zu verstärkter individueller Förderung, die u.a. auch im Schulgesetz verankert wurde, kann berechtigt davon ausgegangen werden, dass jüngere Lehrkräfte dieses veränderte Verständnis stärker verinnerlicht haben als ältere Lehrkräfte, die bereits in früheren Zeiten an den einstigen „Eliteschulen" mit stark selektivem Charakter arbeiteten.

1.9 Gymnasien mit einerm durchschnittlich jüngeren Kollegium sind stärker
um den Verbleib ihrer Schülerinnen und Schüler bemüht, sodass die
Haltekraft an diesen Schulen größer ausfällt als an Gymnasien mit einem
älteren Kollegium.

Im Hinblick auf die Untersuchung des Zusammenhangs zwischen regionalen Bedingungen und den Verbleibchancen an Gymnasien sollen das Bildungsangebot und die Übergangsquoten zum Gymnasium genauer in den Blick genommen werden. Überprüft wird einerseits die Alltagshypothese, die sich auch in den Meinungen einer Vielzahl von Lehrkräften wiederfindet, dass der Anteil vermeintlich ungeeigneter Schülerinnen und Schüler und damit auch der frühzeitigen Abgänge in Städten mit einer hohen Übergangsquote größer ist als in

Städten, in denen ein nur geringer, ausgewählter (besonders geeigneter) Anteil an Grundschulabgängern ein Gymnasium besucht (vgl. z.B. Terhart, 2001, S. 119). Anders ausgedrückt: In Städten mit einer niedrigen Übergangsquote zum Gymnasium scheitern weniger Schülerinnen und Schüler, da bereits zu Beginn stark selektiert wurde. Andererseits wurde bereits deutlich, dass die Nachfrage durch das Angebot an Gymnasialbildung bestimmt wird und vorhandene Plätze auch genutzt werden. Besteht die Bildungslandschaft einer Stadt also aus einer Vielzahl an Gymnasien, werden diese Kapazitäten auch gewählt und belegt, in der Folge steigt die Übergangsquote zum Gymnasium (vgl. Ditton, 1992, 2009; Weishaupt, 2009). So wird die Inanspruchnahme von Bildungseinrichtungen durch die Verteilung selbiger geregelt. Die Versorgung mit Schulformen ist wiederum abhängig von der Bildungsorientierung der Bewohner einer Region (vgl. Terhart, 2001, S. 117; Ditton, 2004). So finden wir empirische Hinweise, dass die Bildungsmotivation in Regionen, in denen ein Großteil der Kinder nach der Grundschule ein Gymnasium besucht, höher ausfällt (vgl. Landesinstitut für Schulentwicklung Baden-Württemberg, 2011, S. 82; Ditton, 1992, 2004; Hauf, 2007; Terpoorten, 2005). Für das vorliegende Forschungsinteresse lässt sich daraus ableiten, dass das Angebot an Gymnasien und die Übergangsquoten in solchen Städten besonders hoch sind, in denen sich die Bevölkerung durch eine hohe Bildungsorientierung auszeichnet. Damit wäre entgegen der soeben aufgestellten Alltagshypothese auch denkbar, dass der Verbleib der Kinder und Jugendlichen an Gymnasien in Städten mit einer hohen Übergangsquote zu dieser Schulform bzw. mit einer hohen Anzahl dieser Bildungseinrichtungen aufgrund der familiären Bildungsmotivation und -aspiration wahrscheinlicher ist. U.a. verweist Ditton auf den Zusammenhang von geografischem Raum und der sozialen Position, die die Lebensführung, Ziele, Erwartungen usw. bestimmt (vgl. Ditton, 2004; Weishaupt, 2009); und auch Terhart führt hierzu aus, dass der Übergang zum und der erfolgreiche Verbleib am Gymnasium in „entsprechenden Milieus" selbstverständlich sind: „in einzelnen Stadtvierteln gehen Grundschulklassen komplett zu einem der drei nahe liegenden Gymnasien" (Terhart, 2001, S. 122). Ungeachtet dieser akademischen Haltung in einzelnen Regionen könnte sich auch die Konkurrenzsituation der Schulen (in Städten mit vielen Gymnasien) positiv auf die Haltekraft dieser Gymnasien ausüben. Schließlich können Familien dort zwischen Alternativen wählen, wenn ihnen eine Schule z.B. aufgrund ihres harten Auslesecharakters nicht zusagt. Eine andere Situation stellt sich für die einzigen Gymnasien in einem Ort dar.

Im Hinblick auf das Bildungsangebot der Stadt werden folglich zwei ungerichtete Hypothesen aufgestellt. Es soll untersucht werden, ob die Übergangsquoten zum Gymasium und die Anzahl dieser Schulfom in einem Ort im Zusammenhang zur Haltekraft dieser Schulen stehen, z.B. durch eine (fehlende) Konkurrenzsituation, unterschiedlich hohe Anteile vermeintlich geeigneter Gymnasiasten oder aber vermittelt über differierende Bildungsorientierungen der Familien:

1.10 Die Höhe des Anteils der Grundschulabgänger einer Stadt, der auf ein Gymnasium wechselt, steht in einem Zusammenhang mit dem Anteil der Schülerinnen und Schüler, die an dieser Schulform scheitern.

1.11 Die Anzahl der Gymnasien in einer Stadt steht in einem Zusammenhang zu der Haltekraft dieser Schulen.

Diese elf Hypothesen zum Zusammenhang von Schülerzahlverlusten und regionalen Bedingungen sowie strukturellen Merkmalen auf Einzelschulebene werden mithilfe von linearen Regressionsanalysen überprüft. Alle Gymnasien in Nordrhein-Westfalen, für die anhand der jahrgangsbezogenen Schülerzahlen der Schuljahre 2005/06 bis 2008/09 Verbleibchancen gebildet werden konnten, stellen die Grundlage dieser Analysen dar (n = 605).

(2) Zusammenhang zwischen pädagogischen Prozessmerkmalen und einzelschulischen Schülerzahlverlusten

Um der Frage nach möglichen Zusammenhängen zwischen pädagogischen Schulmerkmalen und den Verbleibchancen von Schülerinnen und Schülern nachgehen zu können, wurde ein Fragebogendesign gewählt. Mittels eines selbst konstruierten Instruments wurde ein Extremgruppenvergleich zwischen Gymnasien mit überdurchschnittlich und unterdurchschnittlich hohen Schülerzahlverlusten in der Sekundarstufe I durchgeführt. Für die schriftliche Lehrerbefragung konnten 774 Lehrkräfte an 23 Gymnasien in Nordrhein-Westfalen gewonnen werden.[48] Die so erhobenen Daten sollen dazu genutzt werden, die folgenden Hypothesen zu untersuchen:

(2.1) Schulebene

Bezugnehmend auf die skizzierten Ergebnisse der internationalen Dropout-Forschung (vgl. z.B. Stamm, 2010; Lee & Burkam, 2003; Hammond, Linton, Smink & Drew, 2007), dass vom Dropout Betroffene die Schüler-Lehrer-Beziehung und das Schulklima als signifikant schlechter und das Gymnasium als autoritär geführt einschätzen, wird die folgende Annahme abgeleitet:

2.1 Eine fürsorgliche Schüler-Lehrer-Beziehung findet sich eher an Schulen mit geringen als an Schulen mit hohen Schülerzahlverlusten im Verlauf der Sekundarstufe I.

---

48 Nähere Informationen hierzu s. Kapitel 7.3.

2.2 *An Gymnasien, die einen überdurchschnittlich hohen Schülerzahlverlust*
     zu verzeichnen haben, empfinden die Lehrkräfte die strenge Leistungs-
     orientierung und Universitätsvorbereitung als wichtiger als die
     individuelle Förderung jedes einzelnen Schülers.

2.3 *An Schulen mit niedrigen Schülerzahlverlusten existieren eher explizite*
     Schulziele zu einer geringen Auslese am Gymnasium als an Schulen mit
     hohen Schülerzahlverlusten.

     – *Schulen mit niedrigen Schülerzahlverlusten verfolgen ins-*
        besondere vor dem Hintergrund des demografischen Wandels und
        der allgemein sinkenden Schülerzahlen eher das Ziel, mehr
        Kinder und Jugendliche an der eigenen Schule zum Schulerfolg
        zu führen, als Schulen mit hohen Schülerzahlverlusten.

Der schulischen Förderpraxis wird im wissenschaftlichen, bildungspolitischen
und schulpraktischen Diskurs hohe Bedeutung zugeschrieben (vgl. z.B.
Graumann, 2008; MSW NRW, 2013; KMK, 2010b; Werning & Löser, 2011;
Buch, Nothstein, Völker-Langer & Schwechla, 2008); Forderungen nach individueller Förderung sind vielfältig. Vor diesem Hintergrund soll auf Schulebene untersucht werden, inwiefern ein Zusammenhang zwischen der Förderpraxis
eines Gymnasiums und den Schülerzahlverlusten besteht:

2.4 *An Schulen mit geringen Schülerzahlverlusten findet im Gegensatz zu*
     Schulen mit hohen Schülerzahlverlusten eine ausdifferenziertere
     Förderpraxis statt.

2.5 *Gymnasien mit geringen Schülerzahlverlusten stellen eine größere*
     Vielfalt an Zusatzangeboten zur Vorbeugung von schulischem Misserfolg
     zur Verfügung als Gymnasien mit hohen Schülerzahlverlusten.

Empirisch gute Evidenz besteht dahingehend, dass sich erfolgreiche Schulen
durch ein hohes Maß an Innovationsbereitschaft im Kollegium auszeichnen
(vgl. z.B. Holtappels & Voss, 2006). Innovative Lehrkräfte begrüßen Neuerun-
gen und Reformen, sind bereit zur Weiterentwicklung, Evaluation und auch
neue Wege zu gehen. Im Rahmen der vorliegenden Untersuchung soll geklärt
werden, ob – so die Vermutung – innovative Lehrkräfte eher der aktuellen
(bildungspolitischen) Forderung nach größtmöglicher individueller Förderung
und Vermeidung bzw. Reduzierung des Einsatzes von Selektionsinstrumenten
nachkommen:

2.6 *Die Innovationsbereitschaft der Lehrkräfte ist an Schulen mit geringen*
     Schülerzahlverlusten höher als an Schulen, die viele Schülerinnen und
     Schüler verlieren.

(2.2) Unterrichtsebene

Im Hinblick auf den Unterricht der Gymnasien wird analysiert, ob ein Zusammenhang zwischen der Differenzierung, der Methodenvielfalt und der Anzahl im Unterricht eingesetzter Maßnahmen zur Prävention von Schulversagen zu den Schülerzahlverlusten besteht. Denn wie geschildert kommen der individuellen Förderung, der Berücksichtigung von Stärken und Schwächen einzelner Schülerinnen und Schüler sowie einer inneren Differenzierung im Diskurs um positive Auswirkungen auf den Schulerfolg große Bedeutung zu (vgl. z.B. Graumann, 2008; MSW NRW, 2013; KMK, 2010b; Werning & Löser, 2011; Buch, Nothstein, Völker-Langer & Schwechla, 2008; im Brahm, 2011; Meyer, 2003).

2.7   *An Schulen mit hohen Schülerzahlverlusten findet ein weniger differenzierter Unterricht statt als an Schulen, die unterdurchschnittlich viele Schülerinnen und Schüler verlieren.*

2.8   *An Schulen mit hohen Schülerzahlverlusten ist die Vielfalt an Methoden, die Lehrkräfte einsetzen, geringer als an Schulen, die unterdurchschnittlich viele Schülerinnen und Schüler verlieren.*

2.9   *An Schulen mit hohen Schülerzahlverlusten setzten Lehrkräfte eine geringere Anzahl gezielter Maßnahmen zur Prävention von Schulversagen ein als an Schulen, die unterdurchschnittlich viele Schülerinnen und Schüler verlieren.*

(2.3) Lehrerebene (Persönliche Einstellungen der Lehrkräfte)

Ausgehend von dem beschriebenen Phänomen, dass große Variabilität in der Anwendung von Selektionsinstrumenten vorherrscht, dass also zwei Schüler mit gleich schwachen bzw. starken Leistungen am Ende einer Klassenstufe unterschiedliche Empfehlungen bekommen, je nachdem wie die Lehrkraft die Wirksamkeit von Selektionsinstrumenten einschätzt (vgl. Bless, Schüpbach & Bonvin, 2004; Tomchin & Impara, 1992; Rolff, 1997; Ditton, 2008), werden die folgenden Hypothesen aufgestellt:

2.10 *An Schulen mit hohen Schülerzahlverlusten sind Lehrkräfte positiver gegenüber Selektionsinstrumenten eingestellt und schätzen sie als wirksamer ein, als an Schulen mit geringen Schülerzahlverlusten.*

       –   *Sowohl in Bezug auf das Sitzenbleiben als auch hinsichtlich frühzeitiger Abstufungen aus dem Gymnasium.*

Vor dem Hintergrund, dass die Einstellungen der Lehrkräfte zur Selektion die tatsächliche selektive Praxis beeinflusst, werden weitere persönliche Haltungen zu Seiteneinsteigern aus anderen Bildungsgängen in die Oberstufe der eigenen Schule und generell zur Aufnahme in den fünften Jahrgang in die vorliegende empirische Untersuchung einbezogen. Wenn es zutrifft, dass Lehrkräfte, die sich durch eine eher selektive Haltung auszeichnen auch tatsächlich in stärkerem Maße selektieren, würde sich als Konsequenz an diesen Schulen ein größerer Schülerzahlverlust in der Sekundarstufe I ergeben. Möglich wäre dabei aber auch, dass eine negative Einstellung zu den Eignungen der Fünftklässler daraus resultiert, dass sich das Gymnasium in der Tat durch eine vergleichsweise eher leistungsschwache Schülerzusammensetzung auszeichnet. Für beide Erklärungsansätze spricht die folgende Hypothese:

2.11 Die persönlichen Einstellungen der Lehrkräfte zur Eignung der Kinder, die auf ein Gymnasium wechseln, fallen an Schulen mit geringen Schülerzahlverlusten positiver aus als an Schulen mit hohen Verlusten.

Im Hinblick auf die Einstellungen der Lehrkräfte zu Seiteneinsteigern in die Oberstufe ist neben der Vermutung, dass diese an Schulen mit einer selektiveren Praxis bereits in der Sekundarstufe I eher abgelehnt werden, auch denkbar, dass Zugänge von außerhalb vor allem dort gerne gesehen werden. Denn vermutlich haben sich die Schülerzahlen dort durch eine hohe Auslesepraxis in der Unter- und Mittelstufe deutlich reduziert. Da Institutionen immer auch ihren Selbsterhalt zum Zweck haben (vgl. Gomolla & Radtke, 2009) und Schülerzahlen nicht zuletzt auch Lehrerstellen bedeuten, liegt die Vermutung nahe, dass diese Gymnasien eine wichtige Aufgabe in der Aufnahme von Seiteneinsteigern in die Oberstufe sehen. Aufgrund dieser zwei gegenläufigen Vermutungen wird eine ungerichtete Hypothese abgeleitet:

2.12 Die persönliche Einstellung der Lehrkräfte zu Seiteneinsteigern in die Oberstufe des eigenen Gymnasiums steht in einem Zusammenhang zum Schülerzahlverlust im Verlauf der Sekundarstufe I.

Vor dem Hintergrund der Ergebnisse von Weiner (2000), dass Lehrkräfte eher unterstützendes Verhalten zeigen, wenn der schulische Misserfolg nicht auf von den Kindern selbst zu beeinflussende Faktoren, sondern auf unkontrollierbare Gründe zurückzuführen ist, soll folgende Hypothese überprüft werden:

2.13 An Gymnasien mit hohen Schülerzahlverlusten neigen Lehrkräfte eher dazu, den Schülerinnen und Schülern selbst bzw. der familiären Situation die Verantwortung für den Misserfolg zuzuschreiben und weniger sich selbst bzw. der Unterrichtsqualität als an Schulen mit geringen Schülerzahlverlusten.

Abgeleitet aus dem zentralen Befund der Forschungsaktivitäten zum frühzeitigen Abgang vom Gymnasium, dass der sozialen Lage und der Bildungsmotiva-

tion der Familie der Schülerinnen und Schüler große Bedeutung bei der Erklärung von schulischem Misserfolg zukommt (vgl. Jacob & Tieben, 2010; Glaesser & Cooper, 2010; Stubbe, 2009a; Schneider, 2005; Jacob & Hillmert, 2003;
Henz, 1997), ergibt sich zuletzt die folgende Hypothese:

*2.14 Das Elterninteresse an den schulischen Leistungen ihrer Kinder und der
Widerstand bei einem drohenden Schulformwechsel werden an den
Schulen mit hohen Schülerzahlverlusten von den Lehrkräften als geringer
eingeschätzt als an Schulen mit niedrigen Verlusten.*

7 Forschungsdesign und methodisches Vorgehen

Das Forschungsdesign zur Beantwortung der soeben dargestellten Forschungsfragen und Hypothesen gliedert sich in mehrere Abschnitte. Schulspezifische
und regionale Unterschiede in den Schülerzahlverlusten (Forschungsfrage 1)
können mithilfe des Durchgangsquotenverfahrens berechnet werden (Kapitel
7.1). Für die Ursachenanalyse (Forschungsfrage 2) bedarf es Korrelations- und
Regressionsanalysen (Kapitel 7.4). Inhaltich wird dabei unterschieden zwischen strukturellen Rahmenbedingungen (Input- und Kontextfaktoren) und
pädagogischen Merkmalen auf Lehrer-, Unterrichts- und Schulebene (Prozessmerkmale). Um die gewünschten Daten für die Analysen gewinnen zu
können, wurde zum einen auf die amtliche Schulstatistik zurückgegriffen (Kapitel 7.2) und zum anderen eine schriftliche Lehrerbefragung durchgeführt.
Genaue Erläuterungen zur Fragebogenkonstruktion, zu Faktor- und Reliabilitätsanalysen sowie zur Stichprobe und Durchführung der Befragung werden in
Kapitel 7.3 beschrieben. Damit wird die Forschungsstrategie der Datentriangu-
lation genutzt, bei der unterschiedliche Datenquellen einbezogen werden.
Nachdem das gesamte Forschungsdesign und die verschiedenen methodischen
Vorgehensweisen beschrieben und begründet wurden, werden mithilfe einer
Übersicht über die Instrumentierung die wesentlichen Aspekte zusammenge-
fasst (Kapitel 7.5).

7.1 Das Durchgangsquotenverfahren

Um der ersten Forschungsfrage „Wie unterscheiden sich die Verbleibchancen
der Schülerinnen und Schüler in den einzelnen Gymnasien in NRW?" nachzugehen, wird das ökonomische Durchgangsquotenverfahren angewendet, das
zum Methodenrepertoire der Schulentwicklungsplanung zählt. Hier wird es
dazu genutzt, um schulformbezogene Schülerzahlen mit dem Ziel zu prognos-
tizieren, die zukünftige Schullandschaft einer Region gestalten zu können.
Darüber hinaus kann das Instrument dazu verwendet werden, Auskünfte über
Schülerzahlverluste und die Auslesepraxis der Gymnasien zu geben (vgl. hierzu auch Hillebrand, 2012; Rösner, 2005). Als Datengrundlage dient dabei die
amtliche Schulstatistik, mit deren Hilfe die *reale und die virtuelle Erreichbar-
keitswahrscheinlichkeiten* errechnet werden können. Die Datengrundlage stellt
lediglich die Jahrgangsstärken der Gymnasien der letzten vier bzw. fünf Jahre
dar. Mit diesen öffentlich zugänglichen Daten als einzige Voraussetzung für
die Analysen und der leicht durchzuführenden Rechenschritte kann es von
Schulen selbst oder der Bildungsadministration (Schulverwaltung, Schulaufsicht) angewendet werden. Die hier zugrundeliegenden Analysen beziehen sich
auf die Schuljahre 2005/06 bis 2008/09. Am Beispiel der Schülerzahlen aller
Gymnasien in Nordrhein-Westfalen (vgl. Abbildung 23) soll das Verfahren

verdeutlicht werden, das analog dazu auch mit jedem einzelnen Gymnasium durchgeführt werden kann.

Abbildung 23:   Das Durchgangsquotenverfahren

Schülerzahlentwicklung der Gymnasien in Nordrhein-Westfalen (2000/01–2008/09)

Schuljahr	5 Jg.	6 Jg.	7 Jg.	8 Jg.	9 Jg.	10 Jg.	Sek I
2001/02	70968	69314	66573	63961	59195	53698	383709
2002/03	69699	70713	66481	64020	60798	55918	387629
2003/04	68236	69653	68306	64322	61325	57859	389701
2004/05	69146	68237	67819	66360	61938	59016	392516
2005/06	69106	69147	66637	66558	64255	59704	395407
2006/07	71260	69070	67433	65341	64676	61429	399209
2007/08	73274	71727	64996	66134	64052	61618	401801
2008/09	69714	73765	68186	63193	64458	61770	401086

Schuljahr	11 Jg.	12 Jg.	13 Jg.	Sek II	Gesamt
2001/02	54629	50932	47029	152590	536299
2002/03	54839	51648	47170	153657	541286
2003/04	57610	52135	48067	157812	547513
2004/05	60817	55206	48499	164522	557038
2005/06	63828	58291	51551	173670	569077
2006/07	65634	61687	53024	180345	579554
2007/08	67445	63396	56398	187239	589040
2008/09	68473	65401	58120	191994	593080

Durchgangsquoten		Erreichbarkeits-	
Wechsel	3-J-Mittel	wahrscheinlichkeit	
5–6	1.00		
6–7	0.96		
7–8	0.98	virtuell	real
8–9	0.98		
9–10	0.96	0.88	0.91
10–11	1.10		
11–12	0.97		
12–13	0.91	0.85	0.82

Quelle: IT.NRW, 2009, eigene Darstellung.

Der Blick auf die Schülerzahlveränderungen beim Wechsel in die aufsteigenden Jahrgangsstufen zeigt, dass die Gymnasien landesweit starke Schülerverluste verzeichnen. Werden etwa die 68.236 Schülerinnen und Schüler betrachtet, die im Schuljahr 2003/04 eine gymnasiale Laufbahn eingeschlagen haben, mit der Schülerzahl von 61.770 verglichen, die sich fünf Jahre später, im Schuljahr 2008/09, im zehnten Jahrgang befinden, wird ersichtlich, dass sich die Größenordnung des Verlusts auf 6.466 Jugendliche beläuft. Im Verlauf der Sekundarstufe I haben die nordrhein-westfälischen Gymnasien demnach 9,5 Prozent ihrer Schülerschaft verloren. Dies leitet sich aus der Quote der realen Erreichbarkeitswahrscheinlichkeit von 0,91 ab, die durch die Division der Anzahl der Zehntklässler 2008/09 durch die Fünftklässler 2003/04 erhalten wird (vgl. grauer Rahmen in der Abbildung 23). Zu beachten gilt, dass diese längsschnittlich betrachtete *reale Erreichbarkeitswahrscheinlichkeit* nur den

Saldo aus Zu- und Abgängern beschreibt. Mögliche Zugänge, die wie in Kapitel 3 gezeigt selten sind, aber dennoch vorkommen, werden also mit den Zahlen der Abgänger verrechnet.

Auskünfte über die aktuellere und jüngere Schülerzahlveränderung ergeben sich aus der Berechnung der *virtuellen Erreichbarkeitswahrscheinlichkeit*. Um die Veränderung dieser Schülerzahlen analysieren zu können (auch hier den Saldo aus Zu- und Abgängern), wird für jeden Jahrgangsstufenwechsel eine Durchgangsquote gebildet. Sie drückt das Verhältnis der Schülerzahl einer bestimmten Jahrgangsstufe zur Schülerzahl in der nachfolgenden Jahrgangsstufe im darauffolgenden Schuljahr aus (z.B. der Sechstklässler im Schuljahr 2008/09 zu den Fünftklässlern im Schuljahr 2007/08). Um auszuschließen, dass ungewöhnliche Zufallswerte einzelner Schuljahre den Einschätzungen zugrunde gelegt werden, sollten die Durchgangsquoten auf der Grundlage des Durchschnitts mehrerer Schuljahre gebildet werden.[49] Letztlich werden also die summierten Sechstklässlerzahlen der letzten drei Jahre durch die summierten Fünftklässlerzahlen des Vorjahres dividiert (vgl. schwarzer Rahmen in Abbildung 23).

Nach dieser Methode können die Durchgangsquoten aller Jahrgangswechsel berechnet werden. Erhöht sich die Schülerzahl etwa durch Wiederholer oder Schulformwechsler, so liegt die Quote knapp über 1,00. Das gilt für die Gymnasien insgesamt nur beim Wechsel von der fünften in die sechste Klassenstufe. Bei den späteren Jahrgangsstufenwechseln reduzieren sich die Schülerzahlen kontinuierlich. Damit wird das Bild des Gymnasiums als vorrangig „abgebende Schulform" bestätigt. Eine Ausnahme stellt hier nur der Übergang in die Oberstufe dar. In dem angeführten Beispiel gibt die Durchgangsquote 10–11 Auskunft über die Schülerzahlveränderung beim Eintritt in die Oberstufe (seit dem Schuljahr 2010/11 muss hierfür die Durchgangsquote 9–10 betrachtet werden). Der Quote zufolge verzeichnen die Gymnasien in Nordrhein-Westfalen im Durchschnitt der Jahre 2005/06–2008/09 einen Zuwachs von zehn Prozent, und zwar im Verhältnis zu den Schülerzahlen des Vorjahres im zehnten Jahrgang. Ein solcher Anstieg der Schülerzahlen lässt sich durch die Aufnahme von Seiteneinsteiger aus anderen Schulformen erklären, die mit dem Ziel in die gymnasiale Oberstufe wechseln, dort die Hochschulreife zu erlangen.

Werden schließlich die Durchgangsquoten der einzelnen Jahrgangsstufen miteinander multipliziert, kann die Größenordnung der Schülerzahlverluste bzw. -zuwächse im Verlauf der Schulzeit beziffert werden. Für Nordrhein-

---

49 Aufgrund der großen Fallzahlen ist die Verwendung von Mittelwerten auf Landesebene entbehrlich, für die Berechnung von Einzelschulen empfiehlt sich die durchschnittliche Betrachtung des Verlusts der letzten vier Schuljahre umso mehr.

Westfalen errechnet sich eine virtuelle Erreichbarkeitswahrscheinlichkeit von 0,88, die durch die Multiplikation der fünf Durchgangsquoten erhalten wird. Anders ausgedrückt: Bis zum zehnten Schuljahr haben zwölf Prozent der Schülerinnen und Schüler die Gymnasien vorzeitig verlassen.

Wird dieses Verfahren für jedes Gymnasium angewandt, können die Verbleibchancen der Schülerinnen und Schüler an den einzelnen Schulen miteinander verglichen und schulspezifische Disparitäten aufgedeckt werden.

7.2 Datenerhebung der strukturellen Input- und Kontextmerkmale

Für den ersten Teilbereich der zweiten Forschungsfrage nach den Gründen für die unterschiedlichen Verbleibchancen der Schülerinnen und Schüler in den einzelnen Gymnasien sind strukturelle Kontextmerkmale von Belang. Die interessierenden Variablen, die in das Modell einfließen sollen, werden vorwiegend der amtlichen Schulstatistik entnommen. Diese Art der Datenerhebung führt im Hinblick auf die inhaltliche Themenauswahl bereits zu enormen Einschränkungen, auf die nach der Auflistung der einbezogenen Variablen eingegangen wird. Folgende Kontextvariablen konnten Einzug in die Analysen erhalten:

Schulische Rahmenbedingungen (Inputfaktoren)

- Trägerschaft des Gymnasiums (öffentlich, privat)
- Anteil der Schülerinnen und Schüler mit Migrationshintergrund (2008)
- durchschnittliche Klassengröße (Sek I, 2006)
- durchschnittliche Klassengröße im fünften Jahrgang (2005)
- Schüler-Lehrer-Relation (2006)
- Schulgröße (Sek I, 2007)
- Zügigkeit der Schule (im fünften Jahrgang, 2005)
- Ganztagsschule (2006)
- Durchschnittsalter der Lehrkräfte (2006)
- (bedingt einbezogen wurden: Ergebnisse der Lernstandserhebungen im achten Schuljahr 2008 und der Standorttyp der Gymnasien, der Auskunft über soziale und kulturelle Rahmenbedingungen des Schulumfeldes gibt)

Regionale Rahmenbedingungen (Kontextfaktoren)

- Übergangsquote zum Gymnasium (2008)
- Schulangebot der Stadt: Anzahl der Gymnasien (2008)
- Einwohnerzahl der Stadt (2008)
- Gymnasialdichte (2008, Einwohnerzahl dividiert durch Anzahl der Gymnasien)[50]

Diese Daten wurden für jedes Gymnasium in Nordrhein-Westfalen erhoben, aber abzüglich der Aufbaugymnasien und der Schulen, die sich 2008 entweder noch im Aufbau befanden oder ausliefen. Die Anzahl der Stichprobe beläuft sich auf 605 Gymnasien (von insgesamt 629) und entspricht damit beinahe einer Vollerhebung.

Dem theoretischen Teil der Arbeit ist zu entnehmen, dass aus zahlreichen bisherigen Forschungsaktivitäten der enge Zusammenhang zwischen frühzeitigen Abgängen vom Gymnasium und den sozioökonomischen Herkunftsbedingungen bekannt ist. Indikatoren, die Auskunft über die soziale Lage der Schülerinnen und Schüler geben, finden sich in der amtlichen Schulstatistik jedoch nicht (vgl. BMBF, 2010; Lohauß, Nauenburg, Rehkämper, Rockmann & Wachtendorf, 2010). Einzig der im Kontext der Lernstandserhebungen vom Ministerium für Schule und Weiterbildung (MSW NRW) erstellte Schulstandort stellt bedingt Informationen hierzu bereit. Wenngleich er keine genauen Informationen über den sozioökonomischen Hintergrund der Schülerinnen und Schüler eines Gymnasiums bereithält, können ihm zumindest Auskünfte über Rahmenbedingungen des unmittelbaren Schulumfeldes entnommen werden. Auf der Grundlage von Daten der amtlichen Statistik wurden vom Ministerium für Schule und Weiterbildung NRW schulformübergreifend fünf Standorttypen konstruiert, die auf dem Anteil der Schülerinnen und Schüler mit Migrationshintergrund sowie der Arbeitslosen- und SGB II-Quote der unter 18-Jährigen in dem Schuleinzugsgebiet basieren (vgl. Issac, 2011, S. 300). Gymnasien, die dem ersten Standorttyp zugeordnet werden, befinden sich demnach in einem wenig belasteten Umfeld. Der fünfte Standorttyp kennzeichnet sich demgegenüber durch eher schwierige soziale und kulturelle Rahmenbedingungen (vgl. ebd., S. 301). Den Aussagen des MSW NRW zufolge treten insbesondere bei den Gymnasien Unschärfen auf, da die unmittelbare Umgebung des Gymnasiums nicht gleichzeitig auch das Einzugsgebiet der Schulen ist – wie schon eher

---

50 Das Bezugsjahr der einbezogenen Faktoren variiert zwischen 2005 und 2008 aufgrund verschiedener Datenquellen. Es liegt damit stets innerhalb des Betrachtungszeitraums der abhängigen Variable des Schülerzahlverlusts, die aus dem Durchschnitt der Schülerzahlveränderungen der Schuljahre 2005 bis 2008 berechnet wurde.

bei Haupt- und Realschulen. Vielmehr nehmen bildungsnahe Eltern für eine gute Bildung ihrer Kinder auch längere Wege in Kauf (vgl. z.b. Kemper & Weishaupt, 2011, S. 213 f.; Weishaupt, 2009). Aufgrund dieser Bedenken und aus datenschutzrechtlichen Gründen konnten die gewünschten Daten für die vorliegenden Forschungszwecke insofern nur eingeschränkt einbezogen werden, als sich das Ministerium bereit erklärte, den interessierenden Zusammenhang zwischen schulspezifischen Schülerzahlverlusten und Schulstandorttyp zu überprüfen. Da die Daten nicht herausgegeben wurden, konnten sie nicht in alle statistischen Analysen einbezogen werden.[51]

Gleiches gilt für die durchschnittlichen Schülerleistungen der betroffenen Schulen. Neben der sozialen Herkunft der Schülerinnen und Schüler ist hinsichtlich des Scheiterns in Form von frühzeitigen Abgängen die Frage nach den Schülerleistungen von Bedeutung. Wenngleich die Untersuchung von Merkmalen der individuellen Schülerebene auf den vorzeitigen Abgang vom Gymnasium nicht das primäre Forschungsinteresse darstellt, sollte doch nachgewiesen werden, dass nicht allein die Schülerleistungen das Ausmaß der Schülerzahlverluste erklären. Hierzu wurden die durchschnittlichen Schulergebnisse der Lernstandserhebungen, die in Nordrhein-Westfalen in der achten Jahrgangsstufe durchgeführt werden, herangezogen. Das zuständige Ministerium erklärte sich auch hier bereit, mit den Daten zu den schulspezifischen Schülerzahlverlusten Zusammenhangsanalysen durchzuführen, um bereits zu Beginn nachvollziehen zu können, ob Gymnasien mit unterdurchschnittlichen Leistungen erwartungskonform auch einen höheren Schülerzahlverlust aufweisen. Diese Ergebnisse finden sich bei den vertiefenden Analysen zu den Input- und Prozessmerkmalen (Kapitel 8.2.1). Aus Datenschutzgründen konnten auch diese schulbezogenen Daten nicht an Dritte weitergeleitet werden und somit nicht vollumfänglich in die empirische Untersuchung einfließen.

7.3 Datenerhebung der Prozessmerkmale

Neben diesen strukturellen Rahmenbedingungen auf Schul- und Stadtebene soll weiterhin der Einfluss des *pädagogischen Selbstverständnisses* einer Schule auf den Anteil der Schülerverluste untersucht werden. Ausgehend von den referierten Forschungsbefunden der bereits bestehenden Studien zum Thema Schulversagen und den daraus generierten Forschungshypothesen wurde ein Instrument entwickelt, mit dessen Hilfe Aspekte der Schul-, Unterrichts- und Lehrerebene von den Lehrkräften erfragt werden. Damit soll der Forderung

---

51 In den Analysen wird deshalb hilfsweise auf den prozentualen Anteil der Schülerinnen und Schüler mit Migrationshintergrund (im Schuljahr 2008/09) zurückgegriffen, der einen starken Anteil der Erklärungskraft der Sozialindizes ausmacht.

nach verstärktem Einbezug auch des pädagogischen Selbstverständnisses der Gymnasien als möglicher Erklärungsansatz für unterschiedliche Auslesepraxen Rechnung getragen werden. Als Forschungsdesign wurde ein kontrastierender Extremgruppenvergleich gewählt. Hierzu wurden Gymnasien mit besonders hohen und besonders niedrigen Schülerzahlverlusten ausgewählt und das gesamte Kollegium schriftlich befragt.[52]

7.3.1   Erläuterungen zur Auswahl des Forschungsdesigns

Schriftliche Befragung

Für die Datenerhebung wurde eine schriftliche, standardisierte Befragung ausgewählt. Ein Nachteil dieses Verfahrens ist die „unkontrollierte Erhebungssituation" (Bortz & Döring, 2006, S. 252), bei der steuernde Eingriffe, etwa bei Verständnisschwierigkeiten, nicht möglich sind. Eine strukturierte Aufbereitung der Befragungsinhalte ist damit unerlässlich. Darüber hinaus ist bei postalischen Befragungen mit einer höheren Ausfallquote zu rechnen (vgl. ebd., S. 256). Dafür ist die Zusicherung von Anonymität bei schriftlichen Befragungen glaubwürdiger, was einen wesentlichen Gesichtspunkt bei einem sensiblen Thema wie den persönlichen Einstellungen zu Selektionsprozessen darstellt. Mit dem Einsatz einer anonymen schriftlichen Befragung war die Hoffnung verbunden, die soziale Erwünschtheit beim Antwortverhalten der Lehrkräfte abzuschwächen. Ein sozial erwünschtes Antwortverhalten kann durch die Furcht vor sozialer Verurteilung zustande kommen. Um eine solche Verurteilung zu verhindern, neigt der Proband zu konformen Verhaltensäußerungen, bei denen er sich an verbreiteten Normen und Erwartungen orientiert (vgl. ebd., S. 232). Darüber hinaus stellt die schriftliche Befragung eine kostengünstige Untersuchungsvariante dar, insbesondere mit Blick auf den Personalaufwand.

Gegen eine Onlinebefragung, die sich durch den klaren Vorteil der wegfallenden Dateneingabe auszeichnet, sprach die Befürchtung, insbesondere ältere Lehrkräfte nicht zu erreichen und so zu einer Verzerrung der Ergebnisse zu gelangen.

---

52 Genauere Informationen hierzu finden sich im Unterkapitel 7.3.4 Stichprobe und Durchführung der Befragung.

Kontrastierender Extremgruppenvergleich

Bei dem Verfahren des Extremgruppenvergleichs werden nur die sich im Randbereich einer interessierenden Variable befindenden Testpersonen untersucht, die bezüglich dieser Variable also besonders hohe oder besonders niedrige Ausprägungen aufweisen (vgl. ebd., S. 530). In der vorliegenden Untersuchung interessieren die Schulen mit einem besonders hohen und die Schulen mit einem besonders niedrigen Schülerzahlverlust im Verlauf der Sekundarstufe I. Zu beachten gilt, dass sich Korrelationen in Untersuchungen mit Extremgruppen – im Vergleich zur gesamten Verteilung inklusive der Merkmalsträger mit durchschnittlichen Ausprägungen – erhöhen und die Aussagekraft dieser Untersuchung damit geringer ist (vgl. ebd., S. 509). Preacher, Rucker, MacCallum und Nicewander (2005) weisen darauf hin, dass es aufgrund verschiedener Gründe vorteilhaft ist, die gesamte Verteilung zu betrachten, da sich z.B. Fälle im Mittelfeld anders verhalten können als Extremwerte. Sie räumen jedoch auch ein, dass sich Extremgruppenvergleiche insbesondere für explorative Untersuchungen anbieten, bei denen bislang wenig gesichertes Wissen über ein Themenfeld vorliegt. Etwa durch erhöhte Power in den Signifikantstests können so Effekte aufgedeckt werden, die durch Analysen mit der gesamten Verteilung verdeckt bleiben würden (vgl. ebd.).

Da die abhängige Variable des Schülerzahlverlusts auf Schulebene angesiedelt ist, wurde angestrebt, die Ergebnisse der Lehrerbefragung auf die Schulebene zu aggregieren. Folglich sollte das Antwortverhalten des gesamten Kollegiums und nicht nur das von vereinzelten Lehrkräften eines Gymnasiums erfasst werden. Aufgrund der geringen Fallzahl von 23 bzw. 19 Gymnasien (vgl. Unterkapitel 7.3.4 Stichprobe und Durchführung der Befragung) können zwar Korrelationsanalysen und Mittelwertvergleiche, nicht aber die Regressionsanalysen auf Basis der aggregierten Werte auf Schulebene durchgeführt werden. Diese Analysen werden lediglich auf Grundlage der Befragungsergebnisse auf Lehrerebene (n = 774) berichtet. Repräsentative Schlüsse sind aufgrund der kleinen Stichprobe nicht angestrebt.

7.3.2 Fragebogenkonstruktion

Die Entwicklung des Instrumentes zur Lehrerbefragung orientierte sich an den sieben Schritten der Testkonstruktion nach Bühner (2011) (vgl. Abbildung 24).

Dass es sich bei der *Art der Indikatoren* um Fragebogendaten und bei der *Zielgruppe* um Lehrkräfte handelt, scheint zunächst trivial. Dennoch ist es wichtig, diese Aspekte bei der Formulierung der Items und der Instruktionen sowie bei der Formatierung des Fragebogens zu bedenken. So sollten etwa das Alter, der Bildungsabschluss (der in diesem Fall i.d.R. vergleichbar ist), aber auch der Schultyp der Befragten, dass es sich ausschließlich um Lehrkräfte an Gymnasien handelt, bei der Testkonstruktion berücksichtigt werden (vgl. ebd., S. 87).

Da sowohl subjektive Indikatoren wie die Einstellungen von Lehrkräften als auch objektive Fakten, die eindeutig richtig oder falsch sein können wie etwa das Förderangebot der Schule, von Interesse sind, werden teils objektive, zum größten Teil aber subjektive Indikatoren erstellt bzw. verwendet.

Abbildung 24:   Schritte der Testkonstruktion

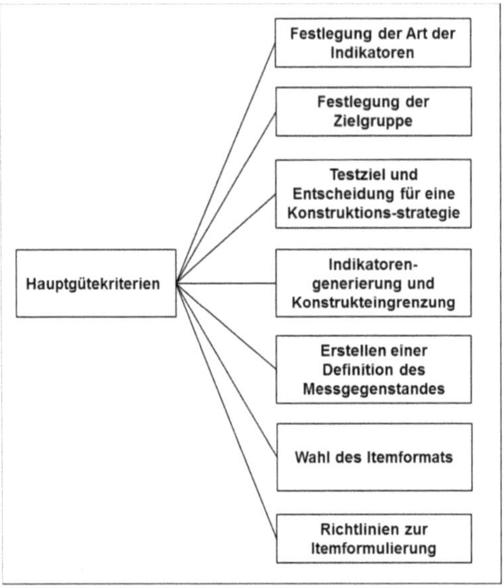

Quelle: Bühner, 2011, S. 84.

Als *Testziel* kann die Feststellung von Eigenschaftsausprägungen von Personen ausgemacht werden. Dazu müssen inhaltsvalide Items gefunden werden, die miteinander korrelieren und jeweils nur ein Konstrukt abbilden (vgl. ebd., S. 92). Die *Konstruktionsstrategie* bezeichnet dabei die Art des Vorgehens bei der Testentwicklung. Für die Entwicklung des Fragebogens wurde eine Kombination aus induktivem und deduktivem bzw. rationalem Vorgehen gewählt: Zum einen werden Konstrukte für den Fragebogen aus bestehenden Theorien abgeleitet. Da jedoch an vielen Stellen eine theoretische Ausarbeitung noch aussteht, werden darüber hinaus Dimensionen mithilfe explorativer Faktoranalysen – mit aus dem Pretest bzw. der Haupterhebung gewonnenen Daten – erstellt. Sind schließlich relevante Konstrukte ausgemacht und diese auch klar eingegrenzt, können ihnen geeignete Indikatoren zugrunde gelegt werden (*Indikatorengenerierung und Konstrukteingrenzung*). Auch um passende Items zu finden, können verschiedene Techniken angewandt werden. Dabei steht die Top-Down-Technik der Bottom-Up-Technik gegenüber. Bei ersterer werden Indikatoren des Konstrukts mithilfe von einschlägiger Literatur und Expertenwissen zusammengestellt, das Konstrukt definiert also die Indikatoren. Bei letzterer Technik werden Konstrukte aus analytisch-empirisch ermittelten Indikatoren entwickelt (vgl. ebd., S. 98). Die vorliegende Fragebogenkonstruktion stützt sich auch hier auf eine Kombination beider Verfahrensweisen: Mitunter wurden bereits vorhandene Skalen und Items verwendet, zumeist war jedoch eine Modifikation bzw. eine Neuentwicklung für die eigenen Zwecke nötig.[53]

Um in dem beschriebenen Prozess den *Messgegenstand zu bestimmen*, ist es ratsam, mit Testdefinitionen zu arbeiten. Sie bedürfen keiner Allgemeingültigkeit, stellen jedoch eine gute Arbeitsgrundlage dar (vgl. ebd., S. 106). Auch dies ist durch einen Top-Down-Ansatz geschehen, also durch die Aufarbeitung einschlägiger Literatur und des Forschungsstandes.[54]

Im Hinblick auf die *Wahl des Itemformats* sind die folgenden Entscheidungen getroffen worden: Es wird ein gebundenes Antwortformat gewählt, bei dem feste Lösungsmöglichkeiten vorgegeben werden, die von den Testpersonen ausgewählt werden (vgl. ebd., S. 108). Auf einer Rating-Skala, die i.d.R. vierstufig ausfällt, beurteilen die Lehrkräfte die vorgegebenen Antwortalternativen. Eine solche bipolare Antwortskala, bei der sich die vier Antwortmöglichkeiten durch Extremausprägungen auszeichnen, wurde aus ökonomischen Gründen ausgewählt und um zu verhindern, dass die Probanden zur Mitte tendieren; so sind sie gezwungen, sich in der Tendenz zu einer extremen Position zuzuordnen (vgl. ebd., S. 116). Nur in Ausnahmefällen wurde die Antwortskala um eine „Weiß nicht"-Kategorie ergänzt.

Bei der *Formulierung* von Fragen und Items sind *Regeln und Richtlinien* der Fragebogenkonstruktion beachtet worden (vgl. hierzu Porst, 2000; Bühner, 2011; Bortz & Döring, 2006, S. 255): Etwa, dass einfache, präzise Sätze verfasst werden, bei denen doppelte Verneinung und mehrdeutige Begriffe vermieden werden. Auch wurde auf einen Wechsel zwischen positiven und negativen Items geachtet.

7.3.3   Faktor- und Reliabilitätsanalysen

Die so erstellten „Item-Batterien" (Fromm, 2004, S. 54), also die inhaltlichen Statements, die einem Konstrukt bzw. einer Skala zugeordnet werden, können mithilfe von Faktoren- und Reliabilitätsanalysen einer empirischen Überprüfung unterzogen werden. Die explorative Faktorenanalyse geht von wechselseitigen Zusammenhängen der Einzelindikatoren aus, die als Korrelationen quan-

---

53 Die Skalendokumentation im Anhang gibt Auskunft über die genauen Quellen, die als Grundlage für die eigenen Item-Formulierungen verwendet wurden.
54 Auch die Arbeitsdefinitionen der Konstrukte mit kurzen Erläuterungen zum theoretischen Hintergrund finden sich in der Skalendokumentation im Anhang.

tifizierbar sind. Die Grundannahme ist, dass die Zustimmungen zu oder die Ablehnungen von Items, die einem Konstrukt zugeordnet sind, je nach Disposition zusammenhängen. Nur wenn Variablen untereinander korrelieren, können sie zusammen für eine Skala verwendet werden: Wenn also z.B. die Zustimmung eines Items A mit der Ablehnung eines Items B einhergeht. In einer Faktorenanalyse werden nun Faktoren extrahiert, die inhaltlich das Gemeinsame der Indikatoren erfassen. Dabei überprüft sie die dimensionale Struktur dieser Faktoren und die Anzahl verschiedener Dispositionen bzw. ob eine Eindimensionalität vorliegt. So kann also überprüft werden, ob die ausgewählten Merkmalsträger (in der Item-Batterie) auch tatsächlich die vermutete Skala abbilden. Laden Items auf mehrere Faktoren, handelt es sich bei dem Konstrukt nicht um ein eindimensionales Merkmal (vgl. Bortz & Döring, 2006, S. 147); die Zusammenstellung der Items oder einzelne Formulierungen müssen dann modifiziert werden.

Das hier verwendete Verfahren zur Messung persönlicher Einstellungen ist die Likert-Skalierung. Hier „[…] wird angenommen, dass die Bejahungswahrscheinlichkeit eines Items umso größer ist, je stärker die Dimension ausgeprägt ist, und dass eine Zunahme der Dimensionsausprägung zu einer proportionalen Veränderung der Bejahungswahrscheinlichkeit führt" (ebd., S. 57).

Auskunft über die dimensionale Struktur gibt die Faktorenanalyse. Mithilfe der Hauptkomponentenmethode werden Faktoren bestimmt. Diese Methode geht davon aus, dass die gesamte Varianz einer Variable im Modell erklärt werden kann (vgl. ebd., S. 65). Die Frage nach Art und Anzahl der Items für eine Dimension bzw. ein Konstrukt und ob sie in Subdimensionen aufgefächert werden sollte, muss durch theoretische und statistische Überlegungen beantwortet werden.

Mithilfe der Faktorenanalyse soll in der vorliegenden Untersuchung überprüft werden, ob die, wie beschrieben, erstellten Item-Batterien auch tatsächlich nur auf einen Faktor laden, der das gewünschte Konstrukt abbildet. Zunächst wird dazu mithilfe des Bartlett-Tests auf Sphärizität überprüft, ob zwischen den Variablen eine Korrelation besteht. Ist dieser Test signifikant, kann die Nullhypothese verworfen werden (vgl. Fromm, 2004, S. 64). Auch der KMO-Test gibt Auskunft darüber, ob die Items für eine Faktoranalyse geeignet sind. Ein Wert von 0.6 ist dabei als mittelmäßig einzustufen (vgl. ebd.). Der Eigenwert als die erklärte Gesamtvarianz – rechnerisch die Summe der quadrierten Faktorladungen – gibt dann Auskunft über die Anzahl der Faktoren, auf die die Items laden (vgl. ebd., S. 70). Für alle Eigenwerte > 1 wird ein Faktor extrahiert. Zusammengenommen erklären sie 100 Prozent der Varianz. Ziel ist es nun, die Faktorenanzahl so zu minimieren, dass möglichst viel Varianz durch möglichst wenige Faktoren erklärt wird.

Im Kontext der Skalenbildung muss sichergestellt werden, dass die erstellte Item-Batterie auch tatsächlich nur auf einen Faktor lädt und dass somit eine Eindimensionalität des Konstrukts vorliegt.

Für jedes Item einer Skala wird weiterhin eine Faktorladung berechnet. Diese gibt an, wie eng der Zusammenhang zwischen den Items und dem latenten Konstrukt bzw. dem Faktor ist. Sie nimmt einen Wert zwischen -1 und +1 an. Je weiter sich die Faktorladung von dem Wert 0 entfernt (positiv wie negativ), desto stärker lädt das entsprechende Item auf das gewünschte Konstrukt.

Die Reliabilitätsanalyse gibt schließlich Auskunft über die Zuverlässigkeit des Messinstruments, also darüber, wie gut und genau eine Skala das misst, was sie messen soll (vgl. ebd.). Gemessen werden dabei der Zusammenhang zwischen den Items untereinander und der Zusammenhang aller Items zu einer Skala. Wie gut die Items einer Skala die Dimension wiedergeben wird durch Cronbachs Alpha ausgedrückt. α kann einen Wert zwischen 0 und 1 annehmen: Der Wert 0 bedeutet, dass die Skala als unreliabel angesehen werden kann, bei einem Wert von 1 kann von einer perfekten Reliabilität gesprochen werden. α wird durch die folgende Formel berechnet:

$$\text{Cronbachs } \alpha = \frac{i \cdot \bar{r}}{1 + \bar{r}(i-1)}$$

i = Anzahl der Items

$\bar{r}$ = durchschnittliche Korrelation der Items

(ebd., S. 58).

Sowohl die Stärke des Zusammenhangs zwischen den Items als auch die Anzahl der Items beeinflussen folglich das Cronbachs Alpha. Ein wünschenswertes Alpha von 0.8 wird in der Praxis selten erreicht (vgl. ebd.).

Durch die Reduzierung auf besonders geeignete Items kann eine Skala dann optimiert werden. Die korrigierte Item-Skala-Korrelation (auch Trennschärfe genannt) gibt den Zusammenhang des Items zu dem Gesamtpunktwert der jeweils anderen Items (Addition der Antwortscores dieser Items) an. Je höher dieser Zusammenhang ausfällt, desto besser passt das Item zur Dimension. Darüber hinaus wird in der Statistiksoftware SPSS der Wert für Cronbachs Alpha angegeben, der erreicht wird, wenn ein Item aus der Skala gelöscht werden würde (alpha if item deleted). So können diejenigen Items ausfindig gemacht werden, die am wenigsten zur Skala passen. Durch das Löschen dieser Items kann die Güte der Skala optimiert werden. Wichtig zu beachten ist, dass negativ gepolte Items vorab rekodiert werden müssen.

Die folgenden Konstrukte bzw. Skalen sollen in der vorliegenden Untersuchung abgebildet werden:[55]

Unterrichtsebene

- Differenzierung
- Methodenvielfalt
- Maßnahmen der Lehrkräfte zur Prävention von Schulversagen (Indexbildung)

Schulebene

- Fürsorgliche Schüler-Lehrer-Beziehung
- Leistungsorientiertes Schulklima
- Innovationsbereitschaft des Kollegiums
- Förderpraxis der Schule (Indexbildung)
- Zusatzangebote zur Prävention von Schulversagen (Indexbildung)
- Schulziele zur Reduktion von Abstufungen
- Demografischer Wandel und Schulerfolg

Lehrerebene

- Einstellungen zu Selektionsinstrumenten (Pro Abstufung und Pro Sitzenbleiben)
- Persönliche Meinung zur Aufnahme an das Gymnasium und zu Seiteneinsteigern in die Oberstufe
- Attribuierung des Schulversagens auf Schüler/Familie und auf Unterricht/Lehrkraft (Indexbildung)
- Einschätzung der Lehrkräfte zum Elterninteresse an den Schulleistungen ihrer Kinder und zum Elternwiderstand bei einem drohenden Schulformwechsel

Um mithilfe von Faktor- und Reliabilitätsanalysen zu überprüfen, ob sich die wünschenswerten Skalen auch tatsächlich abbilden lassen, wurde im Oktober 2011 ein Pretest an einem Gymnasium in Nordrhein-Westfalen durchgeführt (n = 40) und der konstruierte Fragebogen damit getestet. Hier hatten die Lehrkräfte auch die Möglichkeit, Fragen, Items, Wortwahl u.Ä. zu kommentieren.[56]

---

55 Genauere Erläuterungen wie die Definitionen der Konstrukte, die verwendeten Items u.v.m. können der Skalendokumentation im Anhang entnommen werden.

56 Die wesentlichen Befunde der Faktoren- und Reliabilitätsanalysen mit den Daten des Pretests, die zu Modifikationen des Instruments geführt haben, sind in die Skalendokumentation der Haupterhebung aufgenommen worden, die sich im Anhang befindet.

7.3.4 Stichprobe und Durchführung der Befragung

Die Analyse der Schülerzahlverluste auf Einzelschulebene bildet die Grundlage für die Auswahl der Stichprobe der Haupterhebung. Da für das vorliegende Forschungsinteresse sowohl die Gymnasien mit einem überdurchschnittlich hohen Schülerzahlverlust als auch die Schulen, die einen hohen Anteil ihrer Schülerschaft im Verlauf der Sekundarstufe I halten können, von Interesse sind, wird die Stichprobe der Gymnasien nicht zufällig gezogen, sondern eine selektierte Auswahl getroffen. Dabei handelt es sich um eine nicht-probabilistische Stichprobe, bei der Fälle bewusst aus der Grundgesamtheit gezogen werden.[57] Durch einen solchen Extremgruppenvergleich sollen mögliche Unterschiede analysiert werden, die im Zusammenhang mit der Haltekraft der Gymnasien stehen. Das Ministerium für Schule und Weiterbildung in Nordrhein-Westfalen wurde über die vorgesehene Lehrerbefragung informiert und hat ihre Durchführung ausdrücklich begrüßt.

Anfang Januar 2012 wurden 116 Gymnasien[58] in Nordrhein-Westfalen mithilfe eines postalischen Anschreibens über die geplante Lehrerbefragung informiert und um Teilnahme gebeten. 54 Schulen kennzeichneten sich durch einen Verlust, der sieben Prozent nicht überschritten hat, 62 der Gymnasien haben mindestens 20 Prozent ihrer Schülerschaft in der Sekundarstufe I verloren.[59] Ende Januar wurden diejenigen Gymnasien, deren Rückmeldung noch ausstand, erneut per E-Mail angeschrieben. So konnten 23 Gymnasien für die Kollegiumsbefragung gewonnen werden. Zehn Schulen zeichneten sich durch einen besonders hohen und 13 Schulen durch einen besonders niedrigen Schülerzahlverlust bis zur zehnten Jahrgangsstufe aus. Die Rücklaufquote von 19,8 Prozent verwundert nicht, bedenkt man, dass die Teilnahme der Gymnasien und dort tätigen Lehrkräfte freiwillig und ohne Dienstanweisung stattfand. Die Befragung erstreckte sich über den Zeitraum von Februar bis März 2012. Die Rücklaufquoten der einzelnen Gymnasien, also wie viele Lehrkräfte eines Kollegiums auch tatsächlich den Fragebogen ausfüllten, variiert von Schule zu Schule teils erheblich. Insgesamt beteiligten sich 774 Lehrkräfte. Da für das vorliegende Forschungsinteresse aggregierte Schuldaten von Belang sind, wurden zunächst die Schulen für die weiteren Analysen ausgeschlossen, die

---

57 http://www.mesosworld.ch/lerninhalte/Grund_Stichprob/de/text/Grund_Stichprobe.
    pdf [Zugriff am 24.01.2013].

58 Bereits durch anderweitige Schulentwicklungsprojekte „belastete" Schulen wurden
    vorab aus der Stichprobe ausgeschlossen.

59 Für die Auswahl von Extremgruppen bietet sich ein Quartil-Split an (vgl. Preacher
    et al., 2005, S. 179). Demnach hätten Schulen mit mehr als 16,4 und weniger als 8,2
    Prozent Schülerzahlverlust ausgewählt werden können. Mit den hier bestimmten
    Werten wird die Stichprobe etwas stärker auf die extremen Fälle begrenzt.

einen geringeren Rücklauf als 19 Prozent aufweisen. Damit reduziert sich die Stichprobe auf 19 Gymnasien mit Rücklaufquoten zwischen 19,1 und 92 Prozent[60] (elf Schulen mit einer hohen und acht Schulen mit einer geringen Haltekraft) und insgesamt 744 Lehrkräften. Die Größe der Stichprobe auf Schulebene fällt damit zu gering aus, als dass damit multivariate Regressionsanalysen durchgeführt werden können. Diese Analysen erfolgen folglich nur auf Grundlage der Befragungsergebnisse der Lehrkräfte. Korrelationen und Mittelwertvergleiche werden jedoch auch auf Schulebene, mithilfe eines aggregierten Datensatzes, berichtet.

Ein Vergleich der beiden Extremgruppen offenbart, dass sich die Schulen in ausgewählten strukturellen Merkmalen wie dem Migrationshintergrund, der Schulgröße oder den Klassenfrequenzen nicht systematisch voneinander unterscheiden (vgl. Tabelle 4). Die einzige Ausnahme stellt die Anzahl der Gymnasien dar: Schulen mit einer hohen Haltekraft befinden sich demnach häufiger in Städten mit einer größeren Anzahl von Gymnasien als Schulen mit einer geringen Verbleibchance ihrer Schülerinnen und Schüler (9,9 zu 3,1). Folglich unterscheidet sich auch die Übergangsquote zum Gymnasium deutlich und signifikant voneinander (46,5 zu 35,9 Prozent).

Tabelle 4: Mittelwertvergleich struktureller Faktoren zwischen den Gymnasien mit hohem und niedrigem Schülerzahlverlust

Gymnasien mit ...	hohem Schülerzahlverlust	niedrigem Schülerzahlverlust	P
Schulgröße (Schülerzahl in Sek I)	688	657	.766
Klassenfrequenz im fünften Jahrgang	29,6	28,9	.473
Anzahl der Züge im fünften Jahrgang	4,0	3,7	.684
Schüler-Lehrer-Relation	16,8	16,5	.508
Durchschnittsalter der Lehrkräfte	49,3	49,4	.917
Ganztag	0,0	0,13	.351
Migrationsanteil	14,1	13,4	.868
Anzahl der Gymnasien im Ort	3,1	9,9	.008
Übergangsquote zum Gymnasium	35,9	46,5	.001
Gymnasialdichte	31.225	21.390	.052

N = 8 (Gymnasien mit hohem Schülerzahlverlust), N = 11 (Gymnasien mit niedrigem Schülerzahlverlust)

---

60 Die schulbezogenen Rücklaufquoten wurden auf Grundlage der Angaben der Schulen zur Anzahl des Kollegiums berechnet.

Methodisch korrekt wäre die Parallelisierung der Stichprobe gewesen (vgl. z.B. Bortz & Döring, 2006, S. 526 f.), um auszuschließen, dass sich ergebende Differenzen zwischen den beiden Extremgruppen nicht auf den Unterschied in dem Gymnasialangebot zurückzuführen sind. Aufgrund der sehr geringen Anzahl sich bereiterklärender Gymnasien konnte dies jedoch nicht realisiert werden. Auch die 774 Lehrkräfte der zwei Extremgruppen unterscheiden sich im Hinblick auf das Alter und Geschlecht nicht signifikant voneinander.

Der nachfolgende Zeitstrahl vermittelt abschließend einen Eindruck über die zeitliche Dimension der durchgeführten schriftlichen Lehrerbefragung.

Abbildung 25:   Zeitstrahl: Schriftliche Lehrerbefragung

bis 10/2011	10/2011	01/2012	02/2012	bis 03/2012	07/2012
Fragebogen- entwicklung	Pretest	Infobrief an 116 Schulen	Fragebogen- versand	Daten- erhebung	Ergebnis- rückmeldung

7.4 Bivariate und multivariate Regressionsanalysen

Um nach der Analyse der Verbleibchancen der Schülerinnen und Schüler an den einzelnen Gymnasien in NRW weiterhin die Gründe – und damit die zweite Forschungsfrage – erforschen zu können, werden Zusammenhangsanalysen durchgeführt. Zunächst soll dabei die Frage geklärt werden, inwiefern strukturelle Merkmale der Einzelschule und der dortigen, regionalen Bedingungen im Zusammenhang mit den Schülerzahlverlusten auf Schulebene stehen. In einem zweiten Schritt werden auf Grundlage der Befragungsergebnisse an 23 Gymnasien schulische Merkmale auf Unterrichts-, Schul- und Lehrerebene berücksichtigt. Die dazu verwendeten Methoden der bivariaten und multivariaten Regressionsanalysen sowie des T-Tests werden im folgenden Unterkapitel beschrieben. Vorab noch ein Hinweis auf die generierten Daten, der für die verwendeten Methoden bedeutend ist: Die zu erklärende, abhängige Variable Schülerzahlverlust ist ebenso wie der Großteil der strukturellen Variablen aus der Schulstatistik *metrisch/intervallskaliert* (Schulgröße, Migrationsanteil, Klassenfrequenzen, Schüler-Lehrer-Relation, Zügigkeit der Schule, durchschnittliches Alter der Lehrkräfte, Übergangsquoten zum Gymnasium, Schulangebot bzw. Anzahl der Gymnasien in einem Ort, Gymnasialdichte) und vereinzelt liegen *dichotome Variablen* vor (Trägerschaft, Ganztagsschule). Sie sind alle manifest, also direkt beobachtbar. Die Variablen aus der Lehrerbefragung sind im Gegensatz dazu *ordinalskaliert und latent* (z.B. Einstellungen zu Selektionsinstrumenten, Methodenvielfalt im Unterricht etc.). Die Aufbereitung und Analyse der quantitativen Daten erfolgt durch die Statistiksoftware SPSS (T-Tests und schrittweise Regression) und Mplus (Regressionsanalysen).

Bivariate Korrelationen bzw. Regression im bivariaten Modell

Um bivariate Zusammenhänge zwischen der abhängigen Variable (dem Schülerzahlverlust im Verlauf der Sekundarstufe I) und jeweils einer unabhängigen Variable zu bestimmen, wird die Produkt-Moment-Korrelation nach Pearson berechnet (Bortz & Döring, 2006, S. 208). Hierzu wird die Kovarianz dividiert durch das Produkt der Standardabweichung der beiden Variablen (vgl. Bortz, 2005, S. 204). Damit werden Aussagen zur Enge und Richtung eines Zusammenhangs zwischen zwei Merkmalen möglich, die durch den Korrelationskoeffizienten ausgedrückt werden. Er kann Werte zwischen -1 und +1 annehmen. Geht eine hohe Ausprägung der einen Variable mit einer hohen Ausprägung in der anderen Variable einher, sprechen wir von einem positiven Zusammenhang. Je weiter sich der Wert von 0 entfernt, desto stärker fällt der Zusammenhang der zwei Merkmale aus.

Bei nur zwei Variablen sieht die zugrundeliegende Regressionsgleichung, die für eine Regressionsgerade steht, wie folgt aus:

$$\bar{Y} = \beta_0 + \beta_1 X$$

$\bar{Y}$ = Schätzung der abhängigen Variable Y
β_0 = Regressionskonstante (Schnittpunkt der Geraden mit der Y-Achse)
β_1 = Regressionskoeffizient (Steigung der Regressionsgeraden)
X = unabhängige Variable

(Backhaus, Erichson, Plinke & Weiber, 2008, S. 58 f.).

Der Regressionskoeffizient β_1 gibt die Wirkung von X auf Y an, also um wie viele Einheiten sich Y verändert, wenn sich X um eine Einheit verändert. Die tatsächlich zu beobachtenden Werte liegen dabei nicht direkt auf der Regressionsgeraden. Vielmehr geht es darum, eine Gerade zu bestimmen, die sich der „empirischen Punkteverteilung möglichst gut anpasst" (ebd., S. 61), bei der die Abweichungen zwischen empirischen und geschätzten Werten also möglichst minimal ausfallen. Diese Abweichungen, also die Differenzen aus den tatsächlich beobachteten Werten (die in der nachfolgenden Grafik als Punkte dargestellt sind) und den ermittelten Schätzwerten (die auf der Gerade angesiedelt sind), lassen sich als Residuen (e) bezeichnen.

Abbildung 26: Residuen (Störgrößen) zwischen Y und Ȳ

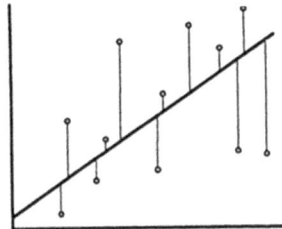

Quelle: Urban & Mayerl, 2011, S. 44.

Der Y-Wert ergibt sich damit aus der Summe des geschätzten Wertes und dem Residuum:

$$Y = \bar{Y} + e$$

Durch Umformung erhalten wir die folgende Formel:

$$Y = \beta_0 + \beta_1 X + e$$

(Backhaus et al., 2008, S. 62).

Mithilfe der Kleinst-Quadrate-Methode können β_0 und β_1 so bestimmt werden, dass die Summe der quadrierten Residuen minimal wird. Die Parameter der Regressionsfunktion können nach der folgenden Formel ermittelt werden:

$$\sum_{k=1}^{K} e_k^2 = \sum_{k=1}^{K} [y_k - (b_0 + b_1 x_k)]^2 \rightarrow min!$$

$$b_1 = \frac{K(\sum x_k y_k) - (\sum x_k)(\sum y_k)}{K(\sum x_k^2) - (\sum x_k)^2} \quad \text{Regressionskoeffizient}$$

$$b_0 = \bar{y} - b_1 \bar{x} \quad \text{Konstantes Glied}$$

e_k = Wert der Residualgröße
Y_k = Werte der abhängigen Variable
β_0 = Konstantes Glied
β_1 = Regressionskoeffizienten
X_k = Werte der unabhängigen Variable
K = Zahl der Beobachtungen (ebd., S. 63).

Bei der Interpretation von Korrelationsbefunden ist es wichtig, zu beachten, dass ein Zusammenhang keine Auskunft über eine kausale Beziehung gibt. Die statistische Bedeutsamkeit wird durch einen Signifikanztest geprüft, dem eine Irrtumswahrscheinlichkeit von einem bzw. fünf Prozent zugrunde liegt ($p < 0,01$ = hochsignifikant; $p < 0,05$ = signifikant).

T-Test

Ob signifikante Mittelwertunterschiede zwischen zwei Gruppen bestehen, kann mithilfe von T-Tests untersucht werden. Das vorliegende Forschungsinteresse besteht darin, zu prüfen, ob sich Gymnasien mit hohen und Gymnasien mit niedrigen Schülerzahlverlusten in den untersuchten Dimensionen signifikant voneinander unterscheiden. Der statistische Kennwert t berechnet sich durch die Bildung des Quotienten der Mittelwertdifferenz und dem geschätzten Standardfehler der Mittelwertdifferenz (vgl. Bortz & Döring, 2006, S. 496).

Da es sich bei den beiden Gruppen um unabhängige Stichproben handelt, die sich nicht gegenseitig beeinflussen, muss mithilfe des Levene-Tests zunächst überprüft werden, ob homogene oder heterogene Varianzen vorliegen (vgl. Kuckartz, Rädiker, Ebert & Schehl, 2010, S. 149). Je nachdem, ob sich die Varianzen zwischen den zwei Gruppen signifikant voneinander unterscheiden (heterogen) oder nicht (homogen), wird eine leicht veränderte Formel des T-Tests angewandt (vgl. ebd., S. 150 ff.). Wenn eine signifikante Mittelwertdifferenz ausgemacht ist, kann die Effektstärke, z.B. das Cohens *d* berechnet werden. Hierzu muss der Quotient aus der Differenz der beiden Mittelwerte (Zähler) und der Wurzel aus der Summe der beiden Standardabweichungen durch zwei dividiert (Nenner) gebildet werden (vgl. ebd., S. 154). Nach Cohen wird eine Effektstärke *d* von 0.2 als niedrig, 0.5 als mittel und 0.8 als hoch bewertet.

Statistischen Kriterien folgend gelten intervallskalierte Variablen als Voraussetzung für T-Tests. Im forschungspraktischen Kontext ist es jedoch durchaus vertretbar, ordinalskalierte Variablen, wie die vorliegenden Befragungsdaten, zu verwenden.

Multivariate Regressionsanalysen

Im Unterschied zu einfachen Korrelationsanalysen kann mithilfe von multivariaten Analysemethoden das Zusammenwirken mehrerer Variablen untersucht werden. Geht es dabei genauer um die Frage, ob und inwiefern mehrere unabhängige Variablen auf eine abhängige Variable einwirken, bedarf es multivariater Regressionsanalysen. Dafür sind Modellannahmen zur Art des Zusammenhangs nötig. Ein theoriegeleitetes Modell kann so empirisch überprüft werden. Da wir davon ausgehen, dass sich die Ausprägung der abhängigen Variable proportional mit der Veränderung der unabhängigen Variablen verändert, werden lineare Regressionen berechnet. Ziel dieser Analysen ist es, eine möglichst genaue Beschreibung der durchschnittlichen linearen Abhängigkeit einer Variable von mehreren anderen Variablen aufzustellen, indem eine Auskunft über die Stärke und Richtung des Zusammenhangs sowie über die Erklärungskraft aller unabhängiger Variablen zusammengenommen gegeben wird. Darüber hinaus können durch lineare Regressionsanalysen Ausprägungen der abhängigen Variablen für unbekannte Merkmalsträger geschätzt werden (vgl.

Fromm, 2004, S. 257). Regressionsanalysen sind folglich sowohl für erklärende als auch für prognostische Zwecke einsetzbar.

Der gleichzeitige Einfluss mehrerer unabhängiger Variablen wird bestimmt, indem ein Regressionskoeffizient für jede Variable, unter Kontrolle aller anderen im Modell vorhandenen Variablen, geschätzt wird (vgl. Urban & Mayerl, 2011, S. 81). Es wird folglich der Effekt für jede einzelne unabhängige Variable bestimmt, „unter der Voraussetzung, dass die anderen X-Variablen bei der Einflussnahme von X auf Y konstant bleiben, d.h. keinen Einfluss auf Y ausüben" (ebd.). Aufgrund dieser „Auspartialisierung", also der Bereinigung der Effekte auf die abhängige Variable, die von den anderen unabhängigen Variablen ausgehen, werden die Regressionskoeffizienten der multivariaten Regression auch „partielle Regressionskoeffizienten" genannt (vgl. ebd., S. 86). Durch das Hinzuziehen mehrerer Variablen in einer multivariaten Regressionsanalyse können – aufgrund der Kontrolle der Effekte anderer Variablen auf die zu erklärende Variable – mögliche Scheinbeziehungen identifiziert werden. Das heißt, dass ein direkter Zusammenhang zweier Variablen nur vorgetäuscht wird, der bei Betrachtung weiterer Variablen bedeutungslos wird. Einflussstärken und sogar Einflussrichtungen können sich durch das Einsetzen weiterer kontrollierender Variablen verändern.

Die Größe der Regressionskoeffizienten ist von dem spezifizierten Modell abhängig. Denn wenn ein anderes Modell mit anderen oder zusätzlichen unabhängigen Variablen geprüft wird, werden folglich auch andere Teile auspartialisiert (vgl. ebd., S. 93).

Analog zur soeben erläuterten Regressionsgeraden im bivariaten Modell ergibt sich mit der Aufnahme einer Vielzahl an weiteren unabhängigen Variablen die folgende Formel:

$$\bar{Y} = \beta_0 + \beta_1\, x_1 + \beta_2\, x_2 + ... + \beta_j\, x_j + ... + \beta_J\, x_J$$

(Backhaus et al., 2008, S. 64 f.).

Die Regressionsparameter β_0, β_1, β_2,..., β_j werden auch hier mithilfe der Kleinst-Quadrate-Methode ermittelt. Auf die Interpretation der Regressionskoeffizienten ist im Rahmen der bivariaten Regression bereits kurz eingegangen worden. Bei multivariaten Regressionen gilt es weiterhin zu beachten, dass sich die Werte verschiedener Regressionskoeffizienten nur vergleichen lassen, wenn sie in der gleichen Einheit gemessen werden. Durch die Bildung von standardisierten Regressionskoeffizienten, auch Beta-Werte genannt, werden sie auch dann vergleichbar, wenn sie zunächst in unterschiedlichen Einheiten vorliegen. Diese Beta-Werte werden schließlich herangezogen, um Auskunft über die Stärke eines Regressionskoeffizienten zu geben.

Schließlich kann die Güte des Modells überprüft werden, die durch das Bestimmtheitsmaß R^2 (auch Determinationskoeffizient genannt) angegeben wird. Analysiert werden dabei die Abweichungen zwischen geschätzten und empiri-

schen Werten (Residuen). Diese werden in Verbindung gesetzt zur Gesamtabweichung der Beobachtungen vom Mittelwert: Die Summe aus der erklärten
Abweichung und dem Residuum ergibt die Gesamtabweichung. Die Summe
der quadrierten Gesamtabweichungen aller Beobachtungen kann als Gesamtstreuung bezeichnet werden. Diese kann wie folgt zerlegt werden:

Gesamtstreuung = erklärte Streuung + nicht erklärte Streuung

(vgl. ebd., S. 69).

Das Bestimmtheitsmaß R² kann berechnet werden, indem der Quotient aus der
erklärten Streuung und der Gesamtstreuung gebildet wird. R² kann Werte zwischen 0 und 1 annehmen. Je höher der Anteil der erklärten Streuung an der
Gesamtstreuung ist, desto größer fällt R² aus. Da das Bestimmtheitsmaß durch
die Menge der aufgenommenen Prädiktoren beeinflusst wird – und zwar dahingehend, dass es umso größer wird, je mehr unabhängige Variablen in das
Modell aufgenommen werden –, wird ein korrigiertes R² berechnet, dass diesen
Umstand berücksichtigt.

$$R^2 \, korr. = \frac{J \cdot (1 - R^2)}{K - J - 1}$$

K = Beobachtungswerte
J = Zahl der Regressoren
K – J – 1 = Zahl der Freiheitsgrade
(ebd., S. 71).

Mithilfe des korrigierten R² ist nun eine Aussage darüber möglich, wie viel
Varianz in der abhängigen Variable durch die in dem Regressionsmodell ent-
haltenen unabhängigen Variablen erklärt werden kann.

Bevor nun kurz die Methode der schrittweisen Regressionsanalyse erläutert
wird, soll das Phänomen der Multikollinearität geschildert werden, das bei
Regressionsanalysen dann in Erscheinung treten kann, wenn zwei oder mehrere unabhängige Variablen untereinander in starkem linearen Zusammenhang
stehen (vgl. Urban & Mayerl, 2011). Je größer die Korrelation zwischen diesen
Merkmalen ausfällt, desto größer ist auch die Multikollinearität und desto in-
stabiler werden die geschätzten Regressionswerte. Ein Anzeichen für Multikollinearität ist neben hohen Korrelationswerten zwischen unabhängigen Variablen der Umstand, dass bei Änderungen im Regressionsmodell, etwa durch das
Entfernen einer unabhängigen Variablen, deutliche Veränderungen im geschätzten Modell auftreten. Weitere Indizien sind hohe Standardfehler, ein
Toleranzwert nahe null und ein VIF-Wert (Varianz-Inflations-Faktor) größer
zehn bzw. fünf (vgl. ebd., S. 232). Die Toleranz (als Differenz 1-R²) und der
VIF (1/Toleranz) geben Auskunft über die Eigenständigkeit jeder unabhängigen Variable: Je näher der Toleranzwert an 1 liegt bzw. je geringer der VIF,
desto geringer ist der Varianzanteil, der durch die anderen unabhängigen Vari-

ablen ausgeschöpft wird (vgl. ebd.). Ferner kann zwischen essenzieller (selbst hergestellter) und nicht-essenzieller Multikollinearität unterschieden werden. Letztere liegt vor, wenn zwei Variablen inhaltlich stark miteinander in Beziehung stehen, diese Form ist besonders schwer zu bereinigen (vgl. ebd., S. 235). Eine Möglichkeit des Umgangs mit Multikollinearität ist das Ausschließen von Variablen, was jedoch als „äußerst bedenklich" angesehen wird, weil damit auch starke inhaltliche Änderungen vorgenommen werden (ebd., S. 237). Vorteilhafter ist das Bilden einer Indexvariablen aus den zuvor zentrierten Variablen, die stark miteinander korrelieren.

Schrittweise Regressionsanalyse

Die schrittweise Regressionsanalyse eignet sich besonders für Untersuchungen mit explorativem Charakter. Mit ihr kann untersucht werden, mit welcher Anzahl der unabhängigen Variablen die beste Schätzung geliefert wird (vgl. ebd., S. 112). In einem ersten Schritt wird eine bivariate Regression mit der bedeutendsten unabhängigen Variable durchgeführt. Für dieses Modell wird ein Determinationskoeffizient R^2 berechnet und sodann diese Variable aus den anderen unabhängigen Variablen auspartialisiert (vgl. ebd.). Die Variable, die am zweithöchsten mit der zu erklärenden Variablen korreliert, wird in einem zweiten Schritt aufgenommen und auch für dieses Modell (mit zwei unabhängigen Variablen) ein R^2 bestimmt. Diese Prozedur wird (mit weiteren unabhängigen Variablen) so lange fortgeführt, bis der Determinationskoeffizient R^2 eines Modells keinen signifikanten Unterschied mehr zu dem nächsten Modell aufweist. Damit werden Aussagen über die Relevanz der einzelnen unabhängigen Variablen für die Vorhersage der abhängigen Variablen ermöglicht. So kann überprüft werden, wie mit einer minimalen Anzahl unabhängiger Variablen ein Maximum an Varianz in der abhängigen Variablen erklärt wird (vgl. ebd.).

7.4.1 Umgang mit fehlenden Werten

Empirische Datenerhebungen, wie die hier durchgeführte schriftliche Befragungsstudie, gehen in den weitaus meisten Fällen mit unvollständigen oder ungültigen Werten einher. Diese fehlenden Daten können verschiedene Probleme nach sich ziehen, etwa verzerrte und weniger effiziente Parameterschätzungen durch die reduzierte Stichprobe oder Schwierigkeiten bei statistischen Analysen, für die vollständige Datensätze benötigt werden (vgl. Lüdtke, Robitzsch, Trautwein & Köller, 2007). Dabei können verschiedene Arten von fehlenden Werten dahingehend unterschieden werden, ob ihr Fehlen vollständig zufällig, zufällig oder nicht zufällig auftritt (MCAR: Missing completely at Random, MAR: Missing at Random, MNAR: Missing not at Random). Als eine Möglichkeit, mit fehlenden Werten umzugehen, gelten klassische Verfahren wie fallweise oder paarweise Ausschlussverfahren. Sie werden aufgrund verschiedener Nachteile als defizitär angesehen (vgl. ebd.). Lüdtke et al. (2007) räumen ein, sie lediglich für explorative Analysen verwenden zu können oder wenn nicht mehr als fünf Prozent fehlender Werte auftreten (vgl. ebd., S. 106). Bevorzugt werden imputationsbasierte oder modellbasierte Verfahren, bei denen fehlende durch sinnvolle Werte ersetzt werden. Beispiele für imputationsbasierte Verfahren sind die Mean- oder Regression-Imputation, bei der fehlende Werte durch den Mittelwert der Ausprägung bzw. mit einer multiplen Regression ersetzt werden – was ebenfalls Nachteile mit sich bringt – oder die multiple Imputation. Bei modellbasierten Verfahren wird das Ersetzen der fehlenden Werte zusammen mit der Modellschätzung in einem Schritt durchgeführt (vgl. ebd., S. 111).

Bei Analysen mit dem statistischen Programm Mplus wird das modellbasierte Verfahren FIML (Full-Information-Maximum-Likelihood) angewandt. Als Voraussetzung gilt, dass die fehlenden Werte zufällig auftreten, also nicht von der Variablen selbst oder von anderen Variablen abhängen (MAR) und dass sie multivariat normalverteilt sind. Bei der Schätzung der Parameter wird dann für jeden einzelnen Fall auf Basis der beobachteten Werte die Likelihood bestimmt. Das Produkt der Likelihood der einzelnen Werte ergibt die Likelihood des gesamten Modells (vgl. ebd., S. 112). Damit werden keine Hilfsvariablen in die Schätzung einbezogen und fehlende Werte nicht imputiert, sondern eine Schätzung der Populationsparameter mithilfe der beobachteten Daten durchgeführt (vgl. ebd.).

Für die eigene Untersuchung ergibt sich daraus, dass in den Regressionsanalysen, die mittels Mplus durchgeführt werden, die fehlenden Werte wie beschrieben – modellbasiert – geschätzt werden. Bei der Untersuchung von Mittelwertvergleichen, die mithilfe von SPSS durchgeführt werden, werden die Fälle mit fehlenden Werten fallweise ausgeschlossen, womit der Nachteil einer sich verringernden Stichprobe in Kauf genommen wird. Da es sich bei der vorliegenden Untersuchung um Forschungsinteressen mit explorativem Charakter handelt, ist dieses Vorgehen durchaus vertretbar, in zukünftigen Analysen dieser Art sollte jedoch eine multiple Imputation vorgenommen werden.

7.5 Übersicht über die Instrumentierung

Als abschließende Zusammenfassung dieses Kapitels zum Forschungsdesign und methodischen Vorgehen soll eine Übersicht über die eigene empirische Untersuchung, inklusive der verwendeten Daten und Methoden, dienen, die die nachfolgende schematische Darstellung bereithält.

Abbildung 27: Übersicht über die Instrumentierung der empirischen Untersuchung

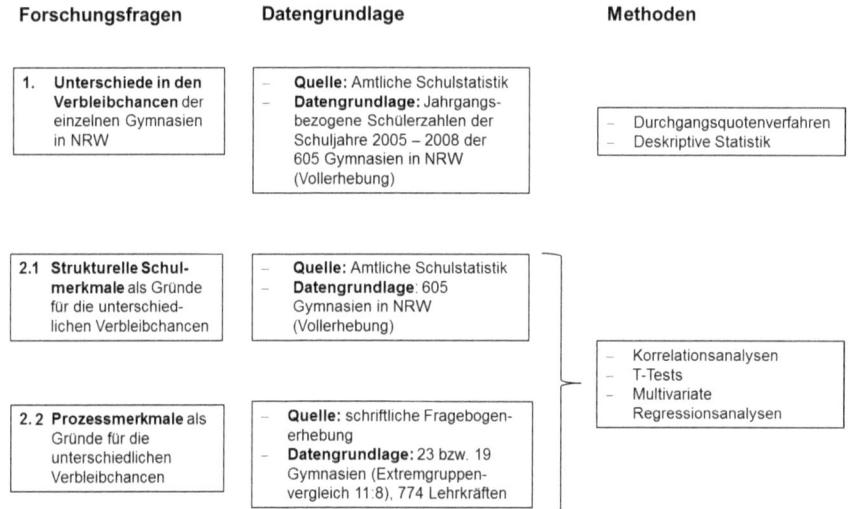

Das beschriebene Forschungsdesign verdeutlicht, dass keine Individualdaten auf Schülerebene vorliegen. Wenn über frühzeitige Abgänge von und Verbleibchancen an Gymnasien gesprochen wird, können keine Aussagen über die Beweggründe der Schülerinnen und Schüler gemacht werden. Auch der genaue Verbleib oder der spätere Erfolg der „Gescheiterten" kann nicht nachvollzogen werden. Im Rahmen dieser Arbeit wird folglich keine Schulverlaufs- oder Schulbiografieforschung betrieben. Darüber hinaus soll ein weiteres Mal darauf hingewiesen werden, dass die Schülerzahlverluste mit möglichen Zugängen, die zwar selten sind, aber durchaus vorkommen können, verrechnet werden und wir somit über den Saldo aus Zu- und Abgängen („Nettoverluste") sprechen.[61] Dennoch scheint die geplante Vorgehensweise, sich dem Phänomen des Scheiterns an Gymnasien auf Schulebene zu nähern, nicht nur aus forschungsökonomischen Gründen vielversprechend zu sein.

---

61 Allerdings sei an dieser Stelle darauf hingewiesen, dass die Gymnasien in NRW zum Schuljahr 2008 durchschnittlich lediglich 1,19 Zugänge pro Schule zu verzeichnen haben. 44,2 Prozent erhielten dabei keinen und 25,1 Prozent einen Seiteneinsteiger.

8 Forschungsergebnisse

In den nun folgenden drei Unterkapiteln werden die empirischen Befunde der beschriebenen methodischen Verfahren zur Beantwortung der forschungsleitenden Fragestellungen dargelegt. Dabei werden zunächst die Unterschiede in den Verbleibchancen der Schülerinnen und Schüler in den einzelnen Gymnasien in Nordrhein-Westfalen dargestellt (Kapitel 8.1), um daran anschließend der Frage nach möglichen Gründen sowohl hinsichtlich struktureller Input- und Kontextmerkmale (Kapitel 8.2) als auch bezüglich pädagogischer Prozessmerkmale (Kapitel 8.3) nachzugehen.

8.1 Unterschiede in den Verbleibchancen der Schülerinnen und Schüler in den einzelnen Gymnasien in NRW

Eine deskriptive Analyse der mithilfe des Durchgangsquotenverfahrens errechneten Verbleibchancen der Schülerinnen und Schüler an den einzelnen Gymnasien beantwortet die erste Forschungsfrage:

1. *Wie unterscheiden sich die Verbleibchancen der Schülerinnen und Schüler in den einzelnen Gymnasien in NRW?*

Abbildung 28: Schülerzahlverluste der einzelnen Gymnasien im Verlauf der Sekundarstufe I (2005 bis 2008, in %)

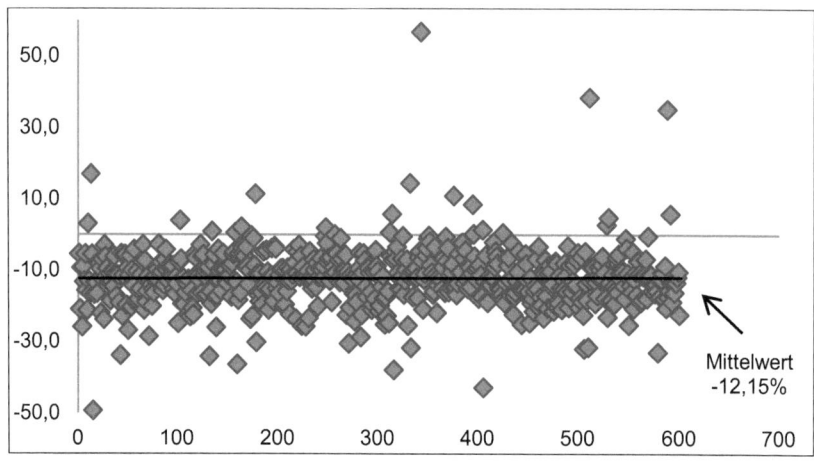

In diesem Punktdiagramm sind auf der x-Achse die 605 Gymnasien abgetragen und auf der y-Achse die jeweiligen Schülerzahlveränderung. Jeder Punkt symbolisiert ein Gymnasium. Der Betrachtungszeitraum der Schülerzahlverluste bezieht sich auf den Durchschnitt der Schuljahre 2005/06 bis 2008/09. Zu diesem Zeitpunkt umfasste die Sekundarstufe I in NRW die Schuljahre fünf bis zehn. Aus dem Diagramm geht hervor, dass vereinzelte Gymnasien im Verlauf der Sekundarstufe I leichte Schülerzahlzugewinne verzeichnen, sich die Schülerzahlen beim Durchgang durch die Sekundarstufe I aber in den weitaus meisten Gymnasien verringern. In einigen Fällen betrifft dies sogar ein Drittel ihrer Schülerschaft. Im Landesdurchschnitt verlassen 12,15 Prozent der einst am Gymnasium begonnenen Schülerinnen und Schüler die Schule frühzeitig. Die Standardabweichung (Streuung um den Mittelwert) beläuft sich auf 8,24 Prozent.

An den Perzentile-Werten ist abzulesen, dass 25 Prozent der 605 Gymnasien mehr als 16,4 Prozent Schülerzahlverluste zu verzeichnen hat, die Hälfte der Fälle verliert mindestens 12,0 Prozent und 75 Prozent der Stichprobe verlieren noch immer mindestens 8,2 Prozent ihrer Schülerschaft im Verlauf der Sekundarstufe I. Aufgrund von extremen Ausreißern – wie aus der Grafik ersichtlich wird – beträgt die Spannweite der Schülerzahlveränderung 106,04 Prozent (von -49,90 bis +56,64 Prozent).

Es ist folglich legitim, von schulspezifischen Disparitäten bei der erfolgreichen Bewältigung der gymnasialen Schulzeit zu sprechen.

Eine solch extreme Streuung findet sich nicht nur auf Einzelschulebene, vielmehr variieren die Verbleibchancen der Schülerinnen und Schüler auch zwischen den einzelnen Städten in Nordrhein-Westfalen deutlich. Werden alle Schülerzahlen der Gymnasien einer Stadt gemeinsam betrachtet und somit die Verbleibchancen am Gymnasium in einer gesamten Stadt errechnet, zeigt sich das folgende Bild (vgl. Abbildung 29).

Die Anzahl der betrachteten Städte, die über mindestens ein Gymnasium verfügen, beträgt 246. Der Mittelwert der Schülerzahlverluste auf Stadtebene lässt sich auf 12,5 Prozent beziffern und liegt damit nur leicht oberhalb des durchschnittlichen Verlusts auf Schulebene. Die Standardabweichung beträgt 6,8 Prozent. Die Spannweite reicht von einem Schülerzahlzuwachs auf Stadtebene von 35,0 bis zu einem Verlust von 36,5 Prozent. Dabei befinden sich nur wenige Ausnahmen in diesem extremen Randbereich. Mit einem 25%-Perzentil von -16,0 und einem 75%-Perzentil von -9,7 liegen die mittleren 50 Prozent der Fälle (hier der Städte) bei einem Schülerzahlverlust in dieser Größenordnung.

Abbildung 29:   Schülerzahlverluste an den Gymnasien der einzelnen Städte in
                NRW (2005 bis 2008, in %)

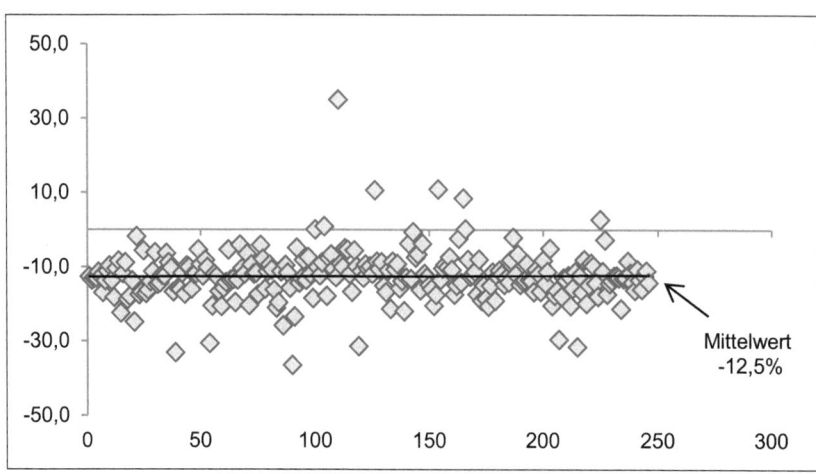

Diese regionalen Disparitäten verschärfen sich, wenn zusätzlich zum Verbleib
auch der Zugang zum Gymnasium betrachtet wird. Anhand einiger Beispiele
soll dies verdeutlicht werden.

Tabelle 5:   Beispiele zur Illustration regionaler Disparitäten im Hinblick auf
             Zugang und Verbleib an Gymnasien

	Übergangsquote zum Gymnasium (SJ 2008/09)	Verlust des Schüleranteils bis Jg. 10
Stadt 1	24.7	25.9
Stadt 2	25.6	23.5
Stadt 3	29.4	36.5
Münster	52.2	5.6
Bonn	54.0	9.4
Aachen	49.9	10.2
NRW	38.5	12.5

Die ersten drei Städte zeichnen sich durch eine geringe Übergangsquote aus,
die mit 24,7 bis 29,4 Prozent mindestens neun Prozentpunkte unter dem nordrhein-westfälischen Durchschnitt liegen. Dennoch verlässt ein überaus hoher
Anteil der Schülerinnen und Schüler in diesen Städten das Gymnasium bis zum
zehnten Jahrgang frühzeitig (25,9 bis 36,5 Prozent). Der Landesdurchschnitt
des Schülerzahlverlusts beläuft sich im Untersuchungszeitraum 2005/06 bis

2008/09 – wie beschrieben – auf 12,5 Prozent. Obwohl hier bereits beim Übergang von der Primar- in die Sekundarstufe I stark selektiert wird, verlässt ein Großteil der Schülerschaft die Gymnasien im Verlauf der Sekundarstufe I. Im Hinblick auf die Chancen, im Gymnasium zum Abitur geführt zu werden, sind Kinder und Jugendliche in diesen Städten einer doppelten Benachteiligung ausgesetzt: Die Wahrscheinlichkeit, nach der vierten Jahrgangsstufe auf ein Gymnasium wechseln zu können, ist weitaus geringer als im Landesdurchschnitt, darüber hinaus ist es hier wahrscheinlicher, die Schule vorzeitig verlassen zu müssen.

Gleichzeitig finden wir Städte, die sich durch die gegenteilige Situation kennzeichnen: also durch sehr hohe Übergangsquoten zum Gymnasium einerseits und nur geringe Schülerzahlverluste andererseits. In den Universitätsstädten Münster, Bonn und Aachen führen etwa 50 Prozent aller Kinder nach der Grundschule ihren Bildungsweg an einem Gymnasium fort. Die Schülerzahlverluste bis zur zehnten Jahrgangsstufe offenbaren, dass der Großteil dieser Schülerinnen und Schüler auch dort verbleibt; er beläuft sich auf unterdurchschnittliche 5,6 bis 10,2 Prozent. Die Frage nach dem Zusammenhang zwischen der Übergangsquote zum Gymnasium in den einzelnen Städten Nordrhein-Westfalens und dem Schülerzahlverlust wird im Zuge der zweiten Forschungsfrage ausführlicher behandelt (vgl. Kapitel 8.2).

Städte als homogene Einheit zu betrachten, erweist sich jedoch als problematisch, da sich auch innerhalb einzelner Städte Gymnasien hinsichtlich des Schülerzahlverlusts und damit auch in ihren Verbleibchancen teils gravierend voneinander unterscheiden. Dies soll am Beispiel der Stadt Dortmund veranschaulicht werden.

Abbildung 30: Schülerzahlverluste während der Sek I in den Gymnasien in Dortmund (2005 bis 2008, in %)

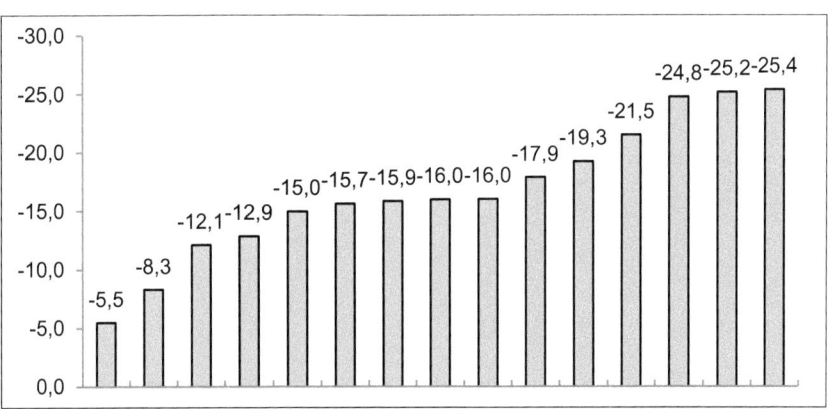

Von den 15 im Jahr 2008 vorhandenen Gymnasien verlieren drei unterdurchschnittlich viele Schülerinnen und Schüler, während drei weitere Gymnasien
mit 24,8 bis 25,4 Prozent einen sehr hohen Schülerzahlverlust aufweisen. Zwischen diesen Extremwerten variieren die Verbleibchancen der übrigen Gymnasien zwischen einem Schülerzahlverlust von 12,1 und 21,5 Prozent. Diese
Befunde lassen die Vermutung zu, dass der Bildungserfolg und die Wahrscheinlichkeit zu scheitern, auch von dem besuchten Gymnasium abhängen.
Von großem Interesse ist deshalb die Frage, warum es einigen Schulen gelingt,
den Großteil ihrer Schülerschaft zu halten, die frühzeitigen Abgänge an anderen Schulen des Landes aber über 30 Prozent beträgt. Diese Frage führt zur
zweiten Forschungsfrage:

2. *Welche Gründe können für die unterschiedlichen Verbleibchancen der
   Schülerinnen und Schüler in den einzelnen Gymnasien ausgemacht werden?*

Denn in demokratischen Gesellschaften bedürfen Ungleichheiten im Bildungserfolg einer Rechtfertigung (vgl. Ditton, 2008). Zunächst werden dabei die
strukturellen Input- und Kontextmerkmale (Kapitel 8.2) und in einem zweiten
Schritt die schulischen Prozessmerkmale (Kapitel 8.3) beleuchtet.

8.2 Strukturelle Input- und Kontextmerkmale

Die in Kapitel 6 generten Zusammenhangshypothesen zur zweiten Forschungsfrage nach strukturellen Input- und Kontextmerkmalen als mögliche
Gründe für die schulspezifischen Disparitäten in den Verbleibchancen der
Schülerinnen und Schüler sind in der nachfolgenden Abbildung erneut grafisch
dargestellt (vgl. auch Zwischenfazit).

Abbildung 31: Hypothetisches Modell zur Erklärung der einzelschulischen
Selektionspraxis (durch Input- und Kontextmerkmale)

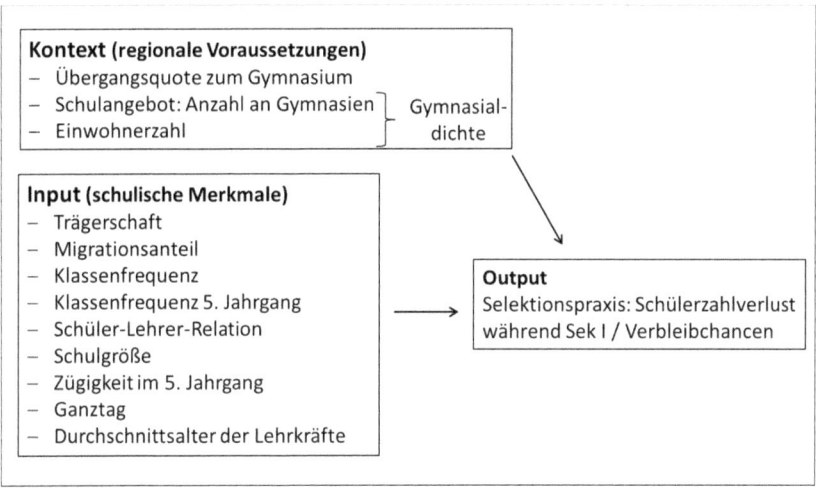

Bevor diese Zusammenhänge untersucht werden, soll mithilfe der nachfolgenden Tabelle eine Auskunft über die deskriptive Statistik der einbezogenen
Merkmale gegeben werden, um daran anschließend zunächst die Ergebnisse
der bivariaten Korrelationen und in einem nächsten Schritt die Befunde der
linearen multivariaten Regressionsanalyse nach dem spezifizierten Modell zu
berichten.

Deskriptive Statistik der verwendeten Variablen

Dabei ist zunächst auf eine wichtige methodische Anmerkung hinzuweisen: Da
die berichteten starken Ausreißer in den schulspezifischen Verbleibchancen der
Schülerinnen und Schüler (also der abhängigen Variable) die nachfolgenden
Analysen stark verzerren würden (vgl. Goerke, 2009), werden diese aus der
Untersuchung ausgeschlossen. Ausreißer werden hier definiert als all jene
Werte, die mindestens drei Standardabweichungen vom Mittelwert entfernt
liegen (vgl. ebd.). Demnach gelten Gymnasien mit einem Schülerzahlverlust
über 36,9 Prozent und solche mit einem Schülerzahlzuwachs von über 12,6
Prozent als „Ausreißerschulen" – dies betrifft acht Gymnasien. Die deskriptive
Statistik für die minimal verkleinerte Stichprobe (n = 597) stellt sich damit wie
folgt dar:

Tabelle 6:   Deskriptive Statistik der einbezogenen Strukturvariablen

	n	Mini-mum	Maxi-mum	Mittel-wert	SD
Schülerzahlverlust Sek I (2005/06–08/09)	597	-36.49	11.50	-12.36	6.7
Schulgröße Sek I (2007)	597	329	1.454	654.8	142.8
Schüler-Lehrer-Relation (2006)	597	13.0	20.4	16.7	1.1
Klassenfrequenz insgesamt (2006)	597	24.1	33.8	28.4	1.4
Klassenfrequenz im 5. Jg. (2005)	597	22.7	35.0	29.3	2.3
Zügigkeit der Schule im 5. Jg. (2005)	597	2.0	9.0	3.9	0.9
Migrationsanteil (2008)	583	0.1	70.8	13.2	11.5
Durchschnittsalter der Lehrkräfte (2006)	597	41.7	55.0	48.7	2.2
Übergangsquote Gymnasium (2008)	597	23.2	62.9	39.98	7.4
Anzahl der Gymnasien im Ort (2008)	597	1	33	7.5	8.6
Einwohnerzahl	597	8.715	995.420	207.365	256.226
Gymnasialdichte	597	6.427	64.746	26.059	9.009

		Häufigkeit	Prozent
Trägerschaft	Privat	97	16,2
	Öffentlich	500	83,8
Ganztagschule (2006)	Ganztagschule	24	4,0
	Halbtagsschule	597	96,0

Der Mittelwert der bereits beschriebenen abhängigen Variable Schülerzahlverlust Sek I vergrößert sich durch den Ausschluss der Ausreißer auf einen Verlust von 12,36 Prozent (SD = 6,7).

Die Schulgröße ist durch die Schüleranzahl in der Sekundarstufe I operationalisiert. In den 597 Gymnasien in Nordrhein-Westfalen, die die Stichprobe für diese Untersuchung darstellen, befinden sich durchschnittlich 655 Schülerinnen und Schüler. Die hohe Standardabweichung von 143 deutet bereits darauf hin, dass hier große Unterschiede zwischen den Schulen vorzufinden sind: So setzt sich die kleinste Sekundarstufe I aus 329 und die größte aus 1.454 Gymnasiastinnen und Gymnasiasten zusammen. Dabei kommen in der Regel 16,7 Schülerinnen und Schüler auf eine Lehrkraft. Die durchschnittliche Klassenfrequenz in der Sekundarstufe I liegt 0,4 Schülerinnen und Schüler über der gesetzlichen Richtlinie von 28,0. Die Klassen des fünften Jahrgangs fallen mit

29,3 Schülerinnen und Schüler jedoch etwas größer aus, auch die Streuung ist hier größer. So finden wir Gymnasien, die bis zu 35 Kinder in die Eingangsklassen aufnehmen. Sie werden im Durchschnitt vierzügig betrieben.

Die Lehrkräfte an den nordrhein-westfälischen Gymnasien sind durchschnittlich 49 Jahre alt, der Anteil der Schülerinnen und Schüler mit Migrationshintergrund beträgt im Durchschnitt 13,2 Prozent – mit einer Spanne von 0,1 bis 70,8 Prozent.

Mit 83,8 Prozent befindet sich der weitaus größte Anteil der Gymnasien in öffentlicher Trägerschaft, 16,2 Prozent werden privat geführt.

Bis zum Schuljahr 2006 gab es in Nordrhein-Westfalen insgesamt lediglich 27 Ganztagsgymnasien, von denen sich 24 (4,0 Prozent) in der Stichprobe befinden. Am Rande soll ergänzt werden, dass sich die Anzahl bis zum Schuljahr 2011/12 auf 143 gesteigert hat (vgl. MSW NRW, 2012b, S. 180).

Wird der Blick auf die regionalen Bedingungen und damit auf die Städte gerichtet, in denen sich die Gymnasien befinden, zeigt sich, dass dort mindestens ein Gymnasium existiert (da Städte ohne Gymnasien nicht in der Stichprobe vorzufinden sind) bis hin zu 33 Gymnasien (in Köln). Die Übergangsquoten zu diesem Bildungsgang sind bereits in Kapitel 3.1 ausführlich berichtet worden. Auch hier wird ersichtlich, dass durchschnittlich 39,98 Prozent der Grundschulabgängerinnen und -abgänger ihren Bildungsweg auf einem Gymnasium fortführen, mit einer Standardabweichung von 7,4 Prozent. Mithilfe der Einwohnerzahlen der Städte und Gemeinden ist die Gymnasialdichte errechnet worden (Anzahl der Gymnasien dividiert durch die Anzahl der Einwohnerinnen und Einwohner). Im Durchschnitt kommen auf ein Gymnasium gut 26.000 Einwohnerinnen und Einwohner.

Bivariate Korrelationen zwischen den einzelschulischen Schülerzahlverlusten und strukturellen Kontext- und Inputfaktoren

Nachdem nun ein erster Eindruck von den Daten und der Stichprobe vermittelt werden konnte, werden in einem nächsten Schritt die Befunde bivariater Korrelationen berichtet.

Tabelle 7:   Bivariate Korrelationen zwischen dem Schülerzahlverlust Sek I
             und strukturellen Kontext- und Inputfaktoren

Kontext- und Inputfaktoren	Bivariate Korrelation
Trägerschaft	.408**
Migrationsanteil	-.252**
Schulgröße	.155**
Zügigkeit der Schule im 5. Jahrgang	.033
Klassenfrequenz im 5. Jahrgang	.044
Klassenfrequenz insgesamt	.291**
Schüler-Lehrer-Relation	.034
Ganztag	-.087*
Durchschnittliches Alter der Lehrkräfte	-.158**
Übergangsquote zum Gymnasium	.182**
Anzahl der Gymnasien in der Stadt	.040
Gymnasialdichte	-.155**

N = 597, ** = p < 0,01; * = p < 0,05

Dabei wird ersichtlich, dass die Trägerschaft, der Anteil der Schülerinnen und
Schüler mit Migrationshintergrund, die Schulgröße, die Klassenfrequenzen
insgesamt, das durchschnittliche Alter der Lehrkräfte, die Übergangsquote zum
Gymnasium sowie die Gymnasialdichte hochsignifikant mit den Verbleibchancen der Schülerinnen und Schüler zusammenhängen. Mit einem Korrelationskoeffizienten von .408** weist die Trägerschaft den stärksten Zusammenhang
auf. Die Haltekraft privater Gymnasien fällt demnach höher aus als die der
öffentlichen Gymnasien. Auch die Verbleibchancen der Schülerinnen und
Schüler an Gymnasien mit einem geringen Anteil an Migrantinnen und Migranten sind hochsignifikant größer (-.252**).

Die durchschnittliche Klassengröße aller Jahrgangsstufen der Sekundarstufe I – nicht aber die speziell des fünften Jahrgangs – steht in einem signifikant
positiven Zusammenhang zu den Verbleibchancen der Schülerinnen und Schüler. Dieser zweitgrößte Korrelationskoeffizient von .291** kann wie folgt gelesen werden: Je kleiner die Klassen ausfallen, desto geringer sind die Verbleibchancen der Kinder und Jugendlichen an diesen Schulen. Dieser zunächst er-
wartungswidrige Befund ist vermutlich dahingehend zu interpretieren, dass
sich Gymnasien, die einen hohen Schülerzahlverlust aufweisen, folglich auch
durch kleinere Klassen auszeichnen.

Ebenso erwartungswidrig stellt sich das Ergebnis dar, dass die Schülerzahlverluste in kleineren Gymnasien größer ausfallen (.155**). Vermutlich gilt auch
hier: Je mehr Schülerinnen und Schüler das Gymnasium frühzeitig verlassen,
desto kleiner ist die Schüleranzahl in der Sekundarstufe I. Die Zügigkeit der

Schulen im fünften Jahrgang und die Schüler-Lehrer-Relation weisen im bivariaten Modell keine signifikanten Befunde auf.

Darüber hinaus zeigt sich, dass die Schülerzahlverluste im Verlauf der Sekundarstufe I an Ganztagsschulen höher ausfallen. Dieser Befund ist auf dem Fünf-Prozent-Niveau signifikant und mit Blick auf die generierte Hypothese alles andere als erwartungskonform. Ob und inwiefern dies auf unterschiedliche Schülerzusammensetzungen zurückzuführen ist, bleibt an dieser Stelle ungeklärt.

Im Einklang mit der aufgestellten Hypothese zum Durchschnittsalter der Lehrkräfte ergibt sich, dass an Gymnasien mit einem durchschnittlich älteren Kollegium eine ausgeprägtere Selektionspraxis herrscht als an Gymnasien mit jüngeren Kollegien. Ein Befund, der die Vermutung erlaubt, dass das Selbstverständnis zur individuellen Förderung der einzelnen Schülerinnen und Schüler und die bildungspolitische Forderung nach Reduzierung von Selektion und Auslese in jüngster Zeit Einzug sowohl in die Schulen als auch in die Lehrerausbildung erhalten hat. So hat die Darstellung des Ausmaßes der selektiven Praxis (in Kapitel 3) verdeutlicht, dass Selektionsinstrumente in Gymnasien vor zehn Jahren weitaus häufiger zum Einsatz kamen und Ausleseprozesse für die bereits damals tätigen Lehrkräfte folglich alles andere als ein Randphänomen darstellten.

Bei den regionalen Bedingungen erweist sich die Übergangsquote zum Gymnasium sowie die Gymnasialdichte als statistisch bedeutsam im Hinblick auf die Frage nach dem Zusammenhang zum Anteil frühzeitiger Abgänge vom Gymnasium. Alltagstheoretisch könnte – mit einer Vielzahl von Lehrkräften gesprochen – behauptet werden, dass in Städten mit einer überdurchschnittlich hohen Übergangsquote zum Gymnasium auch die Anzahl nichtgeeigneter, leistungsschwächerer Grundschulabgänger steigt, die Schwierigkeiten haben, die anspruchsvollste Schulform erfolgreich zu durchlaufen und somit der Verbleib der Schülerinnen und Schüler geringer ausfällt (vgl. z.B. Terhart, 2001, S. 119). Den bivariaten Analysen zufolge ist jedoch das Gegenteil der Fall. Es zeigt sich, dass mit dem Anteil der Kinder einer Stadt, die nach der Grundschule auf ein Gymnasium wechseln, auch der Anteil der Kinder steigt, die dort verbleiben. Anders formuliert bedeutet dies: Kann ein nur geringer Anteil der Grundschulabgänger seinen Weg auf einem Gymnasium fortführen, ist die Wahrscheinlichkeit größer, dass sie die Schule vorzeitig verlassen. Diese gewissermaßen doppelte Benachteiligung ist ansatzweise in der Ergebnisdarstellung der ersten Forschungsfrage (Kapitel 8.1) bereits angesprochen worden und wird bei den gleich folgenden Befunden der multivariaten Analysen erneut aufgegriffen.

Eine hohe Gymnasialdichte, bei der tendenziell wenige Einwohner auf ein Gymnasium entfallen, könnte als Zeichen einer hohen Bildungsorientierung in diesem Ort interpretiert werden, in dem die Nachfrage an gymnasialen Bil-

dungsgängen und damit auch das Angebot hoch ist. Den Ergebnissen der bivariaten Korrelation zufolge sind die Verbleibchancen der Schülerinnen und
Schüler an diesen Gymnasien höher als in Städten mit einer geringeren Gymnasialdichte. Den Ausführungen in Kapitel 3.1 folgend, wonach in Städten mit
einer hohen Bildungsorientierung – wie in Universitätsstädten oder in Orten,
die sich durch geringe soziale Herausforderungen wie einer geringen Arbeitslosenquote und einem hohen Bildungsniveau der Bürgerinnen und Bürger
auszeichnen – die Übergangsquote zum Gymnasium überdurchschnittlich hoch
ausfällt (vgl. Landesinstitut für Schulentwicklung Baden-Württemberg, 2011,
S. 82; Ditton, 1992, 2004; Terhart, 2001; Weishaupt, 2009; Rösner, 2007a,
S. 97 ff.), könnte dieser empirische Befund darauf hinweisen, dass auch die
Wahrscheinlichkeit eines erfolgreichen Durchlaufs des Gymnasiums in diesen
Städten größer ausfällt. Folglich wäre weniger die Gymnasialdichte an sich
oder die Übergangsquote zum Gymnasium ausschlaggebend für die höheren
Verbleibchancen der Schülerinnen und Schüler an den Gymnasien, sondern die
dort herrschende ausgeprägtere Bildungsorientierung der Einwohnerinnen und
Einwohner.

Zwischen dem Schülerzahlverlust im Verlauf der Sekundarstufe I und der
Anzahl der Gymnasien in einem Ort finden wir keinen signifikanten bivariaten
Zusammenhang.

*Multivariate Regressionsanalysen zum Zusammenhang der einzelschulischen
Schülerzahlverluste und struktureller Kontext- und Inputfaktoren*

Um nicht nur eine, sondern mehrere unabhängige Variablen und ihre Zusammenhänge zur abhängigen Variable der Verbleibchancen der Schülerschaft im
Verlauf der Sekundarstufe I betrachten zu können, werden in einem weiteren
Schritt die Ergebnisse einer multivariaten Regressionsanalyse berichtet. Damit
dabei überprüft werden kann, welchen Gewinn die Berücksichtigung zusätzli-
cher Prädiktoren bringt, wird zunächst eine schrittweise Verfahrensweise gewählt.[62]

---

62 Die 14 Fälle, bei denen keine Angaben zum Migrationsanteil der Gymnasien vorla-
gen, wurden fallweise aus der schrittweisen Regressionsanalyse ausgeschlossen.

Abbildung 32: Schrittweise Regression mit dem Schülerzahlverluste Sek I als abhängige und strukturellen Merkmale als unabhängige Variablen

	I	II	III	IV	V	VI	VII	VIII	IX
Trägerschaft	.409**	.417**	.405**	.383**	.401**	.343**	.313**	.315**	.321**
Schulgröße		.179**	.183**	.438**	.569**	.535**	.532**	.540**	.541**
Übergangs-quote zum Gymnasium			.156**	.149**	.142**	.133**	.135**	.138**	.125**
Zügigkeit				-.292**	-.429**	-.407**	-.423**	-.419**	-.413**
Klassenfre-quenz im 5.Jg.					-.146**	-.236**	-.237**	-.233**	-.236**
Klassenfre-quenz in der Sek I						.192**	.178**	.169**	.177**
Migrations-anteil							-.119**	-.117**	-.129**
Ganztag								-.088*	-.107**
Schüler-Lehrer-Relation									-.077*
R² korr.	.166	.196	.219	.237	.252	.273	.284	.291	.295

N = 583, ** = p < 0,01; * = p < 0,05

Ausgeschlossene Variablen: Durchschnittliches Alter der Lehrkräfte, Anzahl der Gymnasien im Ort, Gymnasialdichte

Der bedeutendste Prädiktor ist auch hier die Trägerschaft der Schule, die bei Hinzunahme weiterer Variablen jedoch an Bedeutung verliert. Der Beta-Koeffizient im letzten Modell beträgt jedoch noch immer .321**. Die amerikanische Drop-Out-Forschung weist seit vielen Jahren auf diesen Zusammenhang hin (vgl. Kapitel 4.2.3). Genaue Ursachen für diesen Umstand können allerdings auch mit dieser Arbeit nicht erforscht werden. Ob er auf einen besseren sozioökonomischen Hintergrund der Schülerinnen und Schüler, eine verstärkte Elternunterstützung oder auf eine andere Unterrichts- und Schulkultur zurückzuführen ist, bleibt fraglich. Dass die Schülerzusammensetzung in Bezug auf den Migrantenanteil allein verantwortlich für diese Befunde ist, kann allerdings ausgeschlossen werden, da dieser in dem vorliegenden Modell aufgenommen und somit kontrolliert wird. Gleichwohl offenbart die Korrelationsmatrix aller einbezogenen Variablen (am Ende dieses Teilkapitels), dass an privaten Gymnasien signifikant weniger Migrantinnen und Migranten unterrichtet werden als an öffentlichen Schulen (-.285**).

Anders als bei der Trägerschaft verhält es sich mit der Schulgröße, die in Modell II mit einer Stärke von .179** startet und mit .541** endet. Mit Einbezug der Zügigkeit der Schule (Modell IV), die stark verknüpft ist mit der Schulgröße (.878**), aber auch durch Hinzunahme der Klassenfrequenz im fünften Jahrgang (Modell V), vergrößert sich der Koeffizient deutlich.[63] Im Gegensatz zur eingangs formulierten Hypothese, die sich im Wesentlichen auf Forschungsergebnisse im angloamerikanischen Raum stützt, bei denen die Dropout-Quote an großen Schulen höher ausfällt als an kleinen, zeigt sich in den hier vorgelegten Analysen ein starker positiver Zusammenhang zwischen der Schulgröße und hohen Verbleibchancen der Schülerinnen und Schüler (.542**). Auch Begründungen für dieses Ergebnis bleiben spekulativ; angedeutet wurde bereits die Vermutung, dass der Befund dahingehend interpretiert werden kann, dass die Schülerzahl insgesamt sinkt, je größer der Schülerzahlverlust im Verlauf der Sekundarstufe I ausfällt. Ein positiver Zusammenhang könnte so erklärt werden. Ebenso wurde der Versuch eines Begründungsansatzes für den positiven Zusammenhang zwischen den Verbleibchancen der Schülerinnen und Schüler und der Klassenfrequenz insgesamt im Zuge der Ergebnisdarstellung der bivariaten Korrelationen bereits aufgestellt. So kann begründet davon ausgegangen werden, dass ein hoher Schülerzahlverlust kleinere Klassen verursacht und nicht insofern umgekehrt, als sich kleine Klassen auf einen hohen Anteil frühzeitiger Abgänge auswirken.

Ein bildungspolitisch relevanter Befund zeigt sich in Bezug auf die Klassenfrequenz im fünften Jahrgang. Hier wird ersichtlich, dass sich die Selektionspraxis der Schulen umso ausgeprägter darstellt, je voller die Eingangsklassen der Gymnasien sind. Einerseits können die Ergebnisse so interpretiert werden, dass fördernder Unterricht und Individualisierung in großen Klassen schwerer möglich sind und die Leistungsentwicklungen demnach suboptimal verlaufen, sodass eine größere Anzahl an Kindern und Jugendlichen das Gymnasium frühzeitig verlassen muss. Wenngleich es an einheitlichen empirischen Befun-

---

63 Neben der hohen Korrelation zwischen den zwei Variablen Schulgröße und Züge im fünften Jahrgang von .878** (s. auch Unterkapitel 7.2.1) geben die Toleranzwerte von .173 bzw. .175 und der VIF von 5.7 bzw. 5.8 berechtigten Anlass, hier von einem Multikollinearitätseffekt auszugehen. Wird die Variable Zügigkeit des Gymnasiums aus dem Modell entfernt, bleiben alle Koeffizienten und Signifikanzwerte nahezu unverändert, mit Ausnahme der Schulgröße, bei der zwar auch Richtung und Signifikanz stabil bleiben, die Stärke des Regressionskoeffizienten nimmt jedoch deutlich ab (.198**). Alle Toleranzwerte und der VIF befinden sich dann in einem unkritischen Bereich. Aus inhaltlichen Gründen bietet es sich dennoch nicht an, auf die Zügigkeit der Gymnasien als Variable zu verzichten oder eine Indexvariable zu erstellen. Vielmehr soll an dieser Stelle der Hinweis genügen, dass die besagten hohen Werte der zwei Regressionskoeffizienten mit Vorsicht zu interpretieren sind.

den mangelt, dass sich die Klassengröße auf die Unterrichtsqualität und die Schülerleistungen auswirkt (vgl. Lankes & Carstensen, 2010). Dessen ungeachtet würde diese Interpretationsweise die Dringlichkeit verdeutlichen, den Richtwert der Klassenstärke des Eingangsjahrganges zu verringern. Der Befund könnte darüber hinaus aber auch ein Indiz für Gomollas & Radtkes These sein, dass Institutionen immer auch den Selbsterhalt zum Zweck haben: Sind genügend Schülerinnen und Schüler vorhanden, ist es für Schulen weniger folgenreich, Kinder abzulehnen oder frühzeitig an andere Schulformen zu überweisen. In Zeiten sinkender Schülerzahlen hingegen werden verstärkt auch Kinder mit zweifelhafter Eignung aufgenommen und erfolgreich zum Abitur geführt (Rösner & Stubbe, 2008; Gomolla & Radtke, 2009). An dieser Stelle könnte sich dieses institutionelle Interesse bestätigen: Sind genügend Schülerinnen und Schüler in den Gymnasien vorhanden, müssen die Schulen nicht um ihre Existenz hinsichtlich wegfallender Lehrerstellen bangen. Gleichzeitig sehen sie die Nachteile der großen Klassen für den Unterricht und damit auch den Nutzen, leistungsschwächere Schülerinnen und Schüler auszulesen.

Vor diesem Hintergrund könnten auch die Befunde zur Zügigkeit der Gymnasien gesehen werden. Durch die Betrachtung mehrerer unabhängiger Variablen in der multivariaten Analyse stellt sich die Zügigkeit im fünften Jahrgang – im Gegensatz zu den bivariaten Korrelationen – als bedeutender und hoch signifikanter Prädiktor heraus. Die Haltekraft der Gymnasien mit wenigen Parallelklassen im fünften Jahrgang ist demzufolge größer als von denjenigen Schulen mit einer höheren Anzahl an Parallelklassen. Auch hier kann die vorsichtige Vermutung aufgestellt werden, dass Gymnasien mit wenigen Zügen im fünften Jahrgang – und dementsprechend auch mit weniger Schülerinnen und Schülern – eher die Bedeutung erkennen, zwecks institutionellem Selbsterhalt, ihre Kinder und Jugendlichen in der eigenen Schule zu halten, als Gymnasien, die ausreichend Eingänge in Ihre Schule zu verzeichnen haben.[64]

Gleichermaßen bildungspolitisch höchst relevant und erst in der multivariaten Regression signifikant sind die Ergebnisse im Hinblick auf die Schüler-Lehrer-Relation (-.077*). So implizieren die Analysen, dass eine größere Anzahl an Lehrkräften auf weniger Schülerinnen und Schüler, also ein günstiger Schüler-Lehrer-Schlüssel, Schulversagen und den frühzeitigen Abgang vom Gymnasium bekämpfen kann. Denn eine gute Ausstattung an personellen Ressourcen kann zur Optimierung der individuellen Förderung führen und dazu, dass Lehrkräfte den Schülerinnen und Schülern bei schulischen Problemen eher als Ansprechpartner zur Verfügung stehen. Darüber hinaus könnte der Unterricht

---

64 In diese Richtung weist auch der Befund, dass je geringer die Anzahl der Züge, desto höher der Anteil der Schülerinnen und Schüler mit Migrationshintergrund ausfällt (mit einem Korrelationskoeffizient von -.120**).

durch die verbesserten Rahmenbedingungen von Team-Teaching profitieren, was sich wiederum positiv auf die Diagnosekompetenzen auswirken und zu einer Entlastung der Lehrkräfte führen kann.

Zurück zu den Ergebnissen der schrittweisen Regressionsanalyse: Ein negativer Korrelationskoeffizient zwischen dem Schülerzahlverlust und dem Migrationsanteil von -.129** verweist auf den Umstand, dass sich mit anteiligem Anstieg der Schülerinnen und Schüler mit Migrationshintergrund an einem Gymnasium auch die frühzeitigen Abgänge erhöhen. Dass der Migrationshintergrund auf individueller Schülerebene bedeutsam für Schulformwechsel ist, wurde im Abriss des Forschungsstandes bereits ausgeführt. Kinder und Jugendliche mit Migrationshintergrund sind häufiger vom Abgang des Gymnasiums betroffen als Schülerinnen und Schüler ohne Migrationshintergrund. Zu vermuten gilt deshalb, dass es insbesondere die Kinder und Jugendlichen mit Migrationshintergrund sind, die das Gymnasium noch im Verlauf der Sekundarstufe I verlassen. Gesicherte Informationen hierzu sind der Untersuchung jedoch nicht zu entnehmen. Begründet werden solche Differenzen durch das Zusammenwirken von primären und sekundären Herkunftseffekten: Zum einen erzielen sie, u.a. aufgrund geringerer Sprachkompetenzen, schlechtere schulische Leistungen, zum anderen werden Entscheidungen (hier für einen frühzeitigen Abgang vom Gymnasium) je nach sozialer Lage der Familien unterschiedlich getroffen, da bildungsfernere Familien seltener vom Statusverlust bedroht sind, die Erfolgswahrscheinlichkeit ihrer Kinder pessimistischer einschätzen und weniger Unterstützung bieten können (ausführliche Ausführungen hierzu vgl. Kapitel 4.2).[65] Dass der Bildungsnutzen in Familien mit Migrationshintergrund ganz und gar nicht geringer eingeschätzt wird als in Familien ohne Migrationshintergrund, ist jedoch bereits ausgeführt worden (vgl. z.B. Kristen & Dollmann, 2009). Darüber hinaus kann der sich hier ergebende Zusammenhang auch vor dem Hintergrund der Kompositionseffekte gelesen werden, dass sich also die Zusammensetzung der Schülerschaft auf den Lernfortschritt der Einzelnen auswirkt. Ein hoher Migrationsanteil an sich ist dabei noch nicht ausschlaggebend für eine nachteilige Leistungsentwicklung der Lerngruppe. Häufig findet sich in diesen Lerngruppen jedoch auch ein höherer Anteil an Schülerinnen und Schülern mit ungünstigen Lernvoraussetzungen hinsichtlich sozialer und leistungsbezogener Merkmale (vgl. Gresch & Becker, 2010). Gesicherte Aussagen hierzu sind mit diesem Forschungsdesign jedoch nicht möglich.

Auch eine zufriedenstellende Antwort auf die Frage, warum Ganztagsschulen tendenziell einen höheren Anteil ihrer Schülerinnen und Schüler verlieren,

---

65 Auch wenn wir hier starke Unterschiede zwischen den verschiedenen Nationalitäten der Kinder und Jugendlichen mit Migrationshintergrund vorfinden.

kann mithilfe der vorliegenden Analysen nicht gegeben werden. Die Zusammenhänge sind auch hier nur schwach ausgeprägt (-.107*). Dass dieser Befund im Widerspruch zur eingangs aufgestellten Hypothese steht, wonach das Mehr an Zeit an Ganztagsschulen zu besseren Rahmenbedingungen etwa im Hinblick auf die individuelle Förderung der Schülerinnen und Schüler führt, wurde bereits erwähnt. Auch den multivariaten Regressionsanalysen zufolge weisen Ganztagsschulen einen höheren Schülerzahlverlust als Halbtagsschulen auf. Eine Vermutung könnte lauten, dass sich insbesondere Schulen mit besonderen Herausforderungen zu Ganztagsschulen umwandeln, um einer wie auch immer gestalteten problematischen Situation mit einem Mehr an Zeit begegnen zu können.[66] Der berichtete negative Zusammenhang würde dann keine Aussage etwa über den Unterricht oder das Förderpotential der Ganztagsschule geben, sondern über die ungünstigeren Inputfaktoren der Schule, die auch erklären, warum ein größerer Anteil an Schülerinnen und Schülern das Gymnasium vorzeitig verlässt. Untermauert werden kann diese Hypothese durch Befunde der Internationalen-Grundschul-Lese-Untersuchung (IGLU) 2006. Ein hier durchgeführter Leistungsvergleich zwischen Schülerinnen und Schülern, die an Ganztagsangeboten teilnehmen und nicht teilnehmen zeigt, dass die Lesekompetenzen in der Gruppe der Nicht-Teilnehmer deutlich besser ausfallen. Dieser Befund wird auf die Tatsache zurückgeführt, dass sich Ganztagsschulen im Vergleich zu Halbtagsschulen durch einen überproportional hohen Anteil von Kindern und Jugendlichen aus schwierigen sozioökonomischen Verhältnissen auszeichnen (vgl. Holtappels, Radisch, Rollett & Kowoll, 2010, S. 186). Bedacht werden muss hier, dass *Schulleistungen* in *Grundschulen* untersucht wurden. Der hier ermittelte Befund an Gymnasien kann jedenfalls nicht allein durch unterschiedliche Anteile von Schülerinnen und Schülern mit Migrationshintergrund erklärt werden, da diese Variable als Bestandteil des Modells kontrolliert wird.

Zuletzt soll der Blick auf den hochsignifikant positiven Zusammenhang zwischen den Übergangsquoten zum Gymnasium und den Verbleibchancen der Schülerinnen und Schülern gerichtet werden (.125**), der sich bereits bei den bivariaten Korrelationsanalysen gezeigt hat. Die sich damit ergebende doppelte Benachteiligung von Kindern und Jugendlichen, die in Städten mit einer geringen Übergangsquote zum Gymnasium und einem überdurchschnittlich hohen Schülerzahlverlust an diesen Schulen wohnen, ist bereits angerissen worden (vgl. Kapitel 8.1). Offenbar wächst mit relativem Anstieg der Übergangsquote zum Gymnasium ganz und gar nicht der Anteil der vermeintlich nichtgeeigneten Gymnasiasten, vielmehr sinkt dieser. Wird dieser Befund zusammen mit

---

66 Zu beachten gilt dabei, dass sich im betrachteten Zeitraum (2005 bis 2008) lediglich 24 Gymnasien der Stichprobe in einem gebundenen Ganztagsbetrieb befanden.

den einschlägigen empirischen Belegen gesehen, dass die Übergangsquoten zum Gymnasium in Städten mit durchschnittlich höherem Bildungsniveau der Einwohnerinnen und Einwohner und damit einhergehend mit einer stärkeren Bildungsorientierung größer ausfallen (vgl. Ditton, 1992, 2004; Weishaupt, 2009; Landesinstitut für Schulentwicklung Baden-Württemberg, 2011), kann berechtigt von einer regionalspezifisch ausgeprägten Gymnasialkultur oder einer Gymnasialpräsenz gesprochen werden. Die drei Universitätsstädte Aachen, Münster und Bonn können als Beispiele für eine stark ausgebildete Gymnasialkultur genannt werden, in denen der Zugang zum Gymnasium und auch das erfolgreiche Durchlaufen dieses Bildungsgangs offenbar die Regel ist.

Das durchschnittliche Alter der Lehrkräfte sowie die Gymnasialdichte erweisen sich in der multivariaten Analyse als keine signifikanten Prädiktoren mehr. Die zunächst identifizierten Zusammenhänge stellen sich folglich als Scheinkorrelation heraus. Die in das Modell IX einbezogenen Variablen erklären 29,5 Prozent der Varianz im Schülerzahlverlust, der Determinationskoeffizient R^2 ist damit zufriedenstellend.

Abschließend werden die multivariaten Zusammenhänge mithilfe eines Regressionsmodells grafisch dargestellt. Anstatt bei fehlenden Werten einen fallweisen Ausschluss durchzuführen, werden die fehlenden Werte hier geschätzt. Die aufgeführten Prädiktoren erklären 30,6 Prozent der Varianz in den Schülerzahlverlusten der Gymnasien. Mit leichten Abweichungen sind die Regressionskoeffizienten mit den soeben geschilderten Koeffizienten der schrittweisen Regression vergleichbar (vgl. Abbildung 33).

Abbildung 33: Regressionsmodell zur Erklärung des Schülerzahlverlusts im Verlauf der Sek I [67]

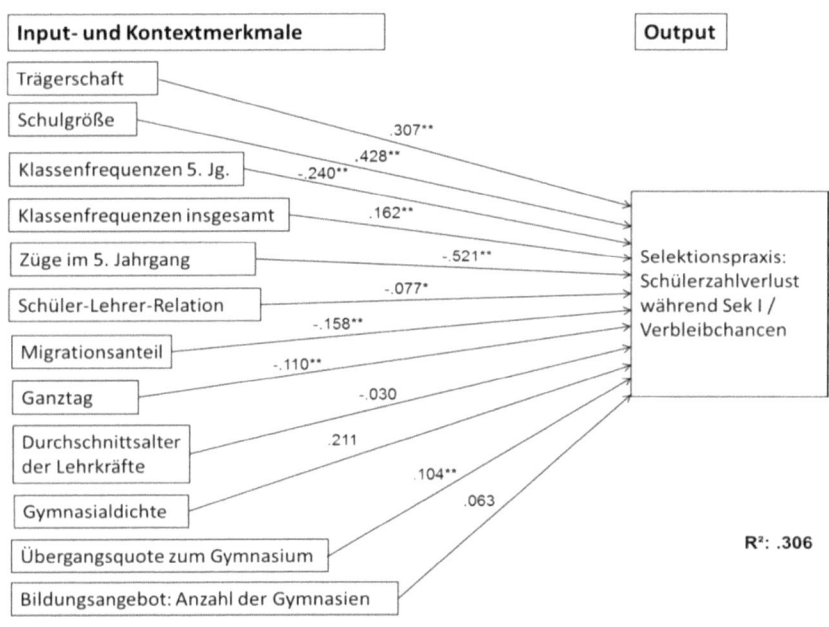

N = 597, ** = p < 0,01; * = p < 0,05

8.2.1 Vertiefende Analysen

In den nun folgenden vertiefenden Analysen zu strukturellen Kontext- und Input-Faktoren als mögliche Gründe für die unterschiedlichen Schülerzahlverluste an den einzelnen Gymnasien in Nordrhein-Westfalen werden zwei Aspekte behandelt. Zum einen wird eine Korrelationsmatrix Aufschluss über die Zusammenhänge aller unabhängigen Variablen geben und zum anderen werden die durchschnittlichen Schülerleistungen und die soziale Schülerzusammensetzung in Beziehung zu den Schülerzahlverlusten gesetzt. Diese Analysen

---

67 Mplus verweist auf Probleme bei der Schätzung des Koeffizienten der Variable Gymnasialdichte. Dies kann vermutlich darauf zurückgeführt werden, dass sie keine Normalverteilung aufweist. Um die Variable dennoch in das Modell aufnehmen zu können, wird mithilfe der Quartile eine ordinalskalierte Variable erstellt.

sind aus Datenschutzgründen vom Ministerium für Schule und Weiterbildung durchgeführt worden.

(1) Bivariate Korrelationen der strukturellen Merkmale der Gymnasien

Die nachfolgende Korrelationsmatrix, die alle einbezogenen strukturellen Input- und Kontextmerkmale beinhaltet, vermittelt Auskünfte über die Zusammenhänge der unabhängigen Variablen untereinander. Korrelieren zwei unabhängige Variablen stark miteinander, kann dies ein Hinweis auf eine Multikollinearität geben, aus der wenig verlässliche Schätzwerte resultieren können (vgl. Urban & Mayerl, 2011).

Tabelle 8:   Korrelationsmatrix aller strukturellen Merkmale der Gymnasien in NRW

	Trägerschaft	Migrationsanteil	Schulgröße	Züge im 5. Jg.	Klassengröße 5. Jg.	Klassengröße Sek I	S-L-R	Alter Lehrkräfte
Trägerschaft								
Migrationsanteil	-.285**							
Schulgröße	-.031	-.147**						
Züge im 5. Jg.	-.106**	-.120**	.878**					
Klassengröße 5 Jg.	.195**	-.105*	.071	-.166**				
Klassengröße Sek I	.411**	-.221**	.095*	-.076	.559**			
Schüler-Lehrer-Relation	.151**	-.216**	.084*	.072	.053	.159**		
Alter Lehrkräfte	-.278**	.131**	-.141**	-.114**	-.113**	-.198**	-.051	
Ganztag	-.021	.022	.122**	.120**	-007	-.064	-.256**	-.027
Übergangsquote zum Gymnasium	.097*	-.008	-.033	-.059	-.005	.070	-.156**	.015
Gymnasialdichte	-.310**	.288**	.311**	.280**	-.036	-.129**	-.088*	.135**
Anzahl Gymnasien	-.002	.409**	-122**	-.180**	.123**	.146**	-.198**	.019
Verlust Sek I	.408**	-.252**	.155**	.033	.044	.291**	.034	-.158**

	Ganztag	Übergangsquote zum Gymnasium	Gymnasialdichte	Anzahl Gymnasien
Übergangsquote GYM	.023			
Gymnasialdichte	.057	-.281**		
Anzahl Gymnasien	.059	.297**	.163**	
Schülerverlust Sek I	-.087*	.182**	-.155**	.040

N = 597 (bzw. 583), ** = p < 0,01; * = p < 0,05

Die Beschreibung dieser Korrelationsmatrix vermittelt eine Bestandsaufnahme der Gymnasien in NRW im Hinblick auf ihre strukturellen Rahmenbedingungen. Ersichtlich wird, dass private Gymnasien einen signifikant geringeren Migrationsanteil aufweisen (-.285**), über weniger Züge im fünften Jahrgang verfügen (-.106**) und tendenziell jüngere Lehrkräfte an ihnen beschäftigt sind (-.278**). Wenngleich sie sich durch größere Klassen – sowohl im fünften Jahrgang (.195**) als auch in der Sekundarstufe I insgesamt (.411**) – und einen ungünstigeren Schüler-Lehrer-Schlüssel (.151**) auszeichnen, verlieren sie einen signifikant geringeren Schüleranteil (.408**).

Ein hoher Migrationsanteil findet sich vermehrt an kleineren Schulen (-.147**) mit günstigeren Schüler-Lehrer-Relationen (-.216**) und kleineren Klassen (-.221**). Vermutlich wird durch diese verbesserten Rahmenbedingungen der besonderen Schülerschaft Rechnung getragen. Auch Ganztagsschulen zeichnen sich durch ein günstigeres Schüler-Lehrer-Verhältnis aus (-.256**). Darüber hinaus sind Lehrkräfte an Schulen mit einem hohen Migrationsanteil älter (.131**) und die Gymnasien erwartungsgemäß häufiger in großen Städten mit einer höheren Anzahl an Gymnasien (.409**) angesiedelt.

Die Schulgröße korreliert naturgemäß sehr stark mit der Anzahl der Züge im fünften Jahrgang (.878**). Ferner sind große Schulen eher Ganztagsschulen (.122**) und verfügen über ein durchschnittlich jüngeres Kollegium (-.141**). Nicht die Schulgröße, wohl aber die Zügigkeit im fünften Jahrgang korreliert mit der Klassengröße: Über je mehr Züge ein Gymnasium verfügt, desto kleiner sind die Klassen im Eingangsjahrgang (-.166**).

Des Weiteren zeigt sich, dass sich mit wachsender Klassenfrequenz insgesamt die Schüler-Lehrer-Relation ungünstiger darstellt (.159**). Dieser Umstand könnte ein vorsichtiger Hinweis darauf sein, dass manche Gymnasien aufgrund ihrer personellen Situation nicht in der Lage sind, eine weitere Parallelklasse zu öffnen, um damit die Klassengrößen verringern zu können. An Schulen mit hohen Klassenfrequenzen sind die Lehrkräfte tendenziell jünger (-.198**).

Zuletzt verwundern die Korrelationen zwischen der Übergangsquote zum Gymnasium und der Anzahl der Gymnasien im Ort nicht: Verfügt eine Stadt über eine Vielzahl an Gymnasien fällt auch die Übergangsquote zu dieser Schulform höher aus (.297**). Dieses Ergebnis bestätigt die in Kapitel 3.1 beschriebenen Befunde, dass die Erreichbarkeit von Bildungseinrichtungen maßgeblichen Einfluss auf ihre Nutzung hat (vgl. Ditton, 1992, 2004): „Die Bildungssoziologie geht davon aus, dass es in einer Region immer etwa so viele Gymnasiasten wie Schülerstühle in Gymnasien dieser Region gibt. Deren Zahl ist abhängig von Entscheidungen hinsichtlich des Ausbaus – nicht von der angenommenen Zahl der irgendwie ‚natürlich' Gymnasialbegabten in der Region. Das heißt, der Grad der Versorgung mit dieser Schulform ist der entscheidende Parameter für die Inanspruchnahme dieser Schulform. Welchen Gymnasialanteil man für notwendig und möglich hält, hängt wiederum von bildungsbezogenen Traditionen und Mentalitäten der Entscheidungsträger in einer Region ab" (Terhart, 2001, S. 117).

(2) Zusammenhang zwischen den Schülerzahlverlusten und den durchschnittlichen Schülerleistungen sowie der Schülerzusammensetzung

Um auszuschließen, dass die unterschiedliche Haltepraxis der einzelnen Gymnasien allein auf die Schulleistungen der Schülerinnen und Schüler zurückzuführen ist, wurde in vertiefenden Analysen versucht zu überprüfen, ob ein Zusammenhang besteht zwischen den Schülerzahlverlusten auf Einzelschulebene und den durchschnittlichen Ergebnissen der Lernstandserhebungen, die in Nordrhein-Westfalen in der achten Jahrgangsstufe durchgeführt werden.

Dabei konnten bedingt auch Auskünfte über die soziale Zusammensetzung der Schülerschaft berücksichtigt werden, die dem Ministerium für Schule und Weiterbildung in Form von sogenannten Standorttypen vorliegen (vgl. Isaac, 2011). Im Rahmen der Lernstandserhebungen wurden vom MSW NRW auf der Grundlage von Daten der amtlichen Statistik schulformübergreifend fünf Standorttypen konstruiert. Wie bereits erläutert basieren sie auf dem Anteil der Schülerinnen und Schüler mit Migrationshintergrund sowie der Arbeitslosen- und SGB II-Quote der unter 18-Jährigen in dem Schuleinzugsgebiet (vgl. Kapitel 6.2 und Issac, 2011, S. 300). Gymnasien, die dem ersten Standorttyp zugeordnet werden, befinden sich demnach in einem wenig belasteten Umfeld. Der fünfte Standorttyp kennzeichnet sich demgegenüber durch eher schwierige soziale und kulturelle Rahmenbedingungen (vgl. ebd., S. 301). Diese Variable durfte aus datenschutzrechtlichen Gründen nicht herausgegeben werden, sodass die nun folgenden vertiefenden Analysen vom Ministerium für Schule und Weiterbildung in NRW durchgeführt wurden. In die bereits dargelegten statistischen Analysen konnten diese Variablen folglich nicht einbezogen werden.

Wenngleich der Zusammenhang zwischen den durchschnittlichen Schülerleistungen der Gymnasien und der sozialen Zusammensetzung der Schülerschaft nicht das vornehmliche Forschungsziel dieser Untersuchung darstellt, sollten diese Regressionsanalysen vorab klären, ob die Schülerzahlverluste in denjenigen Gymnasien am größten sind, die die schlechtesten durchschnittlichen Schülerleistungen und die schwierigste soziale Schülerzusammensetzung aufweisen.

Durchschnittliche Schülerleistung und Schülerzahlverluste

Als Datengrundlage wurden die schulspezifischen Ergebnisse der Lernstandserhebungen (LSE) aus dem Schuljahr 2008/09 verwendet, die in Nordrhein-Westfalen flächendeckend in der achten Jahrgangsstufe durchgeführt werden. Die schulspezifischen Schülerzahlverluste im Verlauf der Sekundarstufe I wurden dazu differenziert in die zwei Zeiträume von dem fünften bis zum achten Jahrgang und vom achten bis zum zehnten Jahrgang.[68] Die nachfolgende Grafik offenbart die Befunde der Korrelationsanalysen.

Abbildung 34: Zusammenhang zwischen den durchschnittlichen
Schulleistungen der Gymnasien und dem Schülerzahlverlust [69]

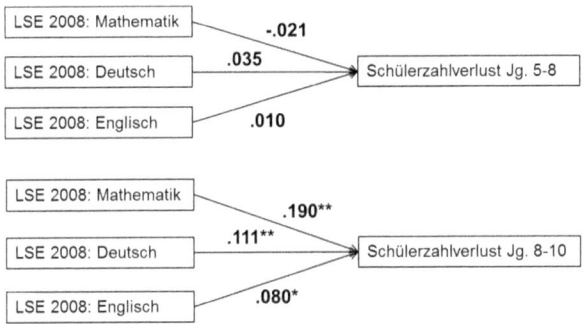

N = 601 (Englisch), N = 602 (Deutsch), N = 603 (Mathematik), ** = p < 0,01; * = p < 0,05

Zunächst wird deutlich, dass die Schülerzahlverluste während der ersten drei Jahrgangswechsel, also von der fünften bis zur achten Jahrgangsstufe, nicht signifikant mit den Testleistungen in den drei Kernfächern Mathematik, Deutsch und Englisch korrelieren. Hier ergeben sich sogar entgegengesetzte Befunde: Gute Mathematik- und schlechte Deutsch- und Englischleistungen stehen in einem (nicht signifikanten) Zusammenhang zu einem hohen Schülerzahlverlust. Sind es der vermuteten Annahme zufolge nun tatsächlich die Gymnasien mit den leistungsschwächsten Schülerinnen und Schülern, die den größten Schüleranteil frühzeitig an andere Schulformen abgeben? Mithilfe der vorliegenden Daten zu den Lernstandserhebungen kann diese Frage nicht zufriedenstellend beantwortet werden. Zu vermuten gilt, dass ein Gymnasium, dass bereits bis zur achten Jahrgangsstufe viele Schülerinnen und Schüler verloren hat, in den dann folgenden Lernstandserhebungen bessere Leistungen erzielt, da sich die leistungsschwächsten Schülerinnen und Schüler nicht mehr an diesem Gymnasium befinden und sie demnach auch nicht an den Leistungs-

---

68 Das Verfahren zur Errechnung dieser Kennwerte ist analog zu dem beschriebenen Durchgangsquotenverfahren (vgl. Unterkapitel 7.1), mit dem Unterschied, dass nur die jeweils relevanten Durchgangsquoten miteinander multipliziert werden – einmal die für die ersten drei Jahrgangswechsel und zum anderen die letzten beiden Wechsel von der achten in die neunte und von der neunten in die zehnte Klasse.

69 Hinweis: Die zuvor genannten acht „Ausreißerschulen" sind in den nun folgenden Analysen nicht ausgeschlossen worden. Darüber hinaus sind die Gymnasien mit fehlenden Werten fallweise ausgeschlossen worden.

tests teilnehmen. Folglich würden sich Gymnasien mit einer geringen Abschulungspraxis, die also in geringerem Ausmaß ihre leistungsschwächsten Schülerinnen und Schüler abschulen, durch eine größere Leistungsheterogenität auszeichnen.

Konstatiert werden kann jedoch, dass die Leistungen in den drei Hauptfächern
Mathematik, Deutsch und Englisch signifikant im positiven Zusammenhang
mit dem Schülerzahlverlust in den Jahrgängen acht bis zehn stehen: Je besser
die Testergebnisse ausfallen, desto höher sind auch die Verbleibchancen der
Schülerinnen und Schüler an diesen Gymnasien in den späteren Jahrgangsstufen der Sekundarstufe I. Der höchste Korrelationskoeffizient wird mit .190 in
Mathematik erreicht, für die Englischleistungen ist der Zusammenhang nur auf
dem .05 Niveau signifikant. Allerdings bleibt auch an dieser Stelle fraglich,
inwiefern sich diese Schulen bereits zuvor durch eine ausgeprägte Selektionspraxis auszeichnen, wodurch sowohl gute Testleistungen in der achten Jahrgangsstufe, wenn die leistungsschwächsten Schülerinnen und Schüler das
Gymnasium bereits verlassen haben, als auch ein späterer Verbleib in den
Jahrgangsstufen acht bis zehn erklärt werden könnten.

Soziale Schülerzusammensetzung und Schülerzahlverluste

Sind es vorwiegend die Gymnasien mit einer sozioökonomisch schwachen
Schülerzusammensetzung, die einen Großteil ihrer Schülerinnen und Schüler
frühzeitig verlieren? Um Auskünfte über genau diesen Zusammenhang zu
erhalten (nun erneut bezogen auf den Schülerzahlverlust in der gesamten Sekundarstufe I), werden der Standorttyp und der Anteil der Schülerinnen und
Schüler mit Migrationshintergrund betrachtet.

Abbildung 35:   Zusammenhang zwischen der Schülerzusammensetzung eines
                Gymnasiums und dem Schülerzahlverlust

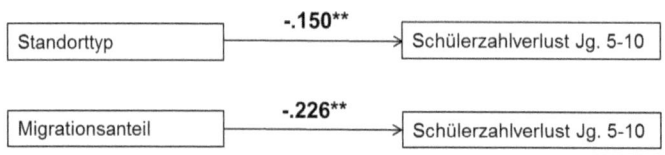

N = 591 (Migrationsanteil), N = 595 (Standorttyp), ** = p < 0,01; * = p < 0,05

Für beide Variablen zeigt sich ein hoch signifikant negativer Zusammenhang,
der mit -.226 für den Migrationsanteil größer ausfällt als für den Standorttyp
mit -.150. Je höher der Anteil der Migrantinnen und Migranten an einer Schule
bzw. je ungünstiger sich das Einzugsgebiet der Gymnasien darstellt, desto
höher sind auch die Schülerzahlverluste.

Wird eine schrittweise lineare Regression durchgeführt, in deren Modell sowohl die Leistungsergebnisse der Lernstandserhebungen in den drei Kernfächern als auch der Migrationsanteil und der Standorttyp der Gymnasien einbezogen werden, erweist sich lediglich der Migrationsanteil der Schulen als signifikante Korrelation zum Schülerzahlverlust im Verlauf der Sekundarstufe I (vgl. Abbildung 36).

Der schrittweisen Regression zufolge erhöhen sich die Verbleibchancen in den oberen Jahrgangsstufen, von der achten bis zur zehnten Klasse, durch gute Mathematikleistungen in der achten Jahrgangsstufe. Erneut soll auch an dieser Stelle der kurze Hinweis gegeben werden, dass unklar bleibt, inwiefern sich diese Gymnasien bereits zuvor durch eine Vielzahl frühzeitiger Abgänge kennzeichnen.

Die negativen Befunde zu den Mathematikleistungen und den frühen Schülerzahlverlusten von der fünften bis zur achten Klasse können dahingehend interpretiert werden, dass Gymnasien, die ihre leistungsschwächsten Schülerinnen und Schüler bereits an andere Schulformen abgegeben haben, folgerichtig bessere Testergebnisse in Mathematik erzielen.

Alle drei aufgeführten Modelle erklären mit einem Bestimmtheitsmaß R^2 von 4,1 bis 4,9 Prozent nur einen geringen Anteil der Varianz in den Schülerzahlverlusten. Der Migrationsanteil als die hier bedeutendste Variable fand Berücksichtigung in den bereits zuvor geschilderten Analysen in Kapitel 8.2, in denen darüber hinaus weitere Kontext- und Inputvariablen untersucht wurden.

Abbildung 36: Schrittweise lineare Regression mit dem Schülerzahlverlust als abhängige Variable

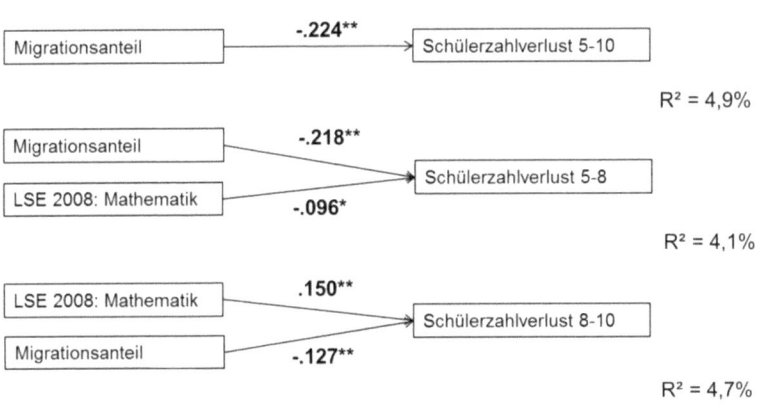

N = 591, ** = p < 0,01; * = p < 0,05

8.3 Prozessmerkmale

Um weiterhin auch pädagogische Merkmale auf Einzelschulebene und ihre Effekte auf die Selektionspraxis der Gymnasien beleuchten zu können, wurden mithilfe einer Lehrerbefragung Informationen auf Schul-, Unterrichts- und Lehrerebene gesammelt. Hierzu wurde das folgende hypothetische Modell generiert, das es zu prüfen gilt (vgl. auch Kapitel 5).

Abbildung 37: Hypothetisches Modell zur Erklärung der einzelschulischen Selektionspraxis (durch Prozessmerkmale)

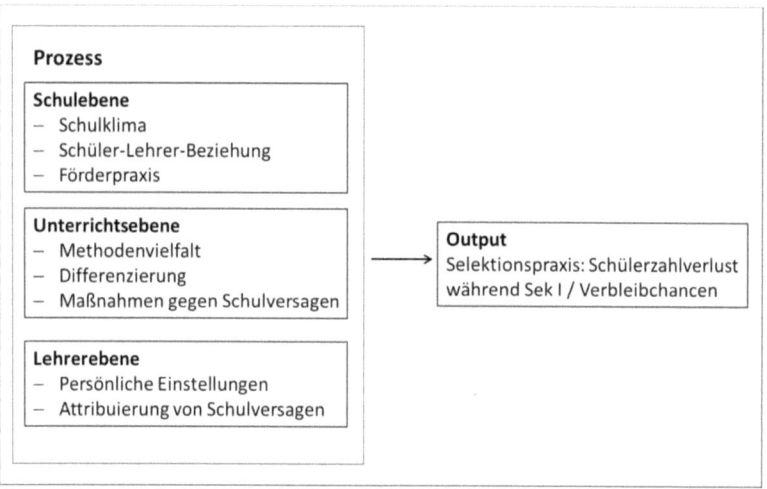

Bevor nun auf die Zusammenhänge der besagten Dimensionen zu den Verbleibchancen der Schülerinnen und Schüler an den Gymnasien eingegangen wird, um so den zweiten Teil der zweiten forschungsleitenden Fragestellung beantworten zu können, soll zunächst ein Überblick über die verwendeten Skalen gegeben werden. Die geschilderten Informationen werden dann in Verbindung zu der Haltekraft der einzelnen Gymnasien gesetzt, indem zunächst die Mittelwerte zwischen den Lehrkräften, die an Gymnasien mit besonders geringen Verbleibchancen einerseits und Lehrkräften an Schulen mit besonders hohen Verbleibchancen andererseits verglichen werden, um daran anschließend Zusammenhänge mittels bivariater Korrelations- und multivariater Regressionsanalysen zu untersuchen. Abschließend werden die Ergebnisse – mit Ausnahme der multivariaten Regression – auf Schulebene aggregiert betrachtet.

Deskriptive Beschreibung des pädagogischen Selbstverständnisses der befragten Lehrkräfte an den Gymnasien

Die nachfolgende tabellarische Übersicht gibt Auskunft über die verwendeten Skalen und Summenscores, die den drei Ebenen Schule, Unterricht und Lehrkraft zugeordnet sind. Sie veranschaulicht mithilfe des Mittelwertes (M) und der Standardabweichung (SD) das Antwortverhalten der an der schriftlichen Befragung beteiligten Lehrerinnen und Lehrer.[70]

Tabelle 9: Skalen und Summenscores aus der schriftlichen Lehrerbefragung zu „Bildungswege im Gymnasium: Erfolg und Misserfolg"

Skala	Item-anzahl	Beispielitem	M (SD)	α	Instrument
Unterrichtsebene					
Unterrichts-differenzie-rung	3	Bei Gruppenarbeit oder Stillarbeit unterscheide ich verschiedene Leistungs-gruppen, die jeweils geson-derte Aufgaben erhalten	2,18 (,53)	.617	i.A. an IFS Schulbarome-ter (1999), Steinert, Gerecht, Klieme & Döbrich, (2003)
Methoden-vielfalt	3	Instruktion und lehrergelenk-tes Unterrichtsgespräch haben sich für mich als die beste Unterrichtsmethode bewährt	1,88 (,51)	.629	i.A. an IFS Schulbarome-ter (1999)
Schulebene					
Fürsorgliche Schüler-Lehrer-Beziehung	5	Zwischen den Schülern und Lehrern besteht ein freundli-cher und vertrauensvoller Umgang.	1,67 (,44)	.824	i.A. an Steinert et al. (2003)
Leistungs-orientiertes Schulklima	4	Gymnasialstandards zu halten, ist aus meiner Sicht wichtiger als die Förderung schwacher Schüler.	2,24 (,47)	.540	i.A. an Darge, König & Schreiber (2010), Steinert et al. (2003)
Innovations-bereitschaft	5	Die meisten Lehrkräfte an unserer Schule sind neuen pädagogischen Ansätzen gegenüber aufgeschlossen.	2,08 (,47)	.803	Quellenberg (2009) – StEG

---

70 Die vollständige Skalendokumentation befindet sich im Anhang.

Skala	Item-anzahl	Beispielitem	M (SD)	α	Instrument
Schulebene					
Demografi-scher Wan-del und Schulerfolg	4	Unsere Schulleitung legt Wert darauf, dass wir in Zeiten sinkender Schüler-zahlen möglichst wenige Schüler verlieren.	2,28 (,59)	.629	Eigenkon-struktion
Schulziele zur Redukti-on von Ab-stufungen	4	Ein verbindliches Ziel unse-rer Schule ist es, auch schwächere Schüler zu einem guten Abschluss an unserer Schule zu führen.	1,85 (,48)	.661	Eigenkon-struktion
Lehrerebene					
Einstellung zu Selektionsinstrumenten					
Pro Abstu-fung	3	Der frühzeitige Schulform-wechsel ist eine geeignete individuelle Fördermaßnah-me.	2,09 (,60)	.581	Eigenkon-struktion
Pro Sitzen-bleiben	3	Das Sitzenbleiben sollte abgeschafft werden.	2,13 (,79)	.845	i.A. an Darge et al. (2010), Steinert et al. (2003)
Einschätzung zum Einfluss des Elternhauses					
Elterninte-resse	3	Die meisten Eltern unter-stützen ihre Kinder, damit sie in der Schule erfolgreich sind.	1,97 (,50)	.697	i.A. an Darge et al. (2010), IFS-Schulbarome-ter (1999)
Elternwider-stand beim Schul-formwechsel	2	Die meisten Eltern kämpfen gegen einen drohenden Schulformwechsel ihres Kindes an.	2,05 (,52)	.316	Eigenkon-struktion
Einstellungen zur Aufnahme ins Gymnasium					
Einstellung zur Aufnah-me ins Gym-nasium	2	Ich bin der Meinung, dass es einen hohen Anteil unge-eigneter Schüler gibt, die nicht an dieses Gymnasium gehören.	2,51 (,78)	.769	Eigenkon-struktion
Einstellung zu Seitenein-steigern in die Oberstufe	2	Die Aufnahme einer Vielzahl von Seiteneinsteigern aus anderen Bildungsgängen in unsere Oberstufe wird von den meisten Lehrern unse-rer Schule gern gesehen.	1,84 (,62)	.700	Eigenkon-struktion

Antwortkodierung: 1 = trifft voll zu, 2 = trifft eher zu, 3 = trifft eher nicht zu, 4 = trifft gar nicht zu

Summen-scores	Item-anzahl	Beispielitem	M (SD)	Instrument
Zusatzange-bote der Schule zur Prävention von Schul-versagen *	7	Gibt es an Ihrer Schule die folgen-den Angebote für Schüler der Sek I...: Spezielle Kurse in Lerntechniken für leistungsschwache Schüler	5,23 (1,29)	Eigenkon-struktion
Maßnahmen der Lehrkräf-te zur Prä-vention von Schulversa-gen *	7	Bitte geben Sie an, inwieweit die einzelnen Aussagen auf Sie zutref-fend sind oder nicht. Um schuli-schen Misserfolg (in Form von Sitzenbleiben und frühzeitigem Schulformwechsel) an unserer Schule zu reduzieren... Erstelle ich individuelle Förderplä-ne	5,09 (1,33)	Eigenkon-struktion
Förderpraxis Sek I insge-samt [2]		In welchen Fächern und wie häufig finden von Lehrkräften durchge-führte Förderangebote in den jeweiligen Jahrgangsstufen statt?	0,78 (0,25)	Eigenkon-struktion
Attribuierung des Schul-versagens auf den Schüler und die Familie [3]	6	Wenn Schüler besondere Lern-schwierigkeiten haben, woran liegt das vor allem? An zu geringer Anstrengungsbe-reitschaft des Schülers. An mangelnder häuslicher Unter-stützung des Schülers.	0,76 (0,19)	i.A. an Bless, Schüpbach & Bonvin (2004), S. 61.
Attribuierung des Schul-versagens auf den Unterricht und die Lehrperson [3]	4	Wenn Schüler besondere Lern-schwierigkeiten haben, woran liegt das vor allem? An der Qualität des Unterrichts. An unzureichenden didaktischen Fähigkeiten des Lehrers.	0,38 (0,35)	i.A. an Bless et al. (2004), S. 61.

* Angebote von 0–7 Maßnahmen bzw. Zusatzangeboten

[2] 0 = seltener als monatlich/nie, 1 = wöchentlich bis 1–2mal monatlich

[3] 0 = Aussagen werden als falsch eingeschätzt, 1 = Aussagen werden als richtig eingeschätzt

Auf der Unterrichtsebene sind die Methodenvielfalt der Lehrkräfte einerseits und die von ihnen durchgeführte Differenzierung des Unterrichts andererseits abgefragt worden. Im Durchschnitt geben die Lehrkräfte an, dass beide Krite-rien „eher zutreffen", wobei der Einsatz vielfältiger Methoden mit 1,88 eine größere Zustimmung erfährt als die Unterrichtsdifferenzierung mit 2,18. Die Güte beider Skalen ist mit einem Cronbachs Alpha von .617 bzw. .629 zufriedenstellend, auch wenn sie den in einiger Fachliteratur verlangten Wert von .70 nicht erreichen (vgl. Fromm, 2004, S. 231).

Auch die Dimensionen der Schulebene werden aus Lehrersicht durchweg als „eher zutreffend" eingestuft. Die größte Zustimmung erlangt die fürsorgliche Schüler-Lehrer-Beziehung (1,67), bei der die Unterstützung der Lehrkräfte bei Schwierigkeiten und Problemen der Schülerinnen und Schüler eingeschätzt wird, gefolgt von der Dimension Schulziele zur Reduktion von Abstufungen (1,85): 87,9 Prozent der Lehrkräfte stimmen hier voll bzw. eher zu (mit Werten von 1 bis 2,49), dass ein ausdrückliches Interesse der Schule in der Erhöhung der Schulerfolge liegt, während lediglich 12,1 Prozent dies eher oder ganz ablehnen (mit Werten von 2,5 bis 4,0).

Die Innovationsbereitschaft des gesamten Kollegiums wird mit durchschnittlich 2,08 (und einer Standardabweichung von 0,47) als relativ hoch bewertet. Einen Mittelwert von 2,24 und 2,28 erreichen die Faktoren des leistungsorientierten Schulklimas, bei dem etwa die Relevanz der Universitätsvorbereitung oder die Strenge bei der Notenvergabe abgefragt werden und die Skala Demografischer Wandel und Schulerfolg. Hier wird die Abschulungspraxis der Gymnasien in Verbindung zu den sinkenden Schülerzahlen insgesamt gesetzt und ermittelt, wie bedeutsam den Schulen das Halten ihrer Schülerinnen und Schüler speziell vor dem Hintergrund tendenziell sinkender Schülerzahlen ist.

Auch die Förderpraxis der einzelnen Gymnasien wurde ebenso differenziert ermittelt wie mögliche Zusatzangebote der Schule und explizite Maßnahmen der Lehrkräfte im Unterricht zur Prävention von Schulversagen. Diese drei Dimensionen, bei denen die Häufigkeit des Einsatzes verschiedener Angebote erfragt wurde, sind zu Summenscores zusammengefasst worden. Das Antwortverhalten der Lehrkräfte verdeutlicht, dass im Durchschnitt 5,23 der sieben zur Auswahl stehenden Maßnahmen im Unterricht durchgeführt werden und 5,09 der sieben Zusatzangebote der Schulen bestehen. Der Mittelwert von 0,78 bei der Förderpraxis der Gymnasien in der Sekundarstufe I kann dahingehend interpretiert werden, dass Förderangebote durchschnittlich ein- bis zweimal monatlich stattfinden. Dabei gilt anzumerken, dass ein Summenscore aus den vier verschiedenen Fächerdomänen Mathematik, Deutsch, Fremdsprachen und Naturwissenschaften gebildet wurde, für die detailliert die Häufigkeit von Förderangeboten in verschiedene Jahrgangsstufen abgefragt wurde.

Ein deutlicher Schwerpunkt der Untersuchung lag weiterhin auf Fragen zu persönlichen Einstellungen der Lehrkräfte im Hinblick auf Selektionsprozesse und Schulversagen von Gymnasiastinnen und Gymnasiasten. Dabei zeigt sich, dass sowohl die frühzeitige Überweisung von leistungsschwächeren Schülerinnen und Schülern in einen Bildungsgang mit niedrigerem Anspruchsniveau als auch die Klassenwiederholung von Lehrkräften als sinnvolle Selektionsinstrumente angesehen werden, die nicht abgeschafft werden sollen – auf der vierstufigen Skala erhalten sie eine Zustimmung von 2,09 bzw. 2,13. Allerdings fällt hier die Streuung mit 0,60 bzw. 0,79 größer aus als bei den bislang berichteten Skalen. Bei den Einstellungen zu den Aufnahmen in das Gymnasium ist die Meinung der befragten Lehrkräfte geteilt. So liegt der Mittelwert der aus zwei Aussagen bestehenden Skala, bei der abgefragt wurde, ob eine Vielzahl an nichtgeeigneten Schülerinnen und Schülern die höchste Schulform besuchen, bei 2,51 mit einer Standardabweichung von 0,78. Dass hingegen eine wichtige Aufgabe der Schule in der Aufnahme von Seiteneinsteigern in die gymnasiale Oberstufe auch aus anderen Bildungsgängen gesehen wird, zeigt eine Zustimmung von 1,84. Werden die Lehrkräfte nach Gründen für den schulischen Misserfolg von Kindern und Jugendlichen gefragt, offenbart sich, dass sie den Schülerinnen und Schülern selbst und ihrer familiären Situation dabei eine weitaus größere Bedeutung zumessen als sich selbst und dem von ihnen durchgeführten Unterricht (0,76 zu 0,38). Die Grundlage dieser Aussagen bilden erneut Summenscores, die aus sechs bzw. vier Items zusammengestellt wurden; ein Wert von 1 würde eine völlige Zustimmung, ein Wert von 0 völlige Ablehnung bedeuten.

Zuletzt wurden die Lehrkräfte aufgefordert, das Interesse der Eltern an den Leistungen ihrer Kinder sowie den Elternwiderstand bei einem drohenden Schulformwechsel einzuschätzen. Beide Dimensionen werden mit eher zutreffend beurteilt (1,97 und 2,05). Zur Skala Elternwiderstand bei Schulformwechsel muss angemerkt werden, dass sie sich lediglich aus zwei Items zusammensetzt und das Cronbachs Alpha mit .316 sehr gering ausfällt. Dennoch wurde in den nachfolgenden Analysen nicht darauf verzichtet, diese Skala zu verwenden.[71]

Darüber hinaus ergeben sich interessante deskriptive Befunde zu einzelnen Items, die in den Fragebogen integriert wurden.[72] Im Hinblick auf die persönlichen Einstellungen der Lehrkräfte zeigt sich, dass der Universitätsvorbereitung als wichtigstes Ziel des Gymnasiums eine große Bedeutung zukommt – mit einem Mittelwert von 2,15 wird diesem Statement eher zugestimmt.

Die Aussage, dass es richtig sei, leistungsschwächere Schülerinnen und Schüler an andere Schulformen abgeben zu können, erfährt eine Zustimmung von 1,76; im Gegensatz zur Klassenwiederholung, der eher leichteren Form des Scheiterns, bei der Zustimmung mit einem Mittelwert von 2,24 geringer ausfällt. Interessant ist weiterhin der Befund, dass die Lehrkräfte einen Schulformwechsel der Klassenwiederholung vorziehen, wenn das Klassenziel nicht

---

71 Auffällig an den vorgestellten Befunden erscheint die tendenziell positive Bewertung aller abgefragten Dimensionen. Auf diesen Aspekt wird in Kapitel 9 Zusammenfassung und Diskussion reflektierend eingegangen.

72 Die vollständige deskriptive Statistik zu allen abgefragten Items findet sich in der Skalendokumentation im Anhang.

erreicht wird (2,29). Gleichzeitig geben sie mit einer vergleichbaren Zustimmung (2,27) an, besonders bemüht zu sein, die Anzahl der Schulformwechsler zu reduzieren. Auch das folgende Ergebnis erstaunt: Der Großteil der Lehrkräfte lehnt die Aussage ab, dass zu viele Kinder und Jugendliche das eigene Gymnasium frühzeitig verlassen; der Mittelwert lässt sich auf 3,16 beziffern. Inwiefern sich die diesbezüglichen Angaben zwischen den Lehrkräften an Gymnasien mit besonders hoher und besonders niedriger Haltekraft voneinander unterscheiden, zeigt der gleich folgende Mittelwertvergleich. Ferner trifft es den Aussagen der Lehrkräfte zufolge eher zu (1,78), dass Eltern gegen den Rat der Schule für einen Schulformwechsel ihrer Kinder ankämpfen.

Wird der Blick auf die individuelle Förderung der Schülerinnen und Schüler sowie auf Förderangebote der Schule und Lehrkräfte gerichtet, trifft es laut Gymnasiallehrkräfte zu (1,61), dass es am Gymnasium an Ressourcen für eine wünschenswerte Individuelle Förderung fehlt. Dennoch geben 99 Prozent der Lehrkräfte an, Förderangebote für leistungsschwächere Schülerinnen und Schüler anzubieten. Vor dem Hintergrund der gesetzlichen Verpflichtung zur Förderung erstaunt dieser Befund nicht. Noch immer 83 Prozent der Befragten bejahen, dass die Schule auch Angebote für leistungsstärkere Schülerinnen und Schüler durchführt, geringere Angaben erzielen spezielle Kurse in Lerntechniken (54 Prozent) und Nachhilfe durch die Lehrkräfte (40 Prozent). Auf Unterrichtsebene trifft es für 30 Prozent der Lehrkräfte eher bis voll zu, dass Förderpläne erstellt oder mit Tagebüchern, Portfolios oder Lernverträgen gearbeitet wird (24 Prozent).

Mittelwertvergleiche der zwei Extremgruppen (auf Basis der Befragungsergebnisse der 774 Lehrkräfte)

Nachdem das Antwortverhalten der 774 Lehrkräfte insgesamt beschrieben wurde, werden die Unterschiede zwischen solchen Lehrerinnen und Lehrern, die an Schulen mit einem sehr hohen Verlust von Schülerinnen und Schülern im Verlauf der Sekundarstufe I arbeiten und denen an Gymnasien mit einer hohen Haltekraft dargestellt. Die Analyse der Unterschiede zwischen diesen zwei Extremgruppen wird mithilfe eines T-Tests durchgeführt. Die nachfolgende Tabelle beinhaltet nur die Skalen und Dimensionen, die sich zwischen den beiden Extremgruppen signifikant voneinander unterscheiden.[73]

---

73 Fälle, die fehlende Werte aufweisen, werden fallweise aus den T-Test-Analysen ausgeschlossen.

Tabelle 10: Mittelwertvergleich zwischen den Lehrkräften an Gymnasien mit hohem und mit niedrigem Schülerzahlverlust

Lehrkräfte an Gymnasien mit ...	hohem Schüler-zahlverlust	niedrigem Schü-lerzahlverlust	Effekt-stärke	P
Einstellungen der Lehrkräfte				
Einstellungen zur Aufnahme in das Gymnasium	2,40 N = 357	2,61 N = 405	0.24	0.000
Attribuierung des Schulversagens auf den Schüler bzw. die Familie	0,78 N = 344	0,75 N = 374	-0.07	0.044
Einschätzungen zum Elternwiderstand bei SFW	2,16 N = 356	1,95 N = 394	-0.29	0.000
Einschätzungen zum Elterninteresse	2,07 N = 358	1,88 N = 400	-0.27	0.000
Einzelitem: Ich bin der Meinung, dass zu viele Schüler unser Gymnasium während der Sekundarstufe I verlassen und ihre Schullaufbahn in einem anderen Bildungsgang fortführen.	3,09 N = 353	3,23 N = 392	0.17	0.004
Schulebene				
Schulziele zur Reduktion von Abstufungen	1,80 N = 355	1,91 N = 401	0.16	0.002
Demografie und Schulerfolg	2,21 N = 334	2,34 N = 360	0.17	0.003
Einstellung zu Seitensteigern in die Oberstufe	1,76 N = 357	1,91 N = 392	0.18	0.002
Förderangebote insgesamt	0,82 N = 113	0,73 N = 80	-0.18	0.012
Zusatzangebote zur Prävention von Schulversagen	5,46 N = 331	5,03 N = 361	-0.38	0.000

Dabei zeigt sich hinsichtlich der persönlichen Einstellungen, dass Lehrkräfte an Gymnasien, die einen hohen Schüleranteil verlieren, eher der Auffassung sind, dass zu viele und auch ungeeignete Kinder die Schulform Gymnasium besuchen. Dieser erwartungskonforme Befund kann einerseits dahingehend interpretiert werden, dass die eher selektive Einstellung der Lehrkräfte auch zu einer stärkeren Auslesepraxis führt. Denkbar wäre jedoch auch, dass sich diese Gymnasien tatsächlich durch leistungsschwächere Schülerinnen und Schüler

bereits in den Eingangsklassen auszeichnen, wodurch sowohl höhere Schülerzahlverluste als auch negativere Einstellungen der dort tätigen Lehrkräfte den
Eignungen der Fünftklässler gegenüber zustande kommen könnten. Darüber
hinaus schreiben sie die Schuld für schulischen Misserfolg signifikant häufiger
den Schülerinnen und Schülern selbst und ihren familiären Situationen zu als
Lehrkräfte an Gymnasien mit einem geringen Schülerzahlverlust. Auch das
Elterninteresse und der mögliche Widerstand bei einem drohenden Schulformwechsel des Kindes werden hier geringer eingeschätzt. Differenzen hinsichtlich einer positiven Meinung gegenüber den zwei Selektionsinstrumenten
der Klassenwiederholung und der frühzeitigen Abstufungen in Bildungsgänge
mit niedrigerem Anspruchsniveau ergeben sich jedoch nicht.

Ungeachtet der gebildeten Skalen zeigt sich ein signifikanter Mittelwertunter-
schied zwischen den zwei Extremgruppen bei dem einzelnen Statement: „Ich
bin der Meinung, dass zu viele Schüler unser Gymnasium während der Sekundarstufe I verlassen und ihre Schullaufbahn in einem anderen Bildungsgang
fortführen". Eine weniger starke Ablehnung erhält diese Aussage in der Gruppe der Lehrkräfte, die an Schulen mit einer höheren Haltekraft arbeiten; verliert
das Gymnasium einen vergleichsweise geringen Schüleranteil, lehnen die
Lehrkräfte die Aussage auch weniger stark ab. Dennoch ist es bemerkenswert,
dass die Gymnasien mit den weitaus größten Schülerzahlverlusten in ganz
Nordrhein-Westfalen, die bis zu 27 Prozent ihrer Schülerschaft bis zum zehnten Jahrgang verlieren, noch immer eher ablehnen (3,09), dass sie zu viele
Schülerinnen und Schüler im Verlauf der Sekundarstufe I an andere Schulformen abgeben.

Die Befunde der Mittelwertunterschiede der Skalen auf Schulebene verwundern auf den ersten Blick. Hier wird ersichtlich, dass die Lehrkräfte an Gymnasien, die sich durch eine geringe Erreichbarkeitswahrscheinlichkeit ihrer Schülerinnen und Schüler auszeichnen, durchaus den Fragen nach expliziten Schulzielen zur Reduktion von frühzeitigen Abstufungen, auch speziell vor dem
Hintergrund demografisch bedingter sinkender Schülerzahlen, zustimmen und
zwar signifikant häufiger, als dies Lehrkräfte an Gymnasien mit einer hohen
Haltekraft tun. Gleiches gilt für die persönliche Einstellung zur Aufnahme von
Seiteneinsteigern in die Oberstufe. Auch hier sind es vorwiegend die Lehrkräfte an Gymnasien, die zuvor eine Vielzahl an Schülerinnen und Schülern verloren haben, die behaupten, Seiteneinsteiger aufzunehmen gelte als wichtige
Aufgabe der eigenen Schule. Vorsichtig interpretiert könnte also festgehalten
werden, dass die Gymnasien mit hohen Schülerzahlverlusten die Bedrohung
erkannt haben. So könnte das Bewusstsein über die aufgrund des Geburten-
rückgangs sinkenden Schülerzahlen im Allgemeinen in Kombination mit den
starken Verlusten durch frühzeitige Abgänge dazu führen, dass verstärkte Ziele
zur Reduktion von Abstufungen laut werden. Weiterhin kann dem Schüler-
schwund durch Zugänge aus anderen Bildungsgängen in die Oberstufe entgegengewirkt werden, sodass auch dies als wichtige Aufgabe gesehen wird.

Letztlich zeichnen sich die Schulen mit hohen Schülerzahlverlusten, den Aussagen der Lehrkräfte folgend, auch durch eine differenziertere Förderpraxis aus und bieten signifikant mehr Zusatzangebote zur Prävention von Schulversagen an. Denkbar wäre, dass diese ausgeprägtere Förderpraxis eine Reaktion auf leistungsschwächere Schülerinnen und Schüler ist. Mit Ausnahme der Anzahl stattfindender Zusatzangebote ergeben sich für alle signifikanten Mittelwertunterschiede nur sehr niedrige (> 0.2) bis niedrige Effektstärken. Die Einschätzungen der Lehrkräfte zur Unterrichtspraxis, genauer zur Unterrichtsdifferenzierung und Methodenvielfalt, unterscheiden sich zwischen den beiden Extremgruppen nicht signifikant voneinander. Ebenso konnten keine signifikanten Unterschiede hinsichtlich des Schulklimas bzw. der Leistungsorientierung und der fürsorglichen Schüler-Lehrer-Beziehung gefunden werden.

Zusammenhangsanalysen zwischen schulischen Prozessmerkmalen und den schulspezifischen Schülerzahlverlusten (auf Basis der Befragungsergebnisse der 774 Lehrkräfte)

Um schließlich der zweiten forschungsleitenden Fragestellung nach pädagogischen Prozessmerkmalen als Ursachen für die unterschiedlichen Verbleibchancen der Schülerinnen und Schüler an den Gymnasien in Nordrhein-Westfalen nachgehen zu können, werden im Folgenden sowohl die Ergebnisse der bivariaten Korrelations- als auch der multivariaten Regressionsanalysen mit dem Schülerzahlverlust als abhängige Variable aufgeführt, die mithilfe des statistischen Programms Mplus berechnet wurden.

Tabelle 11: Bivariate Korrelations- und multivariate Regressionsanalysen

Prädiktoren	Bivariate Korrelation	Multivariate Regression
Lehrerebene		
Geschlecht	-0.003	0.059
Alter	-0.010	-0.074
Pro Abstufungen	0.081*	0.049
Pro Sitzenbleiben	0.082*	0.045
Attribuierung des Schulversagens auf den Unterricht/die Lehrkraft	0.004	-0.017
Attribuierung des Schulversagens auf Schüler/Familie	-0.099**	-0.044
Einstellung zur Aufnahme am Gymnasium	0.174**	0.074

Prädiktoren	Bivariate Korrelation	Multivariate Regression
Lehrerebene		
Einschätzung des Elterninteresses	-0.257**	-0.198**
Einschätzung des Elternwiderstands bei Schulformwechsel	-0.247**	-0.197**
Schulebene		
Fürsorgliche Schüler-Lehrer-Beziehung	-0.064	-0.038
Leistungsorientiertes Schulklima	0.065	-0.012
Innovationsbereitschaft	-0.046	-0.063
Schulebene		
Schulziele zur Reduktion von Abstufungen	0.058	0.045
Demografie und Schulerfolg	0.127**	0.141**
Einstellung zu Seiteneinsteigern in die Oberstufe	0.080*	0.049
Förderpraxis Sek I insgesamt	-.0164*	-0.191**
Zusatzangebote zur Prävention von Schulversagen	-0.127**	-0.115**
Unterrichtsebene		
Differenzierung	0.015	0.008
Methodenvielfalt	-0.002	0.033
Maßnahmen zur Prävention von Schulversagen	-0.016	0.038
R²		0.212

N = 774, ** = p < 0,01; * = p < 0,05

Werden zunächst die bivariaten Korrelationen zwischen den Merkmalen auf Lehrerebene und den schulspezifischen Verbleibchancen der Schülerinnen und Schüler betrachtet, zeigen sich schwache positive Zusammenhänge zwischen einem hohen Schülerzahlverlust und einer positiven Einstellung gegenüber den zwei Selektionsinstrumenten der Klassenwiederholung (0.082*) und der frühzeitigen Abstufung in einen Bildungsgang mit niedrigerem Anspruchsniveau (0.081*). Diese hypothesenbestätigenden Befunde, dass Lehrkräfte diese zwei Maßnahmen häufiger anwenden, wenn sie diese als geeignet und wirkungsvoll erachten, verschwinden jedoch bei Hinzunahme weiterer Variablen in dem multivariaten Regressionsmodell. Gleiches gilt zum einen für die Überzeugung der Lehrkräfte, dass das Schulversagen auf die Schülerinnen und Schüler selbst und ihre familiären Situationen zurückgeführt werden kann und zum anderen für die persönliche Einstellung, dass zu viele und ungeeignete Kinder in das Gymnasium aufgenommen werden. Ein bivariater Zusammenhang kann hier zwar nachgewiesen werden, in der multivariaten Regression lässt sich jedoch kein signifikanter Zusammenhang mehr finden. Einzig die Einschätzungen der Lehrkräfte zum Elterninteresse (-0,198) und zum Elternwiderstand bei einem drohenden Schulformwechsel ihrer Kinder (-0,197) stehen auf Lehrerebene in einem hochsignifikanten Zusammenhang zu der Haltekraft der Gymnasien. Wie die Lehrkräfte die Mitwirkung und den Einfluss der Eltern bewerten, scheint folglich eine entscheidende Rolle bei der Erklärung der unterschiedlichen Verbleibchancen der Schülerinnen und Schüler in den Gymnasien zu spielen. Wie wichtig die familiäre Situation und die elterliche Unterstützung für den Schulerfolg der Kinder sind, ist durch eine Vielzahl einschlägiger Befunde bekannt. In der vorliegenden Untersuchung zeigt sich, dass Lehrkräfte an Gymnasien mit hoher Haltekraft die elterliche Unterstützung als positiver bewerten. Sollte dies nicht nur eine Einschätzung sein, sondern tatsächlich zutreffen, könnte dies auch ein Anzeichen für eine günstigere soziale Schülerzusammensetzung hinsichtlich sozioökonomischer Hintergrundmerkmale in den Gymnasien mit hoher Haltekraft sein. Vielfach ist belegt (und im Rahmen dieser Arbeit diskutiert worden), dass Kinder aus Familien mit hohem sozioökonomischen Status im Bildungssystem erfolgreicher sind, nicht zuletzt auch deshalb, weil sie stärkere familiäre Unterstützung erfahren. Dass sich Gymnasien in Universitätsstädten, in denen das Bildungsniveau der Bevölkerung tendenziell höher ausfällt, durch höhere Verbleibchancen ihrer Schülerinnen und Schüler auszeichnen, deutet in dieselbe Richtung.

Eine ausgeprägte Förderpraxis und eine hohe Anzahl an Zusatzangeboten der Schule zur Prävention von schulischem Misserfolg wie etwa Nachhilfe durch Lehrkräfte oder spezielle Kurse in Lerntechniken für leistungsschwächere Schülerinnen und Schüler stehen (bivariat und multivariat) in einem negativen Zusammenhang zu hohen Verbleibchancen der Schülerinnen und Schüler während der Sekundarstufe I. Wie bereits bei den Mittelwertvergleichen erwähnt, können diese zwei Befunde zunächst als erwartungswidrig angesehen werden und widersprechen den eingangs aufgestellten Hypothesen, dass eine ausgeprägte Förderung schulischen Misserfolg verhindern könne. Vermutlich zeigt dieser Zusammenhang, dass die Gymnasien mit geringer Haltekraft auf die hohen Quoten von Schulversagen gezielt durch ein hohes Angebot an Fördermaßnahmen (über deren Qualität keine Aussagen gemacht werden können) reagieren.

Darüber hinaus zeigt sich ein positiver Zusammenhang zwischen einem geringen Schülerzahlverlust und dem Ziel, in Zeiten sinkender Schülerzahlen den Großteil der Schülerinnen und Schüler an der eigenen Schule zu halten und dass Lehrkräfte an Gymnasien mit geringer Haltekraft eher die Aufnahme von Seiteneinsteigern in die Oberstufe als wichtige Aufgabe sehen. Wenngleich sich letzterer Befund in dem multivariaten Modell, also bei der gleichzeitigen Betrachtung mehrerer Variablen, nicht halten lässt, lassen diese Ergebnisse vermuten, dass Gymnasien, die neben dem demografischen Wandel auch mit

starken Verlusten durch frühzeitige Abschulungen zu kämpfen haben, die Bedrohung sinkender Schülerzahlen durchaus erkannt haben.

Signifikante Zusammenhänge zwischen Merkmalen auf Unterrichtsebene und
der Haltekraft der Einzelschule ergeben sich auch hier weder bei den bivariaten
noch bei den multivariaten Analysen. Das hier aufgeführte multivariate Regressionsmodell erklärt 21,2 Prozent der Varianz in den Schülerzahlverlusten.

*Mittelwertvergleiche und Zusammenhangsanalysen zwischen schulischen Pro-
zessmerkmalen und den schulspezifischen Schülerzahlverlusten (auf Basis der
aggregierten Befragungsergebnisse auf Schulebene)*

Zuletzt sollen die soeben vorgestellten Analysen – mit Ausnahme der multivariaten Regression – auf Schulebene betrachtet werden. Hierzu wurden die Aussagen der Lehrkräfte auf Schulebene aggregiert. Damit reduziert sich die Fallzahl auf 19 Schulen[74] und mit ihr die Anzahl der sich signifikant voneinander
unterscheidenden Mittelwerte auf die folgenden drei (vgl. nachfolgende Tabelle 12).

Tabelle 12:   Mittelwertvergleich zwischen den Gymnasien mit hohem und
               mit niedrigem Schülerzahlverlust

Gymnasien mit ...	hohem Schüler- zahlverlust	niedrigem Schüler- zahlverlust	Effektstär- ke	P
Ziele zur Reduktion von Abstufungen	1,78	1,91	0.35	.043
Demografie und Schulerfolg	2,17	2,35	0.43	.049
Einschätzungen zum Elternwider- stand zu SFW	2,17	1,98	-0.54	.007

N = 8 (Gymnasien mit hohem Schülerzahlverlust), N = 11 (Gymnasien mit niedrigem
Schülerzahlverlust)

Erneut findet sich hier der bereits vielfach erwähnte Befund, dass die Gymnasien mit einer geringen Haltekraft stärker den Fragen nach der Existenz expliziter Ziele zur Reduktion von frühzeitigen Abstufungen, insbesondere auch in
Zeiten sinkender Schülerzahlen, zustimmen als Gymnasien mit einer hohen
Haltekraft. Vermutlich wird diesen Gymnasien die Not der aufgrund der demografischen Entwicklung geringer werdender Schülerzahlen immer deutli-

---

74 Vier Gymnasien, bei denen weniger als 19 Prozent des Kollegiums den Fragebogen
    ausgefüllt haben, wurden aus den Analysen ausgeschlossen.

cher, die sie durch das Abschulen einer hohen Anzahl ihrer Schülerinnen und Schüler noch verstärken. Wenngleich eine solche Entwicklung noch keine drohenden Bestandsgefährdungen der beliebtesten Schulform nach sich zieht – wie vielfach bei Real- und stärker noch bei Hauptschulen – hat sie dennoch direkten Einfluss auf die Anzahl der Lehrerstellen an den einzelnen Gymnasien. Hier ergibt sich eine mittlere Effektstärke von 0.43.

Des Weiteren erkennen wir auch hier die Bedeutung des Einflusses des Elternhauses: An den Gymnasien, an denen der Widerstand der Eltern am größten eingeschätzt wird, verlässt auch der geringste Anteil der Schülerinnen und Schüler das Gymnasium vorzeitig (mit einer mittleren Effektstärke von -0.54).

Die reduzierte Stichprobe auf 19 Fälle hat ebenfalls unmittelbare Auswirkungen auf die Ergebnisse der Zusammenhangsanalysen. Die nachfolgende Tabelle offenbart, dass sich signifikante Korrelationen nur noch hinsichtlich der Attribuierung des Schulversagens auf die Kinder und Jugendlichen selbst und ihre familiären Verhältnisse, der Einschätzung des Elterninteresses und des -widerstands bei einem drohenden Schulformwechsel, der Förderpraxis der Schule sowie bei der Skala Demografie und Schulerfolg ergeben. Inhaltlich wurde auf diese Aspekte bereits eingegangen.

Tabelle 13: Bivariate Korrelationsanalysen der Befragungsergebnisse auf Schulebene aggregiert

Prädiktoren	Bivariate Korrelation
Lehrerebene	
Pro Abstufungen	0.356
Pro Sitzenbleiben	0.316
Attribuierung des Schulversagens auf den Unterricht/die Lehrkraft	-0.060
Attribuierung des Schulversagens auf den Schüler und die Familie	-0.489**
Einstellung zur Aufnahme am Gymnasium	0.339
Einschätzung des Elterninteresses	-0.468**
Einschätzung des Elternwiderstands bei Schulformwechsel	-0.737**
Fürsorgliche Schüler-Lehrer-Beziehung	-0.282
Leistungsorientiertes Schulklima	0.328
Innovationsbereitschaft	-0.269
Schulziele zur Reduktion von Abstufungen	0.294
Demografie und Schulerfolg	0.476**

Prädiktoren	Bivariate Korrelation
Schulebene	
Einstellung zu Seiteneinsteigern in die Oberstufe	0.109
Förderpraxis Sek I insgesamt	-0.420*
Zusatzangebote zur Prävention von Schulversagen	-0.260
Unterrichtsebene	
Differenzierung	0.161
Methodenvielfalt	-0.037
Maßnahmen zur Prävention von Schulversagen	-0.074

N = 19, ** = p < 0,01; * = p < 0,05

8.3.1   Vertiefende Analysen

Auch die Ergebnisdarstellung zur Analyse der Prozessmerkmale als mögliche Gründe für unterschiedliche Verbleibchancen von Schülerinnen und Schülern in den einzelnen Gymnasien Nordrhein-Westfalens soll mit der Darlegung bivariater Korrelationen der einzelnen Variablen enden.[75]

Deutlich wird, dass die Unterrichtsdifferenzierung und die Methodenvielfalt in einem signifikanten Zusammenhang zu einer Vielzahl weiterer abgefragter Dimensionen stehen. Wenn Lehrkräfte ihren Unterricht als differenziert und methodisch abwechslungsreich einschätzen, sind sie auch der Meinung, eine größere Anzahl an Maßnahmen zur Prävention von Schulversagen einzusetzen und dass die Schule eine Vielzahl an Zusatzangeboten und eine differenzierte Förderpraxis durchführt.

Ferner sind sie innovationsbereiter und tendenziell gegen Abstufungen der Schülerinnen und Schüler in einen Bildungsgang mit niedrigerem Anspruchsniveau. Im Einklang mit diesem Befund steht die Zustimmung zur Existenz expliziter Ziele zur Reduktion frühzeitiger Abgänge. Interessant ist weiterhin, dass ein hoher Differenzierungsgrad und die Anwendung von Methodenvielfalt mit der Ansicht einhergehen, dass auch die Lehrkräfte selbst und ihr Unterricht für Schulversagen verantwortlich sind. Die Elternunterstützung wird signifikant positiver eingeschätzt, Seiteneinsteiger in die Oberstufe werden gern ge-

---

75 Die Korrelationsmatrix zu den Prozessmerkmalen (aus der Lehrerbefragung) befindet sich im Anhang.

sehen und die Aussage abgelehnt, dass eine Vielzahl nichtgeeigneter Kinder das Gymnasium besucht.

Des Weiteren fällt der stark positive Zusammenhang zwischen der Innovationsbereitschaft des Kollegiums und einer fürsorglichen Schüler-Lehrer-Beziehung auf (.428**). Wird die Schüler-Lehrer-Beziehung als fürsorglich beschrieben, finden sich in den Schulen vermehrt Förder-, Zusatzangebote und Unterrichtsmaßnahmen zur Prävention von Schulversagen. Dennoch geht die Einschätzung zu einer positiven Schüler-Lehrer-Beziehung auch mit einer positiven Einstellung gegenüber dem Selektionsinstrument der Abstufung einher und mit dem Umstand, sich selbst und den eigenen Unterricht als wenig verantwortlich für schulischen Misserfolg zu sehen. Gleiches gilt für Lehrkräfte, die ihr Kollegium als innovativ einschätzen. Demgegenüber bestehen in Schulen mit innovativen Kollegien – laut eigener Aussage – eher Ziele zur Reduktion von Abstufungen; dort werden auch signifikant häufiger Maßnahmen und Angebote zur Förderung der Schülerinnen und Schüler durchgeführt.

Interessante Zusammenhänge ergeben sich hinsichtlich einer positiven Einstellung gegenüber der zwei Selektionsinstrumente der Klassenwiederholung und der Abstufung in einen Bildungsgang mit niedrigerem Anspruchsniveau: Diese Lehrkräfte sind eher der Meinung, dass zu viele ungeeignete Kinder das Gymnasium besuchen. Darüber hinaus setzen sie weniger Maßnahmen zur Prävention von schulischem Misserfolg in ihrem Unterricht ein und sehen sich selbst nicht verantwortlich für Schulversagen, wohl aber die Schülerinnen und Schüler selbst und ihre familiäre Situation.

Wenn Lehrkräfte aussagen, dass explizite Schulziele zur Reduzierung des Schulversagens vorhanden sind, werden hierzu auch verstärkt Zusatzangebote und Maßnahmen durchgeführt. Auffällig ist in dem Kontext auch der stark positive Zusammenhang zwischen den Zielen zur Reduktion von Abstufungen und einer positiven Einstellung gegenüber Seiteneinsteigern in die Oberstufe (.413**).

Lehrkräfte mit der Meinung, dass zu viele ungeeignete Kinder auf ein Gymnasium wechseln, schätzen auch das Elterninteresse als geringer ein und geben Schülerinnen und Schülern und ihren Familien, weniger aber sich selbst die Schuld für schlechte Leistungen. Darüber hinaus führen sie tendenziell weniger Maßnahmen in ihrem Unterricht durch, um Leistungsschwächen entgegenzuwirken.

Zuletzt verwundern die signifikanten Befunde nicht, dass Lehrkräfte, die – ihren Aussagen zufolge – eine Vielzahl an Fördermaßnahmen im Unterricht anwenden, auch die Häufigkeit der Förder- und Zusatzangebote der Schule besser bewerten und tendenziell sich und ihren Unterricht in der Verantwortung für Schulversagen sehen.

9   Zusammenfassung und Diskussion der Ergebnisse

Als einen wesentlichen Befund dieser Arbeit können die überaus unterschiedlichen Verbleibchancen der Schülerinnen und Schüler in den einzelnen Gymnasien in Nordrhein-Westfalen angesehen werden. Im Durchschnitt verlieren die Schulen 12,4 Prozent ihrer Schülerschaft im Verlauf der Sekundarstufe I mit einer Spannweite von 36,5 Prozent Verlust und einem Zuwachs von 11,5 Prozent.[76] So kann konstatiert werden, dass die Wahrscheinlichkeit des Schulerfolges maßgeblich von der besuchten Einzelschule abhängt. Ob Eltern ihre Kinder bewusst an einem Gymnasium anmelden, das mehr als ein Drittel ihrer Schülerschaft im Verlauf der Sekundarstufe I verliert, darf bezweifelt werden. Diese Entscheidung sollte zumindest gründlich abgewogen werden.

Das drastische Ausmaß an Differenzen in den regionen- und schulspezifischen Schülerzahlverlusten wirft Fragen nach den Ursachen auf. Gleich vorweg genommen sei hier die Anmerkung, dass diese Auseinandersetzung mit Bedingungsfaktoren für unterschiedliche Selektionsprozesse nur als Beginn angesehen werden kann. Denn die Ausführungen der Ergebnisdarstellung zeigen bereits, dass die hier durchgeführten empirischen Analysen viele weitere Fragen aufwerfen, die mit dem vorhandenen Design nicht geklärt werden können. Weitere Forschungsarbeiten könnten folgen.

Im Hinblick auf die *strukturellen Faktoren* als mögliche Ursachen für dieses drastische Ausmaß an Differenzen in den regionen- und schulspezifischen Schülerzahlverlusten konnte gezeigt werden, dass sich vor allem die Trägerschaft der Schule als bedeutend für den frühzeitigen Abgang vom Gymnasium herausgestellt hat. Ein Befund, der im Einklang steht mit Forschungsergebnissen aus den USA und damit auch mit der aufgestellten Hypothese. Auch hier kann nicht gänzlich geklärt werden, ob und inwiefern sich die pädagogische Praxis anders gestaltet als an öffentlichen Schulen, wodurch die gewünschte individuelle Förderung der Kinder und Jugendlichen besser gelingen könnte. Eine denkbare Begründung könnte auch in der Schülerschaft liegen, die sich durch einen günstigeren sozioökonomischen Status auszeichnet. Diese Annahme wird durch einen leitenden Schulaufsichtsbeamten in Aachen bestätigt, der von Creaming-Effekten spricht und damit meint, dass sich die privaten Gymnasien aufgrund eines früheren Anmeldezeitraums die besten Schülerinnen und Schüler für ihre Schule auswählen können. In der vorliegenden Untersuchung konnte lediglich der Migrationsanteil einbezogen werden. Dabei zeigt sich, dass der Anteil der Jugendlichen mit Migrationshintergrund an privaten Gymnasien signifikant geringer ausfällt, aber auch, dass die höhere Haltekraft

---

76 Nachdem die extremen Ausreißer bereits ausgeschlossen wurden.

privater Gymnasien nicht gänzlich durch die unterschiedliche ethnische Schülerzusammensetzung gegenüber öffentlichen Gymnasien erklärt werden kann.

Dem möglichen Einwand, dass die geringen Nettoverluste der privaten Gymnasien allein der Tatsache geschuldet sei, dass auf freiwerdende Plätze durch vorzeitige Abgänge stets Schülerinnen und Schüler als Seiteneinsteiger nachrücken (die sozusagen auf Wartelisten stehen), kann durch die Betrachtung der Zugänge während der Sekundarstufe I – exemplarisch für das Schuljahr 2008 – nicht bestätigt werden. Hier ergibt sich eine schwache Korrelation von -.097* zwischen der Trägerschaft und den Zugängen im Verlauf der Sekundarstufe I: Demnach finden die wenigen Zugänge insgesamt (im Durchschnitt sind es lediglich 1,19 Seiteneinsteiger pro Gymnasium) vermehrt an öffentlichen Gymnasien statt.

Neben der Trägerschaft spielt die Klassenfrequenz im fünften Jahrgang eine weitere wichtige Rolle bei der Frage nach dem Ausmaß der frühzeitigen Abgänge. Je voller die Klassen in den Eingangsklassen der Gymnasien sind, desto mehr Schülerinnen und Schüler verlassen die Schule im Verlauf der Sekundarstufe I. Bildungspolitisch untermauern diese Befunde die Forderung nach kleineren Klassen. Fraglich bleibt hier jedoch, ob es tatsächlich daran liegt, dass ein stärker schülerorientierter Unterricht in einem sehr großen Klassenverband nicht möglich ist, oder ob die These Gomollas & Radtkes bestätigt werden kann, dass Institutionen auch ihren Selbsterhalt zum Zweck haben: Befindet sich also eine über dem Richtwert liegende Anzahl an Schülerinnen und Schülern in einer Klasse, ist es aus Sicht der Institution Schule weniger folgenreich, eine stärkere Auslese zu betreiben. Dass stets auch das institutionelle Angebot – und nicht allein die Schülerleistungen – ausschlaggebend für Entscheidungen der Organisation Schule ist, wurde u.a. bezugnehmend auf die Grundschulstudie von Mader, Roßbach & Tietze (1991) gezeigt. Sie konnten nachweisen, dass die Häufigkeit der Zurückstellung vom Schulbesuch signifikant mit dem Vorhandensein eines Schulkindergartens zusammenhängt und dass sich die Klassenstärke auf die Wiederholerquoten und die Überweisungen an eine Sonderschule auswirken: Je größer die Klassen in den Eingangsphasen der Grundschulen sind, desto mehr Kinder wiederholen eine Jahrgangsstufe und werden an eine Sonderschule verwiesen. Forschungsaktivitäten zum Einfluss der Klassengröße auf *Schulleistungen* kommen hingegen zu keinen einheitlichen Befunden. Die Größe der Lerngruppen übt hier – im Gegensatz zu den Selektionsprozessen – zumeist keinen oder nur einen sehr schwachen Einfluss aus. Befunden aus IGLU 2006 zufolge weisen große Klassen sogar bessere Leistungen auf. Vertiefende Analysen offenbaren dann jedoch, dass dieser Leistungsvorsprung einzig darauf zurückzuführen ist, dass manche Klassen aufgrund von Lernbenachteiligungen (etwa Sonderschulklassen oder Klassen mit

einem besonders hohen Anteil von Kindern mit Migrationshintergrund) bewusst klein gehalten werden.[77] Werden ebendiese Klassen aus den Analysen
ausgeschlossen, finden sich keine signifikanten Zusammenhänge mehr zwischen der Klassengröße und den Leistungen sowie der Unterrichtspraxis und
dem Belastungserleben der Lehrkräfte (vgl. Lankes & Carstensen, 2010). Darüber hinaus ergeben Arnholds (2005) Analysen zum Einsatz unterschiedlicher
Arbeitsformen wie Gruppenarbeit oder die Verwendung differenzierter Materialien, dass kaum signifikante Unterschiede zwischen großen und kleinen Lerngruppen bestehen.

In dieselbe Richtung der überwiegenden Bedeutung des Selbsterhalts der Schule können die Befunde zur Zügigkeit gedeutet werden. Bestehen nur wenige
Parallelklassen, womit sich auch weniger Schülerinnen und Schüler in den
Eingangsklassen der Gymnasien befinden, verlässt ein geringerer Anteil an
Schülerinnen und Schülern die Schule frühzeitig. Auffällig in diesem Kontext
ist auch der Befund, dass Gymnasien mit einer geringeren Anzahl an Parallelklassen eine größere Anzahl an Migrantinnen und Migranten unterrichtet.

Ebenfalls bildungspolitisch relevant, wenn auch nur schwach ausgeprägt, erweist sich der Zusammenhang zwischen einem günstigen Schüler-Lehrer-
Schlüssel und höheren Verbleibchancen der Schülerinnen und Schüler in diesen Gymnasien. Eine günstige Ausstattung an personellen Ressourcen kann zur
Optimierung der individuellen Förderung und zur Entlastung der Lehrkräfte
führen. Ein Vergleich des zusätzlich verfügbaren Personals im Leseunterricht
zwischen den Teilnehmerstaaten an IGLU 2011 offenbart, dass in Deutschland
74,8 Prozent der befragten Grundschullehrkräfte angibt, keine zusätzliche
Person zur Unterstützung zur Verfügung stehen zu haben, während sich der
entsprechende Anteile etwa in Finnland, Irland und Dänemark auf äußerst
geringe 0,6, 1,2 und 2,3 Prozent beläuft. Der Mittelwert der EU-Vergleichs-
gruppe lässt sich auf 33,1 Prozent beziffern (vgl. Tarelli, Lankes, Drossel &
Gegenfurtner, 2012).

Der aus vielen empirischen Untersuchungen im Bildungsbereich bekannte
Befund, dass Migrantinnen und Migranten bei Bildungsbeteiligung und Bildungserfolg schlechter abschneiden als Schülerinnen und Schüler ohne Migrationshintergrund, lässt sich in Ansätzen auch in der vorliegenden Studie finden,
auch wenn hier keine Aussagen auf Individualebene möglich sind, sondern der
Migrationsanteil in den Gymnasien betrachtet wird. Dass mit dem hier gewählten Design keine individuellen Bildungsverläufe verfolgt werden können, wurde bereits angedeutet (vgl. Kapitel 6.5). Folglich kann lediglich festgehalten
werden, dass Gymnasien mit einem höheren Anteil von Migrantinnen und
Migranten größere Schülerzahlverluste aufzuweisen haben. Die generierte

---

77 Bedacht werden muss, dass wir hier von Klassengrößen in Grundschulen sprechen.

Forschungshypothese kann damit bestätigt werden. Die geringere Haltekraft dieser Schulen könnte jedoch auch auf eine nachteilige Schülerzusammensetzung im Hinblick auf die Lernvoraussetzungen zurückzuführen sein, die sich negativ auf den Lernerfolg der Schülerinnen und Schüler auswirkt.

Nicht bestätigt werden konnte Steiners (2011) Befund im Rahmen von StEG, dass die Teilnahme an Ganztagsangeboten das Risiko zu scheitern mindert. Sie führt dieses Phänomen darauf zurück, dass durch das Mehr an Zeit zum einen eine verbesserte Förderung stattfinden kann, dass sich Ganztagsschulen aber auch – u.a. durch den Einsatz außerschulischer Fachkräfte – durch ein gutes Sozialklima und gute Sozialbeziehungen zu ihren Schülerinnen und Schülern auszeichnen, die sich positiv auf die Verringerung der Scheiterwahrscheinlichkeit auswirken. Das gegenteilige Bild zeigt sich an den 24 gebundenen Ganztagsgymnasien der vorliegenden Untersuchung. Hier ist die Wahrscheinlichkeit, die Schule im Verlauf der Sekundarstufe I verlassen zu müssen, sogar signifikant höher. Die Frage, ob dieser Befund auf eine andere Schülerschaft mit höheren Herausforderungen an Ganztagsschulen zurückzuführen ist, wurde bereits angedeutet und bleibt spekulativ. Ergebnisse aus IGLU 2006, wonach Schülerinnen und Schüler, die an Ganztagsangeboten teilnehmen, schlechtere Lesekompetenzen aufweisen, da sie vergleichsweise häufig aus schwierigen sozioökonomischen Verhältnissen stammen, würden diese Vermutung unterstützen (vgl. Holtappels, Radisch, Rollett & Kowoll, 2010).

Zuletzt soll noch auf den positiven Zusammenhang zwischen der Übergangsquote zum Gymnasium und den Verbleibchancen der Schülerinnen und Schüler eingegangen werden. Kinder, die in Regionen mit einer geringen Übergangsquote zum Gymnasium bei einer gleichzeitig geringen Haltekraft dieser Schulen leben, sind im Hinblick auf die Bildungsbeteiligung doppelt benachteiligt. Anderenorts erleben wir das gegenteilige Phänomen: Dort scheint der erfolgreiche Besuch eines Gymnasiums eine Selbstverständlichkeit zu sein. Es wurde eingehend diskutiert, dass – auch mit Blick auf vorhandene Forschungsbefunde – davon ausgegangen werden kann, dass sich die soziale Situation der Bevölkerung hinsichtlich des Bildungsniveaus, der Berufspositionen und damit verknüpft auch der Bildungsorientierungen in diesen Städten als vergleichsweise sehr gut erweist. In diesem Kontext ist von regionalspezifisch ausgeprägten Gymnasialkulturen bzw. Gymnasialpräsenzen gesprochen worden. Um allerdings gesicherte Informationen hierzu zu erlangen, kann auch an dieser Stelle nur auf weitere Forschung verwiesen werden, die Daten zur sozialen Lage der Bevölkerung – nach Möglichkeit kleinräumig – einbezieht.[78]

---

78 Da das Bildungsniveau der Bevölkerung nicht flächendeckend für jede der 249 Städte in NRW, die über mindestens ein Gymnasium verfügen, vorliegt, konnte dieser Indikator nicht in die Analysen einbezogen werden.

Ernüchternd – im Gegensatz zu den strukturellen Input- und Kontextmerkmalen – stellt sich die Befundlage auf *Prozessebene* dar. Zusammenfassend betrachtet fördert die schriftliche Lehrerbefragung ausgewählter Schulkollegien nur wenige Ergebnisse zu Tage, was teilweise auch auf das gewählte Forschungsdesign und die kleine Stichprobe zurückzuführen sein könnte; dies soll an späterer Stelle, bei der Reflexion des methodischen Vorgehens, näher ausgeführt werden. Die Zusammenhänge, die wir auf Lehrerebene finden, lassen darauf schließen, dass die Gymnasien mit sehr hohen Schülerzahlverlusten durchaus die Bedrohung des zum Teil selbst verschuldeten Schülerschwunds erkannt haben. Ob sich dadurch die Verbleibchancen ihrer Schülerinnen und Schüler in jüngster Zeit auch tatsächlich gegenüber 2005 bis 2008 verbessern, müsste überprüft werden. Diese Gymnasien geben signifikant häufiger an, dass an ihrer Schule das explizite Ziel besteht, die frühzeitigen Abgänge zu reduzieren – und das insbesondere vor dem Hintergrund des demografischen Wandels. In diesem Kontext soll nochmals auf den bivariaten Zusammenhang zwischen den Schulzielen zur Reduktion von Abstufungen und der positiven Einstellung gegenüber Seiteneinsteigern in die Oberstufe verwiesen werden (.413**). Denn auch die Begrüßung von Zugängen in die eigene gymnasiale Oberstufe könnte als eine Maßnahme zur Kompensation der starken Schülerzahlverluste in der Sekundarstufe I – und zwecks Selbsterhalts – angesehen werden. Darüber hinaus weisen sie eine differenziertere Förderpraxis und eine größere Anzahl von Zusatzangeboten von Lehrkräften im Unterricht zur Prävention von schulischem Misserfolg auf. Inwiefern dies als Reaktion auf eine schwierigere Schülerschaft gesehen werden kann, lässt sich nur vermuten, kann aber nicht ausreichend geklärt werden. Zumindest der Migrationsanteil unterscheidet sich zwischen den zwei Extremgruppen nicht signifikant voneinander. All diese Befunde sprechen gegen die eingangs aufgestellten Hypothesen, dass explizite Ziele zur Minderung frühzeitiger Abgänge und eine differenzierte Förderpraxis Schulversagen reduziert.

Hypothesenbestätigend ist hingegen der Befund, dass die Lehrkräfte an den Schulen mit hohen Schülerverlusten das Elterninteresse und den Widerstand bei drohenden Schulformwechseln als geringer einschätzen. Damit verweisen die Ergebnisse auf die aus einschlägiger Literatur bekannte Bedeutung des Elternhauses für den Schulerfolg der Kinder. Sie könnten einen Hinweis darauf liefern, dass die Schülerschaft an diesen Gymnasien eher aus sozioökonomisch benachteiligten Familien stammt. Ein weiterer Anhaltspunkt kann darin gesehen werden, dass sich die Gymnasien in den Universitätsstädten, in denen – wie eingehend beschrieben – prinzipiell von einer höheren Bildungsorientierung ausgegangen werden kann, durch eine hohe Haltekraft auszeichnen.

Die schwachen bivariaten Zusammenhänge zu den persönlichen Einstellungen der Lehrkräfte gegenüber Selektionsinstrumenten bestätigen die Hypothese, die der empirischen Untersuchung zugrunde gelegt wurde, dass Lehrkräfte an Gymnasien mit hohen Schülerzahlverlusten, an denen Selektionsinstrumente folglich häufiger eingesetzt werden, die Wirkungen ebendieser eher positiv einschätzen als Lehrkräfte an Gymnasien mit einer hohen Haltekraft. Damit werden die Ergebnisse der Schweizer Untersuchung von Bless, Schüpbach & Bonvin (2004) zum Thema Klassenwiederholungen repliziert. Dieser Studie kann ebenfalls entnommen werden, dass Lehrkräfte, die auch ihren Unterricht als Ursache für Schulversagen ansehen, Selektionsinstrumenten gegenüber negativer eingestellt sind als Lehrkräfte, die die Schuld für den schulischen Misserfolg vornehmlich den Schülerinnen und Schülern selbst zuschreiben. Den bivariaten Korrelationen zufolge finden wir auch hier das Phänomen, dass Lehrkräfte an Schulen mit geringen Verbleibchancen ihrer Schülerschaft eher dazu neigen, die Erklärung für das Schulversagen bei den Kindern und ihrer familiären Situation sehen. Möglich scheint jedoch auch, dass die tägliche Auseinandersetzung mit leistungsschwächeren Schülerinnen und Schülern – sollte dies der Fall an den Gymnasien mit hohen Schülerzahlverlusten sein – dazu führt, dass Selektionsinstrumente als sinnvoll angesehen werden. Wie wichtig die Einstellungen der Lehrkräfte für die tatsächlich stattfindende Selektionspraxis ist, offenbart auch die Korrelationsmatrix aller in die Befragung einbezogener Prozessmerkmale: Lehrkräfte, die sich eher für den Einsatz von Klassenwiederholungen und Abstufungen aussprechen, differenzieren ihren Unterricht weniger stark, gestalten ihn methodisch weniger abwechslungsreich und setzen tendenziell weniger Maßnahmen zur Prävention von schulischem Misserfolg ein. Darüber hinaus sehen sie nicht sich selbst für schulischen Misserfolg verantwortlich, sondern die Schülerinnen und Schüler mit ihren familiären Situationen. Sie sind auch tendenziell eher der Meinung, dass eine Vielzahl ungeeigneter Kinder das Gymnasium besucht, schätzen ihr Kollegium durchaus aber als innovationsbereit ein.

Im nationalen und internationalen Forschungsabriss (Kapitel 4) ist weiterhin die Bedeutung der Schüler-Lehrer-Beziehung im Hinblick auf den Schulerfolg erwähnt worden. Ein Zusammenhang zwischen der Haltekraft der Gymnasien und der Dimension *Fürsorgliche Schüler-Lehrer-Beziehung* kann nicht nachgewiesen werden. Hier stellt sich die Frage, ob die Sichtweise der Lehrkräfte ein realistisches Bild der Situation darstellt.

Ferner wurde untersucht, ob die Leistungsorientierung mit der Selektionspraxis eines Gymnasiums zusammenhängt. Hintergrund dieser Forschungshypothese waren dreißig Jahre alte Befunde einer Interviewstudie an Gymnasien, die hervorbrachte, dass Selektion und Elitebildung als klare Aufgaben des Gymnasiums angesehen werden, in denen keine Zeit für die Behebung der Lernschwierigkeiten einzelner Schülerinnen und Schüler bleibt. Dass sich dieser Befund in der vorliegenden Untersuchung nicht bestätigt, könnte darauf hinweisen, dass sich die „alte selektive Gymnasialkultur" zugunsten von verstärkter Förderung verändert hat. Vor diesem Hintergrund scheint auch die signifikante bivariate Korrelation interessant, dass Schulen mit einem jüngeren Kollegium weniger Schülerzahlverluste zu verzeichnen haben als Gymnasien mit durchschnittlich älteren Lehrkräften, die bisweilen bereits damals an den einstigen „Ausleseschulen" arbeiteten.

Darüber hinaus konnte Stamm (2010) mithilfe von Befragungsdaten sowohl von Schulabbrechern aus Gymnasien als auch von „stabilen Gymnasiasten" zeigen, dass die Dropouts ihre Schule häufiger als autoritär geführtes Gymnasium ansehen. Die Sichtweise der Schülerinnen und Schüler z.B. auf eine leistungsorientierte Schulkultur könnte auch für mögliche Folgestudien von großem Interesse sein.

Ebenso konnte kein Zusammenhang zwischen der Auslesepraxis und den Unterrichtsmerkmalen wie der Differenzierung und der Methodenvielfalt gefunden werden. Damit decken sich die Ergebnisse mit denen von König & Darge (2010), die den Zusammenhang dieser Dimensionen auf Unterrichtsebene und der Sitzenbleiberquote einer Schule untersucht haben. Vermutlich sind auch diese Befunde zum Teil auf das Forschungsdesign zurückzuführen. Zu fragen gilt hier, ob gleiche Ergebnisse erzielt werden, wenn Unterrichtsbeobachtungen durchgeführt werden oder die Schülerinnen und Schüler selbst zu ihrem Unterricht bzw. zur Beziehung zu ihren Lehrkräften befragt werden. Mit diesem Hinweis kann *zur Reflexion des methodischen Vorgehens* übergeleitet werden. Zuvor soll abschließend eine Übersicht über verifizierte und nichtbestätigte Hypothesen gegeben werden. Die Grundlage für diese Aussagen sind die Befunde der Regressionsanalysen auf der Basis der 774 Lehrkräfte.

Tabelle 14:   Übersicht über die (nicht-)bestätigten Forschungshypothesen

Nr.	Hypothese	Bestätigt?
Strukturelle Input- und Kontextmerkmale		
1.1	An Gymnasien in privater Trägerschaft ist der Schülerzahlverlust im Verlauf der Sekundarstufe I geringer als an öffentlichen Schulen.	Ja
1.2	An großen Schulen mit einer hohen Schülerzahl insgesamt ist der Schülerzahlverlust größer als an kleinen Gymnasien.	Nein
1.3	An Schulen mit einer hohen Anzahl an Parallelklassen (Züge im fünften Jahrgang) ist der Schülerzahlverlust größer als an Gymnasien mit nur einer geringen Anzahl an Zügen.	Ja
1.4	Schulen mit durchschnittlich großen Klassen verlieren einen größeren Schüleranteil im Verlauf der Sekundarstufe I als Schulen mit kleinen Klassen.	Nein
1.5	Schulen, die sich durch große Klassen speziell in der fünften Jahrgangsstufe auszeichnen, verlieren einen größeren Schüleranteil im Verlauf der Sekundarstufe I als Schulen mit kleinen Klassen in der fünften Jahrgangsstufe.	Ja

Nr.	Hypothese	Bestätigt?
Strukturelle Input- und Kontextmerkmale		
1.6	Je günstiger die Schüler-Lehrer-Relation an einer Schule ausfällt, desto geringer ist der Anteil des Schülerzahlverlusts im Verlauf der Sekundarstufe I.	Ja
1.7	Schulen mit einem hohen Anteil an Schülerinnen und Schülern mit Migrationshintergrund verlieren im Verlauf der Sekundarstufe I einen größeren Schüleranteil als Schulen mit einem nur geringen Anteil an Migrantinnen und Migranten.	Ja
1.8	Die Schülerzahlverluste im Verlauf der Sekundarstufe I an Ganztagsgymnasien fallen geringer aus als an Halbtagsgymnasien.	Nein
1.9	Gymnasien mit einem durchschnittlich jüngeren Kollegium sind stärker um den Verbleib ihrer Schülerinnen und Schüler bemüht, sodass die Haltekraft an diesen Schulen größer ausfällt als an Gymnasien mit einem älteren Kollegium.	Nur bivariat
1.10	Die Höhe des Anteils der Grundschulabgänger einer Stadt, der auf ein Gymnasium wechselt, steht in einem Zusammenhang mit dem Anteil der Schülerinnen und Schüler, die an dieser Schulform scheitern.	Ja
1.11	Die Anzahl der Gymnasien in einer Stadt steht in einem Zusammenhang zu der Haltekraft dieser Schulen.	Nein
Prozessmerkmale auf Schulebene		
2.1	Eine fürsorgliche Schüler-Lehrer-Beziehung findet sich eher an Schulen mit geringen als an Schulen mit hohen Schülerzahlverlusten im Verlauf der Sekundarstufe I.	Nein
2.2	An Gymnasien, die einen überdurchschnittlich hohen Schülerzahlverlust zu verzeichnen haben, empfinden die Lehrkräfte die strenge Leistungsorientierung und Universitätsvorbereitung als wichtiger als die individuelle Förderung jedes einzelnen Schülers.	Nein
2.3	An Schulen mit niedrigen Schülerzahlverlusten existieren eher explizite Schulziele zu einer geringen Auslese am Gymnasium als an Schulen mit hohen Schülerzahlverlusten. - Schulen mit niedrigen Schülerzahlverlusten verfolgen insbesondere vor dem Hintergrund des demografischen Wandels und der allgemein sinkenden Schülerzahlen eher das Ziel, mehr Kinder und Jugendliche an der eigenen Schule zum Schulerfolg zu führen, als Schulen mit hohen Schülerzahlverlusten.	Nein
2.4	An Schulen mit geringen Schülerzahlverlusten findet im Gegensatz zu Schulen mit hohen Schülerzahlverlusten eine ausdifferenziertere Förderpraxis statt.	Nein
2.5	Gymnasien mit geringen Schülerzahlverlusten stellen eine größere Vielfalt an Zusatzangeboten zur Vorbeugung von schulischem Misserfolg zur Verfügung als Gymnasien mit hohen Schülerzahlverlusten.	Nein

Nr.	Hypothese	Bestätigt?
Prozessmerkmale auf Schulebene		
2.6	Die Innovationsbereitschaft der Lehrkräfte ist an Schulen mit geringen Schülerzahlverlusten höher als an Schulen, die viele Schülerinnen und Schüler verlieren.	Nein
2.7	An Schulen mit hohen Schülerzahlverlusten findet ein weniger differenzierter Unterricht statt als an Schulen, die unterdurchschnittlich viele Schülerinnen und Schüler verlieren.	Nein
2.8	An Schulen mit hohen Schülerzahlverlusten ist die Vielfalt an Methoden, die Lehrkräfte einsetzen, geringer als an Schulen, die unterdurchschnittlich viele Schülerinnen und Schüler verlieren.	Nein
2.9	An Schulen mit hohen Schülerzahlverlusten setzten Lehrkräfte eine geringere Anzahl gezielter Maßnahmen zur Prävention von Schulversagen ein als an Schulen, die unterdurchschnittlich viele Schülerinnen und Schüler verlieren.	Nein
Prozessmerkmale auf Lehrerebene		
2.10	An Schulen mit hohen Schülerzahlverlusten sind Lehrkräfte positiver gegenüber Selektionsinstrumenten eingestellt und schätzen sie als wirksamer ein als an Schulen mit geringen Schülerzahlverlusten. - Sowohl in Bezug auf das Sitzenbleiben als auch hinsichtlich frühzeitiger Abstufungen aus dem Gymnasium.	Nur bivariat
2.11	Die persönlichen Einstellungen der Lehrkräfte zur Eignung der Kinder, die auf ein Gymnasium wechseln, fallen an Schulen mit geringen Schülerzahlverlusten positiver aus als an Schulen mit hohen Verlusten.	Nur bivariat
2.12	Die persönliche Einstellung der Lehrkräfte zu Seiteneinsteigern in die Oberstufe des eigenen Gymnasiums steht in einem Zusammenhang zum Schülerzahlverlust im Verlauf der Sekundarstufe I.	Nur bivariat
2.13	An Gymnasien mit hohen Schülerzahlverlusten neigen Lehrkräfte eher dazu, den Schülerinnen und Schülern selbst bzw. der familiären Situation die Verantwortung für den Misserfolg zuzuschreiben und weniger sich selbst bzw. der Unterrichtsqualität als an Schulen mit geringen Schülerzahlverlusten.	Nur bivariat
2.14	Das Elterninteresse an den schulischen Leistungen ihrer Kinder und der Widerstand bei einem drohenden Schulformwechsel werden an den Schulen mit hohen Schülerzahlverlusten von den Lehrkräften als geringer eingeschätzt als an Schulen mit niedrigen Verlusten.	Ja

Reflexion des methodischen Vorgehens

Um die erste Forschungsfrage nach den unterschiedlichen Verbleibchancen der Schülerinnen und Schüler in den einzelnen Gymnasien in NRW beantworten zu können, wurde das Durchgangsquotenverfahren als methodisches Vorgehen gewählt, mit dessen Hilfe der Verlust der Schülerschaft im Verlauf der Sekundarstufe I berechnet werden kann (vgl. hierzu Kapitel 6.1). Zu beachten ist dabei, dass es sich bei den Schülerzahlverlusten – positiv auch als Verbleibchancen ausgedrückt – stets um den Saldo aus Zu- und Abgängen, also um den „Nettoverlust" handelt. Denn die frühzeitigen Abgänge werden mit möglichen Zugängen verrechnet, die an Gymnasien jedoch nur selten auftreten. Anhand des Schuljahrs 2008 wurde exemplarisch gezeigt, dass die Gymnasien in Nordrhein-Westfalen durchschnittlich lediglich 1,19 Zugänge pro Schule zu verzeichnen haben. 44,2 Prozent dieser Gymnasien erhalten dabei keinen einzigen Seiteneinsteiger in der Unter- und Mittelstufe, 25,1 Prozent nehmen nur einen Zugang auf. Folglich beschönigen die hier verwendeten Schülerzahlverluste bzw. Verbleibchancen allenfalls die Auslesepraxis der Gymnasien. Mit dem Durchgangsquotenverfahren können keine individuellen Bildungsverläufe nachgezeichnet werden. Fraglich bleibt also, wohin genau die Schülerinnen und Schüler gehen, die das Gymnasium frühzeitig verlassen. Möglich wären etwa auch durch Umzüge bedingte Wechsel in den gleichen Bildungsgang einer anderen Stadt. Solche Fälle können prinzipiell nicht als Abstufungen gewertet werden, sie werden jedoch in die Berechnungen der Verbleibchancen einbezogen. Allerdings stellt auch dieses Phänomen wohl eher die Ausnahme dar und betrifft nicht systematisch eine bestimmte Schule. Da die Grundlage der vorliegenden Untersuchung keine Individualdaten auf Schülerebene darstellt, können auch keine Aussagen über die Beweggründe der Schülerinnen und Schüler oder über den späteren Erfolg der „Gescheiterten" gemacht werden. Hierzu wäre eine Schulverlaufs- oder Schulbiografieforschung nötig. Dies ist jedoch nicht das vornehmliche Interesse der vorliegenden Studie.

Es bleibt festzuhalten, dass die klare Stärke des verwendeten Durchgangsquotenverfahrens sein forschungsökonomischer Einsatz ist: Die benötigten Daten können der amtlichen Statistik entnommen werden, sodass aufwendige Zusatzerhebungen entbehrlich sind. Damit hat sich eine vielversprechende Herangehensweise ergeben, um sich dem Phänomen des Schulversagens an Gymnasien auf Schulebene zu nähern.

Um im Zuge der zweiten Forschungsfrage zunächst strukturelle Input- und Kontextmerkmale als mögliche Ursachen für die unterschiedlich stark ausgeprägten Schülerzahlverluste der einzelnen Gymnasien zu untersuchen, konnten nur solche Daten einbezogen werden, die der amtlichen Schulstatistik zu entnehmen sind. Hier fehlen insbesondere Informationen zur sozialen und leistungsbezogenen Schülerzusammensetzung. Beabsichtigt wurde der Einbezug der schulspezifischen Ergebnisse der Lernstandserhebungen und der Standorttypen, die Auskunft über soziale und wirtschaftliche Bedingungen des unmittelbaren Schulumfeldes geben, etwa über die Arbeitslosen- und SGB II-Quote der unter 18-Jährigen (vgl. Issac, 2011). Die Zusage vom Ministerium für Schule und Weiterbildung zur Herausgabe der Standorttypen wurde aufgrund von Bedenken bezüglich der Aussagekraft des Einzugsgebiets der Gymnasien zurückgezogen,[79] alternativ wurde der schulbezogene Migrationsanteil, der einen wesentlichen Bestandteil der Berechnung des Standorttyps darstellt, übermittelt. Die Herausforderungen in der Interpretation der Ergebnisse der Lernstandserhebung sind in den vertiefenden Analysen (Kapitel 7.2.1) eingehend geschildert worden. Hier ergibt sich kein Zusammenhang zwischen den Testleistungen und der Höhe des Schülerzahlverlusts zwischen der fünften und achten Jahrgangsstufe. Die Verbleibchancen der Schülerinnen und Schüler von der achten bis zur zehnten Klassenstufe fallen jedoch an den Gymnasien mit besseren Ergebnissen in den Lernstandserhebungen signifikant höher aus. Nicht beantwortet bleibt dabei die wichtige Frage, inwiefern sich diese Gymnasien bereits zuvor durch eine ausgeprägte Selektionspraxis auszeichneten, indem die leistungsschwächsten Schülerinnen und Schüler das Gymnasium bereits verlassen haben. Dieser Umstand könnte sowohl gute Testleistungen in der achten Jahrgangsstufe als auch einen späteren höheren Verbleib in den Jahrgangsstufen acht bis zehn erklären. Die für das zugrundeliegende Forschungsvorhaben interessierende Information, ob tatsächlich die Schulen mit den leistungsschwächsten Schülerinnen und Schülern die höchsten Verluste aufweisen, bleibt damit ungeklärt. Inwiefern Schülerleistungen und auch die soziale Zusammensetzung in zukünftige Forschungsaktivitäten zu Selektionsprozessen einbezogen und kontrolliert werden können, sollte gründlich durchdacht werden.

Im Hinblick auf die Ursachenforschung bleibt grundsätzlich festzuhalten, dass stets nur vorsichtige Interpretationen der empirisch gefundenen Zusammenhänge möglich sind, jedoch keine gesicherten Schlüsse gezogen werden können. Auskünfte über Kausalitäten sind im Rahmen einer querschnittlich angelegten Studie strenggenommen nicht zulässig, da Angaben über Wirkungen nur in einem Längsschnittdesign identifiziert werden können.

Zuletzt soll auf die Reflexion des Befragungsdesigns eingegangen werden. Aufgrund des hohen Anonymitätsgrades einer schriftlichen Befragung, die postalisch versandt wird, bestand die Hoffnung auf ein ehrliches, wenig sozial erwünschtes Antwortverhalten seitens der Lehrkräfte, wenngleich es sich dabei um ein sensibles und bildungspolitisch brisantes Thema handelt. Die tendenziell sehr positiv ausfallenden Einschätzungen lassen nun aber die berechtigte Vermutung zu, dass deutlich im Sinne des idealerweise an den Tag zu legenden

---

79 Begründet wurde dies wie folgt: Nicht nur Kinder und Jugendliche, die in dem unmittelbaren Schulumfeld eines Gymnasiums wohnen, besuchen diese Schule. Vielmehr nehmen Schülerinnen und Schüler durchaus auch längere Wege in Kauf, um ein Gymnasium besuchen zu können. Wenn sich eine Schule folglich in einem sozial schwächeren Umfeld befindet, bedeutet dies nicht automatisch, dass sich die Schülerschaft auch hauptsächlich aus Kindern und Jugendlichen aus sozial schwächeren Familien zusammensetzt.

Verhaltens geantwortet wurde – vielleicht auch zum Selbstschutz der Lehrerpersonen oder Schulen.

Die Befürchtungen der Lehrkräfte, dass Rückschlüsse auf einzelne Personen möglich und sie damit identifizierbar sind, schlug sich in der Weigerung nieder, persönliche Angaben zum Alter, Geschlecht oder ihren Fächern zu tätigen. Letztlich bleibt also fraglich, inwiefern die Ergebnisse der Lehrerbefragung verlässliche Auskünfte zu den gewünschten Dimensionen liefern. Bedacht werden muss jedoch, dass nur auf der Grundlage von Lehreraussagen wissenschaftlich fundierte Aussagen zu Einstellungen und Überzeugungen ebendieser möglich sind. Eine ehrliche Beantwortung der Befragten muss dabei vorausgesetzt werden können.

Der Einbezug von Schülersichtweisen zum Unterricht, zur Schüler-Lehrer-Beziehung oder zum Schulklima würde zusätzliche aufschlussreiche Erkenntnisse bringen; gleichermaßen wie eine qualitative Herangehensweise etwa durch Unterrichtsbeobachtungen, Experteninterviews[80], die Teilnahme an Versetzungskonferenzen usw. Solch methodisches Vorgehen hätte den Rahmen dieser Arbeit jedoch überschritten.

Ein weiterer kritisch zu reflektierender Aspekt ist die geringe Teilnahmequote an der schriftlichen Lehrerbefragung. Von den 116 ausgewählten Gymnasien erklärten sich lediglich 23 zur Beteiligung bereit, von denen in nur 19 Schulen mehr als 19 Prozent des Kollegiums den Fragebogen auch tatsächlich ausfüllte. Die Rücklaufquoten innerhalb der Kollegien variierten dabei beträchtlich. Bedenkt man, dass die Teilnahme der Schulen und auch der Lehrkräfte auf Freiwilligkeit beruhte und eine zusätzliche Arbeitsbelastung bedeutet, verwundern diese Quoten jedoch nicht. Repräsentative Befragungsergebnisse zu erhalten, war aufgrund der kleinen Fallzahl zwar nicht angestrebt, die kleine Stichprobengröße führte aber zu Einschränkungen hinsichtlich der Anwendung statistischer Analysen. Prinzipiell wurde ein auf Schulebene aggregierter Datensatz angestrebt. Aufgrund der geringen Fallzahl konnte die multivariate Regression nur auf Basis der 774 Lehrerdaten durchgeführt werden.

Kritisch anzumerken sind abschließend einige nicht optimale Reliabilitätswerte für entwickelte Skalen. Hauptsächlich betrifft dies die Skala *Einschätzung zum Elternwiderstand bei drohendem Schulformwechsel*. Diese besteht lediglich aus zwei Items mit einem Cronbachs Alpha von .316. Aus theoretisch-inhaltlichen Gründen war es dennoch vertretbar, sie für die weiteren Analysen

---

80 Doch auch in Interviewstudien wird sich sozial erwünschtes Antwortverhalten kaum gänzlich vermeiden lassen. Im Gegenteil: Aufgrund der Face to Face-Situation wird mitunter verstärkt sozial erwünscht geantwortet, um dem Interviewer zu gefallen (vgl. Bortz & Döring, 2006, S. 250).

zu verwenden. Darüber hinaus lässt sich Cronbachs Alpha auch für die zwei Skalen *Leistungsorientiertes Schulklima* (.540) und *Pro Abstufungen* (.581) auf unter .6 beziffern. Bei einer zukünftigen Beschäftigung mit diesem Thema könnten diese Skalen verändert und weiterentwickelt werden. Des Weiteren sollte dann eine multiple Imputation fehlender Werte vorgenommen werden, anstatt sie modellbasiert zu schätzen bzw. fallweise auszuschließen.

10 Schlussfolgerungen und Ausblick

Die vorliegende Arbeit hat starke schulspezifische Disparitäten in der Auslese-praxis aufgedeckt. Diese Thematik hat bislang nur wenig Aufmerksamkeit erfahren, insbesondere Gymnasien sind in dieser Hinsicht ein wenig erforsch-tes Feld. Ungeachtet der möglichen Ursachen und Bedingungsfaktoren sind die Reflexion und das Hinterfragen der eigenen Auslesepraxis mithilfe des Durch-gangsquotenverfahrens für die Gymnasien oder die Steuerungsebene wie der Schulaufsicht oder Schulverwaltung einfach möglich. Damit die Schulen selbst ihre eigene Situation adäquat einschätzen können, bedarf es zunächst der Transparenz über diese stark unterschiedlichen Schülerzahlverluste. Diese herzustellen, kann folglich als ein erstes Ziel angesehen werden, das aus den Untersuchungen dieser Arbeit abgeleitet werden kann. Es hat sich gezeigt, dass Gymnasien selbst häufig gar nicht bewusst sind, dass sie in einem weit über-durchschnittlichen Ausmaß Schülerinnen und Schüler vorzeitig an andere Schulen abgeben. Mitunter sind sie auch der Auffassung, dass dies für die abgebende Schulform Gymnasium normal sei. Die Konfrontation mit Refe-renzwerten bietet den Betroffenen dabei Anhaltspunkte zur Einschätzung der eigenen Situation und kann sie über ihre schulspezifische Selektionspraxis in Kenntnis setzen. Dabei soll selbstverständlich nicht der Anspruch erhoben werden, dass alle Schulen unabhängig ihrer Eingangsvoraussetzungen und unterschiedlichen Schülerzusammensetzungen gleichwertige Werte erzielen. Vielmehr soll situationsbezogen überprüft werden, auf welche Gründe die ermittelte Auslesepraxis zurückzuführen ist (vgl. Hillebrand, 2012). Nur so können Lösungen im Sinne aller Beteiligten gesucht und gefunden werden. Insbesondere vor dem Hintergrund der einfachen Anwendbarkeit des Instru-ments des Durchgangsquotenverfahrens bliebe es unverständlich, würden sich die Schulen oder die Steuerungsebene dieser Thematik nicht annehmen – etwa der Schulträger könnte dieser Aufgabe im Rahmen der Schulentwicklungspla-nung nachgehen.

Die bildungspolitische Brisanz, die Bedeutung für individuelle Bildungs- und damit auch Lebenschancen sowie für die wirtschaftliche und gesamtgesell-schaftliche Entwicklung sind weitere Argumente dafür, sich konsequent und kontinuierlich mit diesem Thema zu befassen. Auch die Gymnasien selbst werden vor dem Hintergrund des demografischen Wandels zukünftig in ver-stärktem Maße Interesse an einer Reduzierung des Schülerzahlverlusts haben. Wenn absolut betrachtet weniger Fünftklässler in die Eingangsklassen der Gymnasien eingeschult werden, bleibt fraglich, wie lange die Schulen weitere Verluste durch frühzeitige Abgänge verkraften können. Auch wenn die Gym-nasien im Gegensatz zu den Haupt- und Realschulen die Geburtenrückgän-ge – vornehmlich durch potentielle Realschüler – bislang noch gut kompensie-ren konnten; während die Realschulen ihrerseits vermehrt Schülerinnen und

Schüler aufnehmen, die unter anderen Bedingungen Hauptschulen besuchen müssten, um die Verluste annähernd ausgleichen zu können.

Die Schulen können diese Analysen bei Bedarf durch eigene Schuldaten zu den Zu- und Abgängen ergänzen, um nicht nur auf die sogenannten „Nettoverluste" zurückgreifen zu müssen. Ohne großen Aufwand kann so der Thematik die verdiente Beachtung zukommen, die zudem nicht auf Nordrhein-Westfalen beschränkt bleiben muss. Vielmehr bietet sich auch ein Bundesländervergleich an, da der methodische Zugang nicht nur erlaubt, die Schülerzahlveränderungen einzelner Schulen zu betrachten, sondern in gleicher Weise auch von Stadtbezirken, Städten oder Bundesländern.

Die Aufarbeitung des Forschungsstands zu frühzeitigen Abgängen von Gymnasien verdeutlicht, dass vor allem Schülerinnen und Schüler aus schwierigen sozioökonomischen Verhältnissen vom Scheitern betroffen sind. Damit vergrößert sich die soziale Ungleichheit im Zeitverlauf, die bereits beim Übergang von der Grundschule in die weiterführenden Schulen gegeben ist. Als Erklärungsmodell wird dabei der Rational-Choice-Ansatz angeführt und auf primäre und sekundäre Herkunftseffekte verwiesen. Mögliche Ursachen auf Schulebene erhielten bislang kaum Beachtung. An diese Forschungslücke setzte die empirische Untersuchung dieser Arbeit an. Durch die Erweiterung von strukturellen Rahmenbedingungen und ausgewählten Prozessmerkmalen als mögliche Ursachen für die Differenzen in den Schülerzahlverlusten weist diese Untersuchung über weite Strecken explorativen Charakter auf. Sie kann nur einen ersten Beitrag dazu leisten, für das Thema zu sensibilisieren. An vielen Stellen sind nur vorsichtige Interpretationen der empirischen Befunde möglich, die noch keine gesicherten Erkenntnisse liefern können. Weitere Untersuchungen zu diesem bislang kaum erforschten Feld könnten folgen. Diese sollten Informationen über die soziale und leistungsbezogene Schülerzusammensetzung einbeziehen und kontrollieren. Auch ein qualitatives Forschungsdesign scheint zielführend: Durch Unterrichtsbeobachtungen, Interviews, Teilnahme an Konferenzen oder Befragungen von Schülerinnen und Schülern könnten vertiefte Einblicke in den schulischen Alltag und das Selbstverständnis der Schule gelingen bei gleichzeitiger Minimierung des Phänomens der sozialen Erwünschtheit.

Festzuhalten bleibt jedoch, dass Gymnasien unter gleichen Bedingungen eine deutlich unterschiedliche Selektionspraxis aufweisen können: Während Gymnasien mit einem hohen Migrationsanteil einen Großteil ihrer Schülerinnen und Schüler frühzeitig an andere Schulen abgeben, gelingt es anderen Gymnasien mit ähnlichem Migrationsanteil, den Großteil erfolgreich an ihrer Schule zu halten – wenngleich wir in der Tendenz sehen, dass die Haltekraft der Schulen mit hohem Migrationsanteil etwas geringer ausfällt als an Gymnasien mit vergleichsweise wenigen Migrantinnen und Migranten.

Die persönlichen Einstellungen von Lehrkräften und das pädagogische Selbstverständnis von Schulen hinsichtlich der Auslese scheinen eine wichtige Rolle zu spielen. Hier gilt es auch zukünftig genauer hinzuschauen, damit der Bildungserfolg der Schülerinnen und Schüler nicht gänzlich von persönlichen Überzeugungen der Lehrkräfte abhängt. Inwiefern dies mithilfe der schriftlichen Lehrerbefragung gelungen ist, bleibt fraglich. Dennoch zeigen sich zumindest in Ansätzen auch hier schwache Zusammenhänge zwischen der Einstellung zur Selektion und der tatsächlichen Auslesepraxis.

Neben den persönlichen Überzeugungen sollte weiterhin das Augenmerk darauf gerichtet werden, die individuelle Förderung und das selbstständige Lernen voranzutreiben. Der Weg dafür ist bereits geebnet, viele Schulen haben sich auf den richtigen Weg gemacht. Allerdings bleiben Gymnasien hier hinter anderen Schulformen zurück. Inwiefern die neueren Herausforderungen und Entwicklungen wie die Einführung zentraler Abiturprüfungen und der Wegfall eines Jahrgangs bei gleichbleibender Stofffülle diesem Trend entgegenstehen, bleibt abzuwarten. Sollten sich vereinzelte Meinungen von Lehrkräften bestätigen, dass sich die Vorbereitung auf die zentralen Abschlussprüfungen und die thematischen Vorgaben in den Kerncurricula wenig förderlich auf die Individualisierung und den Einbezug der Interessen jedes Einzelnen auswirken, wäre hier über Maßnahmen zum Gegensteuern nachzudenken.

Ungeachtet pädagogischer Maßnahmen in der Schule und im Unterricht wurde auch deutlich, dass es nicht immer allein um die Interessen und Leistungen der Kinder geht, sondern Institutionen vielmehr ihren Selbsterhalt zum Zweck haben. So verfolgen Schulen auch das Interesse, ihre Schülerzahlen konstant zu halten. Schließlich berechnen sich Lehrerstellen auf der Grundlage von Schülerzahlen. Empirische Evidenz finden wir für das Phänomen, dass in Zeiten sinkender Schülerzahlen die Gymnasien eher bereit sind, auch Schülerinnen und Schüler mit zweifelhafter Eignung aufzunehmen und sie erfolgreich an der Schule zu halten. Darüber hinaus ist empirisch bestätigt und im Rahmen dieser Arbeit verdeutlicht worden, dass nicht allein die Begabung, sondern auch das Angebot an Bildungseinrichtungen die Nachfrage bestimmt: Die Menge an Gymnasialplätzen, die in einem Ort bestehen, werden auch besetzt. Ungleichheiten beim Zugang zur höchsten Schulform, der maßgeblichen Einfluss auch für das Erreichen der Hochschulreife hat, können somit durch das Bildungsangebot gesteuert werden. Auch solch strukturelle – und eben nicht individuelle oder pädagogische – Merkmale müssen im Diskurs um Schulerfolg bzw. Misserfolg stets bedacht werden.

Vor diesem Hintergrund soll der Blick abschließend ein weiteres Mal auf die eingehend beschriebenen regionalen Disparitäten gerichtet werden. Nicht nur zwischen Bundesländern, sondern auch zwischen Städten und Stadtteilen finden wir teils gravierende Unterschiede in der Bildungsbeteiligung und im Bildungserfolg. Anhand von Übergangsquoten, Klassenwiederholungen, Abstufungen in Bildungsgänge mit niedrigerem Anspruchsniveau und niedrigeren

Bildungsabschlüssen wurde dies ausführlich dargestellt. Einen entscheidenden Beitrag zu diesen Differenzen scheinen hier soziale und wirtschaftliche Rahmenbedingungen zu leisten. So unterscheidet sich die Bildungsmotivation der vornehmlich bildungsnahen Bevölkerung in gehobenen Berufspositionen in privilegierten Gegenden von den Menschen, die in eher benachteiligten Regionen leben, die sich z.b. durch hohe Arbeitslosigkeit auszeichnen. Auf diese Weise prägt die Region die Heranwachsenden. Dieser Erklärungsansatz scheint zumindest ansatzweise auch geeignet, die nachgewiesenen Disparitäten in den Verbleibchancen der Schülerinnen und Schüler an den Gymnasien in Nordrhein-Westfalen zu erklären. Damit sind Kinder und Jugendliche in sozial schwächeren Regionen doppelt benachteiligt hinsichtlich des Zugangs und Verbleibs am Gymnasium. Anhaltspunkte dafür bietet auch der Befund, dass die Haltekraft der Gymnasien in Universitätsstädten und in Regionen mit einer hohen Übergangsquote zu dieser Schulform höher ausfällt. Vermutlich kann dies auf ein höheres Bildungsniveau und eine stärkere Bildungsorientierung in diesen Orten zurückgeführt werden. Eine genauere empirische Überprüfung wäre auch hier wünschenswert. Städtebezogene Differenzen zu thematisieren und offenzulegen, könnte ein Schritt in Richtung Behebung bzw. Minderung der Ungleichheiten sein.

Um Ungleichheiten bekämpfen zu können, die allein auf unterschiedlich benachteiligte bzw. privilegierte Schülerzusammensetzungen zurückzuführen sind, scheint der Sozialindex ein bewährtes Mittel zu sein. Er misst die soziale Belastung von Schulaufsichtsbezirken, um auf dieser Grundlage Ressourcen verteilen zu können (vgl. Frein, Möller, Petermann & Wilpricht, 2006). Ungleiches kann ungleich behandelt werden, indem Regionen mit besonderen Herausforderungen, die sich durch hohe Arbeitslosigkeit, viele Sozialhilfeempfänger, einen hohen Anteil an Migrantinnen und Migranten und nur wenigen Einfamilienhäusern auszeichnen, zusätzliche Stellen zugewiesen bekommen. In Nordrhein-Westfalen findet dieses Vorgehen der Lehrerstellenvergabe anhand der sozialen Belastung des Schulaufsichtsbezirks bei Grund- und Hauptschulen bereits statt. Denkbar wäre jedoch auch, Ressourcen an Gymnasien zielgerichtet zuzuteilen und entsprechend den Standortvoraussetzungen – oder besser den Schülerzusammensetzungen – Unterstützungsmaßnahmen zu konzipieren. Die Thematik des Schulversagens an Gymnasien erfährt bislang jedoch kaum öffentliche Aufmerksamkeit.[81]

---

81 Eine Ausnahme stellt hier das Projekt „Ganz In" dar, bei dem sich 31 Gymnasien in NRW zum Ziel gesetzt haben, insbesondere auch leistungsstarke Schülerinnen und Schülern aus sozioökonomisch schwierigeren Verhältnissen aufzunehmen und erfolgreich zum Abitur zu führen (vgl. Koltermann & Pfuhl, 2012).

Die vorgelegten Analysen verdeutlichen jedoch auch, dass soziale Hintergrundvariablen allein die Disparitäten in den Verbleibchancen der Schülerinnen und Schüler bei Weitem nicht zu erklären vermögen, sodass verstärkt auch der Blick auf weitere Faktoren gerichtet werden sollte. So etwa auf persönliche Meinungen, Grundüberzeugungen und das Selbstverständnis der Lehrkräfte und von Schulen zur Selektion und Auslese, wie es im Ansatz hier geschehen ist.

Im Nachgang zu den empirischen Analysen zur Haltekraft der Gymnasien in NRW soll der Blick ein letztes Mal auf die Struktur des deutschen Schulsystems gerichtet werden. Denn nur die gegliederte Struktur mit den selektiven Filtern des Bildungssystems ermöglicht diese Art des Scheiterns im Gymnasium in Form von frühzeitigen Abgängen. Weltweit vertritt Deutschland hier eine Außenseiterposition. Die Einflüsse der gegliederten Struktur, die einhergeht mit einer Vielzahl an Selektionshürden, die Kinder und Jugendliche überwinden müssen, auf individuelle Bildungskarrieren und auf die Verstärkung der sozialen Ungleichheit sind eingehend diskutiert worden. Das alles wird in Kauf genommen, um weiterhin eine unrealistische Homogenisierung der Schülerschaft anzustreben. Zwar kann die Allokation bzw. Selektion aus soziologischer Sicht eindeutig als eine Funktion der Institution Schule ausgemacht werden, fraglich bleibt jedoch, ob es eine solche Vielzahl an Gelegenheiten für Selektionsprozesse geben muss, verstärkt sich doch auch die soziale Selektion bei jeder zusätzlichen Übergangsentscheidung (vgl. Ditton, 2010; Cortina & Trommer, 2003). Bellenberg (2012) konstatiert, dass die Grundvoraussetzung für ein chancengerechtes Bildungssystem „der Schritt weg von einer selektiven Pädagogik hin zu Unterrichts- und Lernsettings [ist], in denen jedes Kind und jeder Jugendlicher individuell gefördert wird. Ein solcher Schritt erfordert nicht nur einen Wandel in den Köpfen vieler Lehrkräfte und Eltern, notwendig ist vielmehr auch, dass Lehrerinnen und Lehrer systematisch mit Blick auf individuelle Förderung aus- und weitergebildet werden […]" (ebd., S. 18).

Daher muss auch die Institution Schule die in ihrer Macht liegende Verantwortung übernehmen, um soziale und regionale Ungleichheiten im Bildungserfolg zu bekämpfen. Ein erster Schritt könnte die Reflexion der eigenen Einstellungen und Überzeugungen sein, womit bereits ein kleiner Beitrag auf individuelle Bildungskarrieren und Lebenschancen geleistet werden kann.

Die Transparenz über schulspezifische Disparitäten hinsichtlich der Selektionspraxis der einzelnen Gymnasien in Nordrhein-Westfalen ist jedenfalls geschaffen. Ebenso wurde verdeutlicht, dass nicht nur die Schülerinnen und Schüler mit ihrem Leistungsniveau oder ihrer Motivation allein für Schulversagen verantwortlich sind, sondern dass auch schulische Faktoren, strukturelle Rahmenbedingungen, Überzeugungen von Lehrkräften und übergeordnete Interessen der Institution Schule einen Einfluss nehmen können. Der einschlägige Forschungsstand wurde somit erweitert: Der Rational-Choice-Ansatz als bislang gängiges Erklärungsmodell für frühzeitige Abgänge aus den Gymnasien greift zu kurz. Die in weiten Teilen explorative Untersuchung hat Anregungen für weitere vertiefende Forschung gegeben. Damit sind sowohl die Relevanz, aber auch Grenzen dieser Arbeit klar umrissen worden.

11 Verzeichnisse

11.1 Literatur

Arbeitsgruppe Schulforschung (1980). *Leistung und Versagen. Alltagstheorien von Schülern und Lehrern* (Bd. 46). München: Juventa.

Arnhold, G. (2005). *Kleine Klassen, große Klasse? Eine empirische Studie zur Bedeutung der Klassengröße für Schule und Unterricht.* Bad Heilbrunn: Klinkhardt.

Arnold, K.-H., Bos, W., Richert, P. & Stubbe, T. C. (2007). Schullaufbahnpräferenzen am Ende der vierten Klassenstufe. In W. Bos, S. Hornberg, K.-H. Arnold, G. Faust, L. Fried, E.-M. Lankes, K. Schwippert & R. Valtin (Hrsg.), *IGLU 2006. Lesekompetenzen von Grundschulkindern in Deutschland im internationalen Vergleich* (S. 271–297). Münster: Waxmann.

Autorengruppe Bildungsberichterstattung (2010). *Bildung in Deutschland 2010. Ein indikatorengestützter Bericht mit einer Analyse zu Perspektiven des Bildungswesens im demografischen Wandel.* Bielefeld: Bertelsmann.

Autorengruppe Bildungsberichterstattung (2012). *Bildung in Deutschland 2012. Ein indikatorengestützter Bericht mit einer Analyse zur kulturellen Bildung im Lebenslauf.* Bielefeld: Bertelsmann.

Backhaus, K., Erichson, B., Plinke, W. & Weiber, R. (2008). *Multivariate Analysemethoden. Eine anwendungsorientierte Einführung* (12. Aufl.). Berlin: Springer.

Balfanz, R. & Legters, N. (2004). *Locating The Dropout Crisis. Which High Schools Produce the Nation's Dropouts? Where Are They Located? Who Attends Them?* Verfügbar unter: http://www.csos.jhu.edu/crespar/techReports/Report70.pdf. [Zugriff am 17.08.2012].

Bargel, T. & Kuthe, M. (1992). Regionale Disparitäten und Ungleichheiten im Schulwesen. In T. Bargel, A. Leschinsky, M. Kuthe, H.-G. Rolff, W. Georg, A. Kell, K. Klemm, E. Fuhrmann, M. Weiss, H. Weishaupt, R. Brockmeyer, H. Heid & P. Zedler (Hrsg.), *Strukturprobleme, Disparitäten, Grundbildung in der Sekundarstufe I* (S. 41–103). Weinheim: Deutscher Studien Verlag.

Baumann, J. (2009). Das Gymnasium auf dem Weg zur Ganztagsschule. *Die Ganztagsschule, 49* (4), 162–188.

Baumert, J., Carstensen, C. H. & Siegle, T. (2006). Wirtschaftliche, soziale und kulturelle Lebensverhältnisse und regionale Disparitäten des Kompetenzerwerbs. In M. Prenzel, J. Baumert, W. Blum, R. Lehmann, D. Leutner, M. Neubrand, R. Pekrun, J. Rost & U. Schiefele (Hrsg.), *PISA 2003. Der zweite Vergleich der Länder in Deutschland – Was wissen und können Jugendliche?* (S. 323–365). Münster: Waxmann.

Baumert, J., Roeder, P. M. & Watermann, R. (2003). Das Gymnasium – Kontinuität im Wandel. In K. S. Cortina, J. Baumert, A. Leschinsky, K. U. Mayer & L. Trommer (Hrsg.), *Das Bildungswesen in der Bundesrepublik Deutschland. Strukturen und Entwicklungen im Überblick* (S. 487–524). Reinbek: Rowohlt.

Baumert, J. & Schümer, G. (2002). Familiäre Lebensverhältnisse, Bildungsbeteiligung und Kompetenzerwerb im nationalen Vergleich. In Deutsches PISA-Konsortium (Hrsg.), *PISA 2000. Die Länder der Bundesrepublik Deutschland im Vergleich* (S. 159–202). Opladen: Leske + Budrich.

Baumert, J., Stanat, P. & Watermann, R. (2006). Schulstruktur und die Entstehung differenzieller Lern- und Entwicklungsmilieus. In J. Baumert, P. Stanat & R. Watermann (Hrsg.), *Herkunftsbedingte Disparitäten im Bildungswesen. Differenzielle Bildungsprozesse und Probleme der Verteilungsgerechtigkeit: vertiefende Analysen im Rahmen von PISA 2000* (1. Aufl., S. 95–188). Wiesbaden: VS.

Baumert, J., Trautwein, U. & Artelt, C. (2003). Schulumwelten – institutionelle Bedingungen des Lehrens und Lernens. In Deutsches PISA-Konsortium (Hrsg.), *PISA 2000. Ein differenzierter Blick auf die Länder der BRD* (S. 261–331). Opladen: Leske + Budrich.

Bayerisches Staatsministerium für Unterricht und Kultus (2012). *Schüler- und Absolventenprognose 2012. Modellrechnung bis zum Jahr 2030.* Verfügbar unter: http://www.verwaltung.bayern.de/egovportlets/xview/Anlage/4038869/Sch%FCler-%20und%20Absolventenprognose%202012.pdf. [Zugriff am 24.01.2013].

Becker, G. S. (1967). *Human capital. A theoretical and empirical analysis, with special reference to education* (3. Aufl.). New York: Columbia Univ. Press.

Becker, R. (2000). Klassenlage und Bildungsentscheidungen. Eine empirische Anwendung der Wert-Erwartungstheorie. *Kölner Zeitschrift für Soziologie und Sozialpsychologie, 52* (3), 450–474.

Becker, R. & Lauterbach, W. (2004). Dauerhafte Bildungsungleichheiten – Ursachen, Mechanismen, Prozesse und Wirkungen. In R. Becker & W. Lauterbach (Hrsg.), *Bildung als Privileg? Erklärungen und Befunde zu den Ursachen der Bildungsgleichheit* (1. Aufl., S. 9–40). Wiesbaden: VS.

Behörde für Schule und Berufsbildung (2011). *Bildungsbericht. Hamburg 2011.* Hamburg. Verfügbar unter: http://www.bildungsmonitoring.hamburg.de/index.php/file/download/1606. [Zugriff am 24.01.2013].

Bellenberg, G. (1999). *Individuelle Schullaufbahnen. Eine empirische Untersuchung über Bildungsverläufe von der Einschulung bis zum Abschluss.* Weinheim: Juventa.

Bellenberg, G. (2011a). Bildungserfolg und Auslese im deutschen Schulsystem. In C. Lehmann, H. Noormann, H. Lamprecht & M. Schmidt-Kortenbusch (Hrsg.), *Zukunftsfähige Schule – Zukunftsfähiger Religionsunterricht. Herausforderungen an Schule, Politik und Kirche* (S. 13–26). Jena: IKS Garamond.

Bellenberg, G. (2011b). Einstiege – Aufstiege – Abstiege. Übergänge in den deutschen Bundesländern im Vergleich. *Friedrich Jahresheft, 29*, 26–30.

Bellenberg, G. (2012). *Schulformwechsel in Deutschland. Durchlässigkeit und Selektion in den 16 Schulsystemen der Bundesländer innerhalb der Sekundarstufe I.* Gütersloh: Bertelsmann Stiftung.

Bellenberg, G. & im Brahm, G. (2010). Reduzierung von Selektion und Übergangsschwellen. In G. Quenzel & K. Hurrelmann (Hrsg.), *Bildungsverlierer. Neue Ungleichheiten* (S. 517–535). Wiesbaden: VS.

Bellenberg, G. & Klemm, K. (1998). Von der Einschulung bis zum Abitur. Zur Rekonstruktion von Schullaufbahnen in Nordrhein-Westfalen. *Zeitschrift für Erziehungswissenschaft, 1* (4), 577–596.

Bellenberg, G. & Klemm, K. (2000). Scheitern im System, Scheitern des Systems? Ein etwas anderer Blick auf Schulqualität. In H.-G. Rolff, W. Bos, K. Klemm, H. Pfeiffer & R. Schulz-Zander (Hrsg.), *Jahrbuch der Schulentwicklung Band 11. Daten, Beispiele und Perspektiven* (S. 51–75). Weinheim: Juventa.

Bertelsmann Stiftung & Institut für Schulentwicklungsforschung (2012). *Chancenspiegel. Zur Chancengerechtigkeit und Leistungsfähigkeit der deutschen Schulsysteme.* Gütersloh: Bertelsmann Stiftung.

Biermann, R. (1976). Das Schulversagen: Versagen der Schüler oder Versagen der Schule? *Die deutsche Schule, 68* (7/8), 431–439.

Blankertz, H. (1985). *Berufsbildung und Utilitarismus.* Weinheim: Juventa.

Bless, G., Schüpbach, M. & Bonvin, P. (2004). *Klassenwiederholung. Determinanten, Wirkungen und Konsequenzen.* Bern: Haupt.

Bofinger, J. (1990). *Neuere Entwicklungen des Schullaufbahnverhaltens in Bayern. Schulwahl und Schullaufbahnen an Gymnasien, Real- und Wirtschaftsschulen von 1974/75 bis 1986/87.* München: Ehrenwirth.

Böhm, W. (2005). *Wörterbuch der Pädagogik* (16. Aufl.). Stuttgart: Kröner.

Bortz, J. (2005). *Statistik für Human- und Sozialwissenschaftler. Mit 242 Tabellen* (6. Aufl.). Berlin: Springer.

Bortz, J. & Döring, N. (2006). *Forschungsmethoden und Evaluation. Für Human- und Sozialwissenschaftler; mit 87 Tabellen* (4. Aufl.). Heidelberg: Springer-Medizin.

Bos, W., Bonsen, M. & Berkemeyer, N. (2010). Einzelschule und Schülerleistungen. In T. Bohl, W. Helsper, H. G. Holtappels & C. Schelle (Hrsg.), *Handbuch Schulentwicklung. Theorie – Forschungsbefunde – Entwicklungsprozesse – Methodenrepertoire* (S. 62–65). Bad Heilbrunn: Klinkhardt.

Bos, W. & Gröhlich, C. (Hrsg.). (2010). *KESS 8 – Kompetenzen und Einstellungen von Schülerinnen und Schülern am Ende der Jahrgangsstufe 8* (Bd. 6). Münster: Waxmann.

Bos, W., Gröhlich, C. & Pietsch, M. (Hrsg.). (2007). *KESS 4 – Lehr- und Lernbedingungen in Hamburger Grundschulen* (Bd. 2). Münster: Waxmann.

Bos, W., Hornberg, S., Arnold, K.-H., Faust, G., Fried, L., Lankes, E.-M., Schwippert, K., Tarelli, I. & Valtin, R. (Hrsg.). (2010). *IGLU 2006 – die Grundschule auf dem Prüfstand. Vertiefende Analysen zu Rahmenbedingungen schulischen Lernens.* Münster: Waxmann.

Bos, W., Hornberg, S., Arnold, K.-H., Faust, G., Fried, L., Lankes, E.-M., Schwippert, K. & Valtin, R. (Hrsg.). (2007). *IGLU 2006. Lesekompetenzen von Grundschulkindern in Deutschland im internationalen Vergleich.* Münster: Waxmann.

Bos, W., Tarelli, I., Bremerich-Vos, A. & Schwippert, K. (Hrsg.). (2012). *IGLU 2011. Lesekompetenzen von Grundschulkindern in Deutschland im internationalen Vergleich.* Münster: Waxmann.

Bos, W., Wendt, H., Köller, O. & Selter, C. (Hrsg.). (2012). *TIMSS 2011. Mathematische und naturwissenschaftliche Kompetenzen von Grundschulkindern in Deutschland im internationalen Vergleich.* Münster: Waxmann.

Bosse, D. (2009a). Zur Zukunft des allgemein bildenden Gymnasiums. In D. Bosse (Hrsg.), *Gymnasiale Bildung zwischen Kompetenzorientierung und Kulturarbeit* (1. Aufl., S. 15–28). Wiesbaden: VS.

Bosse, D. (2009b). Gymnasialunterricht aus lehr-lerntheoretischer Sicht. In D. Bosse (Hrsg.), *Gymnasiale Bildung zwischen Kompetenzorientierung und Kulturarbeit* (1. Aufl., S. 125–135). Wiesbaden: VS.

Bosse, D. (2009c). Das achtjährige Gymnasium – Reformidee und erste Praxiserfahrungen. In D. Bosse (Hrsg.), *Gymnasiale Bildung zwischen Kompetenzorientierung und Kulturarbeit* (1. Aufl., S. 77–87). Wiesbaden: VS.

Boudon, R. (1974). *Education, opportunity, and social inequality. Changing prospects in Western society.* New York: Wiley.

Brademann, S., Helsper, W., Kramer, R.-T. & Ziems, C. (2009). Biographische Orientierungen von Kindern zu schulischer Selektion – der Übergang in exklusive gymnasiale Bildungsgänge. In W. Helsper, C. Hillbrandt & T. Schwarz (Hrsg.), *Schule und Bildung im Wandel. Anthologie historischer und aktueller Perspektiven* (1. Aufl., S. 255–280). Wiesbaden: VS.

Braun, N. (2009). Rational Choice Theorie. In G. Kneer & M. Schroer (Hrsg.), *Handbuch Soziologische Theorien* (S. 395–418). Wiesbaden: VS.

Bryk, A. & Thum, Y. M. (1989). The Effects of High School Organization on Dropping Out: An Exploratory Investigation. *American Educational Research Journal, 26* (3), 353–383.

Buch, J., Nothstein, D., Völker-Langer, I. & Schwechla, G. (2008). Fördern statt Nichtversetzen. Klassenwiederholungen zeigen nicht den gewünschten Erfolg. *Schulverwaltung Hessen, 13* (2), 46–47.

Bühner, M. (2011). *Einführung in die Test- und Fragebogenkonstruktion* (3. Aufl.). München: Pearson Studium.

Bundesministerium für Bildung und Forschung (2009). *Zur Entwicklung nationaler Bildungsstandards.* Verfügbar unter: http://www.bmbf.de/pub/zur_entwicklung_nationaler_bildungsstandards.pdf. [Zugriff am 12.03.2013].

Bundesministerium für Bildung und Forschung (2010). *Zur Konstruktion von Sozialindizes. Ein Beitrag zur Analyse sozial-räumlicher Benachteiligung von Schulen als Voraussetzung für qualitative Schulentwicklung.* Verfügbar unter: http://www.bmbf.de/pub/bildungsforschung_band_einunddreissig.pdf. [Zugriff am 12.03.2013].

Cortina, K. S. & Trommer, L. (2003). Bildungswege und Bildungsbiographien in der Sekundarstufe I. In K. S. Cortina, J. Baumert, A. Leschinsky, K. U. Mayer & L. Trommer (Hrsg.), *Das Bildungswesen in der Bundesrepublik Deutschland. Strukturen und Entwicklungen im Überblick* (S. 342–391). Reinbek: Rowohlt.

Dalin, P. & Rolff, H.-G. (1990). *Institutionelles Schulentwicklungsprogramm. Eine neue Perspektive für Schulleiter, Kollegium und Schulaufsicht.* Soest: Soester Verlagskontor.

Darge, K., König, J. & Schreiber, M. (2010). *Skalendokumentation der Schüler- und Lehrerbefragung im Rahmen des Projektes „Komm Mit – Fördern statt Sitzenbleiben".* Verfügbar: http://kups.ub.uni-koeln.de/3108/. [Zugriff am 05.12.2012].

Deutscher Bildungsrat (1970). *Empfehlungen der Bildungskommission. Strukturplan für das Bildungswesen.* Stuttgart: Klett.

Deutsches PISA-Konsortium (Hrsg.). (2001). *PISA 2000. Basiskompetenzen von Schülerinnen und Schülern im internationalen Vergleich.* Opladen: Leske + Budrich.

Diederich, J. & Tenorth, H.-E. (1997). *Theorie der Schule. Ein Studienbuch zu Geschichte, Funktionen und Gestaltung.* Berlin: Cornelsen Scriptor.

Diekmann, A. & Voss, T. (2004). Die Theorie rationalen Handelns. Stand und Perspektiven. In A. Diekmann & T. Voss (Hrsg.), *Rational-Choice-Theorie in den Sozialwissenschaften* (1. Aufl., S. 13–29). München: Oldenbourg Wissenschaftsverlag.

Ditton, H. (1992). *Ungleichheit und Mobilität durch Bildung. Theorie und empirische Untersuchung über sozialräumliche Aspekte von Bildungsentscheidungen.* Weinheim: Juventa.

Ditton, H. (2004). Schule und sozial-regionale Ungleichheit. In W. Helsper & J. Böhme (Hrsg.), *Handbuch der Schulforschung* (1. Aufl., S. 631–649). Wiesbaden: VS.

Ditton, H. (2005). Der Beitrag von Familie und Schule zur Reproduktion von Bildungsungleichheit. In H. G. Holtappels & K. Höhmann (Hrsg.), *Schulentwicklung und Schulwirksamkeit. Systemsteuerung, Bildungschancen und Entwicklung der Schule: 30 Jahre Institut für Schulentwicklungsforschung* (S. 121–129). Weinheim: Juventa.

Ditton, H. (2007). Schulwahlentscheidungen unter sozial-regionalen Bedingungen. In O. Böhm-Kasper, C. Schuchart & U. Schulzeck (Hrsg.), *Kontexte von Bildung. Erweiterte Perspektiven in der Bildungsforschung* (S. 21–38). Münster: Waxmann.

Ditton, H. (2008). Der Beitrag von Schule und Lehrern zur Reproduktion von Bildungsungleichheit. In R. Becker & W. Lauterbach (Hrsg.), *Bildung als Privileg? Erklärungen und Befunde zu den Ursachen der Bildungsungleichheit* (3. Aufl., S. 247–275). Wiesbaden: VS.

Ditton, H. (2010). Selektion und Exklusion im Bildungssystem. In G. Quenzel & K. Hurrelmann (Hrsg.), *Bildungsverlierer. Neue Ungleichheiten* (S. 53–71). Wiesbaden: VS.

Ditton, H. & Aulinger, J. (2011). Schuleffekte und institutionelle Diskriminierung. Eine kritische Auseinandersetzung mit Mythen und Legenden in der Schulforschung. In R. Becker (Hrsg.), *Integration durch Bildung. Bildungserwerb von jungen Migranten in Deutschland* (1. Aufl., S. 95–119). Wiesbaden: VS.

Ditton, H. & Krüsken, J. (2009). Bildungslaufbahnen im differenzierten Schulsystem. Entwicklungsverläufe von Laufbahnempfehlungen und Bildungsaspirationen in der Grundschulzeit. *Zeitschrift für Erziehungswissenschaft* (Sonderheft 12), 74–102.

Döbert, H., Kann, C. & Rentl, M. (2011). Gibt es bessere Alternativen? Übergänge in europäischen Schulsystemen im Vergleich. *Friedrich Jahresheft, 29,* 22–25.

Drewek, P. (1994). Grundlinien der Schulsystementwicklung in Deutschland. In D. K. Müller (Hrsg.), *Pädagogik, Erziehungswissenschaft, Bildung. Eine Einführung in das Studium* (S. 228–233). Köln: Böhlau.

Eccles, J. S. (2005). Subjective task value and the Eccles et al. model of achievement-related choices. In A. J. Elliot & C. S. Dweck (Hrsg.), *Handbook of competence and motivation* (S. 105–121). New York: Guilford Press. Verfügbar unter: http://www.rcgd.isr.umich.edu/garp/articles/eccles05d.pdf. [Zugriff am 05.12.2012].

Ehmke, T. & Jude, N. (2010). Soziale Herkunft und Kompetenzerwerb. In E. Klieme, C. Artelt, J. Hartig, N. Jude, O. Köller, M. Prenzel, W. Schneider & P. Stanat (Hrsg.), *PISA 2009. Bilanz nach einem Jahrzehnt* (S. 231–253). Münster: Waxmann.

Erikson, R. & Jonsson, J. O. (1996). Explaining Class Inequality in Education: The Swedish Test Case. In R. Erikson & J. O. Jonsson (Hrsg.), *Can education be equalized? The Swedish case in comparative perspective* (S. 1–64). Boulder: Westview Press.

Esser, H. (1999). *Situationslogik und Handeln.* Frankfurt am Main: Campus-Verlag.

Europäische Gemeinschaft (1994). *Die Bekämpfung des Schulversagens. Eine Herausforderung an ein Vereintes Europa.* Luxemburg: Amt für amtliche Veröffentlichungen der Europ. Gemeinschaften.

Faubert, B. (2012). A Literature Review of School Practices to Overcome School Failure. *OECD Education Working Papers* (68), 1–34.

Fend, H. (1977). *Gesellschaftliche Bedingungen schulischer Sozialisation* (4. Aufl.). Weinheim: Beltz.

Fend, H. (1980). *Theorie der Schule.* München: Urban & Schwarzenberg.

Fend, H. (2006). *Neue Theorie der Schule. Einführung in das Verstehen von Bildungs-systemen* (1. Aufl.). Wiesbaden: VS.

Fend, H. (2008). *Schule gestalten. Systemsteuerung, Schulentwicklung und Unterrichts-qualität.* Wiesbaden: VS.

Fischer, H.-J. (2007). Fördern statt aussondern. Ein Diskussionsbeitrag zur Lage unseres Bildungswesens. *Sache-Wort-Zahl, 35* (90), 45–48.

Frein, T., Möller, G., Petermann, A. & Wilpricht, M. (2006). Bedarfsgerechte Stellen-zuweisung – das neue Instrument Sozialindex. *Schulverwaltung NRW* (6), 188–189.

Frein, T., Möller, G., Petermann, A. & Wilpricht, M. (2007). Schulformwechsel von Migranten und Nicht-Migranten. Migrantenhintergrund wirkt sich beim Übergang von der Grundschule in die weiterführende Schule nachteilig aus. *Schulverwaltung NRW* (3), 92–93. Verfügbar unter: http://www.schulministerium.nrw.de/BP/ Schulsystem/Statistik/Veroeffentlichungen/empirischeSeite/2007/2007_03.pdf. [Zugriff am 18.02.2013].

Friedrichs, J. (1990). *Methoden empirischer Sozialforschung* (14. Aufl.). Opladen: Westdeutscher Verlag.

Fromm, S. (2004). Faktorenanalyse. In N. Baur & S. Fromm (Hrsg.), *Datenanalyse mit SPSS für Fortgeschrittene. Ein Arbeitsbuch* (1. Aufl., S. 226–256). Wiesbaden: VS.

Fuchs, H.-W. (2009). Strukturen und Strukturreformen im allgemein bildenden Schul-wesen der deutschen Bundesländer. *Die deutsche Schule, 101* (1), 7–19.

Gasse, M. (2009). Ein Jahr „Komm mit!". Bilanz und Perspektiven. *Schule NRW* (12), 600–602.

Gerstein, H. (1972). *Erfolg und Versagen am Gymnasium.* Weinheim: Beltz.

Glaesser, J. & Cooper, B. (2010). Selectivity and Flexibility in the German Secondary School System: A Configurational Analysis of Recent Data from the German Socio-Economic Panel. *Europoean Sociological Review, 27* (5), 570–585. Verfügbar un-ter: http://esr.oxfordjournals.org/content/27/5/570.full.pdf+html?sid=40e5b648-affd -4cb1-8036-96d1f8e2f316. [Zugriff am 24.01.2013].

Goerke, B. (2009). Ausreißerwerte. In S. Albers, D. Klapper, U. Konradt, A. Walter & J. Wolf (Hrsg.), *Methodik der empirischen Forschung* (3. Aufl.). Wiesbaden: Gab-ler. Verfügbar unter: http://www.bwl.uni-kiel.de/bwlinstitute/gradkolleg/new/ typo3conf/ext/naw_securedl/secure.php?u=0&file=/fileadmin/publications/pdf/ 2009_Methodik_der_empirischen_Forschung_-_Ausreisserwerte__Bjoern_ Goerke_.pdf&t=1261899554&hash=802cc4321d8088117e1d456486767825 [Zugriff am 26.03.2013].

Goldschmidt, P. & Wang, J. (1999). When Can Schools Affect Dropout Behavior? A Longitudinal Multilevel Analysis. *American Educational Research Journal, 36* (4), 715–738.

Gomolla, M. & Radtke, F.-O. (2009). *Institutionelle Diskriminierung. Die Herstellung ethnischer Differenz in der Schule.* Opladen: Leske + Budrich.

Graumann, O. (2008). Förderung und Heterogenität: Die Perspektive der Schulpädagogik. In K.-H. Arnold, O. Graumann & A. Rakhkochkine (Hrsg.), *Handbuch Förderung. Grundlagen, Bereiche und Methoden der individuellen Förderung von Schülern* (S. 16–25). Weinheim: Beltz.

Gresch, C. & Becker, M. (2010). Sozial- und leistungsbedingte Disparitäten im Übergangsverhalten bei türkischstämmigen Kindern und Kindern aus (Spät-) Aussiedlerfamilien. In K. Maaz, J. Baumert, C. Gresch & N. McElvany (Hrsg.), *Der Übergang von der Grundschule in die weiterführende Schule. Leistungsgerechtigkeit und regionale, soziale und ethnisch-kulturelle Disparitäten* (S. 181–199). Berlin: Bundesministerium für Bildung und Forschung (BMBF).

Gröhlich, C. & Bos, W. (2007). Klassenwiederholungen an Hamburger Grundschulen. In W. Bos, C. Gröhlich & M. Pietsch (Hrsg.), *KESS 4 – Lehr- und Lernbedingungen in Hamburger Grundschulen* (Bd. 2, S. 47–70). Münster: Waxmann.

Hammond, C., Linton, D., Smink, J. & Drew, S. (2007). *Dropout Risk Factors and Exemplary Programs: A Technical Report*. Verfügbar unter: http://www. dropoutprevention.org/sites/default/files/uploads/major_reports/DropoutRiskFactors andExemplaryProgramsFINAL5-16-07.pdf. [Zugriff am 16.05.2012].

Hansen, R. & Rolff, H.-G. (1990). Abgeschwächte Auslese und verschärfter Wettbewerb. Neuere Entwicklungen in den Sekundarschulen. In H.-G. Rolff, K.-O. Bauer, K. Klemm & H. Pfeiffer (Hrsg.), *Jahrbuch der Schulentwicklung, Band 6. Daten, Beispiele und Perspektiven* (S. 45–79). Weinheim: Beltz.

Hauf, T. (2007). Innerstädtische Bildungsdisparitäten an der Übergangsschwelle von den Grundschulen zum Sekundarschulsystem. *Zeitschrift für Pädagogik, 53* (3), 299–313.

Helbig, M. (2009). *Andere Bundesländer, andere Aussichten: Der Wohnort ist mit entscheidend für Bildungschancen.* Verfügbar unter: http://bibliothek.wzb.eu/ wzbrief-bildung/WZBriefBildung082009_Helbig.pdf. [Zugriff am 17.08.2012].

Helsper, W. (2001). *Schulkultur und Schulmythos. Gymnasien zwischen elitärer Bildung und höherer Volksschule im Transformationsprozeß.* Opladen: Leske + Budrich.

Helsper, W. (2006). Elite und Bildung im Schulsystem – Schulen als Institutionen-Milieu-Komplexe in der ausdifferenzierten höheren Bildungslandschaft. In J. Ecarius & L. Wigger (Hrsg.), *Elitebildung – Bildungselite. Erziehungswissenschaftliche Diskussionen und Befunde über Bildung und soziale Ungleichheit* (S. 162–187). Opladen: Barbara Budrich.

Helsper, W., Brademann, S., Kramer, R.-T., Ziems, C. & Klug, R. (2008). „Exklusive" Gymnasien und ihre Schüler – Kulturen der Distinktion in der gymnasialen Schullandschaft. In H. Ullrich & S. Strunck (Hrsg.), *Begabtenförderung an Gymnasien. Entwicklungen, Befunde, Perspektiven* (1. Aufl., S. 215–248). Wiesbaden: VS.

Helsper, W. & Hummrich, M. (2005). Erfolg und Scheitern in der Schulkarriere: Ausmaß, Erklärungen, biografische Auswirkungen und Reformvorschläge. In Sachverständigenkommission Zwölfter Kinder- und Jugendbericht (Hrsg.), *Kompetenzerwerb von Kindern und Jugendlichen im Schulalter* (S. 95–173). München: Deutsches Jugendinstitut.

Henz, U. (1997). Der Beitrag von Schulformwechseln zur Offenheit des allgemeinbildenden Schulsystems. *Zeitschrift für Soziologie, 26* (1), 53–69.

Herrlitz, H.-G., Hopf, W. & Titze, H. (1984). Institutionalisierung des öffentlichen Schulsystems. In M. Baethge & K. Nevermann (Hrsg.), *Organisation, Recht und Ökonomie des Bildungswesens* (S. 55–71). Stuttgart: Klett.

Hill, P. B. (2002). *Rational-Choice-Theorie*. Bielefeld: Transcript.

Hillebrand, A. (2012). Verbleibchancen in Gymnasien in Nordrhein-Westfalen. In S. Hornberg & M. Parreira do Amaral (Hrsg.), *Deregulierung im Bildungswesen* (S. 95–107). Münster: Waxmann.

Holtappels, H. G. (2009). Qualitätsmodelle – Theorie und Konzeptionen. In I. Kamski, H. G. Holtappels & T. Schnetzer (Hrsg.), *Qualität von Ganztagsschule. Konzepte und Orientierungen für die Praxis* (S. 11–25). Münster: Waxmann.

Holtappels, H. G., Radisch, F., Rollett, W. & Kowoll, M. (2010). Bildungsangebot und Schülerkompetenzen in Ganztagsschulen. In W. Bos, S. Hornberg, K.-H. Arnold, G. Faust, L. Fried, E.-M. Lankes, K. Schwippert, I. Tarelli & R. Valtin (Hrsg.), *IGLU 2006 – die Grundschule auf dem Prüfstand. Vertiefende Analysen zu Rahmenbedingungen schulischen Lernens* (S. 165–198). Münster: Waxmann.

Holtappels, H. G. & Rollett, W. (2009). Schulentwicklung in Ganztagsschulen. Zur Bedeutung von Zielorientierungen und Konzeption für die Qualität des Bildungsangebotes. In L. Stecher, C. Allemann-Ghionda, W. Helsper & E. Klieme (Hrsg.), *Ganztägige Bildung und Betreuung* (S. 18–39). Weinheim: Beltz. Verfügbar unter: http://www.pedocs.de/volltexte/2012/6956/pdf/Holtappels_Rollett_Schulentwicklung_in_Ganztagsschulen.pdf. [Zugriff am 16.05.2012].

Holtappels, H. G. & Voss, A. (2006). Organisationskultur und Lernkultur. Zusammenhänge zwischen Schulorganisation und Unterrichtsgestaltung am Beispiel selbstständiger Schulen. In W. Bos, H. G. Holtappels, H. Pfeiffer, H.-G. Rolff & R. Schulz-Zander (Hrsg.), *Jahrbuch der Schulentwicklung Band 14. Daten, Beispiele und Perspektiven* (S. 247–275). Weinheim: Juventa.

Hurrelmann, K. (1988). Schulversagen aus soziologischer Perspektive. *Vierteljahresschrift für Heilpädagogik und ihre Nachbargebiete, 57* (1), 327–334.

Hurrelmann, K. & Wolf, H. K. (1986). *Schulerfolg und Schulversagen im Jugendalter. Fallanalysen von Bildungslaufbahnen*. Weinheim: Juventa.

im Brahm, G. (2011). Mit mehr Flexibilität gegen Klassenwiederholung. Lernförderung statt Abstufung. *Friedrich Jahresheft, 29*, 67–69.

Institut für Schulentwicklungsforschung (1999). *IFS-Schulbarometer. Ein mehrperspektivisches Instrument zur Erfassung von Schulwirklichkeit*. Dortmund: IFS.

Isaac, K. (2011). Neues Standorttypenkonzept. Faire Vergleiche bei Lernstandserhebungen. *Schule NRW* (6), 300–301. Verfügbar unter: http://www.standardsicherung.schulministerium.nrw.de/vera3/upload/download/mat_11-12/Amtsblatt_Schule NRW_06_11_Isaac-Standorttypenkonzept.pdf. [Zugriff am 12.03.2013].

Isserstedt, W., Middendorff, E., Kandulla, M., Borchert, L. & Leszczensky, M. (2010). *Die wirtschaftliche und soziale Lage der Studierenden in der Bundesrepublik Deutschland 2009. 19. Sozialerhebung des Deutschen Studentenwerks durchgeführt durch HIS Hochschul-Informations-System.* Verfügbar unter: http://www. sozialerhebung.de/download/19/Soz19_Haupt_Internet_A5.pdf. [Zugriff am 24.01.2013].

IT.NRW – Information und Technik NRW (2009). *Datensätze der Grund-, Haupt-, Real- und Gesamtschulen sowie Gymnasien im Land Nordrhein-Westfalen für die Schuljahre 2001/02–2008/09.*

IT.NRW – Information und Technik NRW (2012). *Übergänger/-innen vom 4. Jahrgang der Grundschule in weiterführende Schulen für das Schuljahr 2011/12. Öffentliche und private Schulen.*

Jacob, M. & Hillmert, S. (2003). *Social origin and ‚delayed' educational careers.* Verfügbar unter: http://web.iss.u-tokyo.ac.jp/~rc28/jacob_hillmert.pdf. [Zugriff am 17.08.2012].

Jacob, M. & Tieben, N. (2010). Wer nutzt die Durchlässigkeit zwischen verschiedenen Schulformen? Soziale Selektivität bei Schulformwechseln und nachgeholten Schulabschlüssen. In B. Becker & D. Reimer (Hrsg.), *Vom Kindergarten bis zur Hochschule. Die Generierung von ethnischen und sozialen Disparitäten in der Bildungsbiographie* (S. 145–178). Wiesbaden: VS.

Jonkmann, K., Maaz, K., Neumann, M. & Gresch, C. (2010). Übergangsquoten und Zusammenhänge zu familiärem Hintergrund und schulischen Leistungen: Deskriptive Befunde. In K. Maaz, J. Baumert, C. Gresch & N. McElvany (Hrsg.), *Der Übergang von der Grundschule in die weiterführende Schule. Leistungsgerechtigkeit und regionale, soziale und ethnisch-kulturelle Disparitäten* (S. 123–149). Berlin: Bundesministerium für Bildung und Forschung (BMBF).

Jungmann, C. (2008). *Die Gemeinschaftsschule. Konzept und Erfolg eines neuen Schulmodells.* Münster: Waxmann.

Jürgens, E. (2008). Was ist „guter" Unterricht? Neue Zusammenhänge in der Unterrichtsentwicklung. In U. Stadler-Altmann, J. Schindele & A. Schraut (Hrsg.), *Neue Lernkultur – neue Leistungskultur* (S. 68–89). Bad Heilbrunn: Klinkhardt.

Kanders, M. (2004). IFS-Umfrage: Die Schule im Spiegel der öffentlichen Meinung. Ergebnisse der 13. IFS-Repräsentativbefragung der bundesdeutschen Bevölkerung. In H. G. Holtappels, K. Klemm, H. Pfeiffer, H.-G. Rolff & R. Schulz-Zander (Hrsg.), *Jahrbuch der Schulentwicklung, Band 13. Daten, Beispiele und Perspektiven* (S. 13–50). Weinheim: Juventa.

Kanders, M. & Rösner, E. (2006). Das Bild der Schule im Spiegel der Lehrermeinung – Ergebnisse der 3. IFS-Lehrerbefragung 2006. In W. Bos, H. G. Holtappels, H. Pfeiffer, H.-G. Rolff & R. Schulz-Zander (Hrsg.), *Jahrbuch der Schulentwicklung Band 14. Daten, Beispiele und Perspektiven* (S. 11–48). Weinheim: Juventa.

Kelle, U. & Lüdemann, C. (1995). „‚Grau, treuer Freund, ist alle Theorie…' Rational Choice und das Problem der Brückenannahmen". *Kölner Zeitschrift für Soziologie und Sozialpsychologie, 47,* 249–267.

Kemmler, L. (1976). *Schulerfolg und Schulversagen. Eine Längsschnittuntersuchung vom 1. bis zum 15. Schulbesuchsjahr.* Göttingen: Hogrefe.

Kemnade, I. (1989). *Schullaufbahnen und Durchlässigkeit in der Sekundarstufe I. Empirische Untersuchung von Schülerkarrieren in der Stadt Bremen.* Frankfurt am Main: Lang.

Kemper, T. & Weishaupt, H. (2011). Region und soziale Ungleichheit. In H. Reinders, H. Ditton, C. Gräsel & B. Gniewosz (Hrsg.), *Empirische Bildungsforschung. Gegenstandsbereiche* (S. 209–219). Wiesbaden: VS.

Kersting, V., Meyer, C., Strohmeier, P. & Terpoorten, T. (2009). Die A 40 – Der „Sozialäquator" des Ruhrgebiets. In A. Prossek, H. Schneider, B. Wetterau, H. A. Wessel & D. Wiktorin (Hrsg.), *Atlas der Metropole Ruhr. Vielfalt und Wandel des Ruhrgebiets im Kartenbild* (S. 142–145). Köln: Emons.

Kiper, H. (2005). Pädagogik des Gymnasiums – quo vadis? *PÄD Forum: unterrichten, erziehen, 33* (5), 301–306.

Kiper, H. (2007a). Pädagogik des Gymnasiums – quo vadis? In S. Jahnke-Klein, H. Kiper & L. Freisel (Hrsg.), *Gymnasium heute. Zwischen Elitebildung und Förderung der Vielen* (S. 37–50). Baltmannsweiler: Schneider.

Kiper, H. (2007b). Veränderungsprozesse im Gymnasium heute – Zur Bedeutung neuer Steuerungsinstrumente. In S. Jahnke-Klein, H. Kiper & L. Freisel (Hrsg.), *Gymnasium heute. Zwischen Elitebildung und Förderung der Vielen* (S. 69–92). Baltmannsweiler: Schneider.

Kirschner, R. (2012). Die Lebenslüge des Gymnasiums. *Bayerische Schule, 65* (5), 26.

Klemm, K. (2008). Bildungschancen in der Stadt? Sozialräumliche Segregation und selektives Bildungssystem. *Die deutsche Schule, 100* (3), 272–280.

Klemm, K. (2009). *Klassenwiederholungen – teuer und unwirksam. Eine Studie zu den Ausgaben für Klassenwiederholungen in Deutschland.* Verfügbar unter: http://www.bertelsmann-stiftung.de/bst/de/media/xcms_bst_dms_29361_29362_2.pdf. [Zugriff am 18.02.2013].

Klemm, K. & Preuss-Lausitz, U. (2011). *Auf dem Weg zur schulischen Inklusion in Nordrhein-Westfalen. Empfehlungen zur Umsetzung der UN-Behindertenrechtskonvention im Bereich der allgemeinen Schulen.* Verfügbar unter: http://www.dgfe.de/fileadmin/OrdnerRedakteure/Sektionen/Sek06_SondPaed/Studie_Klemm_Preuss-Lausitz_NRW_Inklusionskonzept_2011.pdf. [Zugriff am 08.11.2012].

Klieme, E., Artelt, C., Hartig, J., Jude, N., Köller, O., Prenzel, M., Schneider, W. & Stanat, P. (Hrsg.). (2010). *PISA 2009. Bilanz nach einem Jahrzehnt.* Münster: Waxmann.

KMK – Kultusministerkonferenz der Länder in der Bundesrepublik Deutschland (2010a). *Übergang von der Grundschule in Schulen des Sekundarbereichs I und Förderung, Beobachtung und Orientierung in den Jahrgangsstufen 5 und 6 (sog. Orientierungsstufe). Stand: 18.10.2010.* Verfügbar unter: http://www.kmk.org/ fileadmin/veroeffentlichungen_beschluesse/2010/2010_10_18-Uebergang-Grundschule-S_eI1-Orientierungsstufe.pdf. [Zugriff am 20.03.2013].

KMK – Kultusministerkonferenz der Länder in der Bundesrepublik Deutschland (2010b). *Förderstrategie für leistungsschwächere Schülerinnen und Schüler. Beschluss vom 04.03.2010.* Verfügbar unter: http://mediathek.bildung.hessen.de/ material/grundschule/deutsch/lrs/Foerderstrategie_fuer_leistungsschwaechere_ Schuelerinnen_und_Schueler.pdf. [Zugriff am 20.03.2013].

Köller, O. (2007). Das Gymnasium zwischen Elitebildung und Förderung der Vielen: Welche Pädagogik braucht das Gymnasium? In S. Jahnke-Klein, H. Kiper & L. Freisel (Hrsg.), *Gymnasium heute. Zwischen Elitebildung und Förderung der Vielen* (S. 13–35). Baltmannsweiler: Schneider.

Köller, O., Knigge, M. & Tesch, B. (2010). *Sprachliche Kompetenzen im Ländervergleich. Befunde des ersten Ländervergleichs zur Überprüfung der Bildungsstandards für den Mittleren Schulabschluss in den Fächern Deutsch, Englisch und Französisch.* Münster: Waxmann.

Köller, O., Watermann, R., Trautwein, U. & Lüdtke, O. (Hrsg.). (2004). *Wege zur Hochschulreife in Baden-Württemberg. TOSCA – eine Untersuchung an allgemein bildenden und beruflichen Gymnasien.* Opladen: Leske + Budrich.

Koltermann, S. & Pfuhl, N. (2012). Ganz In: Mit Ganztag mehr Zukunft am Gymnasium. *Schule NRW, 64* (9), 464–467.

König, J. & Darge, K. (2010). Sitzenbleiben – Erfahrungen und Einstellungen von Lehrerinnen und Lehrern. Erste Ergebnisse aus der wissenschaftlichen Begleitstudie zur Initiative „Komm Mit! – Fördern statt Sitzenbleiben" des Schulministeriums NRW und der nordrhein-westfälischen Lehrerverbände. In W. Böttcher, J. N. Dicke & N. Hogrebe (Hrsg.), *Evaluation, Bildung und Gesellschaft. Steuerungsinstrumente zwischen Anspruch und Wirklichkeit* (S. 89–104). Münster: Waxmann.

Kristen, C. & Dollmann Jörg. (2009). Sekundäre Effekte der ethnischen Herkunft: Kinder aus türkischen Familien am ersten Bildungsübergang. *Zeitschrift für Erziehungswissenschaft* (Sonderheft 12), 205–229.

Kroneberg, C. (2007). Wertrationalität und das Modell der Frame-Selektion. *Kölner Zeitschrift für Soziologie und Sozialpsychologie, 59* (2), 215–239.

Kuckartz, U., Rädiker, S., Ebert, T. & Schehl, J. (2010). *Statistik. Eine verständliche Einführung* (1. Aufl.). Wiesbaden: VS.

Kühn, S. M., Reintjes, C., van Ackeren, I., Bellenberg, G. & Im Brahm, G. (2013). Mehr Zeit für Bildung? Erste Erfahrungen mit dem neuen neunjährigen Bildungsgang an Gymnasien in NRW. *Schulpädagogik heute, 4* (7).

Landesinstitut für Schulentwicklung Baden-Württemberg (2011). *Bildungsberichter-stattung 2011.* Verfügbar unter: http://www.schule-bw.de/entwicklung/ bildungsbericht/Bildungsbericht2011/Bildungsbericht_BW_2011.pdf. [Zugriff am 21.10.2012].

Lankes, E.-M. & Carstensen, C. H. (2010). Kann man große Klassen erfolgreich unter-richten? In W. Bos, S. Hornberg, K.-H. Arnold, G. Faust, L. Fried, E.-M. Lankes, K. Schwippert, I. Tarelli & R. Valtin (Hrsg.), *IGLU 2006 – die Grundschule auf dem Prüfstand. Vertiefende Analysen zu Rahmenbedingungen schulischen Lernens* (S. 121–142). Münster: Waxmann.

Lee, V. E. & Burkam, D. T. (2003). Dropping Out of High School: The Role of School Organization and Structure. *American Educational Research Journal, 40* (2), 353–393.

Lehmann, R. H., Peek, R. & Gänsfuß, R. (1997). *Aspekte der Lernausgangslage von Schülerinnen und Schülern der fünften Klassen an Hamburger Schulen. Bericht über die Untersuchung im September 1996.* Verfügbar unter: http://bildungsserver. hamburg.de/contentblob/2815702/data/. [Zugriff am 13.06.2012].

Lehmann, R. H. & Peek, R. (1999). *Aspekte der Lernausgangslage und der Lernent-wicklung von Schülerinnen und Schülern an Hamburger Schulen – Klassenstufe 7. Bericht über die Untersuchung im September 1998.* Verfügbar unter: http://bildungsserver.hamburg.de/contentblob/2815698/data/pdf-schulleistungstest-lau-7.pdf. [Zugriff am 13.06.2012].

Liegmann, A. (2007). *Schulformwechsel. Eine empirische Analyse der subjektiven Sicht von Schülerinnen und Schülern auf ein Selektionsereignis.* Verfügbar unter: http://duepublico.uni-duisburg-essen.de/servlets/DerivateServlet/Derivate-18592/ diss_liegmann_schulformwechsel.pdf. [Zugriff am 14.07.2012].

Liegmann, A. (2008). Individuelle Förderung durch Schulformwechsel? *Die deutsche Schule* (3), 347–356.

Liegmann, A. (2011). „Ich war sehr traurig, ich wollte ja nicht wechseln!". Was Schüler über ihren Schulformwechsel denken. *Friedrich Jahresheft, 29,* 40–41.

Lindenberg, S. (1985). An assessment of the new political economy: its potential for the social sciences and for sociology in particular. *Sociological Theory, 3* (1), 99–114.

Lohauß, P., Nauenburg, R., Rehkämper, K., Rockmann, U. & Wachtendorf, T. (2010). Daten der amtlichen Statistik zur Bildungsarmut. In K. Hurrelmann & G. Quenzel (Hrsg.), *Bildungsverlierer. Neue Ungleichheiten* (1. Aufl., S. 181–201). Wiesbaden: VS.

Lüdtke, O., Robitzsch, A., Trautwein, U. & Köller, O. (2007). Umgang mit fehlenden Werten in der psychologischen Forschung. Probleme und Lösungen. *Psychologi-sche Rundschau, 58* (2), 103–117.

Maaz, K., Baeriswyl, F. & Trautwein, U. (2011). *Herkunft zensiert? Leistungsdiagnos-tik und soziale Ungleichheiten in der Schule.* Verfügbar unter: http:// www.bagkjs.de/media/raw/HERKUNFT_ZENSIERT.pdf. [Zugriff am 08.11.2012].

Maaz, K., Baumert, J., Gresch, C. & McElvany, N. (2010). *Der Übergang von der Grundschule in die weiterführende Schule. Leistungsgerechtigkeit und regionale, soziale und ethnisch-kulturelle Disparitäten.* Berlin: Bundesministerium für Bildung und Forschung (BMBF).

Maaz, K., Hausen, C., McElvany, N. & Baumert, J. (2006). Stichwort: Übergänge im Bildungssystem. Theoretische Konzepte und ihre Anwendung in der empirischen Forschung beim Übergang in die Sekundarstufe. *Zeitschrift für Erziehungswissenschaft, 9* (3), 299–327.

Mader, J., Rossbach, H.-G. & Tietze, W. (1991). Schulentwicklung und Schulentwicklungsforschung im Primarbereich – Untersuchungen zum Regelsystem. In K. Beck (Hrsg.), *Bilanz der Bildungsforschung. Stand und Zukunftsperspektiven* (S. 15–49). Weinheim: Deutscher Studien Verlag.

Mähler, C., Hasselhorn, M. & Grube, D. (2008). Schulversagen. In F. Petermann & W. Schneider (Hrsg.), *Enzyklopädie der Psychologie. Themenbereich C: Theorie und Forschung* (S. 413–447). Göttingen: Hogrefe.

March, J. G. (1994). *A primer on decision making. How decisions happen.* New York: The Free Press.

Mauthe, A. & Rösner, E. (1998). Schulstruktur und Durchlässigkeit. Quantitative Entwicklungen im allgemeinbildenden weiterführenden Schulwesen und Mobilität zwischen den Bildungsgängen. In H.-G. Rolff, K.-O. Bauer, K. Klemm & H. Pfeiffer (Hrsg.), *Jahrbuch der Schulentwicklung Band 10. Daten, Beispiele und Perspektiven* (S. 87–125). Weinheim: Juventa.

McNeal, R. B. (1997). High School Dropouts: A Closer Examination of School Effects. *Social Science Quarterly, 78* (1), 209–222.

MESOS world (Methodological Education for the Social Science). (2011). *Stichprobenziehung. Stand vom 03.02.2011.* Verfügbar unter: http://www.mesosworld.ch/lerninhalte/Grund_Stichprobe/de/text/Grund_Stichprobe.pdf [Zugriff am 24.01.2013].

Meulemann, H. (1985). *Bildung und Lebensplanung. Die Sozialbeziehung zwischen Elternhaus und Schule.* Frankfurt am Main: Campus.

Meyer, H. (2003). Zehn Merkmale guten Unterrichts. Empirische Befunde und didaktische Ratschläge. *Pädagogik* (10), 36–43.

MSW NRW – Ministerium für Schule und Weiterbildung des Landes NRW (2006). *Neues Schulgesetz NRW. Sonderausgabe zum Amtsblatt des Ministeriums für Schule und Weiterbildung NRW.*

MSW NRW – Ministerium für Schule und Weiterbildung des Landes NRW (2008). *Prognoseunterricht: 36,5 Prozent der Kinder wechselt auf die von den Eltern gewünschte Schulform,* Ministerium für Schule und Weiterbildung des Landes NRW. Verfügbar unter: http://www.schulministerium.nrw.de/BP/Presse/Pressemitteilungen/Archiv/LP14/PM_2008/pm_22_04_2008_pdf.pdf. [Zugriff am 24.01.2012].

MSW NRW – Ministerium für Schule und Weiterbildung des Landes NRW (2009). *Das achtjährige Gymnasium in Nordrhein-Westfalen. Schulzeitverkürzung gelingt.* Verfügbar unter: https://www.bwv.de/fileadmin/user_upload/BWV/Bildungspolitik/ Projekte/Doppelter_Abiturjahrgang/NRW_Broschuere_8-jhrige_gymn.pdf. [Zugriff am 17.08.2012].

MSW NRW – Ministerium für Schule und Weiterbildung des Landes NRW (2012a). *Das Bildungsportal. Das Gymnasium.* Verfügbar unter: http://www. schulministerium.nrw.de/BP/Schulsystem/Schulformen/Gymnasium/index.html. [Zugriff am 17.08.2012].

MSW NRW – Ministerium für Schule und Weiterbildung des Landes NRW. (2012b). *Das Schulwesen in Nordrhein-Westfalen aus quantitativer Sicht 2011/12. Statisti- sche Übersicht 375* (3. Aufl.). Verfügbar unter: http://www. schulministerium.nrw.de/BP/Schulsystem/Statistik/2011_12/StatUebers375- Quantita2011.pdf. [Zugriff am 21.10.2012].

MSW NRW – Ministerium für Schule und Weiterbildung des Landes NRW. (2013). *Schulgesetz für das Land Nordrhein-Westfalen. Stand: 18.1.2013.* Verfügbar unter: http://www.schulministerium.nrw.de/BP/Schulrecht/Gesetze/Schulgesetz.pdf. [Zu- griff am 24.02.2013].

Montes, G. & Lehmann, C. (2004). *Who will drop out from School? Key Predictors from the Literature.* Verfügbar unter: http://www.childrensinstitute.net/ sites/default/files/documents/T04-001.pdf. [Zugriff am 08.11.2012].

National Dropout Prevention Center/Network (2012). *Offizielle Homepage.* Verfügbar unter: http://www.dropoutprevention.org/. [Zugriff am 16.05.2012].

Naumann, J., Artelt, C., Schneider, W. & Stanat, P. (2010). Lesekompetenz von PISA 2000 bis PISA 2009. In E. Klieme, C. Artelt, J. Hartig, N. Jude, O. Köller, M. Pren- zel, W. Schneider & P. Stanat (Hrsg.), *PISA 2009. Bilanz nach einem Jahrzehnt* (S. 23–71). Münster: Waxmann.

OECD (2011). *PISA 2009 Ergebnisse: Potenziale nutzen und Chancengerechtigkeit sichern. Sozialer Hintergrund und Schülerleistungen.* Paris: OECD Publishing. Ver- fügbar unter: http://dx.doi.org/10.1787/9789264095359-de. [Zugriff am 16.05.2012].

Ostrop, G. (2009). *Realschulempfehlung – was nun? Schülerinnen und Schüler mit Realschulempfehlung und Abiturziel an Gymnasien und Realschulen.* Saarbrücken: Suedwestdeutscher Verlag für Hochschulschriften.

Parsons, T. (1976). *Das System moderner Gesellschaften* (2. Aufl.). München: Juventa.

Peisert, H. & Dahrendorf, R. (Hrsg.). (1967). *Der vorzeitige Abgang vom Gymnasium. Studien und Materialien zum Schulerfolg an den Gymnasien in Baden-Württemberg 1953-1963.* Villingen: Neckar.

Picht, G. (1964). *Die deutsche Bildungskatastrophe.* Olten: Walter.

Pietsch, M. (2007). Schulformwahl in Hamburger Schülerfamilien und die Konsequenzen für die Sekundarstufe I. In W. Bos, C. Gröhlich & M. Pietsch (Hrsg.), *KESS 4 – Lehr- und Lernbedingungen in Hamburger Grundschulen* (Bd. 2, S. 127–165). Münster: Waxmann.

Pietsch, M. & Stubbe, T. C. (2007). Inequalitiy in the Transition from Primary to Secondary School: school choices and educational disparities in Germany. *European Educational Research Journal, 6* (4), 424–445.

Porst, R. (2000). Question wording – Zur Formulierung von Fragebogen-Fragen. *ZUMA, How-to-Reihe* (2).

Preacher, K. J., Rucker, D. D., MacCallum, R. C. & Nicewander, W. A. (2005). Use of the Extreme Group Approach: A Critical Reexamination and New Recommendations. *Psychological Methods, 10* (2), 178–192.

Quellenberg, H. (2009). *Studie zur Entwicklung von Ganztagsschulen (StEG) – ausgewählte Hintergrundvariablen, Skalen und Indices der ersten Erhebungswelle.* Frankfurt am Main: Gesellschaft zur Förderung Pädagogischer Forschung. Verfügbar unter: http://www.pedocs.de/volltexte/2010/3128/pdf/MatBild_Bd24_D_A.pdf. [Zugriff am 20.03.2013].

Regionalverband Ruhr (2012). *Bildungsbericht Ruhr.* Münster: Waxmann.

Rehfus, W. D. (1995). *Bildungsnot. Hat die Pädagogik versagt?* Stuttgart: Klett-Cotta.

Reinders, H. (2012). Gute N8 Gymnasium? Anmerkungen zu einer konstanten Schulform im Wandel. *Bayerische Schule, 65* (5), 22–23.

Roeder, P. M. & Schmitz, B. (1995). *Der vorzeitige Abgang vom Gymnasium.* Berlin: Max-Planck-Institut für Bildungsforschung.

Rolff, H.-G. (1997). *Sozialisation und Auslese durch die Schule.* Weinheim: Juventa.

Rösner, E. (1983). Wie durchlässig ist das dreigliedrige Schulsystem? Analyse schulstatistischer Daten aus Nordrhein-Westfalen. *Hochschulpolitische Informationen, 14,* 11–14.

Rösner, E. (1984). Erfolg durch Nützlichkeit: Strukturen, Legitimationsprobleme und Veränderungstendenzen der Realschule. In H.-G. Rolff, G. Hansen, K. Klemm & K.-J. Tillmann (Hrsg.), *Jahrbuch der Schulentwicklung Band 3. Daten, Beispiele und Perspektiven* (S. 176–203). Weinheim: Beltz.

Rösner, E. (1997). Die sogenannte Durchlässigkeit. Schulreform. *Neue deutsche Schule* (6-7), 14–18.

Rösner, E. (2005). Von erfolgreichen Verlierern und verlustreichen Gewinnern. In H. G. Holtappels & K. Höhmann (Hrsg.), *Schulentwicklung und Schulwirksamkeit. Systemsteuerung, Bildungschancen und Entwicklung der Schule: 30 Jahre Institut für Schulentwicklungsforschung* (S. 131–139). Weinheim: Juventa.

Rösner, E. (2007a). *Hauptschule am Ende. Ein Nachruf.* Münster: Waxmann.

Rösner, E. (2007b). Die Aspirationsspirale. Oder: Warum das Schulwahlverhalten die anspruchsvollen Bildungsgänge begünstigt. *Elternbund Hessen e.V., Elternbrief* (90), 8–9.

Rösner, E. (2007c). Ungleiche Bildungschancen im Spiegel von Schulleistungsstudien. In D. Fischer & V. Elsenbast (Hrsg.), *Zur Gerechtigkeit im Bildungsystem* (S. 15–24). Münster: Waxmann.

Rösner, E. (2010). Schulsystem und Schulentwicklung. In T. Bohl, W. Helsper, H. G. Holtappels & C. Schelle (Hrsg.), *Handbuch Schulentwicklung. Theorie – Forschungsbefunde – Entwicklungsprozesse – Methodenrepertoire* (S. 49–56). Bad Heilbrunn: Klinkhardt.

Rösner, E. (2011). *Schulen in einer sich demografisch verändernden Gesellschaft.* Vortrag im Rahmen des 5. Bildungspolitischen Symposiums des Landes Nordrhein-Westfalen am 19. Februar in Essen. Verfügbar unter: http://www.schulministerium. nrw.de/BP/_Rubriken/Aktuelles/5_Bildungspolitisches_Symposium/Vortrag_Ernst_ R__sner_Bildungspolitisches_Symposium.pdf. [Zugriff am 18.02.2013].

Rösner, E. (2013). Die Bedeutung von Schulreformen: Sechs verpasste Gelegenheiten. In Arbeitsgemeinschaft Weinheimer Initiative (Hrsg.), *Lokale Bildungsverantwortung. Kommunale Koordinierung beim Übergang von der Schule in die Arbeitswelt* (S. 107–118). Stuttgart: Kohlhammer.

Rösner, E. & Stubbe, T. C. (2008). Übergangsentscheidungen und Schulerfolg im Zeichen demografischer Veränderungen. Ein Beitrag zur Gerechtigkeitsdebatte, zur Schulstruktur und zur Schulentwicklung. In W. Bos, H. G. Holtappels, H. Pfeiffer, H.-G. Rolff & R. Schulz-Zander (Hrsg.), *Jahrbuch der Schulentwicklung Band 15. Daten, Beispiele und Perspektiven* (S. 297–319). Weinheim: Juventa.

Roßbach, H.-G. & Tietze, W. (2010). Sitzenbleiben. In D. H. Rost (Hrsg.), *Handwörterbuch Pädagogische Psychologie* (4. Aufl., S. 781–788). Weinheim: Beltz.

Roth, H. (1968). *Begabung und Lernen. Ergebnisse und Folgerungen neuer Forschungen.* Stuttgart: Klett.

Rumberger, R. W. (1995). Dropping Out of Middle School: A Multilevel Analysis of Students and Schools. *American Educational Research Journal, 32* (3), 583–625.

Rumberger, R. W. (2001). Who Drops Out of School and Why. In A. Beatty, U. Neiser, W. Trent & J. Heubert (Hrsg.), *Understanding Dropouts: Statistics, Strategies, and High-Stakes Testing* . Washington D.C.: National Academy Press.

Ruprecht, S. & Schumacher, L. (2010). Gesundheitsreport Grundschule. Belastungen und psychosomatische Beschwerden von Grundschulkindern. *Grundschule* (10), 22–24.

Sächsisches Bildungsinstitut (2008). *Schule in Sachsen. Bildungsbericht 2008.* Verfügbar unter: http://www.bildung.sachsen.de/download/download_sbi/Schule_in_ Sachsen_Bildungsbericht2008.pdf. [Zugriff am 24.01.2013].

Sandfuchs, U. (2001). Was Schule leistet. Reflexionen und Anmerkungen zu Funktionen und Aufgaben von Schule. In W. Melzer & U. Sandfuchs (Hrsg.), *Was Schule leistet. Funktionen und Aufgaben von Schule* (S. 11–36). Weinheim: Juventa.

Scharenberg, K. (2012). *Leistungsheterogenität und Kompetenzentwicklung. Zur Relevanz klassenbezogener Kompositionsmerkmale im Rahmen der KESS-Studie*. Münster: Waxmann.

Scharenberg, K., Gröhlich, C., Guill, K. & Bos, W. (2010). Schulformwechsel und prognostische Validität der Schullaufbahnempfehlung in der Jahrgangsstufe 4. In W. Bos & C. Gröhlich (Hrsg.), *KESS 8 – Kompetenzen und Einstellungen von Schülerinnen und Schülern am Ende der Jahrgangsstufe 8* (Bd. 6, S. 119–141). Münster: Waxmann.

Schaub, H. & Zenke, K. G. (2007). *Wörterbuch Pädagogik*. München: dtv.

Scheerens, J. & Bosker, R. J. (1997). *The foundations of educational effectiveness* (1. Aufl.). Oxford: Pergamon.

Schneider, T. (2005). *Erfolgreich durchs deutsche Schulsystem. Soziale Herkunft und Bildungsbeteiligung*. Verfügbar unter: http://edudoc.ch/record/3625/files/zu 07027.pdf. [Zugriff am 16.05.2012].

Schuchart, C. (2007). Schulabschluss und Ausbildungsberuf. Zur Bedeutung der schulartbezogenen Bildungsbiografie. *Zeitschrift für Erziehungswissenschaft, 10* (3), 381–398.

Schümer, G. (1985). *Daten zur Entwicklung der Sekundarstufe I in Berlin (West)*. Berlin: Max-Planck-Institut für Bildungsforschung.

Schümer, G., Tillmann, K.-J. & Weiß, M. (2002). Institutionelle und soziale Bedingungen schulischen Lernens. In Deutsches PISA-Konsortium (Hrsg.), *PISA 2000. Die Länder der Bundesrepublik Deutschland im Vergleich* (S. 203–218). Opladen: Leske + Budrich.

Schwarzer, C. (1980). *Gestörte Lernprozesse. Analyse von Leistungsschwierigkeiten im Schulsystem*. München: Urban & Schwarzenberg.

Schwippert, K., Wendt, H. & Tarelli, I. (2012). Lesekompetenzen von Schülerinnen und Schülern mit Migrationshintergrund. In W. Bos, I. Tarelli, A. Bremerich-Vos & K. Schwippert (Hrsg.), *IGLU 2011. Lesekompetenzen von Grundschulkindern in Deutschland im internationalen Vergleich* (S. 191–207). Münster: Waxmann.

Senatsverwaltung für Bildung, Jugend und Wissenschaft Berlin (2012). *Bildung für Berlin. Blickpunkt Schule. Schuljahr 2011/2012*. Verfügbar unter: http://www.berlin.de/imperia/md/content/sen-bildung/bildungsstatistikblickpunkt_ schule_2011_12.pdf?start&ts=1329729903&file=blickpunkt_schule_2011_12.pdf. [Zugriff am 24.01.2013].

Solga, H. (2008). Wie das deutsche Bildungssystem Bildungsungleichheiten verursacht. *WZ Brief Bildung* (1), 2–7. Verfügbar unter: http://bibliothek.wzb.eu/wzbrief-bildung/WZbriefBildung200801_solga.pdf. [Zugriff am 05.12.2012].

Spiegel Online. (2013). *Streit ums Sitzenbleiben: „Das ist pädagogischer Populismus"*. Verfügbar unter: http://www.spiegel.de/schulspiegel/wissen/debatte-um-ehrenrunde -niedersachsen-will-sitzenbleiben-abschaffen-a-884013.html. [Zugriff am 02.04.2013].

Stadt Dortmund – Der Oberbürgermeister (2008). *Erster kommunaler Bildungsbericht für die Schulstadt Dortmund. Schulentwicklung in Dortmund*. Münster: Waxmann.

Stamm, M. (2009). Schulabbruch am Gymnasium. *Gymnasium Helveticum* (3), 10–14.

Stamm, M. (2010). Dropouts am Gymnasium. Eine empirische Studie zum Phänomen des Schulabbruchs. *Zeitschrift für Erziehungswissenschaft, 13* (2), 273–291. Verfügbar unter: http://www.springerlink.com/content/t02l6424274543r3/fulltext.pdf. [Zugriff am 16.05.2012].

Stanat, P. & Edele, A. (2011). Migration und soziale Ungleichheit. In H. Reinders, H. Ditton, C. Gräsel & B. Gniewosz (Hrsg.), *Empirische Bildungsforschung. Gegenstandsbereiche* (S. 181–192). Wiesbaden: VS.

Statistisches Bundesamt (1991). *Statistisches Jahrbuch 1991 für das vereinte Deutschland*. Wiesbaden: Metzler-Poeschel.

Statistisches Bundesamt (2011). *Bildung und Kultur. Allgemeinbildende Schulen. Schuljahr 2010/2011*. Verfügbar unter: https://www.destatis.de/DE/Publikationen/ Thematisch/BildungForschungKultur/Schulen/AllgemeinbildendeSchulen 2110100117004.pdf?__blob=publicationFile. [Zugriff am 20.03.2013].

Statistisches Bundesamt (2012a). *Bildung und Kultur. Allgemeinbildende Schulen. Schuljahr 2011/2012*. Verfügbar unter: https://www.destatis.de/DE/Publikationen/ Thematisch/BildungForschungKultur/Schulen/AllgemeinbildendeSchulen2110100 127004.pdf;jsessionid=5DC34FAE660AF8A61E8D1C86C18DA098.cae1?__blob= publicationFile. [Zugriff am 20.03.2013].

Statistisches Bundesamt. (2012b). *Schulen auf einen Blick*. Verfügbar unter: https://www.destatis.de/DE/Publikationen/Thematisch/BildungForschungKultur/ Schulen/BroschuereSchulenBlick0110018129004.pdf?__blob=publicationFile. [Zugriff am 20.01.2013].

Statistisches Bundesamt (2012c). *Bildungsstand der Bevölkerung 2012*. Verfügbar unter: https://www.destatis.de/DE/Publikationen/Thematisch/BildungForschung Kultur/Bildungsstand/BildungsstandBevoelkerung5210002127004.pdf?__ blob=publicationFile. [Zugriff am 20.03.2013].

Statistisches Bundesamt (2012d). Sonderauswertung zu den Ergebnissen des Mikrozensus 1976 (unveröffentlicht).

Steiner, C. (2011). Ganztagsteilnahme und Klassenwiederholung. In N. Fischer, H. G. Holtappels, E. Klieme, T. Rauschenbach, L. Stecher & I. Züchner (Hrsg.), *Ganztagsschule. Entwicklung, Qualität, Wirkungen: Längsschnittliche Befunde der Studie zur Entwicklung von Ganztagsschulen (StEG)* (1. Aufl.). Weinheim: Juventa.

Steinert, B., Gerecht, M., Klieme, E. & Döbrich, P. (2003). *Skalen zur Schulqualität: Dokumentation der Erhebungsinstrumente. Arbeitsplatzuntersuchung (APU), Pädagogische Entwicklungsbilanzen (PEB)*. Frankfurt am Main: GFPF.

Strobel-Eisele, G. (2004). Bildung, Qualifikation und Selektion als Bestimmungsgrößen einer pädagogischen Theorie der Schule. *Neue Sammlung, 44* (1), 65–75.

Stubbe, T. C. (2009a). *Bildungsentscheidungen und sekundäre Herkunftseffekte. Soziale Disparitäten bei Hamburger Schülerinnen und Schülern der Sekundarstufe I*. Münster: Waxmann.

Stubbe, T. C. (2009b). Bildungsentscheidungen in der Sekundarstufe I. Sekundäre Herkunftseffekte an Hamburger Schulen. *ZSE, 29* (4), 419–436.

Stubbe, T. C., Bos, W. & Euen, B. (2012). Der Übergang von der Primar- in die Sekundarstufe. In W. Bos, I. Tarelli, A. Bremerich-Vos & K. Schwippert (Hrsg.), *IGLU 2011. Lesekompetenzen von Grundschulkindern in Deutschland im internationalen Vergleich* (S. 209–226). Münster: Waxmann.

Stubbe, T. C., Tarelli, I. & Wendt, H. (2012). Soziale Disparitäten der Schülerleistungen in Mathematik und Naturwissenschaften. In W. Bos, H. Wendt, O. Köller & C. Selter (Hrsg.), *TIMSS 2011. Mathematische und naturwissenschaftliche Kompetenzen von Grundschulkindern in Deutschland im internationalen Vergleich* (S. 231–246). Münster: Waxmann.

Tarelli, I., Lankes, E.-M., Drossel, K. & Gegenfurtner, A. (2012). Lehr- und Lernbedingungen an Grundschulen im internationalen Vergleich. In W. Bos, I. Tarelli, A. Bremerich-Vos & K. Schwippert (Hrsg.), *IGLU 2011. Lesekompetenzen von Grundschulkindern in Deutschland im internationalen Vergleich* (S. 137–173). Münster: Waxmann.

Terhart, E. (2001). *Lehrerberuf und Lehrerbildung. Forschungsbefunde, Problemanalysen, Reformkonzepte*. Weinheim: Beltz.

Terpoorten, T. (2005). GIS-gestützte kleinräumige Analyse von amtlichen Schuldaten. Ein Ansatz für ein flächendeckendes Bildungsmonitoring am Beispiel des Ruhrgebiets. *Standort Zeitschrift für Angewandte Geographie, 29* (4), 196–198.

Thiel, O. & Valtin, R. (2002). Eine Zwei ist eine Drei ist eine Vier. Oder: Sind Zensuren aus verschiedenen Klassen vergleichbar? In R. Valtin (Hrsg.), *Was ist ein gutes Zeugnis? Noten und verbale Beurteilungen auf dem Prüfstand* (S. 67–76). Weinheim: Juventa.

Tiedemann, J. (1981). Schulerfolg und Schulversagen. In H. Schiefele & A. Krapp (Hrsg.), *Handlexikon zur Pädagogischen Psychologie* (S. 304–311). München: Ehrenwirth.

Tillmann, K.-J. (2007). Ganztagsschule: die richtige Antwort auf PISA? In K. Höhmann, H. G. Holtappels, I. Kamski & T. Schnetzer (Hrsg.), *Entwicklung und Organisation von Ganztagsschulen. Anregungen, Konzepte, Praxisbeispiele* (3. Aufl., S. 45–58). Dortmund: IFS-Verlag.

Tillmann, K.-J. (2008). Viel Selektion – wenig Leistung. Der PISA-Blick auf Erfolg und Scheitern in deutschen Schulen. In K. Böllert (Hrsg.), *Von der Delegation zur Kooperation. Bildung in Familie, Schule, Kinder- und Jugendhilfe* (1. Aufl., S. 47–66). Wiesbaden: VS.

Tillmann, K.-J. & Meier, U. (2001). Schule, Familie und Freunde – Erfahrungen von Schülerinnen und Schülern in Deutschland. In Deutsches PISA-Konsortium (Hrsg.), *PISA 2000. Basiskompetenzen von Schülerinnen und Schülern im internationalen Vergleich* (S. 468–477). Opladen: Leske + Budrich.

Tomchin, E. M. & Impara, J. C. (1992). Unraveling Teachers' Beliefs About Grade Retention. *American Ecucational Research Journal, 29* (1), 199–223. Verfügbar unter: http://aer.sagepub.com/content/29/1/199.full.pdf+html.   [Zugriff   am 08.11.2012].

Trautwein, U. & Neumann, M. (2008). Das Gymnasium. In K. S. Cortina, J. Baumert, A. Leschinsky, K. U. Mayer & L. Trommer (Hrsg.), *Das Bildungswesen in der Bundesrepublik Deutschland. Strukturen und Entwicklungen im Überblick* (S. 467–501). Reinbek: Rowohlt.

Tupaika, J. (2003). *Schulversagen als komplexes Phänomen. Ein Beitrag zur Theorieentwicklung.* Bad Heilbrunn: Klinkhardt.

Urban, D. & Mayerl, J. (2011). *Regressionsanalyse. Theorie, Technik und Anwendung* (4. Aufl.). Wiesbaden: VS.

Valtin, R. (Hrsg.). (2002). *Was ist ein gutes Zeugnis? Noten und verbale Beurteilungen auf dem Prüfstand.* Weinheim: Juventa.

Valtin, R., Bos, W., Hornberg, S. & Schwippert, K. (2007). Zusammenschau und Schlussfolgerungen. In W. Bos, S. Hornberg, K.-H. Arnold, G. Faust, L. Fried, E.-M. Lankes, K. Schwippert & R. Valtin (Hrsg.), *IGLU 2006. Lesekompetenzen von Grundschulkindern in Deutschland im internationalen Vergleich* (S. 329–348). Münster: Waxmann.

van Ackeren, I. & Klemm, K. (2011). *Entstehung, Struktur und Steuerung des deutschen Schulsystems. Eine Einführung* (2. Aufl.). Wiesbaden: VS.

Weiner, B. (2000). Intrapersonal and interpersonal theories of motivation from an attributional perspective. *Educational Psychology Review, 12* (1), 1–14.

Weinert, F. E. (2001). Schulleistungen. Leistungen der Schule oder der Schüler? In F. E. Weinert (Hrsg.), *Leistungsmessungen in Schulen.* Weinheim: Beltz.

Weinstock, H. (1955). *Realer Humanismus. Eine Ausschau nach Möglichkeiten seiner Verwirklichung.* Heidelberg: Quelle & Meyer.

Weishaupt, H. (2009). Demografie und regionale Schulentwicklung. *Zeitschrift für Pädagogik, 55* (1), 56–72.

Weishaupt, H. & Kemper, T. (2009). Zur nationalitätenspezifischen und regionalen Bildungsbenachteiligung ausländischer Schüler unter besonderer Berücksichtigung des Förderschulbedarfs. In I. Sylvester, I. Sieh, M. Menz, H.-W. Fuchs & J. Behrendt (Hrsg.), *Bildung – Recht – Chancen. Rahmenbedingungen, empirische Analysen und internationale Perspektiven zum Recht auf chancengleiche Bildung [Festschrift für Lutz R. Reuter].* Münster: Waxmann.

Wendt, H., Stubbe, T. C. & Schwippert, K. (2012). Soziale Herkunft und Lesekompetenzen von Schülerinnen und Schülern. In W. Bos, I. Tarelli, A. Bremerich-Vos & K. Schwippert (Hrsg.), *IGLU 2011. Lesekompetenzen von Grundschulkindern in Deutschland im internationalen Vergleich* (S. 175–190). Münster: Waxmann.

Werning, R. & Löser, J. (2011). Alle Kinder fördern? Möglichkeiten zur Verringerung des Schulversagens – eine internationale Perspektive. *Schulverwaltung NRW, 22* (9), 243–245.

Wiater, W. (1999). Wozu ist die Schule da? Neuere Theorieansätze zur Funktion der Schule in der modernen Gesellschaft. In R. W. Keck (Hrsg.), *Didaktik im Zeichen der Ost-West-Annäherung. Zur Didaktik im Kontext (post-)moderner Pädagogik und Konzeptionen zur Humanisierung der Bildung* (S. 277–285). Münster: Lit.

Zielinski, W. (1998). *Lernschwierigkeiten. Ursachen – Diagnostik – Intervention* (3. Aufl.). Stuttgart: Kohlhammer.

11.2 Abbildungsverzeichnis

11.3 Tabellenverzeichnis

Anhang

Skalendokumentation zur Lehrerbefragung

1.	Konstrukt: Differenzierung des Unterrichts				
Literatur/Quelle	Nr. 1: IFS-Schulbarometer, 1999, S. 91 (nach Tillmann & Holtappels). Nr. 2, 3: In Anlehnung an Steinert, Gerecht, Klieme & Döbrich, 2003: Skalen zur Schulqualität, S. 61.				
Arbeitsdefinition des Konstrukts (theoretischer Hintergrund)	Ein wesentlicher Aspekt der Unterrichtsgestaltung ist die Differenzierung bzw. Individualisierung des Unterrichts (vgl. z.B. Jürgens, 2008; Werning & Löser, 2011). Starke Schülerinnen und Schüler können so gefordert, leistungsschwächere Schüler gefördert werden. Die Berücksichtigung der individuellen Vorkenntnisse kann sich positiv auf die Motivation, Interessen und Leistungen der Schülerinnen und Schüler auswirken und damit schulischem Misserfolg entgegenwirken.				
Item-Anzahl	3				
N (gültige Fälle)	761				
Skalierung	1 = trifft voll zu, 2 = trifft eher zu, 3 = trifft eher nicht zu, 4 = trifft gar nicht zu				
Skalenbildung	Mean, Ausschluss wenn Missing > 1 (3-2)				
Item-Formulierung Im Folgenden werden Aussagen zur Unterrichtsgestaltung gemacht. Bitte geben Sie an, inwieweit die einzelnen Aussagen auf Sie zutreffen oder nicht.	Var- Name	Mean	SD	Korrigierte Item-Skala- Korrelation	Faktorladung
Ich versuche, den unterschiedlichen Lernvoraussetzungen der Schüler durch differenzierte Methoden und Materialien gerecht zu werden.	v1.1	2,04	,69	,436	,770
Bei Gruppenarbeit oder Stillarbeit unterscheide ich verschiedene Leistungsgruppen, die jeweils gesonderte Aufgaben erhalten.	v1.2	2,57	,68	,487	,807
Schnellen Schülern gebe ich gern Extraaufgaben, durch die sie wirklich gefordert werden.	v1.3	1,93	,73	,359	,681

					α = .617	Varianz: 56,91
Skala Differenzierung	**N = 765**	**Diff**	**2,18**	**,53**		

Kommentare zum Pretest	Ausschluss des Items „Von Schülern mit guten Leistungen verlange ich deutlich mehr". Mit diesem Item laden die vier Items auf zwei Faktoren mit Cronbachs α = .611. Nach Ausschluss lässt sich Cronbachs α auf .718 beziffern.

Deskriptive Statistik der einzelnen Items

Item-Formulierung Im Folgenden werden Aussagen zur Unterrichtsgestaltung gemacht. Bitte geben Sie an, inwieweit die einzelnen Aussagen auf Sie zutreffen oder nicht.	VarName	Mean	SD	N
Ich versuche, den unterschiedlichen Lernvoraussetzungen der Schüler durch differenzierte Methoden und Materialien gerecht zu werden.	v1.1	2,04	,685	765
Bei Gruppenarbeit oder Stillarbeit unterscheide ich verschiedene Leistungsgruppen, die jeweils gesonderte Aufgaben erhalten.	v1.2	2,57	,690	765
Schnellen Schülern gebe ich gern Extraaufgaben, durch die sie wirklich gefordert werden.	v1.3	1,93	,727	763

2. Konstrukt: Methodenvielfalt	
Literatur/Quelle	in Anlehnung an IFS-Schulbarometer, 1999, S. 91.
Arbeitsdefinition des Konstrukts (theoretischer Hintergrund)	„Methodenvielfalt liegt dann vor, wenn der Reichtum der verfügbaren Inszenierungstechniken, Handlungs- und Verlaufsmuster des Unterrichts genutzt wird, wenn die Sozialformen variieren und verschiedene Grundformen des Unterrichts (=lehrgangsförmiger Unterricht, Planarbeit, Freiarbeit, Projektarbeit) praktiziert werden" (Meyer, 2003, S. 39). Eintöniger, langweiliger Unterricht kann zur Demotivation und mangelnder Anstrengungsbereitschaft führen. Durch einen angemessenen Wechsel von Methoden und dem Einsatz vielfältiger Materialien kann die Lehrkraft demgegenüber einen positiven Beitrag zur Leistungsentwicklung der Schülerinnen und Schüler leisten.
Item-Anzahl	3
N (gültige Fälle)	749

Skalierung	1 = trifft voll zu, 2 = trifft eher zu, 3 = trifft eher nicht zu, 4 = trifft gar nicht zu				
Skalenbildung	Mean, Ausschluss wenn Missing > 1 (3-2)				

Item-Formulierung Im Folgenden werden Aussagen zur Unterrichtsgestaltung gemacht. Bitte geben Sie an, inwieweit die einzelnen Aussagen auf Sie zutreffen oder nicht.	Var-Name	Mean	SD	Korrigierte Item-Skala-Korrelation	Faktorladung
Instruktion und lehrergelenktes Unterrichtsgespräch haben sich für mich als die beste Unterrichtsmethode bewährt	v1.4	2,31	,76	,344	,642
Ich bin darum bemüht, Schülern vielfältige und anregende Lernformen und Lernzugänge zu bereiten.	v1.5	1,59	,58	,467	,800
Ich setze eine Vielfalt an Unterrichtsmethoden im Unterricht ein.	v1.6	1,72	,67	,534	,845

				α = .629	Varianz: 58,87
Skala Methodenvielfalt	**N = 763**	**Methviel**	1,88	,51	

Recodierte Items	v1.4_r: Instruktion und lehrergelenktes Unterrichtsgespräch haben sich für mich als die beste Unterrichtsmethode bewährt.
Kommentare zum Pretest	Im Pretest beläuft sich α auf .589. Nach Ausschluss des recodierten Items „Instruktion und lehrergelenktes Unterrichtsgespräch haben sich für mich als die beste Unterrichtsmethode bewährt" erhöht es sich auf .723. Aus inhaltlichen Gründen verbleibt das Item dennoch im Fragebogen.

Deskriptive Statistik der einzelnen Items

Item-Formulierung Im Folgenden werden Aussagen zur Unterrichtsgestaltung gemacht. Bitte geben Sie an, inwieweit die einzelnen Aussagen auf Sie zutreffen oder nicht.	VarName	Mean	SD	N
Instruktion und lehrergelenktes Unterrichtsgespräch haben sich für mich als die beste Unterrichtsmethode bewährt	v1.4	2,68	,763	755
Ich bin darum bemüht, Schülern vielfältige und anregende Lernformen und Lernzugänge zu bereiten.	V1.5	1,59	,577	765
Ich setze eine Vielfalt an Unterrichtsmethoden im Unterricht ein.	V1.6	1,73	,667	759

3.   Konstrukt: Fürsorgliche Schüler-Lehrer-Beziehung

Literatur/Quelle	In Anlehnung an Steinert et al., 2003: Skalen zur Schulqualität, S. 44.
Arbeitsdefinition des Konstrukts (theoretischer Hintergrund)	Eine fürsorgliche und lernunterstützende Beziehung zwischen den Lehrkräften und den Schülerinnen und Schülern zeichnet sich durch einen vertrauensvollen Umgang miteinander aus. Einschlägige Forschungsbefunde weisen darauf hin, dass eine gute Schüler-Lehrer-Beziehung schulischem Misserfolg und Dropout vorbeugen kann (Stamm, 2010; Tupaika, 2003; Lee & Burkam, 2003).
Item-Anzahl	5
N (gültige Fälle)	753
Skalierung	1 = trifft voll zu, 2 = trifft eher zu, 3 = trifft eher nicht zu, 4 = trifft gar nicht zu
Skalenbildung	Mean, Ausschluss wenn Missing > 2 (5-3)

Item-Formulierung Bitte geben Sie an, inwieweit die einzelnen Aussagen zum Schulklima für Ihre Schule zutreffend sind oder nicht.	Var-Name	Mean	SD	Korrigierte Item-Skala-Korrelation	Faktorladung
Das Verhalten der meisten Mitglieder des Kollegiums gegenüber den Schülern erscheint mir fürsorglich.	V2.1	1,64	,53	,637	,782
Wenn Schüler mit der Schule Schwierigkeiten haben, erhalten sie von den Lehrern Unterstützung.	V2.2	1,65	,55	,667	,805
Zwischen den Schülern und Lehrern besteht ein freundlicher und vertrauensvoller Umgang.	V2.3	1,64	,52	,618	,770
Wenn Schüler mit einem Problem zu einem Lehrer kommen, werden sie in den meisten Fällen Hilfe finden.	V2.4	1,48	,53	,637	,780
Nicht nur einzelne Lehrkräfte, sondern das Kollegium nimmt sich Zeit, um Anliegen der Schülerschaft zu besprechen.	V2.5	1,94	,70	,574	,725

			α = .824	Varianz: 59,78
Skala Fürsorgliche Schü-ler-Lehrer-Beziehung	**N =** **764**	**Für-sorg**	**1,67** **,44**	

Kommentare zum Pretest	Im Pretest besteht die Skala aus nur vier Items mit α = .754. Das Item „Nicht nur einzelne Lehrkräfte, sondern das Kollegium nimmt sich Zeit, um Anliegen der Schülerschaft zu besprechen" ist im Nachhinein aufgenommen worden.

Deskriptive Statistik der einzelnen Items

Item-Formulierung Bitte geben Sie an, inwieweit die einzelnen Aussagen zum Schulklima für Ihre Schule zutreffend sind oder nicht.	VarName	Mean	SD	N
Das Verhalten der meisten Mitglieder des Kollegiums gegenüber den Schülern erscheint mir fürsorglich.	v2.1	1,64	,529	764
Wenn Schüler mit der Schule Schwierigkeiten haben, erhalten sie von den Lehrern Unterstützung.	v2.2	1,66	,522	764
Zwischen den Schülern und Lehrern besteht ein freundlicher und vertrauensvoller Umgang.	v2.3	1,64	,515	763
Wenn Schüler mit einem Problem zu einem Lehrer kommen, werden sie in den meisten Fällen Hilfe finden.	v2.4	1,48	,531	762
Nicht nur einzelne Lehrkräfte, sondern das Kollegium nimmt sich Zeit, um Anliegen der Schülerschaft zu besprechen.	v2.5	1,94	,703	761

4.   Konstrukt: Leistungsorientiertes Schulklima

Literatur/Quelle	Nr. 1,2 : In Anlehnung an Steinert et al., 2003: Skalen zur Schulqualität, S. 62. Nr. 3, 4: Eigenkonstruktionen
Arbeitsdefinition des Konstrukts (theoretischer Hintergrund)	Ein Schulklima, das sich durch Leistung und Disziplin auszeichnet und bei dem das Einhalten gymnasialer Standards und die Vorbereitung der Schülerinnen und Schüler auf ein Universitätsstudium als wichtiger erachtet werden als die Förderung leistungsschwacher Schülerinnen und Schüler.
Item-Anzahl	4
N (gültige Fälle)	714
Skalierung	1 = trifft voll zu, 2 = trifft eher zu, 3 = trifft eher nicht zu, 4 = trifft gar nicht zu
Skalenbildung	Mean, Ausschluss wenn Missing > 2 (4-2)

Item-Formulierung Bitte geben Sie an, inwieweit die einzelnen Aussagen für Sie persönlich zutreffend sind oder nicht.	VarName	Mean	SD	Korrigierte Item-Skala-Korrelation	Faktorladung
Ich zeige meinen Schülern auch persönliche Enttäuschung, wenn sie nicht genügend leisten.	v2.7	2,33	,89	,261	,540
Im Unterricht stelle ich hohe Anforderungen.	v2.8	1,92	,55	,287	,581
Gymnasialstandards zu halten ist aus meiner Sicht wichtiger als die Förderung schwacher Schüler.	v2.9	2,60	,71	,416	,747
Das wichtigste Ziel des Gymnasialunterrichtes ist es aus meiner Sicht, die Schüler auf ein Universitätsstudium vorzubereiten.	v2.10	2,15	,71	,382	,737
				$\alpha = .540$	Varianz: 43,26
Skala Leistungsorientiertes Schulklima	N = 763	**Leisori**	2,24	,47	

Kommentare zum Pretest	Die Skala wird nach den Faktoren- und Reliabilitätsanalysen im Rahmen des Pretests neu zusammengestellt. Vorab wurden folgende acht Items getestet, die auf vier Faktoren laden mit $\alpha = .409$: 1. Lehrer stellen an dieser Schule hohe Anforderungen an die Schüler. 2. Schüler müssen sich anstrengen, um den Forderungen der Lehrer hier genügen zu können. 3. Viele Lehrer an dieser Schule zeigen den Schülern auch persönliche Enttäuschung, wenn diese nicht genügend leisten. 4. Das gesamte Kollegium ist der Meinung, dass Gymnasialstandards an unserer Schule gehalten werden müssen. 5. Bei uns im Kollegium wird man kritisch beäugt, wenn man viele gute Noten vergibt. 6. Unsere Schule hat den Ehrgeiz, bessere Schülerleistungen zu erzielen als andere Schulen. 7. Der Leistungsdruck auf die Schüler ist an unserer Schule größer als an anderen Gymnasien. 8. Über die Leistungsbereitschaft von leistungsschwächeren Schülern wird manchmal im Kollegium abwertend gesprochen. Die neuen fünf Items laden auf einen Faktor.

Deskriptive Statistik der einzelnen Items

Item-Formulierung Bitte geben Sie an, inwieweit die einzelnen Aussagen für Sie persönlich zutreffend sind oder nicht.	VarName	Mean	SD	N
Ich zeige meinen Schülern auch persönliche Enttäuschung, wenn sie nicht genügend leisten.	v2.7	2,33	,833	760
Im Unterricht stelle ich hohe Anforderungen.	v2.8	1,92	,541	754
Gymnasialstandards zu halten, ist aus meiner Sicht wichtiger als die Förderung schwacher Schüler.	v2.9	2,60	,710	732
Das wichtigste Ziel des Gymnasialunterrichtes ist es aus meiner Sicht, die Schüler auf ein Universitätsstudium vorzubereiten.	v2.10	2,15	,710	755

5. Konstrukt: Innovationsbereitschaft des Kollegiums	
Literatur/Quelle	Quellenberg, 2009: Studie zur Entwicklung von Ganztagsschulen (StEG), Fragebögen Lehrkräfte.
Arbeitsdefinition des Konstrukts (theoretischer Hintergrund)	„Die ständige Weiterentwicklung und Veränderung der pädagogischen Praxis sind wesentliche Merkmale einer effektiven Schule" (Quellenberg, 2009, S. 62). Explorativer Charakter: Es wird vermutet, dass innovative Kollegien eher auf die Förderung und weniger auf Selektion setzen.
Item-Anzahl	5
N (gültige Fälle)	742
Skalierung	1 = trifft voll zu, 2 = trifft eher zu, 3 = trifft eher nicht zu, 4 = trifft gar nicht zu
Skalenbildung	Mean, Ausschluss wenn Missing > 2 (5-3)

Item-Formulierung Bitte geben Sie an, inwieweit die folgenden Aussagen auf das Kollegium Ihrer Schule zutreffen.	VarName	Mean	SD	Korrigierte Item-Skala-Korrelation	Faktorladung
In unserem Kollegium gibt es meistens große Vorbehalte gegenüber Veränderungen.	v3.1	2,33	,68	,571	,736
Die meisten Lehrkräfte an unserer Schule sind neuen pädagogischen Ansätzen gegenüber aufgeschlossen.	v3.2	2,08	,58	,611	,767
Bei den meisten Lehrpersonen unserer Schule fehlt die Bereitschaft, für die eigene pädagogische Arbeit Neues dazu zu lernen und ihre Arbeit mit Schülern umzustellen.	v3.3	2,06	,61	,543	,711
An unserer Schule ist das Kollegium stets bemüht, die Arbeit am schuleigenen pädagogischen Konzept voranzutreiben.	v3.4	2,03	,62	,639	,787
Unsere Schule bemüht sich engagiert um wirkliche Erneuerungen und Entwicklungen.	v3.5	1,91	,68	,581	,747

				α = .803	Varianz: 56,25
Skala Innovationsbereitschaft	N = 767	Innovat	2,08	,47	

Recodierte Items	v3.1_r: In unserem Kollegium gibt es meistens große Vorbehalte gegenüber Veränderungen.
	v3.3_r: Bei den meisten Lehrpersonen unserer Schule fehlt die Bereitschaft, für die eigene pädagogische Arbeit Neues dazu zu lernen und ihre Arbeit mit Schülern umzustellen.
Kommentare zum Pretest	Diese Skala wurde im Pretest noch nicht eingesetzt. Sie war empirisch bereits geprüft.

Deskriptive Statistik der einzelnen Items

Item-Formulierung Bitte geben Sie an, inwieweit die folgenden Aussagen auf das Kollegium Ihrer Schule zutreffen.	VarName	Mean	SD	N
In unserem Kollegium gibt es meistens große Vorbehalte gegenüber Veränderungen.	V3.1	2,67	,680	761
Die meisten Lehrkräfte an unserer Schule sind neuen pädagogischen Ansätzen gegenüber aufgeschlossen.	V3.2	2,08	,575	764
Bei den meisten Lehrpersonen unserer Schule fehlt die Bereitschaft, für die eigene pädagogische Arbeit Neues dazu zu lernen und ihre Arbeit mit Schülern umzustellen.	V3.3	2,95	,603	757
An unserer Schule ist das Kollegium stets bemüht, die Arbeit am schuleigenen pädagogischen Konzept voranzutreiben.	V3.4	2,03	,619	762
Unsere Schule bemüht sich engagiert um wirkliche Erneuerungen und Entwicklungen.	V3.5	1,91	,673	763

6. Konstrukt: Schulziele zur Reduktion von Abstufungen

Literatur/Quelle	Eigenkonstruktionen
Arbeitsdefinition des Konstrukts (theoretischer Hintergrund)	An der Schule besteht das ausdrückliche Interesse, die Anzahl der vorzeitigen Schulwechsler in einen Bildungsgang mit niedrigerem Anspruchsniveau zu reduzieren. Explorativer Charakter: Vermutet wird, dass die folgende Einstellung eine positive Auswirkung auf die Haltekraft des Gymnasiums hat: Alle Schülerinnen und Schüler an der eigenen Schule zu einem erfolgreichen Abschluss zu führen, kann als ein Qualitätsmerkmal einer guten Schule gesehen werden.
Item-Anzahl	4
N (gültige Fälle)	703
Skalierung	1 = trifft voll zu, 2 = trifft eher zu, 3 = trifft eher nicht zu, 4 = trifft gar nicht zu
Skalenbildung	Mean, Ausschluss wenn Missing > 2 (4-2)

Item-Formulierung Bitte geben Sie an, inwieweit die einzelnen Aussagen für Ihre Schule zutreffend sind oder nicht.	VarName	Mean	SD	Korrigierte Item-Skala-Korrelation	Faktorladung
Ein verbindliches Ziel unserer Schule ist es, auch schwächere Schüler zu einem guten Abschluss an unserer Schule zu führen.	V9.1	1,78	,65	,483	,753
Von Seiten der Schulleitung besteht das ausdrückliche Interesse, die Anzahl der vorzeitigen Schulwechsler in einen Bildungsgang mit niedrigerem Anspruchsniveau zu reduzieren.	V9.2	1,97	,802	,447	,722
Bildungspolitische Forderungen, auch im Gymnasium mehr Schüler zum Erfolg zu führen, werden von unserer Schule ernst genommen.	V9.3	1,69	,579	,583	,820
Die meisten unserer Lehrer sind der Meinung, dass es ein Qualitätsmerkmal einer guten Schule ist, viele Schüler zu einem guten Abschluss zu führen.	V9.4	1,93	,696	,302	,540

				$\alpha = .661$	Varianz: 56,25
Skala Schulziele zur Reduktion von Abstufungen	N = 756	**Ziel_ Auslese**	2,08	,47	
Kommentare zum Pretest	Ausschluss der folgenden drei Items, da die sieben Items auf zwei Faktoren laden mit $\alpha = .724$: 1. Die meisten Lehrkräfte sind der Meinung, dass leistungsschwächere Schüler in eine Schule mit niedrigerem Anspruchsniveau wechseln sollten. 2. Um die Anzahl der frühzeitigen Schulwechsler zu reduzieren, vergibt ein Großteil der Lehrkräfte leichter gute Noten. 3. Unser Gymnasium hat den Ehrgeiz, mehr Schüler erfolgreich zum Schulabschluss zu führen als andere Gymnasien. Ohne diese drei Items beträgt $\alpha = .753$. Die fünf Items laden auf einen Faktor.				

Deskriptive Statistik der einzelnen Items

Item-Formulierung Bitte geben Sie an, inwieweit die einzelnen Aussagen für <u>Ihre Schule</u> zutreffend sind oder nicht.	VarName	Mean	SD	N
Ein verbindliches Ziel unserer Schule ist es, auch schwächere Schüler zu einem guten Abschluss an unserer Schule zu führen.	v9.1	1,80	,644	757
Von Seiten der Schulleitung besteht das ausdrückliche Interesse, die Anzahl der vorzeitigen Schulwechsler in einen Bildungsgang mit niedrigerem Anspruchsniveau zu reduzieren.	v9.2	1,98	,807	717
Bildungspolitische Forderungen, auch im Gymnasium mehr Schüler zum Erfolg zu führen, werden von unserer Schule ernst genommen.	v9.3	1,70	,577	749
Die meisten unserer Lehrer sind der Meinung, dass es ein Qualitätsmerkmal einer guten Schule ist, viele Schüler zu einem guten Abschluss zu führen.	v9.3	1,94	,695	743

7. Konstrukt: Demografischer Wandel und Schulerfolg

Literatur/Quelle	Eigenkonstruktionen
Arbeitsdefinition des Konstrukts (theoretischer Hintergrund)	Das Konstrukt gibt Auskunft über die grundsätzliche Einstellung der Schule darüber, inwiefern sie es, insbesondere in Zeiten sinkender Schülerzahlen, als ein wichtiges Ziel ansieht, die Schülerinnen und Schüler an der eigenen Schule zu halten und sie erfolgreich zu einem guten Abschluss zu führen.
Item-Anzahl	4
N (gültige Fälle)	485
Skalierung	1 = trifft voll zu, 2 = trifft eher zu, 3 = trifft eher nicht zu, 4 = trifft gar nicht zu; 5 = weiß nicht
Skalenbildung	Mean, Ausschluss wenn Missing > 2 (5 = „weiß nicht" wird als fehlender Wert gewertet)

Item-Formulierung Bitte geben Sie an, inwieweit die folgenden Aussagen aus Ihrer Sicht zutreffen oder nicht.	VarName	Mean	SD	Korrigierte Item-Skala-Korrelation	Faktorladung
Wenn Schülerzahlen durch den demografischen Wandel sinken, ist es besonders wichtig, den Großteil der Schüler an unserem Gymnasium zu halten.	v13.1	2,48	0,82	,317	,618
Unsere Schulleitung legt Wert darauf, dass wir in Zeiten sinkender Schülerzahlen möglichst wenige Schüler verlieren.	v13.2	1,92	0,79	,585	,835
In unserer Schule versucht man, den allgemein sinkenden Schülerzahlen durch mehr Schulerfolge zu begegnen.	v13.3	2,26	0,79	,531	,808
In Zeiten sinkender Schülerzahlen nimmt unser Gymnasium zunehmend auch Schüler ohne Gymnasialempfehlung in den 5. Jahrgang auf.	v13.4	2,46	0,93	,256	,500
				$\alpha = .629$	**Varianz: 49,54**

Skala Demografischer Wandel und Schulerfolg	N = 694	**Demogr**	2,28	,59	
Kommentare zum Pretest	Ausschluss des Items: „Der allgemeine Schülerzahlrückgang ist an unserer Schule kein großes Diskussionsthema", da α sich auf geringe ,236 beläuft (ohne dieses Item beträgt $\alpha = .454$).				

Deskriptive Statistik der einzelnen Items				
Item-Formulierung Bitte geben Sie an, inwieweit die folgenden Aussagen aus Ihrer Sicht zutreffen oder nicht.	VarName	Mean	SD	N
Wenn Schülerzahlen durch den demografischen Wandel sinken, ist es besonders wichtig, den Großteil der Schüler an unserem Gymnasium zu halten.	v13.1	2,52	,825	687
Unsere Schulleitung legt Wert darauf, dass wir in Zeiten sinkender Schülerzahlen möglichst wenige Schüler verlieren.	v13.2	1,88	,758	670
In unserer Schule versucht man, den allgemein sinkenden Schülerzahlen durch mehr Schulerfolge zu begegnen.	v13.3	2,27	,795	622
In Zeiten sinkender Schülerzahlen nimmt unser Gymnasium zunehmend auch Schüler ohne Gymnasialempfehlung in den 5. Jahrgang auf.	v13.4	2,48	,925	563

8. Einstellung zu Selektionsinstrumenten	
8.1 Konstrukt: Pro Abstufungen	
Literatur/Quelle	Eigenkonstruktionen
Arbeitsdefinition des Konstrukts (theoretischer Hintergrund)	Sind Lehrkräfte den Selektionsinstrumenten Klassenwiederholung und Abstufung in einen Bildungsgang mit niedrigem Anspruchsniveau eher positiv oder eher negativ gegenüber eingestellt? Einschlägige Befunde zeigen, dass diese Einschätzung die Anwendung von Selektionsinstrumenten beeinflusst: Lehrkräfte neigen demnach eher zum Einsatz von Klassenwiederholungen, wenn sie von ihrer Wirkung überzeugt sind und sie als geeignete Fördermaßnahme ansehen (vgl. Bless et al., 2004; Tomchin & Impara, 1992, Weiner, 2000; König & Darge, 2010).
Item-Anzahl	3
N (gültige Fälle)	734
Skalierung	1 = trifft voll zu, 2 = trifft eher zu, 3 = trifft eher nicht zu, 4 = trifft gar nicht zu
Skalenbildung	Mean, Ausschluss wenn Missing > 1 (3-2)

Item-Formulierung Häufig wird über Sinn und Unsinn von Selektionsinstrumenten diskutiert. Bitte geben Sie jeweils an, inwiefern <u>Sie persönlich</u> den einzelnen Aussagen zustimmen.	VarName	Mean	SD	Korrigierte Item-Skala-Korrelation	Faktorladung
Ich halte es für richtig, dass Schüler mit andauernden schlechten Leistungen das Gymnasium während der Sekundarstufe I verlassen und auf einen Bildungsgang mit niedrigerem Anspruchsniveau wechseln müssen.	v8.1	1,75	,73	,519	,838
Der frühzeitige Schulformwechsel ist eine geeignete individuelle Fördermaßnahme.	v8.2	2,33	,89	,389	,760
Die Schulform sollte nur auf freiwilliger Basis frühzeitig gewechselt werden können	v8.3	2,17	,81	,286	,618
				α = .581	Varianz: 55,40

Skala Pro Abstufung	N = 759	ProAbst	2,09	,60	
Recodiertes Item	v8.3_r: Die Schulform sollte nur auf freiwilliger Basis frühzeitig gewechselt werden können.
Kommentare zum Pretest	Keine Änderungen zum Pretest: Hier lässt sich α auf .360 beziffern (mit Ausschluss des Items „Die Schulform sollte nur auf freiwilliger Basis frühzeitig gewechselt werden können" beträgt α = .479).

Deskriptive Statistik der einzelnen Items

Item-Formulierung Häufig wird über Sinn und Unsinn von Selektionsinstrumenten diskutiert. Bitte geben Sie jeweils an, inwiefern <u>Sie persönlich</u> den einzelnen Aussagen zustimmen.	VarName	Mean	SD	N
Ich halte es für richtig, dass Schüler mit andauernden schlechten Leistungen das Gymnasium während der Sekundarstufe I verlassen und auf einen Bildungsgang mit niedrigerem Anspruchsniveau wechseln müssen.	v8.1	1,76	,729	761
Der frühzeitige Schulformwechsel ist eine geeignete individuelle Fördermaßnahme.	v8.2	2,34	,888	750
Die Schulform sollte nur auf freiwilliger Basis frühzeitig gewechselt werden können.	v8.3	2,83	,809	750

8.2 Konstrukt: Pro Sitzenbleiben

Literatur/Quelle	In Anlehnung an Darge, König & Schreiber, 2010: Skalendokumentation der Schüler- und Lehrerbefragung im Rahmen des Projektes „Komm Mit – Fördern statt Sitzenbleiben", S. 19.
Arbeitsdefinition des Konstrukts (theoretischer Hintergrund)	Sind Lehrkräfte den Selektionsinstrumenten Klassenwiederholung und Abstufung in einen Bildungsgang mit niedrigem Anspruchsniveau eher positiv oder eher negativ gegenüber eingestellt? Einschlägige Befunde zeigen, dass diese Einschätzung die Anwendung von Selektionsinstrumenten beeinflusst: Lehrkräfte neigen demnach eher zum Einsatz von Klassenwiederholungen, wenn sie von ihrer Wirkung überzeugt sind und sie als geeignete Fördermaßnahme ansehen (vgl. Bless et al., 2004; Tomchin & Impara, 1992; Weiner, 2000; König & Darge, 2010).
Item-Anzahl	3
N (gültige Fälle)	716
Skalierung	1 = trifft voll zu, 2 = trifft eher zu, 3 = trifft eher nicht zu, 4 = trifft gar nicht zu
Skalenbildung	Mean, Ausschluss wenn Missing > 1 (3-2)

Item-Formulierung Häufig wird über Sinn und Unsinn von Selektionsinstrumenten diskutiert. Bitte geben Sie jeweils an, inwiefern Sie persönlich den einzelnen Aussagen zustimmen.	VarName	Mean	SD	Korrigierte Item-Skala-Korrelation	Faktorladung
Ich halte es für richtig, dass Schüler mit schlechten Leistungen sitzenbleiben.	v8.4	2,23	,89	,733	,887
Meine Erfahrungen zeigen, dass Sitzenbleiben für die betroffenen Schüler durchaus positive Auswirkungen haben kann.	v8.5	2,25	,82	,729	,884
Das Sitzenbleiben sollte abgeschafft werden.	v8.6	1,90	1,01	,690	,859

		α = .845	Varianz: 76,924

Skala Pro Sitzen-bleiben	N = 750	ProWH	2,13	,79	

Recodierte Items	v8.6_r: Das Sitzenbleiben sollte abgeschafft werden.

Kommentare zum Pretest	Keine Änderungen zum Pretest: α = .847.

Deskriptive Statistik der einzelnen Items

Item-Formulierung Häufig wird über Sinn und Unsinn von Selektionsinstrumenten diskutiert. Bitte geben Sie jeweils an, inwiefern Sie persönlich den einzelnen Aussagen zustimmen.	VarName	Mean	SD	N
Ich halte es für richtig, dass Schüler mit schlechten Leistungen sitzenbleiben.	v8.4	2,24	,883	746
Meine Erfahrungen zeigen, dass Sitzenbleiben für die betroffenen Schüler durchaus positive Auswirkungen haben kann.	v8.5	2,25	,816	742
Das Sitzenbleiben sollte abgeschafft werden.	v8.6	3,10	1,001	742

9.1 Konstrukt: Persönliche Meinung zur Aufnahme in das Gymnasium

Literatur/Quelle	Nr. 1: Eigenkonstruktion Nr. 2: In Anlehnung an IFS-Schulbarometer, 1999, S. 81.
Arbeitsdefinition des Konstrukts (theoretischer Hintergrund)	Die Einstellung der Lehrkräfte darüber, ob zu viele Kinder ihren Bildungsweg nach der Grundschule an ihrem Gymnasium fortführen, obwohl ihnen die entsprechende Eignung dazu fehlt. Explorativer Charakter: Vermutet wird, dass Gymnasien einen tendenziell selektiveren Charakter aufweisen, wenn sie der Meinung sind, dass eine Vielzahl ungeeigneter Kinder ihr Gymnasium besucht.
Item-Anzahl	2
N (gültige Fälle)	739
Skalierung	1 = trifft voll zu, 2 = trifft eher zu, 3 = trifft eher nicht zu, 4 = trifft gar nicht zu
Skalenbildung	Mean, Ausschluss wenn Missing > 1 (2-1)

Item-Formulierung Bitte geben Sie an, inwieweit die einzelnen Aussagen für Sie persönlich zutreffend sind oder nicht.	VarName	Mean	SD	Korrigierte Item-Skala-Korrelation	Faktorla-dung
Ich bin der Meinung, dass es einen hohen Anteil ungeeigne-ter Schüler gibt, die nicht an dieses Gymnasium gehören.	v9.7	2,65	,89	,626	,902
Ich bin der Meinung, dass immer mehr Kinder unsere Schule besuchen, ohne die notwendige Eignung mitzu-bringen.	v9.9	2,35	,84	,626	,902

				α = .769	Varianz: 81,31
Skala Einstellung zur Aufnahme in das Gymnasium	**N = 762**	**EinAuf-na**	**2,51**	**,78**	
Kommentare zum Pretest	Keine Änderungen zum Pretest: α = .734.				

Deskriptive Statistik der einzelnen Items

Item-Formulierung Bitte geben Sie an, inwieweit die einzelnen Aussagen für Sie persönlich zutreffend sind oder nicht.	VarName	Mean	SD	N
Ich bin der Meinung, dass es einen hohen Anteil ungeeigneter Schüler gibt, die nicht an dieses Gymnasium gehören.	v9.7	2,66	,883	756
Ich bin der Meinung, dass immer mehr Kinder unsere Schule besuchen, ohne die notwendige Eignung mitzubringen.	v9.9	2,35	,839	745

9.2 Konstrukt: Persönliche Meinung zu Seiteneinsteigern in die Oberstufe

Literatur/Quelle	Eigenkonstruktionen
Arbeitsdefinition des Konstrukts (theoretischer Hintergrund)	Wie wird die Aufnahme von Seiteneinsteigern in die Oberstufe gesehen? Explorativer Charakter: Vermutet wird, dass die Einstellungen eines Gymnasiums zu Seiteneinsteigern in die Oberstufe im Zusammenhang zur selektiven Praxis in der Sekundarstufe I steht.
Item-Anzahl	2
N (gültige Fälle)	712
Skalierung	1 = trifft voll zu, 2 = trifft eher zu, 3 = trifft eher nicht zu, 4 = trifft gar nicht zu
Skalenbildung	Mean, Ausschluss wenn Missing > 1 (2-1)

Item-Formulierung Bitte geben Sie an, inwieweit die einzelnen Aussagen für Sie persönlich zutreffend sind oder nicht.	VarName	Mean	SD	Korrigierte Item-Skala-Korrelation	Faktorladung
Wir sehen eine sehr wichtige Aufgabe darin, in der Oberstufe auch Realschulabsolventen erfolgreich an unserer Schule zum Abitur zu führen.	v9.5	1,59	,692	,539	,877
Die Aufnahme einer Vielzahl von Seiteneinsteigern aus anderen Bildungsgängen in unsere Oberstufe wird von den meisten Lehrern unserer Schule gern gesehen.	v9.6	2,08	,730	,539	,877
				α = .700	Varianz: 76,96
Skala Einstellungen zu Seiteneinsteigern in die Oberstufe	N = 749	**Seitenei**	**1,84**	,62	

Kommentare zum Pretest	Im Pretest entspricht α = .391. Deshalb wird das folgende Item verändert: „Die Aufnahme einer Vielzahl von Seiteneinsteigern aus anderen Bildungsgängen in unsere Oberstufe wird von den meisten Lehrern unserer Schule **nicht gern** gesehen" zu „Die Aufnahme einer Vielzahl von Seiteneinsteigern aus anderen Bildungsgängen in unsere Oberstufe wird von den meisten Lehrern unserer Schule **gern** gesehen."

Deskriptive Statistik der einzelnen Items

Item-Formulierung Bitte geben Sie an, inwieweit die einzelnen Aussagen für Sie persönlich zutreffend sind oder nicht.	VarName	Mean	SD	N
Wir sehen eine sehr wichtige Aufgabe darin, in der Oberstufe auch Realschulabsolventen erfolgreich an unserer Schule zum Abitur zu führen.	v9.5	1,60	,688	745
Die Aufnahme einer Vielzahl von Seiteneinsteigern aus anderen Bildungsgängen in unsere Oberstufe wird von den meisten Lehrern unserer Schule gern gesehen.	v9.6	2,08	,729	716

10. Einschätzung zum Einfluss des Elternhauses

10.1 Konstrukt: Einschätzung der Lehrkräfte zum Elterninteresse an den Schulleistungen ihrer Kinder

Literatur/Quelle	Nr. 1: Darge, König & Schreiber, 2010: "Komm mit". Nr. 2. und 3: IFS-Schulbarometer, 1999, S. 91. (nach Tillmann & Holtappels).
Arbeitsdefinition des Konstrukts (theoretischer Hintergrund)	Das Konstrukt misst die Einschätzung der Lehrkräfte zum Interesse der Eltern an den Leistungen ihrer Kinder und die Unterstützung, die sie ihnen dabei zukommen lassen. Forschungsbefunde der großen Large-Scale-Studien sowie Forschungsaktivitäten zum frühzeitigen Abgang vom Gymnasium belegen immer wieder die Bedeutung der Familie für den Schulerfolg der Kinder (vgl. Henz 1997, Hillmert & Jacob 2003, Schneider 2005, Stubbe 2009a, Jacob und Tieben 2010, Glaesser und Cooper 2010).
Item-Anzahl	3
N (gültige Fälle)	745
Skalierung	1 = Stimme zu, 2 = Stimme eher zu, 3 = Stimme eher nicht zu, 4 = Stimme nicht zu
Skalenbildung	Mean, Ausschluss wenn Missing > 1 (3-2)

Item-Formulierung Im Folgenden werden Aussagen über Elternbeteiligung gemacht. Bitte geben Sie an, inwieweit die einzelnen Aussagen auf Ihre Schule zutreffen oder nicht.	VarName	Mean	SD	Korrigierte Item-Skala-Korrelation	Faktorladung
Die meisten Eltern zeigen großes Interesse an den Leistungen ihrer Kinder.	v12.1	1,80	,62	,635	,838

Die meisten Eltern unterstützen ihre Kinder, damit sie in der Schule erfolgreich sind.	v12.3	1,94	,63	,657	,849
Die meisten Lehrer haben intensiven Kontakt zu den Eltern ihrer Klassen.	v12.4	2,15	,66	,528	,681
				α = ,697	Varianz: 62,88
Skala Elterninteresse an den Schulleistungen	**N = 758**	**ElternIN**	**1,97**	**,50**	
Kommentare zum Pretest	Im Pretest: α = .769. Es wurde versucht, diese drei Items mit den zwei Items zur Einschätzung der Lehrkräfte zum Elternwiderstand bei einem drohenden Schulformwechsel zu einer Skala „Einfluss des Elternhauses" zusammenzufügen. Die Items laden jedoch auf zwei Faktoren (mit α = .580).				

Deskriptive Statistik der einzelnen Items

Item-Formulierung Im Folgenden werden Aussagen über Elternbeteiligung gemacht. Bitte geben Sie an, inwieweit die einzelnen Aussagen auf Ihre Schule zutreffen oder nicht.	VarName	Mean	SD	N
Die meisten Eltern zeigen großes Interesse an den Leistungen ihrer Kinder.	v12.1	1,80	,624	753
Die meisten Eltern unterstützen ihre Kinder, damit sie in der Schule erfolgreich sind.	v12.3	1,94	,624	757
Die meisten Lehrer haben intensiven Kontakt zu den Eltern ihrer Klassen.	v12.4	2,15	,661	758

10.2 Konstrukt: Einschätzung der Lehrkräfte zum Elternwiderstand bei einem drohenden Schulformwechsel

Literatur/Quelle	Eigenkonstruktionen
Arbeitsdefinition des Konstrukts (theoretischer Hintergrund)	Das Konstrukt misst die Einschätzungen der Lehrkräfte darüber, ob die Eltern bei einem drohenden Schulformwechsel ihres Kindes eher Widerstand leisten oder dem Rat der Lehrkräfte kampflos nachgehen. Forschungsbefunde der großen Large-Scale-Studien sowie Forschungsaktivitäten zum frühzeitigen Abgang vom Gymnasium belegen immer wieder die Bedeutung der Familie für den Schulerfolg der Kinder (vgl. Henz, 1997; Jacob & Hillmert, 2003; Schneider, 2005; Stubbe, 2009a, Jacob & Tieben, 2010; Glaesser & Cooper, 2010).
Item-Anzahl	2
N (gültige Fälle)	709
Skalierung	1 = Stimme zu, 2 = Stimme eher zu, 3 = Stimme eher nicht zu, 4 = Stimme nicht zu
Skalenbildung	Mean, Ausschluss wenn Missing > 1

Item-Formulierung Im Folgenden werden Aussagen über Elternbeteiligung gemacht. Bitte geben Sie an, inwieweit die einzelnen Aussagen auf Ihre Schule zutreffen oder nicht.	VarName	Mean	SD	Korrigierte Item-Skala-Korrelation	Faktorladung
Die meisten Eltern kämpfen gegen einen drohenden Schulformwechsel ihres Kindes an.	v12.2	1,77	,63	,189	,771
Die meisten Eltern kommen unserem Rat zum Schulformwechsel ihres Kindes ohne großen Widerstand nach.	v12.5	2,34	,70	,189	,771
				α = ,316	Varianz: 59,43
Skala Elternwiderstand bei Schulformwechsel	N = 750	Eltern-WI	2,05	,52	
Recodierte Items	v12.5_r: Die meisten Eltern kommen unserem Rat zum Schulformwechsel ihres Kindes ohne großen Widerstand nach.				

Kommentare zum Pretest	Im Pretest: α = .432. Es wurde versucht, diese zwei Items mit den drei Items zur Einschätzung der Lehrkräfte zum Elterninteresse an den Schulleistungen ihrer Kinder zu einer Skala „Einfluss des Elternhauses" zusammenzufügen, die Items laden jedoch auf zwei Faktoren (mit α = .580).

Deskriptive Statistik der einzelnen Items

Item-Formulierung Im Folgenden werden Aussagen über Eltern-beteiligung gemacht. Bitte geben Sie an, inwieweit die einzelnen Aussagen auf Ihre Schule zutreffen oder nicht.	VarName	Mean	SD	N
Die meisten Eltern kämpfen gegen einen drohenden Schulformwechsel ihres Kindes an.	v12.2	1,78	,631	745
Die meisten Eltern kommen unserem Rat zum Schulformwechsel ihres Kindes ohne großen Widerstand nach.	v12.5	2,66	,701	714

Summenscores

11. Konstrukt: Zusatzangebote der Schule zur Prävention von Schulversagen

Literatur/Quelle	Eigenkonstruktionen
Arbeitsdefinition des Konstrukts (theoretischer Hintergrund)	Die Anzahl verschiedener Zusatzangebote, die an der Schule durchge-führt werden, um insbesondere leistungsschwächere Schülerinnen und Schüler vor schulischem Misserfolg zu schützen. Der schulischen Förderpraxis wird im wissenschaftlichen, bildungspoli-tischen und schulpraktischen Diskurs hohe Bedeutung zugeschrieben (vgl. z.B. Graumann, 2008; Ministerium für Schule und Weiterbildung NRW, 2013; KMK, 2010b; Werning & Löser, 2011; Buch, Nothstein, Völker-Langer & Schwechla, 2008; im Brahm, 2011). Vor diesem Hintergrund soll untersucht werden, inwiefern ein Zusammenhang zwischen der Zusatzangebote der Schule zur Prävention von Schulver-sagen und den Schülerzahlverlusten besteht.
Item-Anzahl	7
N (gültige Fälle)	692
Skalierung	0 = Nein, 1 = Ja
Indexbildung	Addition der sieben Item-Werte. 0 = es existiert keines der Angebote bis 7 = es existieren sieben der aufgeführten Angebote.

Item-Formulierung Gibt es an Ihrer Schule die folgenden Angebote für Schüler der Sekundarstufe I...	VarName	Mean	SD	N
Zusatzangebote für leistungsstarke Schüler	V4.1.1	0,83	,37	743
Förderangebote für leistungsschwache Schüler	V4.1.2	0,99	,10	767
Spezielle Kurse in Lerntechniken für leistungsschwache Schüler	V4.1.3	0,54	,50	742
Nachhilfe durch Lehrkräfte	V4.1.4	0,40	,49	734
Nachhilfe oder Hausaufgabenbetreuung durch leistungsstarke Schüler	V4.1.5	0,93	,25	755
Räume, in denen Schüler ihre Hausaufgaben unter fachlicher Anleitung machen können	V4.1.6	0,71	,45	745
Sonstige Betreuung außerhalb des Unterrichts	V4.1.7	0,86	,34	738
Summenscore: Zusatzangebote der Schule zur Prävention von Schulversagen	**Zusatz**	**5,23**	**1,29**	**692**

12.	**Konstrukt: Maßnahmen der Lehrkräfte zur Prävention von Schulversagen**
Literatur/Quelle	Eigenkonstruktionen
Arbeitsdefinition des Konstrukts (theoretischer Hintergrund)	Die Anzahl verschiedener Maßnahmen, die Lehrkräfte im Unterricht anwenden, um insbesondere leistungsschwächere Schülerinnen und Schüler vor schulischem Misserfolg zu schützen. Der schulischen Förderpraxis wird im wissenschaftlichen, bildungspolitischen und schulpraktischen Diskurs hohe Bedeutung zugeschrieben (vgl. z.B. Graumann, 2008; Ministerium für Schule und Weiterbildung NRW, 2013; KMK, 2010b; Werning & Löser, 2011; Buch et al., 2008). Vor diesem Hintergrund soll untersucht werden, inwiefern ein Zusammenhang zwischen den Maßnahmen der Lehrkräfte im Unterricht zur Prävention von Schulversagen und den Schülerzahlverlusten besteht.
Item-Anzahl	7
N (gültige Fälle)	742
Skalierung	1 = trifft voll zu, 2 = trifft eher zu, 3 = trifft eher nicht zu, 4 = trifft gar nicht zu. Zusammengefügt zu 0 = Nein, 1 = Ja
Indexbildung	Addition der sieben Item-Werte. 0 = es existiert keines der Angebote bis 7 = es existieren sieben der aufgeführten Angebote.

Item-Formulierung Um schulischen Misserfolg (in Form von Sitzenbleiben und frühzeitigem Schulformwechsel) an unserer Schule zu reduzieren, ...	VarName	Mean	SD	N
... setze ich eine Vielfalt an Unterrichtsmethoden ein, die sich speziell auf die Förderung leistungsschwächerer Schüler beziehen.	V10.1	0,66	,48	758
... nehme ich mir viel Zeit, um Anliegen der Schüler zu besprechen.	V10.2	0,91	,28	760
... erstelle ich individuelle Förderpläne.	V10.3	0,30	,46	759
... führe ich Beratungsgespräche mit leistungsschwächeren Schülern mit dem Ziel, deren schulische Leistung zu verbessern.	V10.4	0,94	,24	764
... bemühe ich mich, die Motivation der Schüler zu steigern (z.B. indem ich Vorstellungen der Schüler in die Unterrichtsplanung aufnehme oder versuche, an der Lebenswelt der Schüler anzuknüpfen).	V10.5	0,94	,25	761
... setze ich Lerntagebücher, Portfolios oder Lernverträge als Instrumente zur individuellen Förderung ein.	V10.6	0,44	,50	759
... bemühe ich mich um die Stärkung lernrelevanter Persönlichkeitsmerkmale (z.B. Selbstbewusstsein, Selbstwertgefühl, Angstfreiheit, Umgang mit Stress etc.).	V10.7	0,91	,28	755
Summenscore: Maßnahmen der Lehrkräfte zur Prävention von Schulversagen	**Massna**	**5,09**	**1,33**	**742**

13. Konstrukt: Förderpraxis Sek I insgesamt	
Literatur/Quelle	Eigenkonstruktionen
Arbeitsdefinition des Konstrukts (theoretischer Hintergrund)	Die Häufigkeit von Förderangeboten in den Kernfächern Mathematik, Deutsch, Fremdsprachen und Naturwissenschaften in der Sekundarstufe I. Der schulischen Förderpraxis wird im wissenschaftlichen, bildungspolitischen und schulpraktischen Diskurs hohe Bedeutung zugeschrieben (vgl. z.B. Graumann, 2008; Ministerium für Schule und Weiterbildung NRW, 2013; KMK, 2010b; Werning & Löser, 2011; Buch et al., 2008). Vermutet wird deshalb, dass Gymnasien mit einer ausgeprägten Förderpraxis einen geringeren Schülerzahlverlust zu verzeichnen haben als Gymnasien, die nur eine geringe Anzahl an Förderangeboten zur Verfügung stellen.
Item-Anzahl	8 (ohne Förderangebote in der Oberstufe)
N (gültige Fälle)	193

Skalierung	1 = wöchentlich, 2 = 1-2 mal monatlich, 3 = seltener als monatlich, 4 = nie, 5 = weiß nicht			
Indexbildung	Für den Summenscore *Förderpraxis in der Sekundarstufe I insgesamt* wurden die Werte drei und vier zu 0 = seltener als monatlich/nie zusammengefügt und die Werte eins und zwei zu 1 = wöchentlich/1–2 mal monatlich. Diese zusammengefügten acht Werte (der vier Fächer in der 5.–6. und 7.–9. Jahrgangsstufe) wurden addiert und dann durch die Anzahl acht dividiert, sodass der Summenscore Werte zwischen 0 und 1 annehmen kann.			
Item-Formulierung In welchen Fächern und wie häufig finden von Lehrkräften durchgeführte Förderangebote in den jeweiligen Jahrgangsstufen statt?	VarName	Mean	SD	N
1. Deutsch				
5. – 6. Jahrgangsstufe	V4.2_D_56	1,14	,55	532
7. – 9. Jahrgangsstufe	V4.2_D_79	2,26	,62	389
10. – 13. Jahrgangsstufe	V4.2_D_1013	2,90	,94	337
2. Mathematik				
5. – 6. Jahrgangsstufe	V4.2_M_56	2,12	,47	479
7. – 9. Jahrgangsstufe	V4.2_M_79	2,28	,66	376
10. – 13. Jahrgangsstufe	V4.2_M_1013	2,76	,93	291
3. Fremdsprachen				
5. – 6. Jahrgangsstufe	V4.2_FS_56	2,11	,45	491
7. – 9. Jahrgangsstufe	V4.2_FS_79	2,22	,59	403
10. – 13. Jahrgangsstufe	V4.2_FS_1013	2,79	,94	318
4. Naturwissenschaften				
5. – 6. Jahrgangsstufe	V4.2_NW_56	2,94	,98	328
7. – 9. Jahrgangsstufe	V4.2_NW_79	3,06	,96	295
10. – 13. Jahrgangsstufe	V4.2_NW_1013	3,47	,82	245
Summenscore: Förderpraxis Sek I insgesamt	**Förins59**	**0,78**	**,25**	**193**

14. Attribuierung des Schulversagens

14.1 Konstrukt: Attribuierung des Schulversagens auf den Schüler und die Familie

Literatur/Quelle	In Anlehnung an Bless, Schüpbach & Bonvin, 2004, S. 61.
Arbeitsdefinition des Konstrukts (theoretischer Hintergrund)	Das Konstrukt gibt Auskunft darüber, inwiefern die Lehrkräfte die Schuld für schulischen Misserfolg den Schülerinnen und Schülern und ihrer familiären Situation zuschreiben. Einschlägige Befunde weisen darauf hin, dass sich Lehrkräfte nur bedingt verantwortlich fühlen für Leistungsschwierigkeiten von Schülerinnen und Schülern (vgl. Kanders & Rösner 2006). Ferner konnten Darge & König (2010) einen Zusammenhang zwischen der Sitzenbleiberquote einer Schule und der Ursachenzuschreibung für Schulversagen von Lehrkräften auf die Schüler und ihre Familien nachweisen.
Item-Anzahl	6
N (gültige Fälle)	718
Skalierung	1 = völlig richtig, 2 = eher richtig, 3 = eher falsch, 4 = völlig falsch
Indexbildung	Für den Summenscore wurden die Werte eins und zwei zu 0 = richtig und die Werte drei und vier zu 1 = falsch zusammengefügt. Die Addition dieser sechs Item-Werte wurde dann durch die Anzahl sechs dividiert, sodass der Summenscore Werte zwischen 0 und 1 annehmen kann.

Item-Formulierung: Wenn Schüler besondere Lernschwierigkeiten haben, woran liegt das vor allem?	Var-Name	Mean	SD	N
An der unzureichenden Begabung des Schülers	V7.1	2,46	,65	741
An zu geringer Anstrengungsbereitschaft des Schülers	V7.2	2,02	,55	745
An Motivationsproblemen des Schülers	V7.4	1,90	,51	749
An mangelnder häuslicher Unterstützung des Schülers	V7.5	1,94	,58	746
An dem sozio-ökonomischen Status der Familie des Schülers	V7.9	2,46	,75	740
An der familiären Situation, Problemen in der Familie des Schülers	V7.10	1,94	,56	745
Summenscore: Attribuierung des Schulversagens auf Schüler und Familie	**Attr_SF**	**0,76**	**0,19**	**718**

14.2 Konstrukt: Attribuierung des Schulversagens auf die Lehrkraft und den Unterricht

Literatur/Quelle	In Anlehnung an Bless, Schüpbach & Bonvin, 2004, S. 61.
Arbeitsdefinition des Konstrukts (theoretischer Hintergrund)	Das Konstrukt gibt Auskunft darüber, inwiefern die Lehrkräfte die Schuld für schulischen Misserfolg sich selbst und ihrem Unterricht zuschreiben. Einschlägige Befunde weisen darauf hin, dass sich Lehrkräfte nur bedingt verantwortlich fühlen für Leistungsschwierigkeiten von Schülerinnen und Schülern (vgl. Kanders & Rösner 2006). Ferner konnten Darge & König (2010) einen Zusammenhang zwischen der Sitzenbleiberquote einer Schule und der Ursachenzuschreibung für Schulversagen von Lehrkräften auf die Schüler und ihre Familien nachweisen.
Item-Anzahl	4
N (gültige Fälle)	731
Skalierung	1 = völlig richtig, 2 = eher richtig, 3 = eher falsch, 4 = völlig falsch
Indexbildung	Für den Summenscore wurden die Werte eins und zwei zu 0 = richtig und die Werte drei und vier zu 1 = falsch zusammengefügt. Die Addition dieser vier Item-Werte wurde dann durch die Anzahl vier dividiert, sodass der Summenscore Werte zwischen 0 und 1 annehmen kann.

Item-Formulierung Wenn Schüler besondere Lernschwierigkeiten haben, woran liegt das vor allem?	Var-Name	Mean	SD	N
An der Qualität des Unterrichts	V7.3	2,61	,61	746
An zu wenig differenzierendem Unterricht (Individualisierung)	V7.6	2,46	,68	745
An unzureichenden didaktischen Fähigkeiten des Lehrers	V7.7	2,77	,63	741
An unzureichenden diagnostischen Fähigkeiten des Lehrers	V7.11	2,76	,63	745
Summenscore: Attribuierung des Schulversagens auf Lehrkraft und Unterricht	**Att_U**	**0,38**	**,35**	**731**

Einzelitems

Skalierung: 1 = völlig richtig, 2 = eher richtig, 3 = eher falsch, 4 = völlig falsch

Item-Formulierung	Var-Name	Mean	SD	N
Bei uns im Kollegium wird es nicht gern gesehen, wenn man großzügig bei der Notenvergabe ist.	v2.6	2,70	,66	737
Häufig unternehmen leistungsschwächere Schüler besondere Anstrengungen, um einen drohenden Schulformwechsel zu vermeiden.	v5.5	2,30	,73	741
Ich bin der Meinung, dass zu viele Schüler unser Gymnasium während der Sekundarstufe I verlassen und ihre Schullaufbahn in einem anderen Bildungsgang fortführen.	v9.8	3,16	,68	745
Wenn ein Schüler das Klassenziel nicht erreicht hat, raten wir in der Regel eher zum Schulformwechsel als zur Klassenwiederholung.	v9.10	2,29	,74	702
Ich bin besonders darum bemüht, die Anzahl frühzeitiger Schulformwechsler zu reduzieren.	v9.11	2,27	,73	718
Für eine wünschenswerte individuelle Förderung fehlen am Gymnasium die erforderlichen Ressourcen (Zeit, Personal etc.).	v9.12	1,61	,78	750
Seit der Einführung von G8 bin ich großzügiger bei der Notenvergabe.	v11.3	3,07	,76	737

Korrelationsmatrix der Prozessmerkmale aus der Lehrerbefragung

	Differenzierung	Methodenvielfalt	Fürsorgliche S-L-Beziehung	Leistungsorientiertes Schulklima	Innovationsbereitschaft	Pro Abstufung	Pro Sitzenbleiben	Schulziele zur Reduktion von Abstufungen	Einstellung zu Seiteneinsteigern in Sek II
Methodenvielfalt	.312**								
Fürsorgliche S-L-Beziehung	.153**	.209**							
Leistungsorientiertes Schulklima	.008	-.114**	.104**						
Innovationsbereitschaft	.152**	.210**	.428**	.030					
Pro Abstufung	-.079*	-.149**	.091*	.405**	.081*				
Pro Sitzenbleiben	-.011	-.152**	.066	.304**	.001	.437**			
Schulziele: Reduktion von Abstufungen	.167**	.115**	.270**	.069	.215**	.048	.056		
Einstellung zu Seiteneinsteigern Sek II	.136**	.090*	.217**	.030	.261**	.025	.076*	.413**	
Einstellung zur Aufnahme ins Gymnasium	-.097**	-.142**	-.087*	.289**	-.082*	.424**	.255**	-.008	-.047
Elterninteresse	.117**	.035	.298**	.013	.170**	-.022	.007	.145**	.056
Elternwiderstand bei Schulformwechsel	.080*	.039	.053	.015	.046	.031	-.021	.080*	-.027
Demografie & Schulerfolg	.092*	.039	.012	.071	-.068	.030	.007	.217**	.041
Maßnahmen zur Prävention	-.503**	-.400**	-.134**	.115**	-.145**	.144**	.089*	-.147**	-.193**
Zusatzangebote zur Prävention	-.161**	-.075*	-.222**	.026	-.293**	.037	.000	-.182**	-.170**
Förderpraxis	-.230**	-.162*	-.188**	-.086	-.163*	.026	-.033	-.124	-.137
Attribuierung auf Schüler/Familie	.015	.079*	.053	-.146**	.046	-.199**	-.116**	.018	.019
Attribuierung auf Lehrer/Unterricht	-.078*	-.132**	.120**	.155**	.111**	.257**	.249**	.018	.033

	Einstellung zur Aufnahme ins GYM	Elterninteresse	Elternwiderstand bei Schulformwechsel	Demografie & Schulerfolg	Maßnahmen zur Prävention	Zusatzangebote zur Prävention	Förderpraxis	Attribuierung auf Schüler/Familie
Elterninteresse	-.207**							
Elternwiderstand bei Schulformwechsel	.053	.182**						
Demografie & Schulerfolg	.117**	.044	.053					
Maßnahmen zur Prävention	.120**	-.064	-.061	-.073				
Zusatzangebote zur Prävention	.011	-.081*	.007	.030	.207**			
Förderpraxis	-.035	-.027	.013	.090	.278**	.272**		
Attribuierung auf Schüler/Familie	-.208**	.090*	-.027	-.112**	-.040	-.061	.040	
Attribuierung auf Lehrer/Unterricht	.127**	.034	.005	.007	.132**	-.024	-.086	.081*

** = $p < 0,01$; * = $p < 0,05$

Danksagung

Ganz herzlich möchte ich mich bei meinen beiden Gutachtern Prof. Dr. Wilfried Bos und Prof. Dr. Heinz Günter Holtappels dafür bedanken, dass sie mir die Gelegenheit gegeben haben, an diesem Institut zu promovieren und an interessanten Projekten mitzuwirken.

Ein besonderer Dank gilt meinem Betreuer Dr. Ernst Rösner für die fachliche Unterstützung, die unermüdliche Motivation und inhaltlichen Ratschläge, die maßgeblich zum Gelingen dieser Arbeit beigetragen haben. Ich bin sehr dankbar, dass ich viel von ihm lernen konnte.

Diese Arbeit wurde auch durch konstruktive Gespräche, den Austausch und hilfreiche Anregungen meiner Kolleginnen und Kollegen vorangetrieben. Vielen Dank an sie, dass sie mich während des gesamten Arbeitsprozesses immer wieder motiviert haben. Danke insbesondere auch an Katrin, Carla und Simone für die wichtige Hilfe und Unterstützung.

Nicht zuletzt möchte ich mich bei meiner Familie und meinen Freunden bedanken. In stressigen Phasen hatten auch sie es nicht immer leicht. Danke für den wichtigen Rückhalt, Beistand, die tolle Begleitung und „gute Gesellschaft auf einem langen Weg".

Dortmund, im März 2014

Annika Hillebrand